中國娼妓史

# 중국창기사

〈일러두기〉

1. 이 책은 왕서노의 판본(2004년 출간)을 원텍스트로 번역하였으며, 1934년에 출간된 판본과 국내 번역본 『중국창기문화사』(1987년 출간)도 참고하였다.

2. 원문에 충실하게 번역하되, 불필요한 상투어들은 오늘의 독자에게 맞게 최대한 현대화하여 가다듬었다. 특히 수록된 문학 작품의 내용은 우리말 중심으로 번역하고, 원문은 싣지 않았다.

3. 본문 중의 삽화는 '진장본珍藏本'으로 저작권을 계약하여 사용한 것이다. 삽화의 목록은 본문의 내용과 걸맞지 않아 색인으로 대신하였다.

4. 본문 중의 주석註釋은 독자의 편의를 고려하여 이에 맞게 설명을 달았다.

5. 첩자疊字의 경우는 그 발성적인 측면을 중시하여 두음법칙을 따르지 않았다.

6. 이 책의 부록에는 독자의 이해를 돕기 위해 중국의 연호와 출전 목록, 색인을 수록하였다.

민국진본총간(民國珍本叢刊)

삽도진장본(揷圖珍藏本)

은대 무창부터 민국의 창기까지 잇는 장구한 역사

# 중국창기사 中國娼妓史

왕서노(王書奴) 지음 _ 신현규(申鉉圭) 편역

어문학사

# 기녀妓女와 첩妾[1]

임어당林語堂

'현모양처賢母良妻'가 예부터 여인의 본분本分이었다. 대개 충정忠貞하고 유순柔順하다면 그녀는 현량賢良한 어머니가 될 것이다. 더구나 천성적으로 정결貞潔함을 타고났다면 더 말할 것도 없다. 그럴 경우 모든 불행한 소동은 대부분 남자들의 책임이다. 범죄를 범한 사람이 대부분 남자이며 부득불 범죄를 범한다. 그때마다 일차적으로 그들의 범죄에는 한 여인이 그 안에 꼭 끼어 있다.

사랑의 신이 세계를 지배하고 있으니 분명 중국을 지배할 것이다. 몇몇 유럽과 미국의 유력가는 경솔하게 이렇게 말한 적이 있다.

"내가 생각하기엔 중국에는 성性의 억제가 서양보다 가볍다고 느꼈다. 그것은

떨어지는 꽃처럼 누각에서 떨어진 여인(落花猶似墜樓人), 녹주는 원래 석숭(石崇)의 애첩으로 그 아름다움은 널리 알려져 있다. 이 때문에 조왕(趙王)의 권신(權臣)이 협박을 가해서 강탈하려고 하자, 그녀는 누각에 뛰어내려 순정(殉情)을 택했다.

물고기는 못물로 깊이 숨어버리고 기러기는 넋을 잃고 바라보다가 대열에서 떨어졌다(沈漁落雁)라는 고사처럼 빼어난 용모를 가진 서시(西施)는 빈곤한 출신으로 아름답지만 몸이 약하였다. 오왕(吳王) 부차(夫差)에게 총애를 받았지만 오나라가 멸망한 후 행방을 알지 못한다.

한(漢)나라 궁중의 '봄날 새벽'(春曉圖) 그림의 일부분(명(明)나라 구영(仇英)).

청음소반(淸吟小班)으로 북경의 최고급 기루(妓樓).

명(明)나라 궁중(宮中) 그림책.

인생에 있어서 성性의 관계를 중국 사람이 좀 더 솔직담백하게 관용하기 때문일 것 같다."

과학자 하브록 엘리스(Havelock Ellise)[2]는 아래와 같이 의견을 피력한다.

"현대 문화에서는 엄청난 성적性的 자극이 남자를 둘러싼다. 또 한편으로는 그만큼 성적 압박이 그에 따르고 있다. 어느 정도 선에 있는 성의 자극과 성의 압박은 중국에서 점점 감소하고 있다."

하지만 이는 진실의 한 측면에 지나지 않는다. 솔직담백한 성의 관용은 남자에게만 적용되는 것이었다. 반면 여자에게는 적합하지 않다. 여자의 성생활은 언제나 압박을 받아왔다.

예컨대 풍소청馬小靑의 일생에서 볼 수 있다. 그녀는 사옹莎翁(셰익스피어의 별호)이 걸작을 창작하는 시기(1595~1612년)에 살았다. 첩으로 들어갔다가 흉포한 큰마님에 의해 서호西湖에 있는 별장 안에 감금당하고 말았다. 이 때문에 남편과 만날 수 없게 되자 이윽고 자기 자신을 사랑하는 기이한 현상마저 생겼다. 그녀는 종종 연못 옆에 발을 담그고 물에 비친 자신의 아리따운 모습을 보는 것을 즐겼다. 결국 죽기 얼마 전 스스로 자신의 화상을 세 폭

명기(名妓) 출신의 저명한 화가 반옥량(潘玉良).

남풍(男風) - 청(淸)나라 춘궁(春宮) 그림.

그래서 항상 향을 피우고 제사를 올려 자신의 우울한 신세를 한탄했다. 우연히 늙은 시종의 손에 간신히 남아 있는 몇 편의 짧은 시를 통해 그녀가 상당한 시적 재능을 갖고 있다는 것을 알 수 있었다.

남자는 성적 압박을 심하게 받지 않는 것이 사실이다. 더구나 비교적 부유한 계층일수록 더욱 그렇다. 예를 들어서 대부분의 유명한 학자 중 소동파蘇東坡, 진소유秦少游, 두목杜牧, 백거이白居易 등은 한때 기원妓院에 간 적이 있고, 아니면 숨김없이 기녀妓女를 소첩小妾으로 얻기도 했다. 모두들 떳떳하게 거리낌이 없었다. 실제로 관리들 치고 기녀妓女의 시중을 받으며 연회에 참석하지 않는 사람은 없었다. 이 때문에 비방이나 치욕을 걱정할 필요도 없었다.

명나라부터 청나라까지 금릉金陵의 부자묘夫子廟 앞에 있는 혼탁한 진회하秦淮河는 바로 당시의 풍류와 로맨스의 역사를 생산한 곳이었다. 이 근처에 부자묘, 즉 공자묘가 있는 것도 논리적으로 합당하다. 왜냐하면 이곳은 전국적인 규모의 과거시험이 시행되어 수많은 학생들이 모인 곳이기 때문이다. 합격하면 같이 축

당(唐)나라 전기소설(傳奇小說) 『이왜전(李娃傳)』에
나오는 여주인공 이아선(李亞仙)으로 다정하고
의협심이 있었다.

상해 사교계의 꽃이라고 하는 난니(蘭妮)는 중산(中山) 손문(孫文)의 아들 손과(孫科)의 외실(外室)이 되어 정보 공작에 종사하였다.

중국의 민간 예술가로 저명한
기녀 정타낭은 일찍이 유경정을
스승으로 모시어, 남당(南唐)이
망한 역사 사건을 남명(南明)의
주복왕(朱福王)에게 권계(勸戒)하
였다. 청나라 군대가 남하(南下)
하자 남명(南明)의 조정은 아직
우환이 없다 하여 매일 밤마다
노래 부르고, 술에 취하다가 헛
되이 멸망하였다. 오히려 한 유
약한 여자가 나라의 안위를 생
각하며 잊지 않았다.

'달이 숨고 꽃이 부끄러워(閉月羞花)'할 정도로 절세미인인 초선(貂蟬)은 미인계로 동탁과 여포 부자를 반목시켜 성공해서 원수를 갚았다. 이처럼 '화가 치밀어서 미인을 위해 벌어진 일'은 역사에 드문 일이 아니었다.

옛 상해의 사교계 무도회에서 사교계 여자들이 입던 옷차림은 바로 당시 유행 풍조의 상징이었다.

동한(東漢) 말기에 사도(司徒) 왕윤(王允)의 가기(歌伎) 초선(貂嬋)은 중국
의 고대 '4대 미인'중 한 사람이다.

남당후주 궁중의 무기(舞伎) 요낭(窅娘)은 연꽃 위에서 춤을 추기 위해 천으로 자기의 발을 조각달 형상으로 얽었는데, 그 후 전족에 얽힌 풍조가 매우 널리 유행하였다.

'진회팔염(秦淮八艶, 명나라 말엽, 진회 유역에 살았던 8대 미인)' 중의 변옥경(卞玉京)은 성애(性愛)가 정결(貞結)했기에, 그녀의 오색찬란한 기루(妓樓)에 일반 부자들은 발을 들여 놓을 수가 없었다.

의협의 간담(肝膽)을 지니고 난초 같은 마음과 미인의 체질을 타고난(惠質蘭心) 유여시(柳如是)는 역대 명기(名妓) 중에서도 뛰어난 인물이다.

난초를 잘 그리는 마상란은 '진회팔염(秦淮八艶)'중에 나이가 제일 많았다.

하하고 떨어지면 서로 위로하는데, 이를 모두 기원妓院에서 잔치한다.

지금까지도 많은 신문기자들이 흥미진진하게 아름다운 놀잇배를 넘나든 이야기를 하지만, 일찍이 시인과 학자들은 기녀의 집, 즉 기료妓寮에서 끊임없이 많은 글을 남겼다. 그래서 '진회하秦淮河'라는 세 글자는 중국 문학사와 매우 긴밀하게 연결된다.

중국의 창기娼妓가 풍류적, 문학적, 음악적인 면에서뿐만 아니라, 정치와 중요한 관계를 맺고 있었던 것 또한 굳이 언급할 필요가 없다. 남자들의 생각 때문에 상등上等 가정의 여성들은 음악과 악기를 다루는 것이 허용되지 않았다. 여자들의 덕행德行을 해치는 옳지 못한 일이라 여겼기 때문이다. 또한 글을 많이 배우는 것도 옳지 않다고 여겼다. 높은 학문은 종종 여성의 도덕에 장애가 된다는 이유 때문이었다. 그림과 시를 그리거나 짓는 것은 어느 정도 허용되었지만, 여성을 문예의 반려자로 찾지는 않았다.

창기娼妓들은 이 기회를 틈타서 시와 그림의 재능을 키웠다. '무재無才'를 덕행의 보루로 삼을 필요가 없었기 때문이다. 그리하여 문인들은 누구라고 할 것 없이 진회하秦淮河로 몰려들었다. 검은 천막이 쳐진 불야성의 진회하秦淮河는 이탈리아의 베네치아 운하가 되었고, 남자들은 흔들거리는 큰 놀잇배에 모여 앉아 기녀들이 부르는 열정적인 노래를 들었다.

전족(纏足)의 성행은, 당시의 남자들이 병적(病的) 심미관(審美觀)과 밀접하게 연관된 사항이었다.

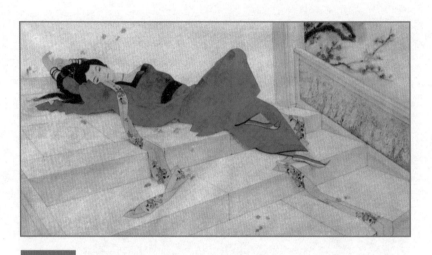

'횡파부인(橫波夫人)'이라 알려진 고미(顧眉). 고미(顧媚)의 '미(媚)'와 '미(眉)', '횡파(橫波)' 모두 그녀의 아름다움과 관련된다.

이러한 환경이 있으니 많은 문인들이 예술적 재능을 가진 기녀를 찾는 것이 당연했다. 그녀들은 대부분 한 가지씩 장기를 갖고 있었다. 누구는 시에 뛰어나고, 누구는 그림에 뛰어나고, 누구는 음악에 뛰어나고, 누구는 말솜씨가 뛰어났다. 이런 소질로 총명하면서도 재주를 겸비하고 있는 기녀 중에서 제일 뛰어난 이가 명나라 때의 동소완董小宛이었다. 당시 대부분의 문인들에게 가장 많은 사랑을 받은 기녀였다. 훗날 그녀는 명사名士 모벽강冒辟疆(명말청초에 강남〔江南〕지방의 재자〔才子〕로 이름이 높았음)의 첩이 되었다. 당나라 때에는 소소매蘇小妹가 제일 뛰어났다. 그녀의 무덤이 아직도 서호 곁에 있다.[3] 해마다 많은 관광객들이 찾는 명승지가 되어 그녀의 무덤 앞에 추모하는 발길이 끊이지 않고 있다.

또한 국가의 흥망과 관련된 기녀들도 적지 않다. 예컨대 명나라 말기의 진원원陳圓圓을 들 수 있다. 그녀는 원래 명나라 장군 오삼계吳三桂[4]의 애첩이었다.

하지만 농민 반란을 일으킨 이자성이 북경을 함락시키고 그녀를 가로챘다. 이에 격분한 오삼계는 청나라에 투항해 명나라를 공격하여 진원원을 되찾으려 했

미인은 재앙의 원인이라는 뜻인 홍안화수(紅顏禍水), 진원원(陳圓圓)은 당연히 천고죄명(千古罪名)을 입었지만, 단지 일개의 애원(哀怨)하는 아름다운 뒷모습만 남겼다.

돈황벽화 중 여악(女樂)의 모습-'여악(女樂)'은 귀족 가문이 좋아하는 필수품일 뿐만 아니라, 그녀들은 음악(音樂)과 시가(詩歌) 등 여러 방면의 발전에 큰 영향을 끼쳤다.

발을 사랑한 괴벽(懷脚癖)-오입쟁이 중에서는 흔히 기녀의 작은 발이 매우 중요하다고 생각했다. 그래서 작은 발은 기녀의 미추(美醜) 기준 중 하나가 되었다.

다. 그것 때문에 명나라는 멸망하고, 청나라의 통치가 촉진되었다. 오삼계가 명나라를 멸망시킨 후, 진원원은 오삼계를 떠났다. 오삼계는 진원원을 위해서 상산商山에 큰 정원을 지어줬다. 진원원은 바로 거기에서 남은 시절을 보냈다.

그 다음은 이향군李香君의 이야기로 그녀의 행적 또한 눈여겨볼 만하다. 이향군은 절개를 굽히지 않은 특별한 여인으로 후세 사람들의 입에 오르내렸다. 그녀의 정치적 지조와 용기

난초 같은 마음과 미인의 체질을 타고난(惠質蘭心) 동소완(董小宛).

명(明)나라 때 춘궁(春宮) 그림, '훔쳐 엿보다', 투규(偸窺).

는 수염 난 남자들을 부끄럽게 만든다. 그녀가 지녔던 정치적 지조는 오늘날 남성 혁명가들보다 더 굳세고 곧았다.

　당시 그녀의 애인 후방역侯方域이 위급한 상황에서 남경을 탈출하자, 그녀는 문을 걸어 잠그고 손님을 일절 받지 않는 등 외부 세계와의 왕래를 완전히 끊었다. 그 뒤 세도가들이 그녀의 집에서 연회를 열겠다면서 강제로 술을 징발하고 노래를 부르게 했다. 그녀는 그 자리에서 권세가들에게 내시의 양자라고 욕하는 풍자諷刺의 노래를 불렀다. 이 무리들은 모두 그녀 애인의 정적들이었다. 연약한 여자의 몸으로 강권을 두려워하지 않는 늠름한 기개에 어찌 수염 난 자들이 부끄러워지지 않을 수 있겠는가? 이런 여성들이 읊은 시들은 지금까지도 전해지고 있는데, 재주 넘치는 중국 여성들의 사적史蹟은 설도薛濤, 마상란馬湘蘭, 유여시柳如是 등과 같은 명기들의 인생에서 엿볼 수 있다.

여성의 특수 임무를 완수하기 위해 명기(名妓)가 된 허엽화(許艶華).

천진(天津)〈양유청년화(楊柳靑年畵)〉를 보면, 예쁜 옷을 입고 있는 기녀와 함께 봄놀이를 가고 있다.

윤락풍진(淪落風塵)의 동죽군(董竹君)은 당시 '청관인(淸倌人, 아직 손님을 접대한 적 없는 기녀)'이 되어, 종일토록 웃음을 지어 보이지 않았다.

「도화선(桃花扇)」의 여주인공 이향군(李香君).

청루靑樓[5] 기녀들은 숱한 남성들의 구애나 로맨스 요구에 응해야 한다. 남자들은 결혼 전 젊은 날에 이런 풍류의 기회를 그냥 지나치려 하지 않는다. 필자는 '구애求愛'라는 단어를 사용하면서 많은 생각을 했다. 왜냐하면 청루 기녀는 일반적으로 떠돌이 매춘부賣春婦와는 다르기 때문이다. 그녀들은 남성들의 추근거림과 알랑거림을 받아들여야만 한다. 이런 것을 중국 부녀자를 존중하는 도道라 할 수도 있다.

근대 청루 연애 이야기를 전면적으로 묘사한 소설 『구미어九尾魚』는, 숱한 남성들이 언뜻 보기에 쉽게 비위를 맞출 수 있는 젊은 아가씨에게 몇 달, 몇 년에 걸쳐 수천 냥의 돈을 퍼부은 끝에 간신히 직접 향기를 맡는 경우를 잘 보여준다.

이런 어처구니없는 상황은 여성들이 숨어 지내던 시대의 산물이다. 그러나 남성들이 다른 곳에서 이성 짝을 찾아 로맨스를 경험할 수 없는 상황에서 이런 일

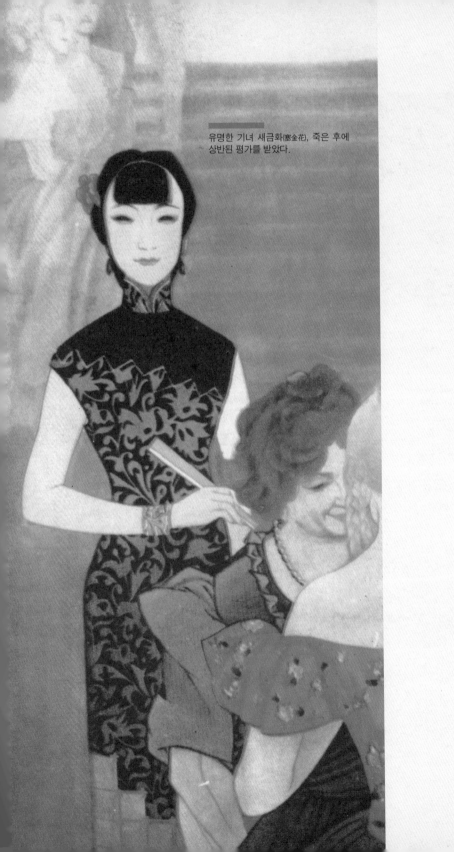

유명한 기녀 새금화(賽金花), 죽은 후에
상반된 평가를 받았다.

옛 상해(上海)의 연화간장(煙花間場) 모습으로, 아편 중독은 어린 오입쟁이를 더욱더 일찍 죽게 만들었다.

은 어쩔 수 없었다.

이성과의 교제 경험이 없고, 가정에서 마누라의 등쌀을 이기지 못하는 남자라면 서양 사람들이 혼전에 경험하는 이른바 '로맨스'의 멋을 생각하지 않을 수 없다. 이런 남자가 자신의 마음에 드는 여자를 발견한다면 자기도 모르게 마음이 동하여 연애의 감정이 발생할 것이다. 청루의 여자들은 경험이 풍부하고 수단이 노련하여 작은 기교로도 남자들을 붉은 치마 밑에 납작 엎드리게 만들 수 있다. 이것이 바로 중국에서 매우 당당하게 통행되던 구애법의 일종이다.

때로는 매우 진지한 로맨스도 발생하는데, 유럽인들이 정부와 연애하는 것과 비슷하다. 예를 들어 동소완董小宛과 모벽강冒辟疆의 결합 과정은 처음 고난에 찬 만남으로부터 짧지만 행복했던 신혼 생활에 이르기까지, 읽을수록 다른 일반적인 로맨스와 다를 바가 전혀 없다. 로맨스의 대단원은 주로 비극이지만 해피엔

딩도 더러 있다. 이향군은 부처를 모시며 평생 절에서 살았으며, 고횡파顧橫波와 유여시柳如是는 권세 있는 집안의 귀부인이 되어 후세 사람들의 부러움을 샀다.

기녀는 많은 남성들의 로맨틱한 연애 대상이 되었다. 그러나 중국의 아내들은 세상에 뛰어든 남편들의 실제 생활에 가까운 이런 애정을 대부분 묵인한다. 때로는 이런 연애 환경이 실로 복잡하게 뒤엉켜 나타나는 경우도 있다. 시인 두목 杜牧은 10여 년 동안의 방랑 생활 끝에 정신을 차린 다음 다시 아내에게로 되돌아왔는데, 이를 두고 두목은 스스로 "10년 양주揚州 꿈에서 깨어나고 보니, 청루의 명부에 이름이 올라 있더라."라고 읊었다. 간혹 수절한 기녀들도 있었다. 두십낭 杜十娘이 바로 그런 경우에 해당한다.

또 다른 측면에서 보면 기녀는 음악적 전통을 계승하였다. 기녀가 없었다면 중국의 음악은 어쩌면 오늘날에 와서는 그 소리와 자취를 감추고 말았을 것이다. 기녀는 가정주부와는 달리 오히려 교육을 많이 받았다. 그들의 생활은 비교적 독립적이었고, 남성 사회에 훨씬 더 익숙해 있었다. 사실 고대 중국 사회에서 그녀들이야말로 유일한 자유 여성이라 할 수 있었다. 고급 관리를 조종할 수 있었던 기녀는 어느 정도 정치적 실권을 장악했는데, 관리의 임명은 물론 하찮은 일까지 모두 그녀들의 침실에서 결정되었다.

기녀의 종착점으로 첩이 되는 경우가 더러 있었는데, 딴살림을 차려 놓고 정부 노릇을 하는 것이었다. 앞서 거론한 몇몇이 모두 이러한 경우였다. 첩을 두는 제도의 역사는 중국의 역사 자체와 버금갈 만큼 오래되었다. 그리고 첩을 두는 제도로 인해 야기된 문제들은 아무래도 일부일처제의 성립과 함께 터져 나왔다고 해야 할 것이다. 혼인婚姻이 여의치 않으면 동양 사람들은 깊숙한 청루를 찾아들거나 첩을 얻는 것으로 탈출구를 찾았다. 반면에 서양 사람들의 해결 방법은 정부를 찾거나 때로는 예의에 어긋나는 행위를 저지르는 것이다. 두 사회의 행위 형태는 다르지만 그 기본 관건은 약속이나 한 듯 일치한다. 차이는 사회적 태도에서 유래한다. 특히 이런 행위들에 대한 여성 자신의 태도에서, 중국인의 첩 제도는 대중의 묵인을 거쳐 당당하게 이루어진 반면, 서양에는 내연의 처를 만드는 습속이 있었다.

남성 중심의 자손 계승관을 견지한 것 역시 첩 제도를 부추긴 주된 요인이 되었다. 일부 마음씨 좋은 아내들은 자신이 아들을 낳지 못하면 스스로 발 벗고 나서서 남편에게 첩을 얻어주기까지 했다. 명나라 때에는 모든 남자가 나이 사십이 지나도록 대를 이을 자손을 보지 못하면 첩을 얻을 수 있다는 법률 규정까지 있을 정도였다.

이 밖에 첩을 얻는 방법은 유럽의 이혼 사건을 대체하는 것이기도 했다. 결혼과 이혼은 가장 난처한 사회 문제로 지금까지도 산뜻하게 해결되지 못하고 있다. 인류의 지혜로 해결할 방법이 있다면, 이 문제의 존재 자체를 깡그리 부인하는 것뿐이다. 우리가 단언할 수 있는 것은, 혼인이 여성의 유일한 보장책이며, 어느 시기를 막론하고 남자의 도덕은 더 흩어져 있고, 그 때문에 고통을 받는 사람은 바로 여성이라는 점이다. 이혼은 물론 축첩, 이중 결혼, 불륜의 만연 등이 모두 여성의 고통이다.

성의 관계에서는 마치 영원히 타고난 불평등과 불공정이 존재하는 듯하다. 왜냐하면 성의 평등이란 말은 조물주가 알 바가 아니고, 조물주가 아는 것이라곤 종족 보존뿐이기 때문이다. 이른바 현대 혼인에서 남녀 쌍방의 50:50이란 기본원칙은 아이를 낳고 나면 실제로는 75:25로 남성 우위가 되고 만다. 어떤 부인은 쌍방의 애정이 식자 진정 자조적이 되어 남자의 속박을 풀어주면, 40대 남자는 이익을 누리겠지만 이혼한 40대 부인은 아이를 셋씩이나 낳았기에 인생을 누리지 못한다고 했다. 진정한 평등은 불가능하다.

이제 이런 개념을 활용하여 축첩제에 대해 얘기해 보고자 한다. 중국인은 혼인을 가정의 의무로 생각하여, 혼인이 순조롭지 못할 때 축첩을 허용한다. 이는

도(道)에 귀의한 변옥경(卞玉京)은 시인 오매촌(吳梅村)과 어릴 때 사랑하는 사이였지만 인연(因緣)은 없었다. 몇 년 동안 헤어지고 다시 만나게 되자, 세상사에 드문 일이었기에 오매촌이 감개무량하여 〈청여도사변옥경탄금가(听女道士卞玉京彈琴歌)〉를 짓는다.

적어도 가정을 보전하는 사회적 단위가 될 수 있다. 유럽인은 반대다. 그들은 혼인을 개인의 로맨틱한 감정의 일이라 생각하기 때문에 이혼을 인정한다. 그러나 이렇게 되면 그 사회 단위는 해체된다. 동양에서는 남자가 부자가 되면 일도 하지 않고 날로 썩어서 더 이상 아내를 사랑하지 않는 일이 비일비재하다. 그러면 아내 된 사람은 어쩔 수 없이 성욕을 억제해야만 한다. 그러나 그녀가 집을 지키고 있는 한 튼튼하고 숭고한 지위는 계속 유지되며, 가정에서 빛나는 존재가 되어 아들, 손자에 둘러싸여 생명의 또 다른 측면에서 위안을 얻거나 찾을 수 있다. 유럽에서 모던(modem)한 부인들은 법원에 이혼소송을 내서 묵직한 생활비를 뜯어낸다. 그리고 가정을 떠나 대부분 재혼한다.

남편의 사랑을 받지는 못하지만 가정에서 명예로운 지위를 유지하는 것이 행복한가, 아니면 생활비를 뜯어내서 제 갈 길로 가는 것이 행복할까. 이 문제는 대단히 당혹스럽고 난해한 수수께끼가 아닐 수 없다. 중국 여성들이 서양 자매들처럼 독립 정신을 갖추고 있지 못할 때에는, 버려진 여인들은 모든 사회적 지위를 잃은 너무도 가련한 사람이 되고 가정도 무너지고 만다. 이 세상에는 대체로 행복한 부인들이 많겠지만, 또 아무리 해도 행복하게 만들 수 없는 부인들도 있다. 이 문제는 여성의 진정한 경제 독립으로도 해결할 수 없다.

중국에서 이런 상황은 주변에서 매일 들리고 또 보곤 한다. 이른바 모던한 여성들이 그 잔인한 심장으로 원래의 아내들을 내쫓고 있다는 것인데, 우리 조상의 야만성과 전혀 차이가 없을 정도이다. 비록 그들의 모던한 사고방식으로는 다른 여인이 똑같은 신분으로 동거하는 것을 용인할 수 없다고 하지만, 과거에는 종종 환경의 지배를 기꺼이 받아들이는 착한 여자들이 있었다. 즉 이미 결혼한 유부남에게 걸려들었지만 충심에 가까운 마음으로 그 남자를 사랑하여 기꺼이 작은 마누라가 되어 머리를 숙이고 큰마님을 섬겼으니 말이다.

그러나 지금은 양보가 있을 수 없다. 피차간에 일부일처의 팻말을 내걸고 상대를 내쫓고 그 자리를 차지하려 한다. 여자들이 보기에 이것이 비교적 진보적인 방법이다. 이것이 모던이며 해방이고 이른바 문명적 방법이라는 것이다. 여성계에서는 이 방법이 옳다고 여겨 여성들로 하여금 계속 이렇게 하라고 부추긴다. 이렇게 해야 여성들이 비로소 영향력 있는 사람이 되기 때문이다. 그리고 젊고 아름다운 여성이 동성과의 투쟁에서 자연스럽게 나이 든 마나님을 희생양으로 삼고 승리를 얻는다.

이 문제는 새로우면서도 오래된 것이다. 혼인제도는 영원히 불완전하다. 왜냐하면 인류의 천성 자체가 불완전하기 때문이다. 우리는 이 문제를 그렇게 흐지부지 내버려둘 수밖에 없다. 어쩌면 천부적인 평등 의식과 부모들의 책임감 증진으로 이런 문제의 양을 감소시킬 수 있을지는 모르겠다.

물론 축첩제를 변호하는 것은 쓸데없는 소리다. 여러 사람이 나와서 함께 일부일처제를 변호할 준비가 단단히 되어 있다면 모르겠지만 말이다. 고홍명辜鴻銘은 에든버러(Edinburgh) 대학에서 석사를 딴 박학한 사람으로 토머스 칼라일(Thomas Carlyle, 1795~1881년)[6]과 매튜 아놀드(Matthew Arnold, 1822~1888년)[7]의 글을 즐겨 인용한다. 그는 일찍이 다처제를 변호하면서 이렇게 말한 적이 있다.

"차 주전자 하나에 찻잔 네 개가 어울려 있는 것은 보았겠지만,

찻잔 하나에 주전자 네 개가 어울려 있는 것을 보았는가?"

이 비유에 대한 가장 좋은 대응으로는 『금병매金甁梅』에서 서문경西門慶의 작은 부인 반금련潘金蓮의 다음과 같은 말만한 것도 없을 성싶다.

"한 개의 접시 안에 숟가락 두 개 놓여 있는 것은 눈에 거슬리지 않나요?"

반금련이 아무 생각 없이 이런 말을 한 것은 물론 아닐 것이다.

# 서문

이 책을 쓴 동기는 다음과 같다.

첫째, 어렸을 때 일찍이 10년의 꿈같은 시간을 양주揚州에서 낭만적인 생활을 하며 보냈다. 물론 힘든 때가 있었지만 그 시간들을 통해 얻는 것이 더 많았다. 『평강기平康記』, 『북리지北里志』등의 장르에서 벗어나 지나간 흔적을 남기고, 사회학 연구 및 다른 학술자의 문헌을 조금 참고하여 오랫동안 소망해왔던 책을 쓸 수 있었다. 배고픔을 참고, 갈 곳 없어 여러 곳을 돌아다니며, 매번 호롱불 밑에서 강의안을 만드는 생활을 하는 등 정말 쉴 틈 없이 달려온 결과로 완성된 책이다.

둘째, 10년간 창기娼妓 폐지의 목소리가 점차 커져왔다. 민국17년(1928년) 이후에 절강성을 비롯하여 여러 곳에서 사업이 이미 차례로 실행되어 창기 사업은 궁지에 몰리는 상황에 이르렀다. 창기 사업事業은 대략 3천 년의 역사를 이어온 것이지만, 그 경위는 통계 서술적으로 말하면 핍박으로 이루어진 결과로 현재 다른 여러 나라에서도 쉽게 볼 수 있다. 일본을 예로 들자면, 필자가 만난 이쪽에 관심이 많은 작가들 중, 나카야마 타로中山太郎의 『매소삼천년사賣笑三千年史』, 도우케사이지로道家齋二郎의 『매춘부론고賣春婦論考』, 타키모토지로瀧本二郎의 『세계성업부제도사世界性業婦制度史』는 그들의 나라와 관련이 있었고, 더불어 전 세계와도 관련이 있었다. 그 외에도 기타 크고 작은 작품 및 내가 아직 읽어보지 못한 것들도 많을 것이다. 다시 우리나라 출판업계로 돌아오자면, 드물고 진귀한 결작 같은 그런 사람은 아직까지 없고 그런 작품 또한 없다. 이 책 역시 부족함이 많은 책중 하나다.

셋째, 나는 창기娼妓 문제를 전체의 사회 문제로 본다. 현재 사회학 및 사회사를 연구하는 친구들은 이 특별한 사회 문제에 대해 각별히 주의를 기울여야 한다고 주장한다. 왜냐하면 창기 제도의 성립을 사회의 일반 사람들은 자연스런 풍조로 본다. 그런 까닭에 자신의 명예를 실추시키고, 집안을 망하게 하고, 더욱 심한 것은 아내에게 해를 끼치고 후대 자자손손에 걸쳐 상처를 입힌다. 사회에서는 기묘한 방법으로 유희를 즐기는 사람들의 풍조를 확산시켜, 그들의 혈육이 떠돌아다니게 하고, 원만한 가정을 파괴하고, 젊은 여자들을 욕보이며, 굴욕감을 이기지 못하게 만든다.

창기 제도는 확실히 현대 사회의 병폐 중의 하나이다. 하지만 그 기원과 흥왕 상태를 연구해 보면 문화, 정치, 사회, 경제 등과 매우 밀접한 관계가 있음을 알 수 있다.

중국을 예로 들어 말하자면, 은殷나라 때 무풍巫風이 가장 흥했는데, 기록을 근거로 그때 무창巫娼이 생겼음을 알 수 있다. 중국 역사상 가장 변화가 많았던 전국戰國 시기에는 토지사유제가 확립되었고 공상업工商業이 생겨 화폐경제의 발전을 이루어 창기 사업事業의 발달을 초래했다. 이때 공公 창기, 사私 창기의 절정을 이루었다.

또한 당唐나라 때에는 정치와 유희의 풍조가 최고봉이었는데 이것은 무슨 이

유로 그리 되었을까? 당나라 때에는 진사進士를 가장 중시했는데 진사가 창기를 데리고 노는 것이 당시에 매우 유행하였다. 당나라 진사들 때문에 동네 곳곳에서 로맨스가 피어났다. 또한 당나라 관원들이 창기와 함께 있는 것이 법에 저촉되지 않았기 때문에 당나라 사대부士大夫가 연회를 즐기는 풍조가 생겼고, 그것이 근고近古 시대까지 여전히 남아 있었다.

또한 당나라 때 공상업 역시 전대미문의 상황이었다. 국제통상론에 따르면 광주廣州에 아라비아인이 모여 번방蕃坊 마을을 이루었다.[8] 양주揚州에는 외국 상점이 문을 열었고, 페르시아 후추를 사 먹는 사람이 수천 명에 이르렀다.[9] 이것은 모두 역사상 전혀 없었던 현상이다.

자본주의의 확장이 분명 창기 사업의 발달을 가져왔다. 장태염章太炎이 말하길, "당나라의 방탕은 자손의 대를 끊었는데 이것은 기록에 남아 있으니 분명 사실이다. 또 그 방탕의 추세가 남조南朝 시대에도 여전히 남아 있었다. 남조 시대의 피폐가 황실 및 귀족들에게로 일파만파 뻗어나갔다."[10]라고 하였다. 이 말은 정확히 맞다.

지금 우리들은 창기 폐지를 아주 강하게 주장한다. 하지만 여전히 창기의 현재와 과거를 이해할 수 없는데 어떻게 앞으로 창기 폐지 문제를 원만히 해결할 수 있겠는가? 그래서 오늘날 일반적으로 열정이 있는 사회의 사대부들은 모두가 창기 문제, 창기 역사를 연구함이 꼭 필요하다고 말한다.

현재에도 여전히 창기를 자신의 젊음을 쓰는 즐거움의 적당한 도구로 여기거나 혹은 창기에게 다가가고 그 아름다움을 보석처럼 진귀하게 여기는 시문詩文의 자료로 여기는 일반인들이 있다. 당연히 틀린 생각이다.

또 사이비 도학道學의 친구들은 창기의 문을 밟지 않고, 입에 창기에 관한 것들을 올리지 않는 것이 사람의 인격을 고상하게 한다고 여긴다. 그렇게 하지 않는 것은 경박하고 타락하게 해, 만약 그러한 것들을 더욱 깊이 연구하고 파고든다면 점점 더 잘못된 길로 가는 지름길이라고 여긴다. 이러한 전통적인 견해 역시 올바른 태도가 아니다. 그리하여 필자는 오늘날의 추세에서 창기 문제, 창기 역사를 주의 깊게 연구할 필요가 있다고 생각한다.

여름의 끝자락에 있는 이때에 병으로 앓아누워 사람과 떨어져 있는 6개월간 책을 한 권 썼다. 다시 한 번 읽어보지만 만족할 수 없는 부분이 여전히 많다. 하나는 책 상자 속에 참고 서적이 너무 적어서 내용이 충실하지 못한 것 같다. 잘못된 부분이 있는 것은 피할 수 없다. 또 하나는 돌아다니며 생활하는 데다가 병마까지 더해서 피곤이 쌓였다. 역사가의 이른바 재才, 학學, 식識 등의 세 가지 장점을 갖추지 못했다.

그래서 이 책은 "장지명산藏之名山 전지기인傳之其人(내 뜻을 알아줄 사람을 기다린다는 의미에서 깊은 산중에 보관한 것을 물려주는 뜻)"은 꿈꿀 수도 없는 환상일 뿐이다. 작가의 숲이 더해졌을 뿐 아니라 부족함이 많다는 것을 안다. 단지 우리나라의 적막

한 출판계에 출판 숫자를 하나 더 추가시켰을 뿐이다.

하지만 이 책이, 어두움이 지나간 그 시대에 대해 국내의 많은 사람이 연구할 흥미를 이끌어낼 것으로 믿는다. 오래지 않아 분명 필자가 쓴 이것보다 열 배, 백 배는 좋은 책이 나와 지겨워진 독자들에게 새 희망을 불어넣어 줄 것이다.

언젠가 이 책의 부족함이 드러나 단란조보斷爛朝報(토막이 나고 일관성이 없는 관보〔官報〕. 즉 단편적인 기사밖에 실려 있지 않은 틀에 박힌 보도)보다 못하는 그때가 되면 복장 부복장독覆醬瓿(간장 단지를 덮는다는 뜻으로, 자기 저서〔著書〕의 겸칭. 책의 내용을 이해 못하여 뒷사람이 장항아리의 덮개를 쓰지 않을까 싶다고, 유흠〔劉歆〕이 양웅〔揚雄〕의 책을 평한 말에서 유래함) 처럼 오래되어 썩은 냄새나는 것을 싫어하게 될지도 모르겠다.

하지만 나의 포전인옥抛磚引玉(벽돌을 던져 옥을 끌어들인다는 뜻으로, 하찮은 의견을 먼저 내놓아 다른 사람들의 귀한 견해를 유도한다는 의미)의 목적은 이미 달성했다. 이제는 남우충수濫竽充數(무능〔無能〕한 사람이 재능〔才能〕이 있는 체하는 것이나, 외람되이 높은 벼슬을 차지 하는 것)와 같은 이 책으로 조금이나마 연구하게끔 하는 데 족하다.

민국民國 21년(1932년) 11월

왕서노王書奴가 해상에 있는 집에서 글을 쓰다.

민국民國 22년(1933년) 수정修訂

차례

차례

제1장

서론

제1절

# 명칭과 정의

『설문해자說文解字』[11]를 찾아보면 창倡 자는 있지만, 창娼 자는 없다. 그 뒤의 양梁나라 고야왕顧野王이 지은 『옥편玉篇』[12]에 창娼 자가 나타나는데, 아래와 같이 설명한다.

"창娼은 양婸이다."

이 양婸 자는 또 어떻게 해석을 해야 할 것인가? 『설문해자』는 아래와 같이 설명한다.

"양婸은 방탕한 짓이다. 또는 음란한 놀이이다."

송宋나라 때의 정도丁度가 지은 『집운集韻』[13]에서는 아래와 같이 설명한다.

"창倡은 악樂이다. 또는 시중드는 여자이다."

명明나라 때 『정자통正字通』[14]에는 다음과 같이 해석하고 있다.

"창倡은 창우와 여악을 말한다. 창娼 자로 쓰기도 한다."

이상의 여러 가지 근거를 인용하면 아래와 같은 몇 가지 사실을 알 수 있다.

① 고대 창녀娼女의 기원이 음악과 관계 있는 것이다. 후대에 몸을 파는 창녀들 역시 음악과 춤과 노래를 그들의 중요한 수단으로 삼았다.

② 고대의 우優와 창倡은 같은 의미이다. 『설문해자』에서 창倡은 음악이고, 또 우優는 배부르며 넉넉한 것이며, 다른 말로 창倡이고, 배俳는 놀이라고 설명한다.

청淸나라 때 단옥재段玉裁는 『설문해자주說文解字注』에서 아래와 같이 설명한다.

"놀이를 말할 때에는 '배俳'라고 하고, 음악을 말할 때에는 '우優'라고 한다. 또 '창倡'이라고도 하는데 실제로는 모두가 같은 말이다."

이 해석들은 모두 근거가 있는 말들로서, 『삼국지三國志』[15] 촉지蜀志 허자전許慈傳에는 아래와 같은 말이 있다.

"허자許慈와 호잠胡潛이 서로 사이가 좋지 않아 시기가 심했다. 그리하여 왕은 문무백관을 모아 놓고 잔치를 벌였다. 왕은 창녀들에게 그 두 사람이 서로 지지 않으려고 경쟁하는 모습을 흉내 내도록 시켰다. 술을 마시고 가무를 즐기며 놀게 하였다. 처음에는 어전인지라 어려워서 서로 조심하는 듯하

더니 끝내는 칼과 몽둥이로 서로를 치고받으며 서로가 깊은 감정을 가지고
심하게 싸웠다."

이것을 미루어보면 삼국 시대까지도 아직 우優와 창倡의 의미가 서로 불분
명하였다.

③ 고대의 창娼은 남녀로 구분되지 않았다. 『사기史記』[16]의 조세가趙世家에
는 아래와 같이 설명한다.

"조왕趙王 천遷은 그 어머니가 창倡이었다."

『한서漢書』[17] 외척전外戚傳을 보면 아래와 같이 기록되어 있다.

"이李 부인은 본래 창倡 출신이었다."

『한서』이연년전李延年傳에서도 아래와 같이 설명한다.

"이연년은 중산中山 사람이며, 그와 그의 부모 형제가 모두 이전에는 창倡이
었다."

따라서 고대에는 남녀 모두를 창倡이라 일컬었다. 그러한 남녀의 경계가
없었다. 왜냐하면 한漢나라 이후부터 문인들의 작품에서도 모두 창倡 자를
쓰고 창娼 자는 쓰지 않았다. 당唐나라 때에 들어와서야 비로소 창娼 자가 나

타났는데, 당唐나라 범려范蠡[18]의 『운계우의雲溪友議』라는 작품에 창娼 자가 처음으로 쓰이고 있다.

"최애崔涯는 늘 창娼과 질탕하게 놀고 마시는 것을 시詩로 썼는데, 거리마다 읊지 않은 곳이 없었다."

조린趙璘의 『인화록因話錄』에도 창娼 자가 나타나 있다.

"진교여陳嬌如는 장안에 제일가는 명창名娼이었다."

이렇게 보면 당唐나라 때에야 비로소 근대적인 창기의 모습이 나타나며, 당나라 이후부터 창기들은 여자들로서 주종을 이루게 되었다. 『설문해자』의 설명을 보면 아래와 같다.

"기妓는 부인네의 노리개이다."

현대의 기녀와는 조금도 관련이 없었다. 후대에 여기女妓 자가 지금의 기녀라는 뜻으로 전용되기는 위진남북조魏晉南北朝에 와서의 일이었다. 『화엄경華嚴經』 음의音義의 『비창碑蒼』에는 아래와 같이 설명한다.

"기妓는 미녀美女이다."

『절운切韻』[19]에는 아래와 같이 설명한다.

"기녀妓는 여악女樂이다."

위의 육조 시대 저술에는 기녀를 미녀의 전용어로 지칭한다. 양梁나라 때의 유효표劉孝標가 지은 『세설신어世說新語』 [20], 간보干寶의 『진기晋紀』를 아래와 같이 인용하여 쓰고 있다.

"석숭石崇에겐 녹주綠珠라는 기녀가 있었다."

양나라 심약沈約의 『송서宋書』 [21] 두기전杜驥傳은 아래와 같이 기록한다.

"집에는 천금千金이 쌓여 있고, 여기女妓 수십 명을 데리고 있었다."

이렇게 보면 『설문해자』에서 '부인네의 노리개[小物]'라는 본래의 뜻은 육조 시대 이미 사라져 갔다. 그 시대에는 뜻이 바뀌어 가기家妓 제도는 육조 시대에 가장 성행하였다.

창娼 또는 기녀妓의 명칭은 한漢나라 이후에는 창倡, 기伎, 여창女倡, 여기女妓, 어기御妓 등 여러 가지로 혼용하여 썼다. 당唐나라 이후에 들어오면서 그 명칭은 더욱 많이 불려졌다. 아래의 도표에서 그 당시의 편리성을 띠는 면모를 살펴볼 수 있다.

| 用 語 | 出 典 | 用 語 | 出 典 |
|---|---|---|---|
| 官妓 | 宋史太宗本紀 | 校書 | 鑑戒錄 |
| 花娘擧娘 | 輟耕錄 | 歌妓 | 孟浩然詩 |
| 營妓 | 撫言 | 郡君 | 北里志 |
| 飮妓 | 北里志 | 敎坊女妓 | 唐書順宗本紀 |
| 內人前頭人 | 敎坊記 | 聲妓 | 唐書太宗公主列傳 |
| 十家 | 金華子侯鯖錄 | 小姐 | 夷堅志 |
| 買客 | 市肆記 | 家妓 | 西湖志餘 |
| 御妓 | 晋書桓伊傳 | 牙娘 | 北里志 |
| 角妓 | 靑樓集 | 篐客 | 東京夢華錄 |
| 錄事酒糾 | 老學奄筆記 | 婊 表子 | 名義考 |
| 風聲賤人 | 金華子雜編 | | |

이렇게 많은 명칭이 있지만 의미가 넓은 어휘가 그 여타의 글자를 대신하는 어휘의 특징으로 볼 때, 창기娼妓라는 두 글자로 앞의 모든 뜻을 충분히 대신한다. 또한 어휘의 특성 중에 비슷한 어휘가 서로 모여 새로운 어휘를 합성하는데, 그 의미는 매우 완벽해지면서 서로 분리해서 해석할 수 없는 예가 많다.

『구당서舊唐書』[22] 천축국전天竺國傳에 아래와 같이 설명한다.

"백성들은 즐겨 놀았다. 집집마다 기이한 음악과 창기娼妓들이 있었다."

'창기娼妓'라는 합성어는 어휘의 의미를 보다 풍부하게 해주고 있다. 두 글자가 한 글자보다 의미가 명백해지는 것은 당연하다. 그러면 창기의 정의는 사람마다 다를 수가 있다. 『사회 문제 사전』을 찾아보면 아래와 같이 설명한다.

> "음행을 목적으로 하는 부인이며, 그 대가로 자신의 몸을 남자에게 제공한다."

입맞춤하는모습의 공예품.

『웹스터 사전(Webster's Dictionary)』[23]을 찾아보면 아래와 같이 설명한다.

> "매음이란 부녀가 공공연히 음탕한 행위를 하고, 더욱이 공공연하게 돈을 받는 행위이다."

이반브로 박사는 아래와 같이 설명한다.

> "창기娼妓란 남자 혹은 여자가 어떤 사람에게든지 선택 없이 자기의 몸을 제공함으로써 그들의 성욕을 만족시킬 수 있도록 성행위를 하는 사람이다."

일본의 성의학性醫學 전문가인 아오야기유미靑柳有美는 다음과 같이 설명하고 있다.

> "매음부란 난잡한 성교를 통하여 자신이나 타인의 생활비를 전부 혹은 일부를 버는 여자를 말한다."

그러나 베델(Bedel)이란 사람이 지은 『부인과 사회주의』라는 책에서는 아래와 같이 설명한다.

"혼인이란 시민 세계의 성생활 단면으로, 그 다른 한 면이 곧 매음이다. 혼인이 표면적인 행동이라면 매음은 이면적인 행동이다. 매음은 시민 사회에서 필요한 일종의 제도로서 경찰, 상비군, 교회, 고용 제도 등과 같이 필요한 것이다."

이와 같은 여러 해설을 종합하여 가설적으로 모든 책의 정의를 살펴보면 "타인에게 상당한 보수를 얻기 위하여 성적으로 난교하고, 그렇게 함으로써 상대방의 성욕을 만족시키는 것을 창기娼妓라"고 할 수 있다. 남자 매음도 마찬가지이다.

중국의 역대 창기들의 활동 상황, 그 계통의 조직에 관한 연구, 그 계승 변화의 모습을 밝히고, 또 인과 관계를 살펴보는 것에 『중국창기사中國娼妓史』를 쓰는 의의가 있다.

## 제2절

# 시대 구분

역사적인 사건의 변천은 모두 각 시대 간의 인과 관계를 가지고 있다. 마치 장강과 황하가 끊임없이 흐르듯, 꼬리에 꼬리를 물면서 이어지고 있으며, 계절이 바뀌듯이 그 흐름은 계속된다. 인류의 생활 습관이라고 하는 것이 어느 시대를 막론하고 갑자기 변화된 흔적도, 바뀐 이유도 없다. 이와 같이 끊임없는 하나의 흐름이 역사가들로 하여금 역사를 연구할 수 있게 하는 중요한 원리가 됨을 알 수 있다. 따라서 이렇게 연속되는 역사적 사실들을 획을 그어 나눈다는 것은 실제로 쉬운 일은 아니다.

양계초梁啓超[24]는 다음과 같이 말하였다. "맹자는 일찍이 사람을 알고 세상을 논한다는 '지인논세知人論世'를 논하였다. '논세論世'라고 하는 것은 어떠한 것일까? 현대적인 말로 분석한다면 시대의 배경을 고찰한다는 것이 옳다. 인류는 횡적인 사회 생활을 하고, 종적으로 시대 생활을 한다. 진실로 사회와 시대를 떠나 가공에 의지하여 어떤 사람 또는 일군—郡의 사상과 행위를 관찰해 보면 바로 이해할 수 없는 일들이 많을 것이다. 이해하지 못하고 가볍게 비평함은 착오를 면치 못할 것이다."

양계초梁啓超의 논지에 의거하면 인류와 역사는 고유한 관계를 가지고, 인류와 시대 및 사회의 관계는 더욱 밀접한 관계를 가진다. 역사는 본래 인류

남녀 신목(神木)의 조소.

의 끊임없는 활동의 체상體相을 기록하는 것으로, 인류의 활동은 왕왕 시대를 옮아간다. 그리고 역사의 발생이 변화한다. 사회 변천은 생활을 변화하게 하고 인류 활동에 영향을 준다.

중국의 창기 단체는 역사의 변천에 있어서 당연히 환경의 영향을 받고 있다. 문화, 정치, 경제, 종족 등 여러 개혁의 영향을 받는다. 바로 '시대 생활'과 사회 생활'의 영향을 받지 않을 수 없다. 이에 그 중요한 추세를 종합하여 5개의 시기로 구분하여 설명하고자 한다. 역사는 연속적 성질을 지니고 있어서 편자編者와 열자閱者는 연구에 따를 뿐이다.

## 제1기

은殷나라 때로, 탕왕湯王에서 주紂왕까지(B.C 1783~B.C 1123) 660년에 이르는 기간으로 무창巫娼 시대(종교[宗教] 매음[賣淫] 시대를 말함)라고도 할 수 있다. 고대 유럽의 바빌로니아나 이집트, 동방의 일본, 인도 등의 나라 역시 원시 사회에서는 모두 이 무창 계급이 존재해 왔다. 중국의 경우 은殷나라 때에 무풍巫風이 가장 성행하였으며, 종교 매음의 사실과 무창巫娼의 유적들을 많이 찾아볼 수 있다. 따라서 이 시기를 중국 창기사娼妓史의 기원으로 보고 있다.

## 제2기

서주西周에서 동한東漢이 멸망하기까지(B.C 1122~A.D 219) 약 1330년의 기간으로 노예, 창기 및 관창官娼의 발생 시대였다. B.C 400년 아테네 도시의 인구 조사 통계를 보면 자유 평민이 약 21,000명, 외국 교민이 10,000명, 노예가 약 40만 명에 이르고 있다. 또한 로마 전성 시대에 각 지역을 징벌하면서 수십만 명의 포로를 노예로 만들어 로마법도 노예를 합법적으로 인정하였다. 그리스나 로마의 창기娼妓들은 모두 이 노예로 조직되었다. 중국의 갑골문甲骨文이나 주나라 금문金文을 보면 중국의 노예 제도가 은殷나라 때에 시작해서 서주西周 때 성행했음을 알 수 있다. 따라서 노예창기는 서주 때 비조鼻祖가 된다. 그 후의 『관자管子』[25]의 여려女閭, 한무漢武의 영기營妓의 모든 창기는 역시 노예였다. 바로 서주西周의 법에 따라서 크게 확대되었다. 당唐, 송宋 이후에 관기官妓, 영기營妓 역시 그 뿌리는 같았으나 다만 제도상의 표현만 달라졌을 뿐이었다.

## 제3기

삼국 시대 이후 남북조南北朝를 지나 수隋가 망할 때까지(A.D 220~617) 약 435년간을 지칭하고 있다. 이때는 가기家妓와 노예창기奴隷娼妓가 함께 발전하던 시대였다. 창기娼妓는 본래 노예 출신이었다. 중국의 과거 역사를 볼 때 관노예官奴隷가 극히 성행하였는데, 나중에 관기官妓로 바뀌었다. 또한 사노예私奴隷가 극성이었는가 하면 가기家妓 또는 사창私娼으로 변하였다. 진秦, 한漢 때에는 사노예私奴隷가 발달하였고, 위진남북조 시대에는 가기家妓가 공전의

원중희락도(園中戲樂圖) 청나라 작자 미상.

성황을 이루었다. 한편 한대漢代의 영기營妓 제도를 그대로 답습하여 왔다. 영기營妓를 경영하는 사람은 물론 모두 노예였다. 더욱 기괴한 것은 남창男娼이 이 시대에 성행하였다. 또한 가기家妓와 함께 발전한 사실은 주목할 가치가 있다.

### 제4기

당唐, 송宋, 원元, 명明의 4대(A.D 618~1643년)로서 이때는 관기官妓의 전성 시대였다. 약 1028년간에 해당하는 시기로서, 당唐과 송宋에는 '관기官妓'와 '영기營妓'가 있었다. 명대明代에는 '교방악호教坊樂戶'가 있었는데 역시 노예창기의 변화된 양상이었다. 이는 1000여 년을 두고 계속되어 왔다.

청淸나라의 공자진龔自珍은 이를 다음과 같이 논했다. "제왕들이 거주한 도시를 모두 경사京師라고 일컫는데, 거주하는 민족은 다양하고 많은 사람들이 산다. 그래서 여자를 1,000호戶 이상 모집하여 '악적樂籍'으로 정했다. 악적樂籍이 경사京師에 많이 분포되면서 그중에 반드시 교활한 사람이 나타나 용모容貌와 색정色情의 술수術數를 잘 사용하였다. 그러므로 천하天下의 유사游士를 제어하는데, 어떻게 사대부들을 제어할 수 있는가? 다시 말하면, 그들의 자산과 재물을 많이 사용하여 자신의 생계 문제 때문에 나라를 위해 뭔가를 도모圖謀하는 마음이 없어진다. 그들은 날마다 정력을 소모消耗하면 이제삼왕二帝三王의 책을 담론談論할 시간이 없어지고, 사서를 읽지 않으면 역사를 모른다. 그들이 침대에서 색정을 많이 좋아하면 장년壯年의 웅재위략雄才偉略이 점차 줄어들고, 어지러운 뜻을 생각하여 국가의 정치를 논의하는 마음도 없어질 것이다. 그리하여 사대부士大夫들이 하루 중에 사부詞賦의 유희遊戲에 재화才華를 소모하여 나라의 정치를 논의하는 문장文章을 쓰지 않는다. 민중民

衆들이 제왕의 뜻에만 따르고 국가의 치리治理는 편리하게 되고 사대부士大夫들이 역시 많이 보전保全되었다."(『경사京師』악적樂籍)

청淸나라 공자진龔自珍[26]은 "당송唐宋 이후 관기官妓는 전제專制 제왕帝王의 제도로, 일반 영웅호걸들이 부인婦人과 취중醉中에 혁명 사업을 쉬지 않아 '제왕帝王 만세萬世의 업業'을 드디어 누릴 수 있었다. 이것은 바꾸어 말하면 전제 제왕 중의 우민정책愚民政策인 것이다."라고 하였다. 공자진의 말은 진실로 사람만이 시문詩文의 깊은 뜻을 음미한다는 것이다.

## 제5기

청淸나라가 개국한 후(1644년 이후)에는 창기娼妓를 개인이 경영하는 시대가 열렸다. 대략 288년, 순치順治 16년, 경사京師(도읍)에 교방사敎坊司, 여악女樂은 태감太監에만 고쳐 쓸 수 있다. 강희康熙 12년 예부禮部 각 성省 춘의春儀에 창부娼婦를 사용 금지하는 명령을 내린다. 옹정擁正 원년 이후 조서를 내려 각 성의 교방敎坊 악적樂籍 등 천민賤民 계급을 해방解放시켰다. 당송원명唐宋元明 사조四朝의 관기官妓를 없애고, 이후 창기는 완전히 사인私人이 경영經營하게 되어 수천 년 노예창기奴隷娼妓가 드디어 역사상 명사名詞로 성립된다. 다만 청淸나라 말기부터 경사京師에 각 성의 선후 기연妓捐을 징수했고, 돈으로 관직을 사는 것으로 관기官妓가 되지만, 사기私妓에 해당되지 않는다. 이러한 변화의 양상은 관기의 부활이 역사상 민국 이후 쇠퇴하지 않는 것으로 나타났다.

제2장

무창巫娼 시대

제1절

# 중국 창기사娼妓史는
# 어느 시대부터 기술할 것인가?

양거자陽居子가 "태고太古의 일은 누가 기록했는가?" 라고 말하는데 굴원屈原이 답하기를 "아득한 옛날 태초에 누군가 이를 전하여 서술하였다."[27]라고 말하였다. 한漢나라 이후 유생儒生들이 역사를 연구한 것은 오로지 이른바 "태고의 일", "수고遂古 일의 처음" 에 관한 고담高談을 좋아해서이다. 상서탁尙書託은 당우唐虞에서부터, 『사기史記』 오제본기五帝本紀에서는 거의 황제黃帝부터 시작하고 있다. 초주譙周, 황보밀皇甫謐에 이르러서야 복희伏犧까지 이르렀다. 또 서정徐整 이후에는 삼황오제三皇五帝, 반고盤古가 개벽하는 데까지 거슬러 올라간다. 다만 이렇게 말하는 것은 모두 사전 시대史前時代(Prehistoric Age)를 포괄한다.

결승문자結繩文字(문자가 없던 고대 시대에 새끼로 매듭을 맺어 그 모양과 수로써 의사소통을 한 것)와 같은 것으로 근대 서구 학자는 옛 역사를 연구하였다. 무릇 이 연구는 사전사史前史이며, 전래의 종이, 책이나 지하 발굴의 고기古器, 고물古物에 반드시 의지하므로 표준이 될 수밖에 없다. 중국의 고기古器, 고물古物은 유전流傳하여 현재 매우 적은 상태이다. 현존하는 지본서紙本書로 우虞, 하夏, 상商, 주周나라 문화를 고찰하여 증거가 된 것은 겨우 한漢나라 유자儒者들이 전하여 내려온 『상서尙書』 28편 및 진晉나라 사람이 발견한 『죽서기년竹書紀年』 몇 편뿐이다. 다만 청淸나라 위원魏源(1794~1857년, 중국 청조 후기의 사상가)이 고증한 바에 따르면, 『상서尙書』는 비록 요순堯舜에서 시작하였더라도 무릇 주대周代 사관史官이 기록한 것이라고 한다(『서고미書古微』).

고본古本 『죽서기년』은 비록 하우夏禹에서 시작되었으나, 진晉나라 유자儒者 두예杜預(222~284년)는 위魏나라 사관史官이 편집한 것이라고 여겼다(『좌전집해후서左傳集解後序』).

이 때문에 상서 및 죽서기년 두 부분의 글의 내용은 고대古代의 믿을 만한 역사 내용이 아니어서, 우리도 오히려 보증保證할 수 없다. 담론談論이 실물로써 고대古代 역사 사실을 증명하는 데 이르러, 비단 요순堯舜이라도 세상 물정에 맞지 않아 알기 어려우며, 곧 하우夏禹 또한 황당하여 상고하기 어려운 듯하다. 근대近代 신新 사학가史學家 동향은 요堯·순舜·우禹라는 그런 사람이 없으며, 일반인들도 모두 그들의 옛일이 너무 지나친 듯하며 뻔뻔스럽다고 말한다. 지하에 고물고기古物古器가 없어 반박反駁할 수도 없고, 종래에는 그 입을 가로막거나 그 기氣를 빼앗을 수도 없게 되었다.

옛날 역사를 연구하는 데 있어 조금의 서광曙光이 비추었는데, 청淸나라 말기에 갑골문甲骨文의 발견을 일대 사건으로 들 수 있다. 이러한 의외의 사건이 중국 문화사文化史에 대서특필大書特筆된 것은 당연하다. 갑골문甲骨文이 발견된 시기는 광서光緖24년(서기 1898년)이며, 발견된 지방은 지금의 하남성河南省 안양현安陽縣 서쪽 5리里의 작은 마을이다. 확인된 곳은 은대殷代 반경盤庚 이후 도성都城이다. 기록된 내용에서 제왕帝王의 이름은, 제을帝乙(상나라의 30대 황제)로부터 그 이전에서 그쳤다. 기록된 것의 태반은 당시 복서卜筮(점)의 일이고, 자구字句는 간략簡略하였다.

최근 연구에 고증된 갑골 글자의 낱자는 약 2,000자이며, 그 글자에서 읽을 만한 것은 789자이다. 은殷나라 갑골문甲骨文은 나진옥羅振玉(1866~1940년, 중국 청 말부터 중화민국 초기의 금석학자), 왕국유王國維(1877~1927년, 중국 청대 말 민국 초의 금석학자) 등이 정밀하게 고찰하고 연구하였다. 그 지역 시대 및 문자 내용이 함께 찬란히 크게 빛났다. 은대殷代의 역사는 이미 실물實物 갑골문이 있어 입증할 수 있고, 요堯·순舜·하夏·우禹 등은 아득하고 상고할 수 없는 것이어서 크게 그 뜻을 달리한다.

이 때문에 갑골문甲骨文이 실로 한漢나라 유학자儒學者가 전한『상서尙書』몇 편 및 진晉나라 사람의『죽서기년』보다 학술적 가치가 백 배 이상 훨씬 뛰어나다. 갑골문이 발견된 때로부터 다수의 학자들의 고증考證과 주석註釋을 거쳐 문자학文字學과 사학史學에 영향을 끼쳐 최고의 법이 되었고, 이를 우선적으로 선택하여 언급한다.

甲. 문자학자文字學者에게 미친 영향

1. 금문金文의 입증과 발명發明에 도움이 되었다.

2. 허신許愼(30~124년)『설문해자說文解字』등의 잘못을 바로 잡을 수 있고 허신의 가치도 감소되었다.

乙. 사학자史學者에게 미친 영향

1. 역사 연혁사상『전설傳說』,『신화神話』의 모든 그릇된 학설을 근본적으로 동요動搖시켰다.

2. 고대 사회 문화사에서 바로 은대殷代를 증명할 수 있고, 중국 역사상 일대 신기원新紀元을 열었다.

음경(陰莖)을 노출하는 괴벽으로 청(淸)나라 때의 조소.

필자의 친구 호소석胡小石[28]이 다음과 같이 말하였다. "만약 중국이 역사시대를 믿도록 확정할 수 있으려면 문자 성립이 준칙이 된다. ……문자학으로부터 역사적 사건을 잘라낸다면 이 길은 통행할 수 있고……중국中國 문자文字가 신뢰를 얻을 수 있으려면 크게 은대殷代로부터 기원을 강구하여야 한다." "우리나라 문자는 도화圖畫의 탈바꿈을 통해서 의심나는 뜻이 없게 할 수 있다. 그러므로 마땅히 상형象形이 제일이다. 다만 문자와 그림은 구별되는데, 어느 곳에서 강구할까? 전자는 일종의 형체로써 표명하고자 하는 동작을 대표하고……도서의 형체를 따르며, 한 번 변해서 문자 중의 명사가 된다. 다만 명사는 또 동작을 표시할 수 없고 바로 움직임을 돕는 글자로써 응용된다. 그러므로 동자動字가 정식으로 성립되는 날 곧 문자가 도서에 대해 독립을 선포하는 때이다."

또한 호소석은 은대 문자 중에서 은대殷代의 사회 상황을 발견해 낸다. 덧붙여 이렇게 말하였다. "이러한 도형 갑골문을 살펴보는 것이 무슨 의의가 있을까? 1. 도등圖騰(상징 깃발 로고, 토템)의 유제遺制(예로부터 전하여 오는 제도), 2. 종교宗敎의 예의禮儀, 3. 무공武功의 빛남, 4. 전렵田獵의 오락娛樂."

이런 종류의 문자는 이미 완전히 그림 범위를 벗어났고, 대개 은殷나라 말 무을武乙(상나라의 28대 황제) 이후 유물이 된다. 동기銅器(구리에 주석을 섞어 만든 여러 청동기물) 도형圖形보다 조금 늦게 출현하였다(호소석胡小石, 『중국문학사中國文學史』).

호소석에 따르면, 문학文學의 성립이 처음 은조殷朝부터라면 역사도 마땅히 은殷나라가 비조鼻祖가 되어야 함은 의심의 여지가 없다.

최근 곽말약郭沫若[29]은 이를 제대로 언급하였다.

① 중국 고물古物은 단지 상대商代에 나왔는데 이는 석기石器, 골기骨器, 동기銅器, 청동기靑銅器이며, 상대商代 말년末年에도 여전히 금석金石이 아울러 사용된 시기이다.

② 상대商代에 이미 문자가 있는데, 다만 이 문자의 80% 이상은 극단적으로 상형象形 그림이다. 그리고 또 베끼는 법은 일정치 않으며, 문文의 구성상 혹은 가로로, 혹은 곧바로 읽고, 혹은 외로, 혹은 우로 읽는다. 간략하고 바른 것은 오화팔문五花八門(五花〔오화〕는 五行陣〔오행진〕, 八門〔팔문〕은 八門陣〔팔문진〕으로 본래 古代〔고대〕兵法〔병법〕의 진명인데, 후에 사물의 모양이 다양하고 變化無雙〔변화무쌍〕함을 비유함) 문양인데, 이때에는 문자가 생겨난 지 아직 매우 오래지 않으며, 문자도 아직 형성 도중에 있음을 알 수 있다.

③ 상대商代 말년末年에는 아직 목축牧畜이 주요 산업이었다. 점을 치는 일은 희생犧牲의 숫자를 사용하였는데, 늘 3~4백 마리 이상으로 그것으로 곧 증거를 삼았다. 농업이 비록 발명되었으나 다만 밭을 가는 기구가 나타내는 것은 신기기蜃器器, 혹은 석기石器를 소유한다는 것으로 이를 보았을 때 당시의 농업은 매우 유치하였다. 세 개의 결론結論에 근거하여 단정해서 말할 수 있는 것은 상대商代는 중국中國 역사歷史를 여는 시기였다는 점이다.

"상대商代에는 모두 여전히 금석金石을 병용하는 시대였고, 상대 이전의 사회는 단지 석기 시대石器時代의 원시原始 미개未開의 야만野蠻 사회였다고 단언斷言할 수 있다. 상대商代에 문자文字가 구조構造되던 도중에 당우唐虞 시대에 있던『제전帝典』「우공禹貢」,「고요모皐陶謨」의 어떤 것도 절대 나오지 않았고, 황제黃帝 시대에는 심지어『내경內經』「소문素問」이 나오지 않았으니, 이미 소멸한 일체의 도서道書이다. 또한 상대에는 목축이 성행한 시대이고, 상대의 사회는 필연적으로 여전히 일개 원시공산제 씨족 사회였다." (곽말약郭沫若,『중국고대사회연구中國古代社會硏究』, 1928)

실물의 갑골문甲骨文에 근거하여 고대古代 역사를 탐구하고 토론해 왔다. 3~수년 내에 다수 학자의 정밀한 연구를 거쳤다. 중국 역사는 당연히 은조殷朝로부터 시작되었다고 하는 것이 확정적이다. 아울러 역사학자, 문학가, 사회학자들의 의견이 하나로 일치한다. 이 때문에 우리는 현재 실재한 것으로 간주되며, 증거가 있는 창기사娼妓史가 마땅히 은조殷朝에서 시작되었음에 의심의 여지가 없다.

## 제2절

# 은대殷代의 무창巫娼

은殷나라는 원시 사회에서 씨족 사회로, 즉 목축 사회에서 농경 사회로 점
차 옮겨간 시대였다. 이 시대의 남녀 관계는 함부로 성교하는 야합잡교野合
雜交 시대는 지났으나 아직도 모계 사회의 형태를 완전히 벗어나지 못한 채
서서히 부계 중심의 시대로 변천해 가는 시기였다. 따라서 혼인 제도가 확
립되며, 성적인 관계 역시 점차로 제약을 받게 되었다. 이때 여자는 남자의
노예 혹은 재산으로 그 가치가 바뀌어 가고, 사회에서는 점차 육체의 대상을
선택 없이 여러 사람에게 제공하는 창기娼妓가 생겨날 분위기로 성숙되어 갔
다. 그러나 근대의 '직업 창기'와 같은 것은 발견할 수 없었다.

그러면 은대殷代에는 창기의 종적이 과연 없는 것일까? 세계의 각국에 직
업 창기가 생겨나지 않았을 때 먼저 무창巫娼이 있었다. 사회학자들이 말하
는 종교 매음宗教賣淫은 바로 이러한 것을 지칭한다.

러셀(Bertrand Russel)[30]에 의하면, 고대 창기들은 오늘날과 같이 천한 대접을
받지 않았다. 원시 사회에서 그들은 신을 대신하는 대행자로서의 귀한 신분
에 속하였다. 최초의 창기는 남신男神 또는 여신女神의 여무女巫로서, 과객을
맞아들여 배신拜神을 위한 표시를 하였다. 그때 사람들은 그들을 따르고 섬
겼다. 그러나 기독교에서는 그들을 죄악시하고 사탄의 무리로 규정짓자, 그

들의 눈길을 피하여 신전에서 시장으로 쫓거나 윤락 행위를 하게 되었다. 인도印度의 한 창기 제도는 종교적 성질로부터 탈바꿈하여 상업의 과정으로 변화되는데, 아직은 미완성 단계에 있다.

캐서린 메이(Katherine May)의 『Mother India』라는 책에서는 종교적 창기 제도가 후세에 남아 보전되었음을 지칭하여 인도의 병폐라고 하였다.[31]

『사회 문제 사전』에 보면 매음의 기원을 접대 매음, 제례 매음, 종교 매음 등의 세 가지로 나눈다. 앞의 두 가지는 금전 수수 관계가 없는 것이다. 그러나 종교 매음은 처음부터 바벨론에서 시작되어 그리스로 건너갔다. 이와 같은 매음은 사원의 지하실에서 이루어졌다. 무녀巫女 또는 무녀舞女가 희망함에 따라서 육체가 제공되었으며, 보수로는 향과 돈을 받았다. 이 일이 예식화되어 갔고 받은 금품은 사원의 재원으로 사용되었다.

서얼 페레커(Shall Felieke)의 『가정진화론家庭進化論』이라는 책에서는 이른바 보존되어 전해져 오는 여자 공유의 관습은 대부분 신기하고 음란한 형식을 취한다고 지적한다. 여자가 신체의 자유를 얻기 위해서는 물론 한 차례 또는 두어 차례 음교淫交를 해야 했다. 시대가 발전하면서 이와 같은 희생은 점차 사라져 갔다. 바빌로니아 여자들의 일생에는 반드시 한 차례는 비너스 성당에 가서 음행을 강요당해야 했다. 헤로도토스(Herodotos)는 기원전 440년에 이미 이런 일을 말하였다. 고대 이집트의 테베(Thebes)는 귀족 계층의 가장 아름다운 여인들을 아몬(Amon) 신에게 바쳤는데 이것은 당시의 습속이었다. 여자가 신전에서 음행을 한 뒤, 일정한 시기가 경과한 후에 돈과 명예를 얻어 한 부자를 찾아서 결혼하는 것은 참으로 쉬운 일이었다.

일본의 사카이 도시히코堺利彦는 『부녀문제본질婦女問題本質』이란 책에서, 종전의 바빌로니아 여자들은 매년 한 차례씩 신전에서 일반 남자들을 위하

여 자유롭게 성교하였다. 또 앞에 서술
한 여자들이 신전神殿 안에서 한 공개적
인 음행은 매음賣淫의 기원으로 설명할
수 있다. 이때 자유롭게 성교하고자 하
는 남성들은 반드시 신에게 금품을 바쳐
야 했다. 이 금품은 뒤에 와서는 향화전
香火錢으로 바뀌었다. 신전에서 이뤄진

공산(公山), 모산(母山) 세계 각지 민속 중에 보편적으로
많이 보이는 생식 숭배 상징물.

무녀巫女와의 자유로운 성교는 그 뒤 매음賣淫으로 바뀌었고, 창기娼妓의 기
원이 되었다.

앞에서 살펴본 것과 같이 서구의 창기는 모두 종교宗教에서 기원하고 있
다. 고대의 여무女巫, 처녀處女, 또 고대의 신전은 바로 기녀 및 기원妓院의 시
작이었다. 중국의 옛 기록을 연구해 보면 또한 서구와 마찬가지였다. 은殷나
라 때나 그 이전에도 분명히 무창巫娼의 과정을 거치고 있다.

원시인들의 생활을 살펴보면 거의 종교적인 의의를 내포하고 있다. 그들
부족의 추장은 바로 그들 종교의 영수였다. 그러므로 그들 부족 가운데 무
술巫術을 행사할 수 있는 사람은 대중의 신앙과 추대를 받아서 추장으로 승
격되었다. 바꾸어 말한다면, 무술巫術로 암암리에 귀신을 부려 사람들에게
복과 화를 주고 있다. 이들 무술가巫術家는 귀신을 부려 바람을 불게 하고 비
를 오게 하는 능력이 있었다. 이 때문에 대중들의 추대를 받아 추장이 되었
다. 그의 존엄은 제왕과 같았다.

고대의 유럽, 이집트, 바빌로니아 등의 제사장은 모두 이와 같았다. 중국
의 황제黃帝는 백신百神을 부를 수 있다고 하였다. 또 죽어서는 변화되어 승
천할 수 있다고 하였다.[32] 걸桀 이후 7년 동안 큰 가뭄이 들었다. 탕湯은 손톱

하란산(賀蘭山)에 있는 성교 그림의 암각화 : 원시 시대의 암각화는 대부분 성교와 생육 숭배의 결합이며, 인류 교합의 번식은 선민(先民)의 마음에 비교할 수 없는 신기한 것이다.

을 깎고 머리를 깎은 다음 초의를 입고 상림桑林 속으로 들어가 기도하여 큰 비를 내리게 하였다.[33] 황제黃帝 상탕商湯은 이렇게 무술巫術로써 백성을 우롱하여 내외의 추대를 받아 왕위에 올랐다.

은대殷代에는 더욱 모계 사회母系社會로 배회하는 중이고, 원시 공산 사회의 시기에 멀지 않아 무풍巫風이 특히 발달하였다. 아래와 같이 요점을 개별적으로 열거하고자 한다.

(1) 은대殷代의 모든 정치 종교政敎는 거의 무격巫覡이 관장하였다.

① 제사를 지내는 무巫가 있었다. 『백호통론白虎通論』에서는 "은殷에서는 제사를 공경하여 드렸다. 그리하여 먼저 제기를 조심스럽게 다루었다. ……제사를 형식적으로만 드리기 때문에 귀신을 감동시키지 못한다."

고 하였다. 『예기禮記』[34]에서도 "은殷나라는 귀신을 존경했으며, 귀신을 섬김으로 백성을 다스렸다. 먼저 귀신을 섬기고 후에 예를 차렸다."고 기술한다.

『설문해자說文解字』에 제주祭主로 찬사贊詞하는 사람을 축祝이라고 하였다. 춤을 추며 강신降神하게 하는 사람을 무巫라고 하였다. 갑골문甲骨文에 보면 '무巫'자를 썼다. 상승조商承祚는 "이것은 신전 안에서 두 손으로 옥을 받들어 신을 섬기는 모양"이라고 설명하였다. 즉 무巫는 각종 제사에 있어서 당연히 중요한 인물이었다.

또 갑골문甲骨文 가운데 상형자가 있다. 예를 들면 두 손으로 새를 잡아 신전에 바치는 모습, 벼를 들고 신전에 바치는 모습, 조개를 잡아 신전에 바치는 모습, 또는 짐승의 머리를 잡아 신전에 바치는 글자 등이 있다. 현재는 모두 해석되지 않고 있으나 틀림없이 제사를 돕는 무인巫人일 것으로 생각된다. 나진옥羅振玉[35]이 갑골편甲骨片 1,069조각을 모아 제사祭祀, 복고卜告, 복형卜亨, 출입出入, 어렵漁獵, 정벌征伐, 복년卜年, 풍우風雨, 잡복雜卜의 아홉 가지 항목으로 분류하였다. 그중에 제례 항목이 538편으로 가장 많았다. 즉 은나라 때에는 무귀巫鬼의 풍습이 성행하였음을 알 수가 있다.

② 측천測天(생활 및 우주 공간을 헤아림)의 무巫가 있었다. 『예월령정의禮月令正義』에 "……세 번째는 선야宣夜이다. 옛말에 의하면, 은殷나라의 제도라고 하였는데 그 모양과 뜻을 알아볼 수가 없다."라고 하였다. 이렇게 보면 천문학은 은나라 때 이미 발생하였다고 볼 수 있다. 『사기史記』천관서天官書에 보면, "옛날 천수天數를 권하는 자는 고신高辛보다 먼저 중려重黎가 있었다. 당唐과 우虞에는 의화羲和가 있었다. 하夏에는 곤오昆吾가 있었

다. 은상殷商에는 무함巫咸이 있었다." 라고 하는 것은 은무殷巫는 천문을 하였음을 실증하고 있다.

③ 주복서主卜筮의 무巫가 있었다. 『주례周禮』[36]에 의하면 "복인卜人은 먼저 점을 치고 난 뒤에 제사하였다." 라고 하였다. 정현鄭玄[37]은, "선복先卜은 비로소 복서卜筮를 사용하였음을 일컫는다. 제사는 존엄을 갖추어야 함을 말하였다." 라고 하였다. 『세본작편世本作篇』에 "무함巫咸은 복서卜筮를 하였는데 그 사람에 대하여 듣지 못하였다." 라고 하였다.

이에 근거하면 복인卜人은 무함巫咸을 받들어서 먼저 점을 치게 되었다. 복서卜筮는 반드시 제사를 먼저 지내고 하였다. 이것은 무巫가 주복서主卜筮를 겸하고 있었던 증거였다.

④ 의약醫藥의 무巫가 있었다. 옛날에는 무巫와 의醫를 병칭하였다. 공자孔子는 "사람이 항심이 없으면 무의巫醫를 할 수 없다." 라고 하였다. 『설문해자』에는 "의醫란 질병을 고치는 기술이다. 옛날 무팽巫彭이 제일 처음으로 의사 일을 하였다." 라고 기술하고 있다. 왕충王充의 『논형論衡』[38]에 의하면 "무함巫咸은 축祝으로서 사람의 병을 낫게 하였다." 라고 하였다. 『회남자淮南子』[39]에 의하면 "여자 의사를 무巫라 하고 남자 의사를 격覡이라고 하였다. 제신祭神의 힘을 빌어 병을 치료하고 복을 구하였다. 그리하여 구균救鈞이라고 하였다." 라고 적고 있다. 『주서周書』에 보면, "무왕武王이 승리를 한 뒤 은殷나라에 무의巫醫를 두어 백약을 준비하게 하여 재난과 질병에 대비하였다." 라고 하였다. 주周나라가 비록 병력兵力으로써 은殷을 정복했다고 하지만 여전히 그 옛 풍습을 따랐다. 은殷나

라 때에는 무인巫人이 의료 행위를 병행했음을 잘 알 수 있다.

## (2) 무巫는 사회적 지위가 높았다.

한漢나라 왕일王逸의 『초사楚辭』 이소離騷에 "무함巫咸은 옛 신무神巫로 은殷나라 중종中宗 때 있었다."라고 하였다.

『설문해자』에 보면 "무巫는 축祝이다. 옛날 무함巫咸을 처음에는 무巫라고 하였다."라고 하였다. 강천江瑔의 『독자치언讀子巵言』은 고대 무인巫人의 사회적 지위를 잘 설명해주고 있다.

"고대의 관리는 다만 무인巫人과 사관史官이 있을 뿐이었다. ……사람의 일을 기록하는 사람을 사관史官이라 하며, 귀신을 받들고 섬기는 사람을 무인巫人이라고 하였다. 옛사람은 제사를 중시하고 귀신을 섬겼다. 따라서 무인巫人과 사관史官은 그 시대에 있어서 똑같이 중요한 위치를 차지하고 있었다. 후세에 와서 지식이 발달해 가고 귀신을 섬기는 일이 헛되며, 인간의 일보다 중요하지 않다는 것을 깨닫게 되면서부터 무인巫人은 쇠퇴해 가고 사관史官은 흥성하게 되었다. 이렇게 되면서부터 무인巫人은 병을 고치고 복을 기구하는 사람으로 변하였다. 주周나라 말엽에 무인巫人의 지위는 거의 사라져 버리고 말았다."

은殷에 이르러 여무女巫들은 창기들이 갖추어야 할 이른바 재才, 정情, 색色, 예藝 등을 모두 갖추고 있었다.

① 무巫는 말을 잘하였다. 초楚나라의 관사부觀射父는 무격巫覡을 일컬어 "그 지혜와 능력은 귀신을 초월한다."라고 하였다.

『주역周易』[40]의 괘전卦傳에 "태兌괘는 입과 혀이니 무녀巫女가 여기에 속하며, 젊은 여자가 된다." 라고 하였다. 아마도 무巫는 아주 말을 잘하는 소녀가 맡았다고 생각할 수 있다. 그러므로 태요에서 형상을 취하였는데, 이것이야 말로 여무女巫가 말을 잘했다는 증거로 삼을 수 있을 것이다.

②무巫는 남자 사랑의 비법이 있었다. 『구당서舊唐書』 체왕담전棣王琰傳에 "담비 위 씨는 과오가 있었다. ……별실에 두었다. 담琰과 유인孺人은 둘 다 사랑하였는데 유인孺人은 몰래 무巫에게 부적을 얻어다가 담琰의 신발 속에 넣어둠으로써 사랑을 구하였다." 라고 하였다.

이러한 일은 고대로부터 전해 내려온 법술法術로 여겨지며, 절대로 당唐나라나 금金나라 때에 생겨난 것은 아닐 것으로 여겨진다. 은殷나라 때 무속 신앙이 번성하였는데, 후대의 사실로 유추해 본다면 이와 같이 부적으로 남자의 마음을 사로잡는 비술秘術은 은殷나라 때 무녀巫女들은 필연적으로 할 수 있었던 일로 여겨지고 있다.

③무巫는 아름답게 화장하고 노래하고 춤을 추어 사람을 감동시켰다. 은殷나라 때의 문화가 비록 주周나라 문화에 의해 정복당했다고 하더라도 완전히 소멸되지는 않았다. 초楚나라 사람들은 바로 그 문화를 보존하여 이어갔다. 초楚나라에서는 이르기를 무巫를 영靈이라고 하였다. 역대의 무녀巫女를 가장 잘 묘사한 작품으로는 굴원屈原[41]의 「구가九歌」를 들 수 있다. 후대에 많

근대(近代)의 석조환희불(石雕歡喜佛).

은 아름다운 정염의 시들이 있어도 굴원屈原만큼 바람에 날리는 꽃잎처럼 향기 가득한 절세의 작품은 없다고 본다. 근대의 왕국유王國維[42] 역시 초楚나라 무녀巫女의 모습을 일컬어 "난향에 몸을 씻고 향수에 머리 감고, 꽃 같이 아름다운 옷차림은, 무녀巫女의 화려함을 말하였다. 흐르는 듯 낮고 느린 가락과 생황과 비파를 뒤따라 노랫소리 높다고 한 것을 보면 가무가 성행했음을 말하고 있다. 승풍재운乘風載雲은 음란의 뜻으로, 영靈으로 직업을 삼았음을 말하고 있다. 너울너울 춤을 추어 신을 형상하고자 하였다. 신을 즐겁게 하는 것은 후세에 희극의 시초가 되었는데, 위와 같은 모습은 당시의 무녀巫女들의 모습이었다." 라고 설명하고 있다.

위에서 인용한 재才, 정情, 색色, 예藝 등을 겸비하고 있는 근대적 창기는 초楚나라의 여무女巫로부터 시작된다고 볼 수 있다. 초楚나라는 직접적으로 은殷나라의 문화를 계승하였기 때문에 은殷과 초楚의 두 민족은 같은 풍속과 습관을 갖게 되었다.

은殷나라는 특히 무귀巫鬼를 귀중하게 여겼으며, 초楚나라 역시 무귀巫鬼를 믿었다. 그리고 음사淫祀를 중시하였다. 초楚나라에 그와 같이 아름답고 고운 여무女巫가 있었다는 것을 예로 들 수 있다. 『상서尚書』 이훈伊訓에 보면 다음과 같이 설명하고 있다.

"항상 궁에서 춤을 추었고, 집[室]에서는 마시며 노래를 하였는데 이것을 무풍巫風

거대한 모형의 남근(男根).

이라고 하였다. 여색과 재물을 좇아서 항상 전지를 따라다니는 것을 음풍淫風이라고 하였다. 위와 같은 삼풍三風을 벼슬아치들이 오직 자신을 위하여 행했다면 집은 반드시 망하였다. 나라의 임금이 또 그렇게 행했다면 국가도 망하게 되었다. 또 신하가 바르지 못하면 묵형墨刑에 처하였다."

이렇게 볼 때 당시 무창巫娼이 얼마나 번성했는가를 알 수 있다. 이미 하나의 유행처럼 되었다. 이 때문에 무풍巫風이라고 하였다. 사대부들이 그 가운데 빠지게 되면 헤어날 줄 몰랐기 때문에 탕왕湯王은 관형官刑을 제정하여 관료들에게 경고하였다. 이훈伊訓(서경〔書經〕 상서〔商書〕의 편명〔篇名〕)은 위서僞書라고 믿을 수 없다고 말하는 사람이 있지만 "술에 취하여 노래하고 항상 춤추며 여색과 재물을 좇는다."라는 것은 옳은 말이었다.

『묵자墨子』[43] 비악편非樂篇은 옛 진본 상서尙書를 인용하여 "선왕의 기록에 보면 '탕'의 관형이 있었는데, 말하기를 항상 관아에서 춤추고 노는 것을 '무풍'이라고 하였다. 군자는 '출사이위出絲二衛'로 형벌하였다. 소인은 그렇지 않았다. '이백황경二帛黃經'에 벌하였던 것 같다."라고 하였다.

아마도 상탕商湯 때의 사람들은 무창巫娼과 음행을 했고, 그와 같은 기풍은 보편적으로 이루어졌던 것을 알 수 있다. 그러므로 관형官刑을 제정하여 그들을 징계하고 기강을 확립하려고 하였다. 이른바 '출사이위出絲二衛'와 '이백황경二帛黃經'은 바로 형벌의 조항이었다. 여기의 군자君子와 소인小人은 아마도 귀족과 평민을 일컬었을 것이다.

형벌의 조문은 소인을 군자보다 중하게 하였던 것 같다. 즉 계급 제도는 은殷나라 때 이미 시작되었다. 대중이 몽매한 시대에 무격巫覡이 성행하였다. 항상 좋은 때나 절기를 맞으면 반드시 한 무리의 남녀가 아무것도 걸치지 않은 나체 대회가 열렸다. 이날 하루는 마음껏 마시고 즐기며 춤추고 놀았다. 아름다운 인연이 맺어지고 인생에 있어서 지상의 즐거움을 위한 것으로 이루어졌다. 결과적으로, 논두렁이나 뽕나무밭 사이에서 매우 자연스럽게 성욕을 해결하였다.

레오 맨쿤(Leo Mankun)의 『구미음업사歐美淫業史』에 의하면, 잘 알다시피 이 집트, 로마, 중국의 묘족苗族에게서 이 사실을 찾아볼 수 있다. 헤로도토스 (Herodotos)는 양성의 관계가 불결하다고 생각하였다. 그러나 그리스에는 많은 성기聖妓의 단체들이 있었다는 것을 알고 있다. 로마의 꽃의 여신인 플로라(Flora)는 바로 기녀妓女였다. 4월 말에서 5월 초까지 일주일 동안의 축제 기간은 방종과 정욕이 넘치는 환락의 시기였다. 이 기간 중에 로마의 창기들은 옷을 벗어던진 채 나체로 음탕한 춤을 추었다. 슬로瑟盧의 『창기 제도고娼妓制度考』에 의하면, 고대 이집트 여인들은 매우 열정적이었다. 여자가 10살이 되면 혼기에 달하게 되는데, 이때 그들은 태양의 신전에 들어가 신성한 매음을 하였다. 이 일은 하나의 신성한 직무였다. 그들 종교에는 이른바 이시스(Isis)와 오시리스(Osiris)라는 남녀의 성신性神이 있었다. 제례를 거행할 때에는 남녀를 불문하고 나일 강 가에서 외설스럽고 음란한 춤을 추었다.

『묘속기苗俗記』에 보면, 중국의 묘족苗族은 매년 봄이 되면 남녀가 들에서 성행위를 하였다. 이를 도월跳月이라고 하였다. 그리고 성행위를 하는 장소를 월장月場이라고 하였다. 이때가 되면 남자와 여자들은 모두 옷을 갈아입고 장식을 하였다. 남자들은 대를 엮어 여생蘆笙을 만들어 이것을 불며 앞으로 나갔고, 여자들은 방울을 흔들며 그 뒤를 따라갔다. 아울러 어깨를 나란히 하고 춤을 추며 빙빙 돌면서 종일토록 놀았다. 날이 저물면 으슥한 곳으로 들어가서 놀다가 날이 밝아서야 헤어졌다.

『동계섬지峒谿纖志』에 보면, 동계의 남자와 여자들은 정월 초하루 3월 3일,

청(淸)나라 때 환희불(歡喜佛) : 성교(性交)를 하면 도를 얻어, "대괴환희천(大怪歡喜天)'에 도달한다는 불교 밀종(密宗)의 불상(佛像).

앙공앙모(央公央母) : 목조(木彫).

8월 15일에 서로 어울려 노래를 불렀다고 했다. 3월의 노래를 일컬어 낭화가浪花歌라고 하였는데 더욱 금기로 여기는 것이 없었다. 중국의 춘추 이후의 사회는 이미 개화하여 변화되었지만 그와 같은 종류의 습속은 잔존했다.

『한시외전漢詩外傳』및 『시경詩經』[44]의 정풍鄭風 주유편溱洧篇에는 정鄭의 풍속은 3월 상순에 주溱와 유洧의 두 강가에서 계례禊禮를 비롯하여 거행하였다. 그리고 남녀가 서로 어울리고, 난초를 채취하고, 작약을 주고받았다.

『사기史記』골계열전滑稽列傳에 보면 다음과 같이 쓰여 있다. "제齊나라는 마을에 모임이 있으면 남녀가 같이 앉아서 술을 마시고 농담을 즐겼다. 육박六博을 두며, 투호投壺놀이를 하면서 서로 짝을 지었다. 손을 잡거나 눈짓을 나누어도 금하지 않았다. 그러다 보면 귀걸이가 땅에 떨어졌다. 또는 비녀가 떨어지기도 하였다. 해도 지고 술도 모두 마시게 되면 서로 어울려 자리를 함께 하였다. 신발은 흩어져 있었다. 술잔과 쟁반은 어지러이 흩어졌다. 집 안에 불은 꺼지기 시작하였다. 옷들을 벗었다. 그러면 향기로운 내음만 은은히 퍼졌다."

잘 알다시피 얼마나 자유분방한 남녀 교제가 이루어졌으며, 성욕을 자연스럽게 해결하였는지 알 수 있다.

제齊나라 이외에도 은殷나라 때 및 묘족苗族들의 시대는 모두 무격巫覡이 전성했던 시대임에 틀림없다.

춘추 전국春秋戰國 시대까지도 정鄭과 제齊나라의 광란적이고 문란한 풍속은 고대 로마, 이집트 및 근대의 묘족苗族과 다를 것이 없었다. 아마도 은殷나라 때의 무풍巫風이 남아 있었기 때문일 것이다. 춘추春秋 시대에 제齊나라의 관사觀社를 예로 들 수 있다.

『좌전左傳』[45]에서 보면, "관사觀社(토지의 신에게 제사 지내는 사제[社祭]를 구경하는 것)는 비례非禮이다."라고 하였다. 표면적으로 보면 관사觀社는 모두 예禮가 아닌 것이 없었다. 그러나 『묵자墨子』 명귀편明鬼篇에 보면 "연燕나라 장수가 조정으로 달려와, 연나라의 조정에 종묘와 사직은 제나라의 것이 되었다. 송宋나라에 상림桑林이란 자가 있었는데, 또한 초楚나라 사람인 운몽雲夢이란 자가 있었다. 이들은 남녀로서 서로를 바라보고 있었다."고 하였다.

남자와 여자의 그와 같은 관계 때문에 『곡량전穀梁傳』[46]에 보면, "이로 인해 시녀가 되었다."라고 설명하였다. 『공양전公羊傳』[47]에 보면 노공魯公이 국경을 넘어서 민가에서 음행을 하였다.

유리초兪理初의 『연조제사의燕祖齊社義』에 보면 노공魯公과 장공莊公은 제齊나라 관사觀社로 가서 여인들과 내왕하였다. 때와 장소를 막론하고 성교하는 풍습은 의심할 것 없이 몽매하였던 시대에 군혼群婚 제도의 잔존으로, 아마도 무풍巫風이 남아 존재한 것이다.

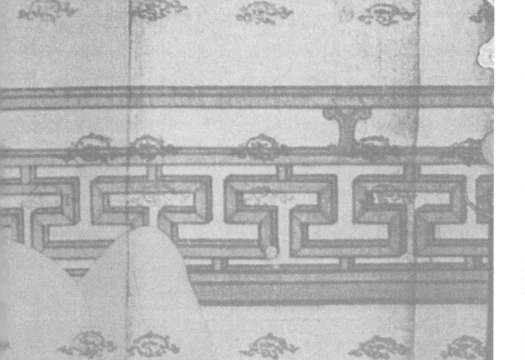

제3장

노예奴隷 창기娼妓 및
관창官娼 발생 시대

제1절

# 서주西周의 노예 창기

『주역周易』에 보면, 동童, 복僕, 신臣, 첩妾 자 등이 있는데 이는 모두 노예라
는 의미였다. 은殷나라에서 주周나라로 넘어가는 시기는 모계 중심 사회에
서 부계 중심 사회의 시대로 바뀌어 가는 과도기였다. 또한 유목 사회에서
농경 사회로 바뀌어 가는 시대로, 노예 역시 점점 발달하였다.

나진옥羅振玉의 『은허서계殷虛書契』에 보면, 갑골문甲骨文에 노奴, 해奚, 아婀,
폐嬖, 면丏, 부俘 글자 등이 있는데 『설문해자』에서 노奴는 고대의 죄인이라
고 해석하였다. 정현鄭玄(127~200년, 중국 후한 말의 학자)은 『주례周禮』를 주석하
여 해奚는 한漢나라의 관비라고 하였다. 또한 아婀는 폐嬖를 시종하고 총애를
받는 소인小人이라 지적했다. 망인
亡人은 면丏이라 하고 부俘는 전쟁에
서 잡아온 포로를 뜻하였다. 이를 볼
때 이 시대에는 이미 계급이 존재했
음을 알 수 있을 뿐더러 노예 제도가
이미 싹트고 있었음을 알 수 있다.
주周나라로 들어오면서 노예 제도는
급진적으로 발달했다. 관리들과 일

명(明)나라 때 기원(妓院)의 형구(形具).

방중술(房中術) 서적(書籍).

반 평민, 사대부 계급과 서민 계급, 군자君子와 소인小人 등으로 나누어졌다.

이러한 예들은 경전經典에서 쉽게 찾아볼 수 있다. 소인小人을 서민庶民, 여민黎民, 군려群黎라고 하였다. 군자君子는 백성百姓으로 당시의 귀족이었다. 그 이외는 모두가 노예였다. 춘추春秋 이전에 두 계급은 실제로 분명한 한계가 있었다. 그러면 먼저 주周나라 금문의 예를 들어 증명할 수 있다. 주周의 금문金文 가운데에는 노예인 석錫에 관한 일이 대단히 많다.

우정盂鼎, "석여錫汝는 방사邦司에 300인과 서인庶人에서 격구어鬲□馭에 이르기까지 650명, 또한 9명이 있었다."(『주금문존周金文存』)

제후박齊侯鎛 "내가 이도성釐都城의 석여錫汝를 상賞으로 내리겠다. 성성城은 지방地方 300리里를 관리한다. 너는 이읍釐邑의 장광이며 4,000명의 국도國徒를 데리고 적을 경계警戒하거라. 내가 석여錫汝, 전차戰車, 전마戰馬, 군사軍士, 부인仆人, 300가家, 50가家를 상으로 내리겠다. 너는 오랑캐를 경계警戒하라."

(설상공薛尙功『역대종정이기관지歷代鐘鼎彝器款識』)

부기돈不期敦 "부기돈不期敦, 당신은 젊은 남자이며 무예武藝에 능하다. 내가 석여錫汝에 활 하나와 활살 한 다발을 상으로 내리겠다."(『주금문존周金文存』)

극존克尊, "태사太師는 석백극錫白克과 노예 30명이 있었다."(『주금문존周金文存』)

여기에서 인용하고 있는 서인庶人, 신臣, 복신僕臣은 모두 노예의 변화된 이름으로, 노예 석여錫予는 호구의 수에 따라서 세습의 가주家主로 바뀌었다. 예를 들면 원元나라 때의 구구驅口와 마찬가지였다.

『좌전左傳』에 나타난 기록은 다음과 같다.

> "비표斐豹는 노예 명부[단서丹書]에 기록되어 있는 노예였다. 그는 주周나라
>
> 선왕에게 말하기를, 정말로 노예 명부를 불태워 없앤다면 제가 독융督戎을
>
> 죽이겠다."

단서丹書는 노예의 호적으로, 이는 후대의 인신 매매 계약서와 같은 것이었다. 그 단서丹書를 불태워 없애면 평민으로 복귀할 수 있었다. 이것은 곧 주周나라의 노예 제도가 문서화되어 있다는 증거였다.

『주례周禮』에서 보면 사려司厲라는 기관에서 도적을 관장하였다. 그들 중 남자들은 죄예罪隸로 들어갔다. 여자들은 용고舂槁로 들어갔다고 하였다. 이렇게 본다면 당시의 노비들은 모두 죄인이었다고 볼 수 있다.

『좌전左傳』에 이르는 사士, 조皂, 여輿, 예隸, 료僚, 복僕, 태台는 비표斐豹 노예와 같은 성질의 노예였다.

『주례周禮』에 보면, "옛날 종좌從坐의 남자와 여자는 관노官奴가 되었다. 젊고 재주가 있는 자는 해奚가 되었다."

제齊나라 여인은 세 번 시집가면 용고舂槁로 들어갔다는 기록이 있다. 그리고 초楚나라 종자기鍾子期의 아버지가 살인을 하였는데 그로 인해 그의 어머니가 공가주公家酒 (주기(酒妓)를 말함)가 되었다는 기록도 남아 있다. 이것이 바로 『주례周禮』에 나오는 여용유女舂抌와 여주女酒였다.

제齊나라와 초楚나라에서는 대개 주周나라의 법제를 이어오고 있었는데, 이러한 예로 바로 주周나라의 관노官奴를 들 수 있다. 참고로 당시의 관노官奴에 대한 문헌의 여러 가지 기록들을 종합해 보면 다음과 같다.

『주례周禮』지관地官 용인하春人下 "女舂抌 2人, 奚 5人"

고인하藁人下 "女藁每奄 2人, 奚 5人"

희인하饎人下 "女饎 8人, 奚 40人"

천관주인하天官酒人下 "女酒 30人, 奚 300人"

장인하漿人下 "女漿 15人, 奚 105人"

변인하籩人下 "女籩 20人, 奚 40人"

염인하鹽人下 "女鹽 20人, 奚 40人"

해인하醢人下 "女醢 20人, 奚 40人"

막인하幕人下 "女幕 10人, 奚 20人"

계인하繼人下 "女繼 30人, 奚 30人"

춘관수조하春官守祧下 "女祧每廟 2人, 奚 4人"

천관세부하天官世婦下 "女府 2人, 女史 2人, 奚 16人"

　　　"祝 4人, 奚 8人"

　　　"女史 8人, 奚 16人"

이상에서 서술한 바와 같이 서주西周 노예의 연원은 아마도 죄예罪隸에서 나왔을 것이다. 『주례周禮』에서 보면 만예蠻隸, 민예閩隸, 이예夷隸, 맥예貉隸 등의 명칭이 있는데, 이것은 모두 적국의 포로들을 노예로 삼았다는 증거였다. 『시경詩經』과『서경書經』[48]을 보면 주周나라 초기에 많은 노예들을 이용하

여 토목 공사를 이룩하고 강토를 개척
하였다. 그리고 음역淫役의 일과 정전征
戰에 출전시켰다.

주周나라의 금문金文에 나타난 서주西
周 초기 노예의 명목은 참으로 많았다.
고대 그리스와 로마의 풍습도 마찬가지
였다. 위와 같은 것을 일컬어 노예 사회
奴隷社會라고 할 수 있다.

범려(范蠡)의 초상(肖像).

『주례周禮』에 보면 여종유女春抗, 여주
女酒와 해奚 이하가 1천여 명에 가까웠다. 아마도 미모와 재주가 뛰어난 노예
들을 그들 가운데서 발탁하여 황제에게 헌납했던 것으로 볼 수 있다. 이와
같은 사람들을 후세에 와서 이르기를 어기御妓, 궁기宮妓, 또는 궁인宮人이라
고 하였다.

주周나라의 천자에게는 120명의 비妃와 후궁 12명, 세부世婦 27명, 시첩侍妾
81명 등 이외에도 앞에서 말한 노예 기녀들까지 있었으니 그 음란하고 방탕
한 행실을 가히 짐작할 수 있다.

후한대後漢代의 한 상소문은 다음과 같이 개탄하였다.

"예년에 비해 금년 소출은 절반도 안 되어 많은 사람들이 추위와 굶주림에
살기가 매우 어렵습니다. 그런데 궁녀 수천 명이 비단옷에 고기를 먹으며,
기름과 분으로 치장을 하니 그 액수는 헤아릴 수가 없습니다. ……이 어찌
나라를 가난하게 하는 것이 아닙니까? 또한 첩으로 맞아들인 뒤 다시 찾지
않으시니 외롭고 슬픈 감정이 어찌 생기지 않겠습니까."

이 상소문은 중국 역대 궁중의 병폐를 아주 깊이 있게 지적하였다. 천자天子 한 사람의 정력으로써 마음대로 정력을 발설發泄한다고 해도 천여 명의 여인들을 만족하게 해줄 수 없다. 그러므로 궁정 내의 웃음거리와 많은 비화가 흘러나왔다.

종전의 그리스와 로마의 기녀 계층은 모두 노예로 조직되었는데, 그 가운데 대부분이 외국인이었다. 로마의 고급 창기의 대부분은 석방된 노예와 그들의 딸이었다. 이와 같이 서주西周도 노예가 극성하던 사회로 그리스나 로마와 같았다. 예를 들면 여주女酒 산하에 천여 명이라고 하는 것은 바로 노예가 창기로 변신한 것이었다. 그러므로 노예 창기는 서주西周로부터 발생하였다고 해도 과언이 아닐 것이다. 그러면 서주西周에서 왜 이런 현상들이 발생하였을까?

서주西周는 이미 부계 중심의 사회로 형성되어 가고 있었다. 인류 진화의 역사에 근거해 보면 혼인 제도는 재산 제도에 따라서 변천되어 왔다는 것을 알 수 있다.

고대의 모계 중심 사회에서는 남자는 본래 여자의 부속물이었다. 그 이후 여러 가지 원인으로 하여금 남자가 여자의 권리를 취득하여 대행하게 되었다. 이런 변천으로 인하여 남자는 사회와 가정에서 통치자나 권력자가 되었다. 경제적인 힘에 의지하여 여자들에게 압박을 가하여 학대를 하게 되었고 끝내는 그들을 노예의 반열에 들어가게 하였다. 그 여자들은 생활의 압박 속에서 노동의 노예가 되거나 매음의 창기가 되었다. 이와 같이 노예가 변신하여 창기가 된 서주西周 시대의 실례를 들 수 있다.

제2절

# 중국 정식正式 관기官妓의 성립

서주西周 때는 노예가 매우 번창했던 시기로서, 이것이 차츰 변화되어 관기官妓가 되는 것은 필연의 일이었다. 그러므로 춘추 시대 초기에 제齊나라의 관중管仲이라는 사람이 여려女閭라는 것을 만들었는데 『전국책戰國策』[49] 가운데의 「동주책東周策」에 그것을 기술하고 있다.

"제齊나라 환공桓公이 궁중 안에 여시女市 일곱과 여려女閭 칠백을 두었다."

여려女閭라고 하는 것은 마을 안에 있는 중문中門을 말한다. 문門과 '시市'를 위하여 궁중에 여자들을 살게 하였다. 이것은 바로 중국의 국가가 경영하는 창기의 시초가 되었다.

유럽 최초의 조직적인 매춘 제도는 아테네의 법률가였던 솔론(Solon, B.C 640~B.C 560)[50]이라는 사람으로부터 비롯되었다. 그는 본래 위대한 정치 개혁자로 국가의 기원妓院을 창설하였다. 그 목적은 음란한 행위를 감소시키기 위함이었으나, 결과는 오히려 그 반대의 현상으로 나타났다. 그가 기원妓院을 만든 해는 B.C 594년경이었다. 관중管仲이 제齊나라의 재상이 된 것은 B.C 685년이었고, 그가 죽은 해는 B.C 645년이었다. 이로 보면 관중管仲이 여려

女閭를 만든 것은 아테네의 솔론(Solon)이 만든 기원妓院보다 50년이 앞섰다.

이와 같은 관중管仲의 여려女閭 제도는 전 세계 관창官娼의 시초였다. 관중管仲이 여려女閭를 세운 데 대해 몇 가지로 추측해 볼 수 있다.

① 세금을 받아 국가 재원을 마련하기 위함에서였다.

예를 들면,『태평광기太平廣記』[51]에서는 다음과 같이 설명하고 있다.

> "사람들이 음란한 것을 좋아하니 귀자와 우전 지방에 여시女市를 두어서 돈을 받았다."

『위서魏書』[52]에 보면 이런 구절이 있다.

> "풍속과 성품이 음란하여 여시女市를 두고 남자들에게 돈을 받고 들어가게 하였다."

이러한 예로 볼 때 관중管仲이 세운 여시女市, 여려女閭 역시 예외가 아닐 것이다. 청淸나라 학자인 저학가褚學稼는 이렇게 말하였다.

> "관중管仲이 제齊나라를 다스리며 여려女閭를 700개나 두었다. 그들 남녀가 야합한 돈을 징수하여 나라의 국고를 충당하였다. 이것이 화대라는 것의 시초가 되었다."

위의 말은 상당히 근거가 있는 말이라고 할 수 있다.

중국 최초의 명기(名妓) 전천(田倩)은 관중(管仲)의 총애를 받
았고, 후에 관중의 부인과 같은 대우를 받았다.

②노예들을 수용하기 위해서 받아들였다.

『관자管子』에 보면 다음과 같은 구절이 있다.

"모든 백성을 다스리는 자는 사대부들에게 사악한 행동을 하지 않게 하였
다. 이것을 교敎라 하고, 여자들에게는 음란한 일을 하지 않게 해야 하는데
이것을 훈訓이라 하였다. 교敎와 훈訓으로 풍속을 이루게 하여 형벌을 줄여
야 하였다."

여려女閭라고 하는 곳은 여자를 창기로 만드는 곳인데, 백성들에게 위와
같은 교훈을 하면서도 반대로 창기를 양성한다면 이는 상당한 모순이었다.
『한비자韓非子』[53]에 보면 이런 사실을 뒷받침해 주는 이야기가 있다.

"제齊나라 환공桓公이 민가를 시찰해 보니 나이 70세가 되어도 아내가 없는
사람이 있었다. 관중管仲에게 이 일을 이야기하니 그가 대답하기를 '신이 듣
기로 윗사람王이 재산을 모으면 백성이 궁핍하게 됩니다. 궁중에서 원망의
소리[54]가 있으니, 즉 백성이 나이가 들어도 아내를 얻지 못합니다.'라고 하
였다. 제齊나라 환공桓公은 이 이야기를 듣고 궁중 여자 중에 왕과 관계하지
않았던 여자들을 출가시켰다. 이로 인해 남자는 나이 20세면 장가를 보냈고,
여자 나이 15세면 시집을 보냈다."

궁녀를 해방시켜 민가에 시집을 보내면서, 한편에선 여자를 데려다가 창
기를 삼는다고 하면 너무도 모순된 이야기가 아닐 수 없다. 제齊나라는 서주
西周의 노예 제도를 받아들여 대단히 번성하였다.

그 후 관중管仲은 폐물 이용의 수단으로 일반 노예들을 여려女閭로 보내어 창기로 삼았는데 이는 일거양득의 방법이었다.

『관자管子』소광편小匡篇에 보면, "여자가 세 번 시집을 가면 종곡舂穀으로 들어간다."라고 하였다. 즉 『주례周禮』의 여종유女舂抗는 일종의 범죄자로 그 범행자는 여자 노예였다. 제齊의 환공桓公이 남정북벌南征北伐(남쪽을 정복하고 북쪽을 토벌함)을 할 당시에 포로가 된 이방인의 여자들은 대단히 많았을 것이다. 아마도 여려女閭의 창기들은 대부분 이 두 부류의 노예들로 충당되었을 것이다. 그러므로 명明나라의 서수비徐樹조에 의하면 "여려女閭 700명을 가진 제齊나라의 환공桓公은 그 야합의 돈으로 군수軍需를 도왔는데 그들은 모두가 과부였다."라고 하였는데 이 말은 합당한 것이었다.

③ 유사游士들을 우대했기 때문이다.

유사游士들을 우대하기 위해 이 같은 여려女閭를 세웠다는 설이 있다. 『관자管子』의 춘추 시대春秋時代는 바로 세경世卿 제도(귀족 세습제)가 번성했던 시기로, 관자로서는 그들 인재를 믿지 않았다. 그는 유사游士들을 등용하였다. 관자管子 시대는 이미 서민 경상卿相의 국면이 열렸던 때로 영척寧戚을 등용하였으나 귀족 출신은 아니었다. 관자의 인재 등용은 이미 오랫동안 유사游士에 치우쳐 있었다고 하는 데 대한 실증이었다. 그러나 일반적인 유사游士들은 권력에 기생하거나 사사로운 친구의 정에 얽매이지 않았다.

④ 제환공齊桓公[55]이 오락娛樂을 제공하였다.

제환공齊桓公은 본래 색色에 굶주린 귀신이었다. 『사기史記』에서 그에 대해 말하기를, "내실에 많은 내총內寵, 즉 궁녀를 두길 좋아하여, 부인도 여섯이나 되었다." 관자가 설명한 '여려女閭'는 사실 제환공齊桓公이 이루 말할 수 없이 커서 거두기 어려운 성욕性慾을 터트릴 짝을 찾는 것 때문에 만들었다.

『한비자韓非子』외저外儲 우상右上에 보면, "옛날 환공桓公이 백작伯爵으로 있을 때, 안의 일은 포숙鮑叔에게 맡기고, 밖의 일은 관중管仲에게 위촉하고는, 머리를 풀어헤친 채 부인들을 거느리고 매일 시市에서 놀았다."고 하였다.

한비자가 설명한 시市는 분명히 궁중 속 '여시女市의 여자'이다. '여려女閭'가 바로 제환공齊桓公이 질펀하게 놀던 확고한 증거가 아니겠는가?

마지막으로 필자는 여려女閭에 대해 한 가지 감상한 바가 있다. 『논어論語』에 관중管仲은 삼귀三歸를 두었다 하였으니, 『집해集解』에 "삼귀三歸는 세 가지 성姓의 여자"라고 했고, 『동주책東周策』에 또한 말하길, "환공桓公은 궁중에 여시女市와 여려女閭 700명을 두었으니, 관중은 이 때문에 삼귀지가三歸之家를 하여 환공桓公을 감싸 백성百姓을 상하지 않게 함이라." 하였다. 청淸나라 유리초兪理初는 다시 설명을 보태어 말하길, "관자管子는 삼부인三夫人을 모두 처妻로 삼았다."하였다.

『열녀전列女傳』에 보면, "위衛나라 임금이 공자孔子의 제자弟子로 세워 부인에게 말하길, '위衛나라는 소국小國이라, 부엌이 둘인 것은 용납할 수 없다.'지금 관자管子가 세 개의 부엌을 둔 것은 옛날 대부大夫의 집에 여유가 있고, 땅을 많이 받으면, 일처一妻를 두고도 일실一室로 가례예절家禮節의 비용 지출이 많았다. ……경대부卿大夫가 일처一妻와 이첩二妾 두는 제도가 이 때문에 미루어 된 것이요, 관자管子의 집에 삼궁三宮의 비용 지출이 있게 된 것이다. 그러므로 『논어論語』에서 말한 것처럼, 어찌 검소儉素할 수 있겠는가 한 것은 그 비용費用이 다른 사람보다 세 곱절이나 많다. 비록 검소하려 하여도 할 수가 없다."고 하였다.

제齊나라가 '여려女閭'를 만든 것이 공功인지 죄罪인지는 별개의 문제다. 그러나 제齊나라의 군신君臣이 백성과 더불어 즐길 수 있었다. 환공桓公은 영令을 내려, 백성 중에 남자는 20살에 장가들고, 여자는 15살에 시집을 가도록 하였다.

『관중管仲』 소광편小匡篇에 보면, "호색好色이 극악極惡은 아니다."라고 하였다. 관중管仲은 군신君臣의 성욕性慾은 충분히 해결할 수 있지만 어린 백성들이 곤궁하여 결혼하지 못할까 봐 염려하였다. 이처럼 성욕性慾을 끝내 해결하지 못하면 이는 가장 고통스런 일이므로 여려女閭를 만들었다. 후대後代에 신식新式 관료官僚를 만들어 입에 거품 물고 좋은 소리로 창기娼妓를 금지禁止하거나 폐지廢止하고는, 자기는 창기를 좌우로 베고 안는다. 반면에 어린 백성들이 굶주림과 추위로 죽기를 바라거나 보잘것없는 한낱 늙고 어린 사람이라도 욕구를 바랄 수 없을 때에 저들은 추호秋毫라도 관심을 가지지 않는다.

## 제3절
# 춘추春秋 시대 이후 여악女樂의 발달


여악女樂은 인물의 종류로 보면, 희생犧牲의 상이고 다른 한편으로도 육체 肉體를 내어 판다고 이를 만하며, 실로 무창巫娼 공연에 진상되는 산물産物이 라 할 수 있다. 고서古書에 전하는 말로는 "하夏나라 걸桀에게 여악女樂 3만 명 이 있었는데 마침내 여악 때문에 그 나라가 망하게 되었다."(『관자管子』「경중 갑輕重甲」)라고 한다.

하지만 믿을 만하고 근거가 있는 것으로 미루어 보면, 춘추春秋 시대에는 엄연히 그 당시 창기娼妓가 중심이었다. 한때 군주君主는 창기들을 이용하여 복식服飾을 만들 정도로 강국强國을 이루었다. 비록 종사宗社를 망하게 하였 으나, 그 역량을 보면 십만十萬 웅병雄兵보다 더욱 컸다. 현재 제齊나라, 진秦 나라 사건의 정황을 들어 증명할 수 있다.

진목공秦繆公이 내사內史 왕무王繆에게 물었다. "이웃나라에 성인聖人이 있으 니 상대하는 나라의 우환거리이다. 유여由余라는 성인도 장차 어떻게 여겨 야 하는가?" 왕무가 대답하기를 "저 융왕戎王도 편벽偏僻되고 누추陋醜한 땅 에서 중국의 성색聲色도 보지 못했으나, 임금께서 그들에게 여악女樂을 보내 시면 그 뜻을 '음란淫亂하게 하고 그 정사를 어지럽게 하여 그 신하가 반드시

그를 소홀疏忽히 할 것입니다." 이에
진왕秦王이 융왕戎王에게 여악女樂 이
열二列을 보내자, 융왕은 악樂을 들으
면서 밤새 쉬지 않고 술을 마시며, 한
해가 끝날 무렵에도 음란하였다. 이
때문에 군사와 말들이 많이 죽었다.
유여由余는 수시로 충간忠諫을 하였지
만 듣지 않았다. 이에 유여由余는 진秦

명(明)나라 구영(仇英)의 하상동윤도(夏爽冬·潤圖)
책지일(册之一).

나라로 떠났다. 진秦 목공은 공자公子에게 명하여 유여由余를 맞이하게 하고,
상경上卿으로 임명하니 마침내 12나라를 병합하고 천 리의 땅을 넓혔다(『한
시외전漢詩外傳』).

제齊나라 사람이 말하기를 "공자孔子가 노魯나라에서 정사政事를 하면 반드
시 백작伯爵이 될 것이니, 우리 땅이 노魯나라에 가까워 기필코 먼저 병합倂
合할 것입니다." 이차犁且가 청請하여 이를 저지하니 이에 제齊나라가 나라
가운데에서 미녀 80인을 선발하여, 모두 화려한 옷을 입히고 당악唐樂에 맞
추어 춤추게 하고, 얼룩무늬의 말 30사駟, 즉 120마리와 함께 노魯나라 군주
에게 보내어 노나라 성城 남쪽의 높은 문 밖에 여악과 말들을 매어 두었다.
계환자季桓子가 변장을 하고 가서 관람하고 여러 번 이를 받아들이기를 권하
자, 이에 노나라 군주가 돌아보며 구경하면서 관람하였다. 해가 마칠 때까지
정사를 게을리하였다. 계환자季桓子가 마침내 제나라 여악을 받아들이니, 삼
일三日 동안 정사를 듣지 않았고, 공자孔子는 마침내 떠났다(『사기史記』「공자세
가孔子世家」).

진秦나라와 제齊나라 사건의 정황을 보자면, 하나는 융왕戎王으로 하여금

"해가 마치도록 음악淫樂에 빠져 군사와 말이 많이 죽었다." 는 것이고, 하나는 노魯나라 군주와 신하로 하여금 "종일토록 놀며 관람하여 정사에 나태했다." 는 것이다. ……계환자季桓子는 마침내 제齊나라에서 보내온 여인과 좋은 술, 얼룩무늬의 말 120필을 노魯나라 임금에게 보냈다. 먼저 여악女樂과 말을 노魯나라 성城 남쪽의 높은 문 밖에 매어 두었다. 계환자季桓子는 변장을 하고 가서 제齊나라의 여악女樂을 구경할 수 있는 좋은 기회라고 생각하였다. 그들 두 사람, 즉 노魯나라 임금과 함께 각지를 두루 구경하는 것처럼 가장하여 실제로는 제齊나라의 여악女樂을 하루 종일 구경함으로써 정사를 돌보지 않았다. ……계환자季桓子는 마침내 제齊나라에서 보내온 여악女樂을 받아들였는데 3일 동안이나 정사를 돌보지 않았다. 그리하여 공자孔子는 실망하여 노魯나라를 떠났다.

『한비자韓非子』에 보면, 진헌공晋獻公이 괵虢에 여악女樂을 제공함으로써 그의 마음을 어지럽게 만들어 마침내 정사를 문란하게 하였다.

『좌전左傳』에 보면, 정鄭나라는 진晋나라에 여악女樂을 뇌물로 바쳐서 정鄭나라의 안전을 보장받았다고 하였다.

이와 같은 여악女樂의 마력은 어떻게 하여 그렇게 위대하였을까?

① 음악은 사람의 감정을 사로잡는다.

궁상각치우宮商角徵羽의 음계와 황종黃鐘과 대려大呂로써 소리의 높고 낮음을 표시하였다. 이것이 고대의 궁중 아악인데 서주西周 때 유행하였다. 그러나 춘추春秋 시대에 들어가면서 이른바 신성新聲, 속악俗樂, 신악新樂이 생겨나기 시작하였다. 아악이 쇠퇴해 가면서 새롭게 생겨난 음악을 처음 듣는 사람들에게는 대단한 환영을 받았다. 위魏나라의 왕이나 진晋나라의 평

공평公平도 이러한 새로운 음악을 즐겼다(『국어國語』진어晉語). 위魏나라의 문후
도 "옛 음악은 진부하지만 정鄭나라와 위衛나라의 음악은 싫증이 나지 않는
다."고 하였다. 제齊나라 선왕은 솔직하게 맹자孟子[56]에게 다음과 같이 말하
였다.

> '나는 선왕先王들의 음악을 좋아하지 않고 세속世俗의 음악을 좋아한다.'

이것이 모두 당시에 새로운 음악이 유행했음을 증명하고 있다. 그렇다면
그들은 어떻게 아악의 음절과 부호를 변경하였을까?『초사楚辭』대초大招에
보면, "사상四上 노랫가락을 숨 막힐 듯 합주하는, 지극한 그 소리, 끝없이 변
화하는 가락." 이라고 하였다.

당순지唐順之(1507~1560년, 양명학자[陽明學者]로 유명한 중국 명나라의 문학자)로부
터 모기령毛奇齡(1623~1716년, 중국 청나라의 학자)은 사상四上의 2글자를 오늘날의
공척工尺(전통 음계부호)의 사상四上을 가리킨다고 해석하였다. '공척'과 '사상'은
옛 음악의 음계였다. 유가儒家에서는 속악俗樂을 배척하였다. 그 음절과 부호
의 기재의 이치를 이해하지 못하였다. 그러므로『초사楚辭』에 있어서만 홀로
고증할 수가 있다.

모든 초楚나라의 습속은 아직 무巫였다. 초사楚辭의 천문구가天問九歌의 모
든 작품에서 당시의 무악巫樂이 번창했음을 찾아볼 수 있다. 무악巫樂은 또한
속악俗樂 가운데 하나였다.

여불위呂不韋[57]는 다음과 같이 서술하였다.

> "송宋나라가 쇠한 것은 수많은 악기들을 만들었기 때문이었다. 제齊나라가

쇠한 것은 대려를 만들었기 때문이며, 초楚나라가 쇠한 것은 무속 음악을 만

들었기 때문이었다"(『여람呂覽』 치악편侈樂篇).


이 말에 비추어 보면 아악의 음절과 부호를 변경해서 사용한 것은 보편적

으로 행했던 길이었다.


② 여악女樂의 뛰어난 자색과 용모가 제왕들의 마음을 흔들어 놓았다.

춘추春秋 시대에 여악女樂이 가장 번성했던 나라는 제齊나라와 정鄭나라

였다. 전국戰國 시대에는 제齊나라와 초楚나라였다.

초楚나라 송옥宋玉의 『초혼招魂』에 보면 "세속은 나를 끌어 짓밟고 무시하

네." 라고 하여 초楚나라의 풍속을 개진하고 있다.


### 초혼招魂

고당수우高堂邃宇　　높은 집, 깊숙한 방

함층헌사檻層軒些　　가로지른 난간 위에 둘러친 널조각이라

층대루사層臺累榭　　층층이 쌓아 올린 우뚝 선 정자

임고산사臨高山些　　높은 산마루에서 아래를 굽어보면

망호주철網戶朱綴　　주색으로 꾸며진 그물 같은 문짝에

각방연사刻方連些　　곱게 새긴 모서리를 서로 이어 붙였도다.


동유요하冬有突廈　　겨울에는 추위 막을 아늑한 온실

하실한사夏室寒些　　여름에는 더위 막을 서늘한 냉방

천곡경복川谷徑復　　냇물 계곡물을 정원으로 흘러 들여

류잔원사流潺湲些　　돌아가는 급한 물이 맑고도 깨끗하도다.


광풍전혜光風轉蕙　　비 개인 맑은 바람 혜초를 불어주고

범숭란사氾崇蘭些　　향기로운 난초들 한들한들 흔들린다.

경당입오經堂入奧　　당을 지나 서남쪽 모퉁이에 들어

주진연사朱塵筵些　　붉은 장막자리에서 즐겁게 함께 쉬도다.


지실취교砥室翠翹　　매끈한 돌집에 물총새 긴 꼬리

계곡경사桂曲瓊些　　옥으로 다듬은 옥 갈고리에 걸어 놓고

비취주피翡翠珠被　　비취색 수를 놓고 진주 입힌 도포

란제광사爛齊光些　　한꺼번에 빛을 뿜어 눈부시게 빛난다.

약아불벽蒻阿拂壁　　부들자리 풀어서 침대 가에 둘러치고

나주장사羅幬張些　　아롱진 비단 휘장 벽 모서리를 드리우고

찬조기호纂組綺縞　　가는 실로 엮어 짠 비단 끈을 매고

결기황사結琦璜些　　주렁주렁 옥구슬로 휘장을 꾸몄도다.


실중지관室中之觀　　방 안을 한 바퀴 빙 둘러보니

다진괴사多珍怪些　　갖가지 보배와 괴상한 것이 많도다.

란고명촉蘭膏明燭　　난초 향 기름불이 유난히 밝은데

화용비사華容備些　　숱하게 모여 선 아름다운 여악들

이팔시숙二八侍宿　　여덟씩 양편에 줄지어 세워두고

사체대사射遞代些　　싫증이 나는 대로 번갈아 즐기도다.

과용수태姱容修態　　어여쁜 예쁜 모습에 날씬한 몸매

환동방사絙洞房些　　조용한 방에 가득하도다.

아미만록蛾眉曼睩　　나방 같은 눈썹에 곱게 뜬 실눈

목등광사目騰光些　　사람을 반하도록 반짝거린다.


미안니리靡顔膩理　　팽팽한 얼굴에 흐르듯 고운 살결

유시면사遺視眄些　　아득히 훔쳐보는 까만 눈동자

실가수종室家遂宗　　돌아오면 일가들이 그대를 우러러

식다방사食多方些　　갖은 솜씨 내어서 음식을 차리리라.

도자착맥稻粢穱麥　　찰벼, 메기장에 익은 보리 먼저 거두어서

나황량사挐黃粱些　　메조와 함께 섞어 구수하게 밥을 짓고

대고함산大苦醎酸　　장국에는 산초 생강 짜고 신것

신감행사辛甘行些　　맵고 단것 모두 맛내리라.


비우지건肥牛之腱　　살찐 소, 맛 좋은 심줄 살을 끊어다가

노약방사臑若芳些　　보글보글 끓이는 향기로운 냄새

화산약고和酸若苦　　신맛, 쓴맛 주물러 맛있게 하여

진오갱사陳吳羹些　　솜씨 좋은 오나라 국을 진열해 내었도다.

이별포고胹鱉炮羔　　자라는 지지고 염소 새끼는 싸서 굽고

유자장사有柘漿些　　사탕수수 즙을 내어 마시는 것으로 두었다.


실우상사實羽觴些　　새깃 모양 술잔을 남실남실 채운다.

좌조동음挫糟凍飮　　찌꺼기는 버리고 맛 좋은 청주 떠서

작청량사酌淸涼些　　얼음 위에 채워둔 서늘한 맑은 술이로다.

효수미통肴羞未通　　안주 고루 차려 놓고 주연이 한창인데

녀낙나사女樂羅些　　단 아래 벌려 선 여악의 주악 소리

진종안고敶鐘按鼓　　쇠북을 차려 놓고 북을 둥둥 울리며

조신가사造新歌些　　새로 지은 노랫가락

섭강채능涉江采菱　　섭강으로 들어간 채릉

발양하사發揚荷些　　양하 세 가락을 뽑는다.

미인기취美人旣醉　　미녀들 벌써부터 얼큰히 취해서

주안타사朱顏酡些　　어여쁜 그 얼굴에 빨갛게 꽃이 피었다.

애광묘시娭光眇視　　즐거운 빛을 띠고 아득히 흘겨보는

목중파사目曾波些　　물결 같은 그 눈빛 추파를 보내준다.

장발만전長髮曼鬋　　치렁치렁 긴 머리 어여쁜 살쩍

염류리사豔陸離些　　반지르르 윤기 흘러 눈부심에 빛난다.


이팔제용二八齊容　　여덟씩 두 줄로 벌려 선 무희들

기정무사起鄭舞些　　일제히 일어서서 정나라 춤을 춘다.

임야교간衽若交竿　　낚싯대 엇갈리듯 치마를 돌리더니

무안하사撫案下些　　옷자락 손에 잡고 천천히 내려온다.

우슬광회竽瑟狂會　　생황과 비파 세차게 한창 어렸는데

전명고사搷鳴鼓些　　숨 막히게 몰아치는 북소리로다.

궁정진경宮庭震驚　　찌렁찌렁 흔들리어 궁전 뜰이 놀라고

발격초사發激楚些　　이윽고 맑은 소리 격초를 뽑는다.

오유채구吳歈蔡謳　　한소리 어울리는 오와 채의 민요

주대려사奏大呂些　대려의 화한 소리 뒤따라 나선다.

사녀잡좌士女雜坐　춤추고 노래하던 숱한 남녀들

난이부분사亂而不分些　어지러이 섞여 앉아 분별을 잃고

방진조영放陳組纓　인끈 갓끈 풀어 던지고

반기상분사班其相紛些　너와 나 차별 없이 엉클어져 노는구나.

정위요완鄭衛妖玩　정나라와 위나라의 사랑스런 미녀들

내잡진사來雜陳些　모두가 여기 와서 뒤섞여 앉았는데


곤폐상기菎蔽象棋　살대와 주사위 그리고 상아 장기

유륙박사有六簙些　육박 등 놀음 기구 죽 펼쳐 놓고

분조병진分曹並進　두 사람이 마주섰다 한꺼번에 나아가

주상박사遒相迫些　서로들 상대편을 숨 막히게 몰다가

성효이모成梟而牟　효를 얻어 이기고도 갑절을 이기겠다.

호오백사呼五白些　오백을 외치며 주사위를 던진다.

진제서비晉制犀比　진나라에서 만든 물소뿔 놀이 기구

비백일사費白日些　주사위 놀이로 한낮을 보내며

갱종요거鏗鍾搖虡　북틀이 놀도록 쇠북을 땅땅 치고

설재슬사挈梓瑟些　가래나무로 된 비파 줄을 퉁기어 울린다.

오주부폐娛酒不廢　술을 즐겨 끝없이 권하거니 잡거니

심일야사沈日夜些　밤낮을 술에 묻혀 즐겁게 논다.

주음진환酎飲盡歡　마시고 또 마시고 끝없이 기뻐함은

낙선고사樂先故些　선조와 옛 벗을 즐겁게 하여서라.

(좌)반첩여(班婕妤) 초상(肖像), (우)서시(西施)의 초상.

이 글을 읽노라면 눈을 감고도 당시 여악女樂의 현란한 모습들을 상상할 수 있다. 상해의 훌륭한 술집에서 산해진미를 앞에 놓고, 아름답고 고운 얼굴에 검은 머리의 화려한 차림을 한 여자와 정담도 나누며, 춤도 추고 노래도 마음껏 부르며 즐기는 것과 무엇이 다르겠는가? 이토록 여악女樂이 사람을 현혹시키는 매력이 그 목소리와 재색에 있으니 제왕들이 어찌 마음이 온전할 수가 있었겠는가?

## 제4절
# 전국戰國 시대 창기娼妓의 발달과 원인

춘추春秋 이후 진시황이 중국을 통일하기까지 중국 사회는 가장 큰 변혁을 겪었다. 창기娼妓 사업이 특히 발달하였다. 몇 가지 예를 들어 보자.

첫째, 관기官妓에 속하는 것으로서 『오월춘추吳越春秋』에는 다음과 같이 서술하였다.

"월왕越王 구천句踐은 죄를 범한 과부들을 산 위로 이주시켰다. 그리고 선비들 중에 걱정, 근심이 있는 자들과 함께 지내게 하였다. 그리하여 선비들의 마음을 즐겁게 해주었다."

『월절서越絶書』에는 또 다음과 같이 서술하였다.

"독부산獨婦山(오직 여인만이 산에 살고 있다고 함)이라고 하는 것은 구천이 오吳 나라를 정벌하여 과부들을 산상山上으로 이주시킨 데서 온 말이다. ……후 에 사람들이 말하기를 '구천은 유군사游軍士'라고 하였다."

상술한 바에 의하면 '유군사游軍士나 선비들 중에 걱정, 근심이 있는 자들과 함께 지내게 하였다. 그리하여 선비들의 마음을 즐겁게 해주었다.'라고 하는 내용들은 바로 관중管仲의 여려女閭가 변한 것이었다. 그리고 한漢나라 때의 영기營妓가 시작되었다.

『상군서尙君書』[58] 간령편墾令篇에 "군시軍市에 여자를 없애도록 명령하였다. ……경박하고 나태한 백성들로 하여금 군시軍市에서 놀아나지 못하도록 하였다. ……그리하여 농민들은 음행을 하지 않았다." 라고 기술하고 있다.

이렇게 보면 군시軍市에는 본래 여자가 있었음을 알 수 있다. 전쟁 때 신첩臣妾으로 삼았다가 전역戰役이 끝나면 별도로 시구市區를 설치하였다. 그렇지만 역시 군대의 이름을 사용하였다. 그러나 농민들도 드나들 수 있었다. 한漢나라 때의 군시軍市와 영기營妓는 거의 같은 것이었다.

군왕은 다른 나라에서 여자들을 약탈하여 오거나 또는 다른 나라로부터 공헌하여 바친 여자들을 성격상 관기官妓에 소속하였다. 초나라의 반희攀姬는 양梁과 정鄭나라에 사람을 파견하여 미인을 구해 왕에게 진헌하였다. 월越나라가 오吳나라를 공격했는데, 제후들은 그 위력을 두려워하였다. 노魯는 문지기의 딸 영甖을 보내었다. 그 누이와 함께 갔다. 언니가 가서 보니 두려워한 나머지 죽었더라고 『한시외전漢詩外傳』은 역설하고 있다. 이와 같은 일들은 당시에는 너무도 많았다.

『한서漢書』지리지地理志에 이렇게 기술되어 있다.

"조趙나라 중산中山은 땅이 척박하고 사람이 많았다. 오히려 사구紗丘 주村에는 음행이 심하였다. 남자들은 서로 어울려 놀며 비가를 부르고 강개하였다. 음간을 하고 창기들과 어울렸다. 여자들은 거문고를 타고 춤을 추었다. 귀족들의 사랑을 구하였다. 제후의 후궁을 편력하였다."

『사기史記』화식전貨殖傳에서 월越나라의 정희鄭姬는 "자태를 다듬고 거문고

가기(歌妓) 초선(貂禪)의 초상(肖像).

를 탔다. 긴 소매를 늘어뜨리고 신발을 신었다. 눈을 들어 마음을 다하였다. 천 리를 멀다 하지 않고 나섰다. 또 노소를 가리지 않고 재물을 찾아 다녔다." 라고 한 것을 보면 그들의 그와 같은 행위는 근대의 유창游娼들과 별다른 분별이 있을 수 없다. 이때 공사公私의 창기는 가장 잘 발달하였는데 바로 사회의 변동과 관련하여 절대적인 큰 영향이 있었다.

## (1) 잉滕 제도 폐지

한 여자가 출가하면 몇 명의 여자들이 따라서 함께 출가하였다. 이 제도를 잉滕이라고 하였다. 이 기원은 대단히 오래되었는데, 춘추 시대 때 가장 성행하였다. 당唐나라의 가공언賈公彦에 따르면 잉은 두 가지 종류가 있었다. 만약 제후에게 둘의 잉이 있다고 하면 그 밖에 별도로 또 다른 질제姪娣가 있었다. "제후 부인은 스스로 '질제'가 있었다. 아울러 2명의 잉에게 각각 질제가 있는데 잉과 질제는 같지 않았다. 만약에 사대부에게 2명 잉이 없다고 하면 질제로서 잉을 삼았다." 라고 하였는데, 이 말에 근거하면 고대의 제후들은 한 번에 9명의 여인에게 장가를 들었다.

이 예를 미루어 보아 천자가 왕후를 얻게 되면 삼국三國에서 똑같이 얻었는데 모두 질제姪娣가 있었다. 무릇 12명의 여자였다. 경대부는 1처에 2첩으로 2첩은 바로 질제姪娣였다. 사대부는 1처 1첩으로 질제姪娣를 갖추지 않았다. 바로 『열녀전列女傳』[59]에서 말하는 바 '대부大夫는 3명, 사士는 2명'이었다. 전국 시대에 잉滕의 제도는 거의 소멸되었고, 진秦과 한漢나라 때에는 찾아볼 수가 없었다. 다처제가 이미 폐지되고, 이에 따라 사람들은 부득불 성욕을 해결할 또 다른 길을 찾게 되었다. 이러한 생각들이 바로 창기가 번창하게 된 원인이 되었다.

### (2) 사노예私奴隸들의 발달

『사기史記』화식전貨殖傳에 이렇게 기록되어 있다.

"모든 편호編戶의 빈민들은 자기의 재부에 비교하여 10배가 넘는 사람에게는 굴복하였다. 1백 배 이상이 되면 그를 두려워하였다. 1천 배가 되면 그의 머슴이 되었다. 1만 배 이상이면 그의 노예가 되었는데 이것은 어쩔 수 없는 자연스러운 이치였다.

백규白圭는 주周나라 사람이었다. 일을 노복들과 함께 하고 고락을 같이하였다. 촉蜀나라 탁씨卓氏의 조상은 조趙나라 사람이었다. 탁씨는 임공臨邛으로 이사하였는데 노예가 1천 명이었다."

이때 사노예私奴隸는 어떻게 관노비官奴婢를 이어받아서 발생하였는가? 아마도 고대에는 기계가 발달되지 않아 농업, 목축업, 임업, 광업 등이 모두 노동에만 의존할 수밖에 없었다. 그렇기 때문에 인력을 가장 많이 소유할 수밖에 없었다. 이 때문에 후에 개인적으로 노예를 축적하는 기풍이 성행하였다.

대지주 및 대자본가들은 모두 노예의 많고 적음에 따라서 재력의 등급을 삼았다. 또 그 사업의 결정적인 요소가 되었다.

진시황(秦始皇)의 모친(母親) 조희(趙姬)는 처음에 여불위(呂不韋)의 가무첩(歌舞妾)으로, 후에 태후(太后)가 되었으나, 환관 노애와 간통을 범했다.

『사기史記』 본전本傳에 보면, 사람들을 약탈하여 연燕의 노예로 팔았던 내용이 있는데, 사실 인신매매의 일은 전국 시대에 이미 있었다. 사노예私奴隷가 생겨나고 또 사창私娼과 가기家妓들은 이로부터 번성하였다. 이것은 사회의 변천과 관계있는 중요한 일이었다.

### (3) 상업의 발전과 도시의 발달

『시경詩經』에 보면 "옷감을 가지고 가서 실로 바꾼다." 라는 글이 있는데, 이것은 춘추 시대 이전으로, 상업이 발달하기 전 물물 교환 시대의 상업이 점차적으로 발전해 가는 면모를 보여준다.

정鄭나라의 현고弦高라는 상인은 물건을 팔아서 국고의 어려움을 해소하였다고 하였다. 이것은 상업이 매우 발달했다는 좋은 예가 된다. 춘추春秋 시대 상업은 농업과 함께 발전하였다. 따라서 큰 도시들이 발전하게 되었다. 예를 들면 진晋나라의 함양咸陽, 제齊나라의 임치臨淄, 조趙나라의 한담邯鄲, 위魏나라의 대량大梁 등 사람들이 앞다투어 도시로 모여들었다. 그리하여 농업 경제가 파산함과 동시에 상업이 발전하게 되었다. 따라서 많은 여자들이 도시로 흘러와서 창기로 전락하였다.

### (4) 정전제井田制의 파괴

서주西周 시대에 틀림없이 토지 국유의 정전제井田制를 실시하였다. 다른 나라에서는 『주례周禮』에서와 같은 토지 제도를 그대로 적용하였다. 예를 들면 진晋의 원전爰田과 같은 것이었다. 상앙商鞅[60]이 최초로 원전轅田을 제정하였는데 상전上田은 바꿀 수가 없었다. 중전中田은 한 번, 하전下田은 두 번 바꿀 수 있었다. 모두가 동주東周 이후의 정전제井田制의 흔적이었다. 진秦나라 상앙商鞅의 변법變法은 파괴하지 않으면 건설할 수 없다고 생각하였다. 이에 정전제를 폐지하고 개간을 명령하였다.

『시경詩經』소아小雅의 대전편大田篇은 바로 농민들의 풍년을 기뻐하여 부른 시였다. 그러나 부녀들은 이와 같이 생계가 쪼들림을 받게 됨에 따라서 창기로 변하고 말았다.

### (5) 화폐 제도에 따른 자본주의의 발달

후세의 환법圜法의 제정은 태공太公이 했음을 말하고 있다. 그러나 구부 환법九府圜法은 태공太公이 일으킨 것은 아니었음을 분명하게 상고할 수 있다. 이때 과연 황금 및 금속 화폐를 사용하였는지의 여부는 확실하지가 않다. 오직 옛날 사람들은 포布, 백帛으로써 화폐를 삼았다. 즉『좌전左傳』및『삼례三禮』[61]에 보면 춘추 시대에 통행된 것으로 되어 있다.

예를 들어『설문해자』에 폐幣는 백帛이라고 한 것과 같다. 당초에는 본래 예물이었던 것이 뒤에 와서 돈으로 사용하게 되었다. 모든 교역은 이 폐幣로써 대신하게 되었다.

『시편詩篇』위풍衛風의 이와 같은 말은 이 폐幣로써 교역한 증거였다. 모전毛傳에도 포布는 폐幣라고 하였다. 정전鄭箋은 "폐幣는 물건을 교역하는 것" 이라고 하였다. 이와 같이 화폐의 발달로 말미암아 더욱 창기와의 내왕이 간편하게 되었다.

제5절

# 한대漢代의 영기營妓

영기營妓는 한漢나라 때 시작되었다. 육조六朝와 당송唐宋을 거치면서 쇠퇴하지 않았다. 만물원시설萬物原始設에 따르면 옛날에는 기녀가 없었다. 한무제 때 이르러서 비로소 영기營妓를 두었다. 그녀들은 아내가 없는 병사들을 맞이하였다. 표면상으로는 영기營妓가 한무제 때 창시되었다고 하지만 실제로는 구천句踐의 유군사游軍士와 관자管子의 여려女閭를 답습한 것이었다. 다만 한나라 때의 영기營妓 제도가 어떠한 것이었는지 기록이 없어서 알 수 없으나, 몇 가지로 나누어 추측해 볼 수 있다.

이러한 사실은 관중管仲의 여려女閭(기원(妓院)을 말함)나 월왕越王이 군사를 위해 만든 위락 등과 그 맥락을 같이하고 있다. 이는 이전보다 더욱 제도화되었을 뿐이었다. 한漢대의 관기가 어떤 것이었는지 문헌이 부족하여 상세히 알 수는 없으나 그 대략적인 것을 추측해 본다.

(1) 한漢나라 군영에는 앞에서 이야기한 새로운 음악을 사용하였고, 여악女樂은 군영 안에 거주하였다.

그 당시 사용한 새로운 음악들은 모두 다른 나라의 음악으로 고취곡鼓吹曲과 횡취곡橫吹曲이었다. 고취곡鼓吹曲은 북적北狄으로부터 수입하여 온 것이었다. 횡취곡橫吹曲 가운데「마가두륵곡摩訶兜勒曲」은 장건이라는 사람이 서역으로부터 서경西京에 들여온 것이었다.

이연년李延年의 신성이십팔해新聲二十八解는 호곡胡曲으로부터 모방해 낸 것이었다. 북이 들어 있는 것을 고취鼓吹라 하였고, 통소가 들어 있는 것을 횡취橫吹라고 하였다. 고취鼓吹란 궁중의 조회 시 길에서 연주하던 음악을 말하며, 횡취橫吹란 군영에서 전쟁 때 병사들의 사기를 위해서 사용했던 것을 말하였다. 이 음악에서 사용했던 악기들은 가笳, 각角, 필률篳篥, 기라笳邏 등 크고 작은 횡취橫吹는 거의 대부분 강羌과 호胡의 음악이었다. 성조와 음절은 참으로 비장하였다. 군자가 종성鍾聲을 들으면 무신武臣을 생각하게 하고, 북소리를 들으면 장수의 신하를 생각하게 한다고 하였다. 이 모든 강렬한 음악은 비장한 감정을 불러일으킨다. 이것은 아마도 한무제가 병사들을 독려하려던 마음과 같은 것이었다.

### (2) 군영 안에는 담을 친 군시軍市가 있었다. 고대 군영에는 모두 시市가 있었다.

한漢나라 병길丙吉은 평기 장군平騎將軍으로 군시령軍市令이었다. 후한後漢 때 채준蔡遵은 광무군光武軍 군시령軍市令이었다. 이러한 예로 볼 때 1개의 군영마다 군시軍市가 설립되어 있었다(『후한서後漢書』본전本傳).

『한서漢書』빙당전馮唐傳에는, 조趙나라 장수 이목李牧은 변방에 거주하며 군시의 조세를 모두 향연에 썼다고 적혀 있다. 한漢나라의 위상魏尙은 운중雲中의 태수가 되어 군시의 조세를 모두 병사들에게 주었다. 사적私的으로 돈을 내어 닷새마다 한 마리의 소를 잡아서 빈객, 군사, 관리, 시인, 묵객 등과 잔치를 벌였다고 하였다. 또『한서漢書』호건전胡建傳에 보면 호건胡建 감군監

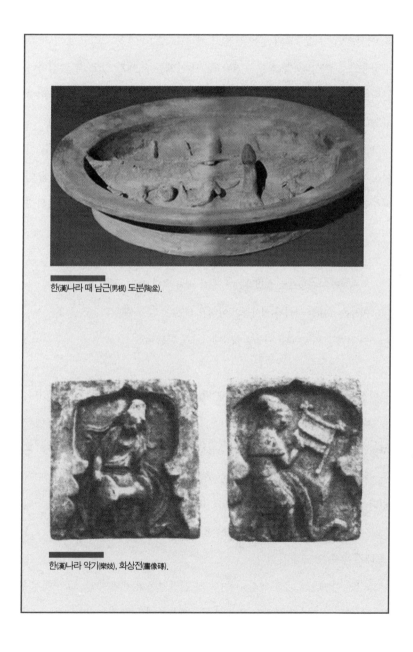

한(漢)나라 때 남근(男根) 도분(陶盆).

한(漢)나라 악기(樂妓), 화상전(畵像磚).

軍, 어사御史는 북군北軍의 성곽을 뚫고 가구實匾로 여겼다. 그리고 호건胡建은 군정승으로 어사御史를 참수하였다. 군시 안에는 조세가 있고 각 군시마다 군령이 있었다. 그 조직은 아마도 제齊나라 궁궐의 여시女市, 여려女閭와 비슷하였다.

그러면 어떻게 하여 한무제는 갑자기 영기營妓를 창설하게 되었는가? 아마도 한나라 말엽에 영기營妓가 먼저 있었을 것이다. 다만 군영에는 본래 억배抑配 제도가 있었다. 『한서漢書』이능전李陵傳에 보면 다음과 같이 기록하고 있다.

"이능李陵은 관동으로 출정하였다. 도둑 떼와 부녀자들로 변방으로 옮겨간 이들은 군대를 따라가 병사들의 아내가 되었다. 많은 부인들이 군 중에 숨어 지냈다. 이능李陵은 이들을 찾아내어 모두 칼로 베었다."

이것은 후위後魏 때 "강도強盜의 처자妻子는 악호에 짝하였다." 는 제도였다. 한漢나라 때에는 이미 그 억배 제도를 찾아볼 수 없었다. 억배抑配는 그 행위가 도적이나 강도와 다를 것이 없다고 하여, 이능李陵은 여인을 잡아 칼로 목을 베었다. 이와 같은 억배抑配법은 한漢나라 역사에서는 거의 찾아볼 수가 없다. 한무제漢武帝는 이 억배법抑配法 때문에 군중들의 질서가 문란하게 되므로 영기營妓를 절충한 제도를 창설하였다. 이리하여 일반 병졸들의 성욕을 해결할 수 있도록 하였다.

그러면 한漢나라 때의 영기營妓는 누가 만들었을까? 『위지魏志』의 모개전毛玠傳에 보면 한漢나라 법령을 인용하여 "한나라 제도에 죄인의 처자는 노비가 되었다." 라고 하였다. 여람개춘呂覽開春에서도 한나라 법령을 인용하여

"부녀는 그 부형이 죄를 지으면 노예로 들어가게 되었다." 라고 하였다. 또 『한서漢書』 공우본전貢禹本傳에는 "한나라 때의 노비는 많을 때에는 10만여 명이 넘었다." 라고 하였다.

궁중에서도 남아도는 노비奴婢는 적지 않았을 것이다. 아마도 영기營妓로 충당되었던 사람은 "도둑의 처자는 군사를 좇아 병사의 아내가 되" 는 경우를 제외하고는 이와 같은 관노비官奴婢를 모면할 수는 없었을 것이다.

한漢나라의 기녀가 자못 번성하였지만 그들을 향유할 수 있었던 것은 특권 계층에 국한되었다. 『한서漢書』 예악지禮樂誌에 보면 한무제 때 정성鄭聲은 더욱 유행하였다. 황문黃門의 명창은 병강丙彊에 속하는데, 그의 부富는 세상에 뛰어났다. 오후五侯는 이능 부평李陵富平 외척의 집으로 거처를 정하였는데, 음란과 사치가 지나치고 주인과 사람들과의 여악女樂 다툼이 벌어졌다. 또 『한서漢書』 본전本傳에 보면 이렇게 쓰고 있다.

"장우張禹는 사치하고 방탕하였다. 큰 저택에 기거하며 후원에서 사죽과 관현의 온갖 악기를 연주하였다. 그의 제자 대숭戴崇은 수시로 후원에 들어가 먹고 마시면서 부녀자들과 내왕하였다. 요란한 악기 소리는 깊은 밤이 되어서야 끝이 났다."

또 『한서漢書』 본전本傳에는, "마융馬融은 집을 호화롭게 꾸미고 높은 집에 앉아서 장막을 쳐 놓았다. 앞에서는 생도들을 맞이하는가 하면 뒤에는 여악女樂들이 도열해 있었다." 고 하였다. 결국 당시의 여악女樂을 향유할 수 있었던 행복은 군주와 귀족에만 있었고, 그 이외에는 다만 군영밖에 없었다.

## 제6절
# 한대漢代의 관노비官奴婢와 창기

한대漢代에는 전후 양한에 걸쳐서 관노비官奴婢와 사노비私奴婢의 구별이 뚜렷하였다. 그런데 관노비는 실제적으로 모습이 바뀐 창기娼妓였다.

그렇다면 관노비官奴婢의 연원은 어떠하였는가? 대부분이 범죄자에 속해 있었다. 『삼국지三國志』 모개전毛玠傳에 보면 "죄를 지은 자와 처자는 노비가 되며, 경면黥面(얼굴에 문신하는 것을 말함)을 하게 된다. 100대를 지나더라도 여전히 경면을 하고서 관官에 보내진다." 라고 하였다.

『문헌통고文獻通考』[62] 호구고戶口考에서는 이렇게 쓰고 있다.

"한漢나라 때에는 국고의 고갈로 말미암아 백성들은 노예를 관가에 바치고 그로 인해 벼슬길을 얻었다. 또 개인 소유의 노예가 법정의 정원을 초과하게 되면 나라에서는 왕왕 초과된 정원만큼을 관노비로 삼았다."

송宋나라 마귀여馬貴與에 의하면, 관노비官奴婢의 연원은 범죄에 있지 않다고 하였다. 그러나 죄인의 처자로서 노비를 하지 않는 사람은 모두 관노비가 되었다.

관가에 들어가지 않는 노비가 하는 일은 도대체 어떤 것이 있는가? 『한구의漢舊儀』에 의하면, 성省의 시사령侍史令은 모두가 관비였다. 여자 노비 중에서 8세가 되면 녹색의 옷을 입혀서 따로 구분했는데 이들을 환인宦人혹은 관

인官人이라고 하였다. 이들은 성문 밖을 나
갈 수가 없었다. 또한 도감都監을 두어서 4
명의 늙은 노비老婢들로 하여금 환인宦人 교
육을 시키도록 하였다.

상서시중尙書侍中은 모두 관비를 주었으
나 환인宦人은 주지 않았다. 또 상서랑尙書
郞이 관아에서 유숙하게 되면 푸른 비단,
흰 비단, 또는 황금색 이불을 주었다. 장막
은 깊숙하게 드리워지고 태관太官은 음식
을, 탕관湯官은 떡과 과일을 제공하였다. 상
서랑백尙書郞伯 2인, 여시사女侍史 2인을 주

청(淸)나라 때 유회목조(幽會木彫).

었는데 모두가 솔직하고 용모가 단정한 자들을 가려서 시중들도록 하였다.
상서랑백尙書郞伯은 수레로 문까지 배웅을 하고 돌아왔으나 여시사女侍史는
향로를 들고 관아까지 따라 들어가서 모든 수발을 들었다.

청淸나라 유리초兪理初의 『계사유고癸巳類稿』 제악호고除樂戶考에 한나라 때
의 관노비의 생활을 일컬어 "일은 기첩과 같이 해도 남편이 없었다."라고 하
였다. 이와·같은 사실로 미루어 보면 그들 관노비官奴婢들은 지아비가 있지
않았다.

한漢나라 때 상서랑尙書郞은 주로 문서를 만들었으며, 그 지위는 참으로 높
았다. 그뿐 아니라 그들에 대한 대우가 그만큼 극진하여, 경우에 따라서는
비록 노비奴婢이지만 미모의 여인과 함께 있으니 서로 좋아하게 되어 연애
하는 일이 발생하게 되었다. 따라서 고서古書에 이러한 염사艶史가 전해 내
려오고 있다.

조비연(趙飛燕) 화상(畵像).

한漢나라 양웅揚雄이 지은 『방언方言』과 『고문원古文苑』이라는 책에 보면 오
관랑五官郞 가운데 전의田儀와 관비인 진징陳徵이 끊임없이 사통을 하였는데,
마침내 관부에 돌아가 심문을 받게 되었다고 기술하고 있다.

장안세張安世는 광록훈랑光祿勳郞으로 관비와 음탕한 짓을 하였다. 그 관비
의 형이 그런 사실을 관아에 일러바쳤다. 그러나 장안세張安世는 노비가 관
리를 무고하고 있다고 도리어 관아에 고발하여 노비를 귀양 보내고 말았다.
장안세張安世의 이와 같은 조치는 관리들끼리 서로 돕고 지켜주는 기강의 문
란함을 보여주는 증거였다. 한漢나라 때에는 이미 관노비官奴婢는 창기의 행
위를 하였다. 그러나 관리들의 연애는 금지하였다.

또 한漢나라 때에는 관노비를 사용하는 곳이 대단히 많았다. 『한구의漢舊
儀』에 보면 승상부丞相府 관노비는 밖에서 기거하였다. 궁중에서는 유모를 관
비에서 골랐다. 궁전 안의 환자서宦者署나 낭서郞署는 모두 관노비가 말을 전
하였다.

태관太官과 탕관湯官의 관노비는 각기 3천 명씩 두었다고 하였다. 이들은
모두 궁정 및 장안의 관아에 속해 있었다. 태복목사太僕牧師의 동산이 36곳이
있었는데 북쪽과 서쪽에 분포하고 있었다. 낭郞으로 하여금 원감苑監을 맡도
록 하였다. 이들 관비들은 각기 말 30만 필을 사육하였다고 기술하고 있다.
이것들은 모두 외방外方에 속해 있었는데, 낭비가 너무 심하였다. 그리하여
공우貢禹는 선제宣帝 때 상서하여, 모든 관노비가 10만여 명으로 하는 일 없
이 놀고 있다. 양민들의 세금으로 그들에게 주는 세비가 5만~6만 금이 넘는
다고 하였다. 그런가 하면 노비가 해방되고자 하여 천만 량을 내면 평민으
로 돌아갈 수 있었다. 그러나 무력해서 속량전을 낼 수 없는 많은 노비들은
평생을 노비로 지낼 수밖에 없었다. 그 관노비들은 하는 일 없이 그저 음란

한 일에 빠져 있었다.

한漢나라의 진번陳蕃은 "나아가서 모시지 못하면, 반드시 비애의 감정에 빠진다." 고 하였다. 낭기郞顗는 "오늘날 궁중의 시어함에 있어서 많은 계략이 동원되고 있다. 살아 있으나 깊은 곳에 격리되어 있고, 인도가 있으나 통하지가 않는다." 라고 하였다.

관비들의 환경과 상황은 이렇게 각기 달랐다. 헤아릴 수 없는 많은 청춘의 여인들이 종신토록 노예가 되어 비인간적인 생활을 하며 일생을 보낼 수밖에 없었으니, 솔직히 노예 매음奴隸賣淫으로 내몰린 셈이었다.

한문제漢文帝 때에 이르러 관비 제도는 육형상좌법肉刑相坐法을 제외하고 다른 것은 폐지되었다. 그러나 후한後漢 안제安帝의 영초永初 4년의 조서를 살펴보면, 건초建初 이래 변방으로 쫓겨난 자들은 본군으로 돌아왔고, 노비가되지 않은 자는 노비를 면하여 서인庶人이 되었다(『후안서後漢書』 안제본기安帝本紀). 이러한 종류의 제도는 안제安帝 시대에 이르러 오히려 유행되었고, 혹은 경면黥面 제도를 제외한 노비 제도가 없어졌다. 마침내 양한兩漢 시대에 진실로 머지않아 노비 제도가 폐지될 따름이었다.

제7절

# 고대古代의 남색男色

남색男色을 좋아하는 것은 선천적이다. 그리스의 소크라테스는 동성애는 나쁠 것이 없다고 생각하였다. 플라톤 이후 동성애의 음업淫業은 이미 보편화되었다. 이와 같은 남기男妓는 대부분 여기女妓와 마찬가지로 노비 출신이었다. 이렇게 남자들의 매음 행위는 중국은 물론 서양의 고대 시대에 있어서 공통적으로 찾아볼 수 있다. 중국의 남색男色은 춘추 전국 시대春秋戰國時代에 시작되었다는 것을 알 수 있다. 『설원說苑』[63]에 다음과 같이 설명하고 있다.

> "미자하彌子瑕는 위령공衛靈公의 총애를 받았다. 한번은 어머니가 병이 나서 몰래 왕의 마차를 타고 나갔다. 위령공이 그의 현명한 이야기를 들었다. 어느 날 위령공과 함께 과수원에서 소요하였다. 복숭아를 먹어 보니 참으로 맛이 있었다. 남은 것을 위령공에게 주었다. 위령공이 말하기를, 나를 사랑하므로 침이 묻어 먹다 남은 것도 나에게 준다."

또 『좌전左傳』에는 다음과 같이 기술하고 있다.

> "송宋 공자조公子朝는 매우 미남이어서 영공의 총애를 받았다. 그는 영공의

청(淸)나라 때 남풍(男風) 목조(木彫).

모친 선강宣姜과 사통을 하였다. 또 영공의 부인 남자南子와도 사통을 하였다. 후에는 난을 지어 영공을 축출하였다. 죽은 새와 같았다.”

『전국책戰國策』에는 다음과 같이 기술하였다.

“위왕魏王이 용양군龍陽君과 함께 배를 타고 낚시를 하고 있었다. 용양군이 위왕에게 말하기를, ‘저는 이렇게 못생겼으면서도 임금을 위해 침석枕席을 털며 가까이 모시고 있습니다.’라 하였다.

『전국책戰國策』에는 다음과 같이 기술하였다.

“강을江乙이 안능군安陵君을 말하여 임금은 조금도 공이 없다. 골육의 친척들이 모두 지존할 뿐더러 후록을 받는다. 임금을 뵈면 자리를 걷지 않고 절하지 않는 사람이 없으니 어찌된 것일까? 임금을 만남에 색으로써 한다. 그렇지 않으면 이에 이르지 않는다.”

위에서 자조子朝는 영공의 모친과 부인을 동시에 사랑하였다. 그가 평소에 그윽한 규방을 수시로 드나들었다고 하는 것에서 바로 그들과의 깊은 관계를 알 수 있다. 임금을 만남에 색으로써 하고, “임금을 위해 침석을 털며 가까이 모시고 있다.”고 하면 평소에 얼마나 음란하게 놀아났던가를 짐작하기 어렵지 않다. 『논어論語』에 "축타祝佗의 망령됨이 없고, 송조宋朝의 미색만 있다면 오늘과 같은 시대에서 화를 면하기 힘들 것이다." 라고 하였다. 또 『묵자墨子』의 상현尙賢 가운데에도 당시의 상황을 지적하여 기술하고 있다.

> "왕공 대인은 또한 성현을 존숭함으로써 하여금 정치를 할 수 있음을 알지 못하였다. 학문적인 공훈으로부터 획득한 부귀가 아니었다. 본래 아름답게 태어났기 때문에 얻은 것이었다. 무릇 까닭이나 연고가 없이 아름답게 태어났기 때문에 얻은 것이었다. 어찌 반드시 지혜가 있어서 이겠는가? 왕공은 자색을 사랑하고 그를 쓰기 때문에 1백 사람을 다스릴 수가 없으나, 그로 하여금 1천 사람의 관리가 되게 하였다. 1천 사람을 다스릴 수가 없으나, 그로 하여금 1만 인의 관리를 하게 하는 것은 무엇 때문인가?"

공자公子와 묵자墨子가 이렇게 격분하여 말한 것을 보면 춘추 전국 시대의 남색男色이 얼마나 창궐하였던가를 상상해 볼 수 있다.

한漢나라 때까지 내려오면서 그 기풍은 고쳐지지 않았다. 한漢나라 고조高祖 때 적유籍儒라는 신하와 효혜孝惠 때 굉유閎儒라는 신하가 있었다. 그 둘은 재능보다는 애교가 있어서 황제를 모시게 되어 황제와 함께 잠자리를 하였다고 하였다. 한漢나라 때에는 연동孌童을 사랑하였는데, 한고조 때나 한효제 때도 마찬가지였다. 혜제 때 낭시중郎侍中은 모두 깃털로 장식된 관冠과 조개로 만든 띠를 둘렀다. 또한 분을 발랐다고 한 것을 보면 당시 사회는 항시 장식을 좋아하였다. 이것은 모두 남색男色의 영향을 받은 것이었다.

그 후 한무제漢武帝는 이연년李延年을 총애하였다. 『사기史記』에 보면 상왕과 함께 잠자리를 같이하였는데 각별히 총애를 받았다고 하였다. 이와 같은 임금의 남색男色에 대한 사랑은 한漢나라 때에도 사라지지 않았다. 다만, 한 漢나라 때의 남색男色을 종합해 보면 바로 정치, 사회에 가장 큰 영향을 일으 켰다. 『한서漢書』등통·전鄧通傳에 보면 "한문제漢文帝는 등통鄧通을 총애하였다. 그리하여 촉엄도蜀嚴道의 산광山鑛을 주어 스스로 돈을 만들도록 하였다. 등 통鄧通이 만든 돈은 천하에 유포되었다."라고 하였다. 등통鄧通은 한 연동孌 童(예쁜 아이)으로서 광산을 개발하고 화폐를 주조하였으며, 왕후는 부자가 되 었다. 그로부터 40여 년간 등통의 돈이 천하에 통용되었다. 이보다 먼저 오 왕비吳王濞가 돈을 만들었지만 민간에서 몰래 만든 돈이 더욱 많았다. 한문 제漢文帝를 한漢나라 때의 현군이라고 하지만 사실 그와 같은 죄악도 적지 않 았다.

한(漢)나라 애제(哀帝)의 남총(男寵) 동현(董賢)의 초상(肖像).

한漢나라 애제哀帝는 동현董賢을 총애하였다. 그것은 참으로 놀라운 사실이었다. "나간 때, 함께 타고 들어온 때 좌우에 모시었다." 고 하 였다. 그 귀함이 조정에 떨쳤고 황제와 함께 잠 자리에 들었다. 한번은 낮잠을 자는데 황제의 옷 소맷자락을 깔고 잤다. 황제가 일어나려 하 였지만 동현은 느끼지 못하였다. 이에 소맷자 락을 끊고 일어났다. 그의 사랑이 이처럼 지극 하였다. 또 물건을 골라서 차례로 올렸는데 수 레와 의복은 그 다음이었다.

동현의 나이 22세로, 비록 삼공三公 백관들이 라고 하더라도 동현에게 모든 일을 아뢰었다. 그렇게 함으로 말미암아 권력은 임금과 같았다고 하였다(『한서漢書』). 동현이 몰락한 뒤에 현관이 그의 재산을 처분하였는데 43억 량이나 되었다. 동현의 이처럼 방자하고 치부하였던 일은 일찍이 없었던 일로, 당시의 정치, 경제, 사회에 끼친 영향이 어떠했겠는가? 후대 문인들이 임금이 남색男色에 빠짐을 형용하는 용양龍陽, 분도分桃, 단수斷袖 등의 어휘는 모두 이 시대에 만들어진 것이었다. 이 시대를 중국 남기사男妓史에 있어서 가장 중요한 한 페이지로 생각할 수 있지 않겠는가?

제4장

가기家妓 및 노예奴隷
창기娼妓의 공존共存 시대

제1절

## 위진남북조魏晋南北朝
## 시대의 노예奴隷와 창기

이 시대 노예의 주요한 연원은 범죄자와 전쟁 포로의 두 종류이다. 오호
십육국五胡十六國이 황하 유역을 휩쓸었는데, 중국 역사상 민족의 이동 시기
였다. 군웅이 할거하고 하루도 편안할 날이 없었다. 당시의 전쟁 포로들이
야말로 노예의 가장 큰 연원이 되었다.

### (1) 전쟁 포로에 속하는 노예

『진서晋書』[64]에 보면, 초종樵縱이 반란을 일으켰는데, 양주梁州와 익주益州
의 자사刺史라고 자칭하였다. 그러나 익주益州의 영주인 이등李騰이 성城을 열
고 초종樵縱을 받아들였다. 『위서魏書』고조문제기高祖文帝紀에 보면, 후위後
魏 문제文帝 때 옥야沃野와 통만統萬의 고을에서 칙륵敕勒이 모반하였지만 궤
멸되었다. 나머지 무리들은 기冀, 정定, 상相의 3주의 영호營戶가 되었다. 『후
한서後漢書』식화지食貨志와 구락제전仇洛齊傳에 보면, 위魏나라 천흥天興(서기
398~403년)에 누호漏戶를 거둘 것을 명령하였다. 그러므로 영호營戶 및 잡호雜
戶의 영수들은 천하를 두루 편력하게 되었다. 시광始光 3년(서기 426년)으로부
터 시작하여 구락제仇洛齊를 두고 일체를 폐지하였다. 따라서 군과 현에 소

측천무후(則天武后)의 초상(肖像).

속하게 되었다. 『위서魏書』장소유전藏少游傳에 보면, 바로 진晉으로부터 위魏에 이르기까지 잡호雜戶와 영호營戶가 얼마나 많았는지를 알 수 있다. 그 후 고제高帝 때 모용백요慕容白曜가 동양東陽을 평정하였다. 장소유蔣少有는 그 포로들을 평성平城으로 끌고 가 평제호平齊戶에 충당하였다.

『북제서北齊書』후주본기後主本紀에 보면 다음과 같다. 제齊나라가 망한 뒤 많은 벼슬아치와 선비들은 관내로 이사하였다. 이것은 아마도 위魏나라 때에 칙륵敕勒의 영호營戶로 이사하였는데, 시대가 바뀌어 북주北周 때에도 여전히 노예 생활을 했다고 볼 수 있다. 북제北齊의 후주인 무평武平 7년 3월(서기 563년)에 잡호雜戶의 여인들은 20세 이하 14세 이상으로서 결혼하지 않은 사람은 모두 성城으로 불러 모았다. 만약 은닉하는 가장이 있으면 사형에 처하였다. 잡호雜戶는 노예이기 때문에 어떻게 여성들을 유린하든지 상관이 없으므로 그것은 극도에 달하였다.

**(2) 범죄를 저지른 자에 속하는 노예를 얻는다.**

『위서魏書』형법지刑法志에는 다음과 같이 기술하고 있다.

효창孝昌 이전(서기 525년)에 세상이 어지러웠다. 법령의 실시가 문란하여 너그럽기도 하고 엄하기도 하였다. 이주爾朱 때에는 권력을 남용하였고 경중은 마음대로 하였다. 관아官衙에 있어서는 혹독한 것을 능사로 여겼다. 복

鄴으로 옮긴 뒤에 장안과 구기 지방에서는 도둑이 자주 발생하였다. 그리하여 엄중하게 처벌할 것을 제청하였다. 모든 강도와 살인자는 두목과 부하들을 막론하고 참수에 처하였고, 그 처자 및 일가친척들은 악호樂戶로 삼았다. 살인하지 않고 도적질만 하는 괴수는 참수하였다. 부하들도 사형에 처하였다. 처자는 역시 악호樂戶로 삼았다. 좀도둑을 10회 이상 한 괴수는 죽이고 처자는 배역配驛하였다. 부하들은 귀양을 보냈다.

『위서魏書』에 의하면 악호樂戶는 여악女樂이 변하여 생긴 이름이었다. 뿐만 아니라, 북위北魏 때의 법률은 연좌법에 따라서 악호樂戶 및 잡호雜戶는 모두 붉은 종이로 호적을 만들었다. 그리고 그 호적의 두루마리 축은 모두 납으로 만들어서 사용하였다. 도적의 처자는 연좌법連坐法에 의해서 평생 여악女樂이나 창기娼妓에서 헤어 나오지 못하였다. 노예의 호적에서 나오지 못하면 평생 억울하게 노예가 되는 것이 당시의 법이었다.

『수서隋書』[65] 형법지刑法志에 보면, 양梁나라 법률에 대역한 자는 모친, 아내, 자매 및 일가친척 모두를 관노비로 삼았다. 절도죄를 범하면 아내를 보병補兵으로 보낸다고 하였다. 이 보병補兵이라는 말은 군사들의 상대가 되어 주거나 아니면 군시軍市에 들어가서 기녀 노릇을 해야 됨을 의미하는 것이었다. 위魏나라에서 진晉나라로 이어지면서 큰 죄를 진 자의 처자는 모두 보병補兵에 처하였다.

『진서晉書』 범견전范堅傳에 보면, "진나라 범견의 딸은 은사를 간구하였다. 그녀는 스스로 해관노奚官奴가 되었다. 그리하여 아버지의 명을 대속하였다."고 하였다.

『남사南史』 원흉소전元凶劭傳에 보면, "송나라의 여인 무엄은 하늘의 죄를 지어 해관에 들어가게 되었다."고 하였다.

이와 같은 제도는 양梁나라 때에 시작된 것은 아니었다. 보병補兵은 병사들과 짝을 짓거나 군시軍市로 들어갔다. 해관奚官과 노비奴婢는 모두 창기 노릇을 하였다. 그러므로 이 시대의 창기와 노예 제도는 밀접한 관계를 가지고 있다. 한무제漢武帝의 영기營妓 제도는 이때에도 여전히 답습되었다. 사마선왕司馬宣王은 장안長安에 군시軍市를 설립하였다. 군시軍市 가운데의 관리나 병사들은 마음대로 현민들을 모욕하였다는 기록이 『삼국지三國志』 창자전會慈傳에 남아 있다. 송宋나라 이후 폐제廢帝는 유통劉統 또는 이장군李將軍으로 자칭하고 사통하였다. 매일 같이 주지육림酒池肉林에서 놀아났다.

제齊나라 폐제廢帝는 그 좌우의 무뢰한들과 기거를 같이하였다. 어떤 때에는 폐제廢帝 홀로 서주西周로 나아가 밤마다 후원의 별장으로 가서 잡배들과 어울려 음연淫宴을 일삼았다. 이것은 바로 한漢나라 때 영기營妓 제도를 답습하고 있다는 것으로 의심할 여지가 없다. 또 영기營妓의 내원은 범죄를 저지른 한 노예의 여자들로 이루어지고 있다는 것도 의심할 여지가 없었다.

이 시기의 창기娼妓는 참으로 번창하였다. 『삼국지三國志』 양부전楊阜傳에 보면, 위魏나라 조홍曹洪은 창기들에게 비단옷을 입도록 하였다고 하였다. 한단순邯鄲淳의 소림笑林에 보면 조曹, 위魏에 관한 일단의 기사가 실려 있다.

어떤 관리가 음악을 잘 이해하지 못하였다. 기녀가 음악을 연주하면서 찬탄을 하였으나 알지를 못하였다. 뒤에 주인으로서 잔치를 베풀며 기녀들로 하여금 음악을 준비하게 하였는데, 잘 알지 못하므로 약의 처방문을 곡패曲牌로 삼았다고 한다. 그러나 이상을 예로 든 것은 한 이름 없는 소영웅의 일이었다. 당시 양자강 유역의 남송南宋과 남제南齊 때에는 이름 있는 두 명기가 있었다. 바로 요옥경姚玉京과 소소소蘇小小였다.

매우금梅禹金이 지은 『청니연화기靑泥蓮花記』에 요옥경의 이야기가 전해 오고 있다.

"요옥경은 기녀妓女로 양주襄州의 하급
관리였던 위경유衛敬瑜에게 시집갔는데,
그가 물에 빠져 죽었다. 옥경은 수절하
면서 시부모를 봉양하였다. 집 안의 서
까래 사이에 한 쌍의 제비집이 있었는
데, 하루는 사나운 새에게 한 마리가 잡
혀 갔다. 나머지 한 마리가 외로이 날며
슬피 울었다. 가을이 되기까지 배회하였
다. 어느 날 옥경의 팔에 날아와 앉아서

송(宋) 휘종(徽宗)의 초상(肖像).

마치 작별을 고하는 듯하였다. 이에 옥경이 붉은 실을 다리에 매어 주었다.
그리고 이르기를, 내년 새봄에 다시 와서 나의 짝이 되어 달라고 하였다. 다
음 해 과연 그 제비가 돌아왔다. 이에 시를 지어 읊었다.

"이전에 짝 없이 가더니,

올해도 혼자서 돌아왔구나.

옛사람 은의恩義가 중하건대,

어찌하여 짝지어 날 수 있겠는가."

가을이면 날아가고 돌아오기를 여섯, 일곱 해를 하였다. 그해 옥경이 병
들어 죽었다. 다음 해에 제비가 돌아와서는 황망하게 슬피 울었다. 집안사
람들이 이르기를, '옥경이 죽어서 남쪽 성곽에 묻혀 있다.'고 하자 제비는 무
덤이 있는 곳으로 날아갔다. 제비도 역시 그곳에서 죽었다. 그 후 늘 바람이

맑고 달이 밝을 때면 양주 사람들은 옥경이가 제비와 함께 한수의 물가에서 노는 것을 보았다고 하였다. 그 후 당唐나라 때 사람 이공좌李公佐가 『연여분기燕女墳記』를 지었다.”

『악부시집樂府詩集』 광제廣題에 보면, “소소소蘇小小는 제齊나라 전당錢塘의 명기였다. 그는 남제南齊 때의 사람으로 「서능가西陵歌」가 있다.”고 하였다. “사마재중司馬才仲이 낙양에 있을 때 꿈속에서 아름다운 미녀를 보았는데 장막을 걷고 노래를 하였다. ……말하기를 훗날 전당에서 만나자고 하였다. 그 후에 재중才仲이 전당錢塘 지방에 문서를 관장하는 관리幕官가 되었다. 관청 후당에는 소소소蘇小小 묘가 있었다. ……그해가 지나기 전에 재중才仲은 병이 들었다. 그가 탄 유람선이 전당의 호숫가에 닿았다. 사공이 보니 재중才仲이 미인을 이끌어 배에 오르게 하였다. ……배 뒤에서 불이 나자 사공은 황급히 달려가 알렸다. 그러나 이미 그의 집에서는 통곡 소리가 들렸다.”

이것은 송宋나라 하거何遽의 『춘저기문春渚記聞』의 기록이다. 위 두 기녀의 재주와 정절을 보면, 첫째 역대 문인들과의 감정상 교통을 할 수 있었고, 둘째 제비를 감동시킬 수 있었다. 비록 신화적인 뜻이 있다고 하더라도 두 사람의 강렬한 매력을 찾아볼 수 있다. 또 소소소蘇小小의 이름은 사람들에 회자되고 있는데 천 년이 하루같았다. 당唐나라 시인 서응徐凝의 『한식시寒食詩』에서 다음과 같이 읊었다.

“가흥 성 안에 한식을 맞아서,

저녁노을 집집마다 성묘를 마쳐 귀가하네.

마을 앞에 다만 소소의 묘에는,

아무도 종이돈 사르는 이 없네.”

이 밖에도 육광미陸廣微의 『오지지吳地志』, 『함순임안지咸淳臨安志』, 『무림구사武林舊事』등도 소소의 묘가 가흥에 있음을 이야기하고 있다. 「백석초창白石樵唱」에 임경희林景熙는 소소소蘇小小 시의 시제를 '소소소는 전당의 명창으로 묘는 가흥 서남 쪽 60보에 있네.'라고 썼다.

> "가선歌扇 풍류더니 옛집이 그리워,
>
> 달이 지니 언덕에 까마귀의 울음소리.
>
> 꽃다운 흔적인데 한 줌 누런 흙이 되기 싫어,
>
> 오직 연지는 꽃으로 피어났네."

모든 사람들이 절대가인을 마치 강호의 아름다운 한 부분처럼 생각하였다. 미인은 이미 죽어 황토가 되었건만 천여 년 뒤의 문인들은 석류 치마 아래 분분히 찾아 엎드렸다. 소소소蘇小小는 진실로 스스로 자랑할 만하였다. 요옥경了玉京의 「증연시贈燕詩」나 소소소蘇小小의 「서능가西陵歌」를 보면 그들이 아름다울 뿐만 아니라 재주가 뛰어났음을 알 수 있다. 아마도 사족士簇으로서 해관奚官에 들어가게 되어 윤락의 창기가 되었을 것이다.

(좌)동진(東晋) 명기(名妓) 요옥경(姚玉京).

(우)소소소(蘇小小)는 묘령의 나이에 요절했지만, 다정하고 미모가 뛰어났으며 「소소소가(蘇小小歌)」가 남아 있다.

제2절

# 위진남북조魏晋南北朝 시대의 가기家妓

가기家妓는 무엇을 말하는 것일까? 그들은 가정에서 가축처럼 양육하는 기녀로서 방곡坊曲에 있지 않은 것을 말한다.

『세설신어世說新語』에 보면, 진晋나라의 사안謝安은 동산에 축기畜妓하였다고 하였다. 외출할 때 반드시 여기女妓가 따랐다고『진서晋書』본전本傳에 기록하고 있다. 이와 같은 기녀妓女는 모두가 가기家妓였다. 첩妾과 별로 다를 것이 없었다. 가기家妓는 대부분 노래하고 춤을 출 줄 알았다. 그러므로 은중문殷仲文은 송무宋武에게 축기畜妓를 하도록 권하였다. 그러나 송무宋武는 "나는 소리를 이해하지 못한다." 라고 대답하였다. 첩妾은 오로지 잠자리侍寢만 거들었다. 전문적인 성욕의 대상만을 위한 것 같지 않았다. 또 가기家妓의 지위는 아마도 첩에 비교하여 낮았다.

후위後魏의 고총高聰에겐 기녀妓가 10여 명 있었다. 아들이 있건 없건 모두 기적에 옮겨서 첩으로 삼았다. 그리고 성희를 즐겼다.『위서魏書』고총전高聰傳에서 보듯 가기家妓가 아들만 낳으면 곧바로 첩으로 승격할 수 있었다. 즉 첩은 가기家妓와 비교하여 지위가 높았다. 고총高聰이 가기家妓를 첩으로 승격시켜 성희를 즐겨함으로써 인심을 농락하는 수단으로 삼았다. 그러므로 가기家妓의 지위는 바로 비婢와 첩妾의 사이에 놓였다. 가축처럼 기르는 가기家

妓의 풍습은 한漢나라 때 시작되었지만 남북조 때 대단히 성행하였다. 이 시대의 가기家妓에 대해 상황을 분석하면 다음과 같다.

### (1) 기첩妓妾에게 유지시킨 성색聲色을 뇌물이나 탐하는 것으로 사용하여 심지어 살신殺身의 화禍를 만나기도 하였다.

『위서魏書』함양왕회전咸陽王禧傳에는 다음과 같이 서술하고 있다.

"성품이 교만하여 사치스럽고 재물을 탐내며 여색을 밝혔다. 첩이 수십 명인데도 그 생각은 그칠 줄을 몰랐다. 옷은 화려하게 비단으로 입었다. 수레역시 화려하고 아름답게 꾸며 탔다. 멀리 나가게 되면 또한 여종이 있어서 정욕을 마음껏 발산하였다. 재물을 거두어들였으며, 노비는 수천 명에 이르렀다. 논, 염전, 광산이 도처에 있었고, 노예들이 그것들을 경영하였다. 그후 세종世宗 때 모반을 하였다가 체포되어 사약을 받았다. 그리하여 그 공주가 울며 꾸짖기를 '가만히 앉아서 노비들을 그렇게 많이 거느리고 재물을 탐내더니 마침내는 모반까지 하여 이 지경에 이르렀다.'"

『양서梁書』[66] 어홍전魚弘傳에 보면 다음과 같이 기술하고 있다.

"나는 남초南譙, 우태盱眙, 경릉竟陵의 태수를 역임하였다. 이르는 바 네 가지를 탕진하였다. 즉 산에는 노루를 다하였고, 물 가운데에는 물고기와 자라 등을 다하였다. 밭 가운데에는 미곡을 다하였으며, 마을에서는 서민들을 다하였다. 그러므로 방자하게 술에 취하여 놀았다. 시첩侍妾이 무려 1백여 명이었고, 금과 비취는 헤아릴 수 없었으며, 아름다운 마차 등 한때에 사치와 방탕의 극을 다하였다."

『송서宋書』두기전杜驥傳에 보면 다음과 같이 기술하고 있다.

"유문幼文의 탐욕은 끝이 없었다. 집 안에는 천금이 쌓여 있고 기녀妓女가 수
십 명이 있어서 음악 소리가 밤낮으로 끊이지 않았다. 황제皇帝가 밤에 몰래
나와서 유문幼文의 담장과 문 사이로 흘러나오는 관현의 음악 소리를 들
었다."

『송서宋書』심연지전沈演之傳에 다음과 같이 기술하고 있다.

"태종太宗, 태시泰始 때 북방을 토벌하고자 하였다. 심발沈勃로 하여금 향리
로 돌아가서 사람을 모집하도록 하였는데 많은 재물을 받았다. 위로는 소홀
히 하고 아래에는 명령하였다. 심발은 경박하고 술을 좋아하며 죄가 많을
뿐더러 사치하고 방탕함이 지나쳤다. 기녀가 수십 명이 되며, 성색이 방종하
여 끝이 없었다."

(2) 제 몸은 돌보지 않고 기첩의 악에만 전념한 것 때문에 가족이 곤궁困窮을
감당하지 못하였다.

『송서宋書』범화전范曄傳에 다음과 같은 기록이 있다.

"집의 악기는 모두가 진기하고 아름다웠으며 기첩은 성장을 하였다. 그러나
어머니는 나무를 쌓아 놓은 골목의 주방 안에 기거하게 하였다. 아들은 겨
울에도 이불이 없었고 숙부는 홑옷을 입고 지냈다."

(3) 기첩妓妾을 길러서 침식寢食을 하기 때문에 복식服飾이 원림園林 수준으
로 모든 장식이 사치스러웠다.

『남사南史』[67] 서군청전徐君倩傳에는 다음과 같은 기록이 있다.

"상동왕湘東王 진서자의참군鎭西諮議參軍은 참으로 성색을 좋아하였다. 시첩이 수십 명으로 모두 금과 비취로 장식하고 비단옷을 입었다. ……때로는 기녀들을 수레에 태우고 마음대로 놀러 다녔는데 형荊, 초楚의 산천을 밟지 않은 곳이 없다."

『남사南史』 손양전孫瑒傳에는 다음과 같은 기록이 있다.

"성품이 통쾌하여 재물이 있으면 친구들에게 나누어 주었다. 살고 있는 집은 사치스러웠는데 겁极(안장)은 아름답게 장식하였다. 노래와 춤이 끊일 날이 없었다. 빈객이 문을 메우고 수레가 끊이지 않았다."

(4) 성기聲妓의 쾌락快樂을 탐하다 보니 조례朝禮도 하지 않고 문밖으로 나서지 않았다.

『송서宋書』 심경지전沈慶之傳에는 다음과 같이 썼다.

"기첩이 수십 명 있었는데 용모와 재예를 서

명기(名妓) 유경화(柳瓊花).

로 다투었다. 심경지沈慶之는 하는 일 없이 종일토록 즐겁고 유쾌하게 놀았
다. 그뿐 아니라 조정에 조례도 하지 않고 문도 나서지 않았다."

## (5) 늙어서까지 악樂에 지치지 않는다.

『남사南史』장회전張壞傳에는 다음과 같은 기록이 있다.

"거실이 호화롭고 기첩이 방에 가득하였다. 어떤 사람이 늙어서까지 축첩함
을 희롱하였다. 그러자, 그의 대답이 '나는 젊어서는 음률을 좋아하였지만
늙어서야 비로소 깨닫게 되었다. 평생 동안 욕정을 즐겼다고 하여도 남아
있는 것이 없으니 오직 이것조차 버릴 수가 없을 뿐이다.'라 하였다."

## (6) 아울러 많은 자식을 낳아 행복을 구하였다.

『주서周書』이천철전李遷哲傳에는 다음과 같이 기술하였다.

"성격이 화려하고 사치스러웠다. 자신만을 위할 줄 알았다. 기첩들이 1백여
명이나 되었고 자식들이 69명이나 되었다. 한漢나라 천여 리 사이에 모두 그
가족들의 고대광실들로 줄을 이었다. 첩들 중에 아들을 가진 자는 노복과
하인들이 그들을 돌보았다. 그는 늘 피리를 불면서 종자들을 인도하였고, 그
사이를 왕래하면서 술을 마시며 한평생을 즐거움으로 다하였다. 자손들이
찾아뵐 때에는 혹은 그 나이와 이름을 잃어버려 책을 펼쳐서 그들을 찾아내
었다."

## (7) 가기家妓가 자식 중에 아들이 없으면 감정적으로 굳어져 모두 첩妾이 되

게 하였다.

『북사北史』[68] 고총전高聰傳에는 이렇게 기술하였다.

"오직 성색으로써 스스로를 즐겼다. 기녀가 10여 인이 넘었다. 자식이 있으
나 아들이 없었다. 모두 기적에 올려주어 첩으로 삼아 성회를 즐겼다. 병이
들자 다른 사람과 어울리지 않게 하기 위해 아울러 손가락을 태워 그 재를
삼키게 하고 출가시켜 승려가 되게끔 하였다."

## ⑻ 가기家妓가 아름다워 타인이 빼앗아 가지려 해서 파직당해 목숨을 잃기
도 하였다.

간보干寶의 『진기晉紀』에는 다음과 같이 기술하였다.

"석숭石崇[69]에게는 녹주綠珠라는 아름답고 또 춤을 잘 추는 기녀가 있었다.
손수孫秀라는 사람이 사자를 보내 녹주綠珠를 구하고자 석숭石崇에게 아뢰었
다. 석숭石崇이 기첩 수십 명을 끌어내며 말하기를 마음대로 고르라고 하였
다. 사자가 말하기를,
'분부한 대로 녹주를 주십시오.'라고 하였다. 석숭은 '녹주는 내가 사랑하고
귀중하게 여기기 때문에 그렇게 할 수 없다.'라고 대답하였다. 사자가 돌아
가서 손수孫秀에게 아뢰었다. 손수孫秀는 조왕윤趙王倫에게 권고하여 그를
죽였다."

『남사南史』 하회전何恢傳에 또 다음과 같이 기술했다.

"하회何恢는 광주의 자사였다. 장요화張耀華라는 기녀가 있었다. 그녀는 아름

다울 뿐만 아니라 애교가 있었다. 권귀權貴를 얻고자 하여 완전부阮佃夫와 술
을 마셨다. 완전부阮佃夫는 장요화張耀華를 보고 기뻐한 나머지 수차례 하회
何恢에게 간구하였다. 하회가 대답하기를 '내가 할 수 있다고 해도 나로서는
할 수가 없다.'고 하였다. 완전부阮佃夫가 노발하여 그를 풍간하였다. 관아의
공사로써 하회何恢를 탄핵하여 파면하였다."

## ⑼ 지위가 높고 녹이 중하면 쾌락快樂을 도모하기 위해 많은 기첩妓妾을 운영하였다.

『진서晉書』도간전陶侃傳에도 다음과 같이 기술하였다.
"기첩이 수십 명에 노복이 천여 명이었다. 아름답고 귀한 보물이 천국보다
많았다."

『위서魏書』고양왕옹전高陽王雍傳에는 다음과 같이 기술하였다.
"또한 아울러 정사를 결정하는데 세록歲祿은 만여萬余나 되고, 속粟은 사만
四萬에 이르고 기첩와 시첩侍妾이 가득 찬 방, 여러 단면端冕과 영귀榮貴의 성
함으로 형제가 매우 심하였다. ……후에 다행히 기첩와 시첩侍妾 백 명이 넘
었다.

앞에서 인용한 바를 살펴보니, 떠오르는 감상感想이 세 가지 있었다.

① 황금黃金과 미인美人의 관계
위魏나라 함양왕咸陽王 원희元禧가 사약賜藥을 받아 죽을 때 여러 누이 공주

녹주(綠珠)의 초상(肖像).

公主들과 결별訣別하게 되자, 한두 명의 애첩愛妾을 언급하니, 공주가 울며 꾸짖어 말하길, "평소에 이런 무리들을 얻어 두고 재물財物만 탐욕스럽게 좇고 죄짓길 두려워 하지 않고 모반謀反하니 오늘 이 지경에 이르렀다." 하였다. 또 "석숭石崇이 일찍이 형주荊州 자사刺史로 있을 때 멀리 가는 사신을 윽박질러 빼앗고, 여러 상인을 죽여서 거부巨富에 이르렀다."하였다(『악사樂史』녹주전綠珠傳).

석숭石崇은 창기娼妓와 첩妾, 미인美人이 천여 명이나 있었다. 녹주綠珠가 그 우두머리로, 끝내 손수孫秀의 오랏줄로 인하여 녹주綠珠는 누각樓閣에서 떨어지게 되었고, 석숭石崇이 동쪽 저잣거리에 효수되어 내버려졌다. 방울져 떨어지는 황금黃金을 가지고 놀고, 널리 미인을 구하며 사치奢侈의 극치極致를 다해 환심歡心을 넓혔고, 계속해서 황금을 가지고 놀았으니, 이것이 함양왕咸陽王 원회元禧가 재물을 좇아 탐하여 반란을 일으키게 된 연유이다. 이에 석숭石崇도 동쪽 저잣거리에 내버린 연고緣故이다. 황금과 미인은 아주 긴밀한 관계이다. 두기杜驥, 어홍魚弘, 심발沈勃 등은 모두 일구지학一邱之貉, 즉 유유상종類類相從일 뿐이다.

②남조南朝에서 받들던 청의淸議의 법령法令은 글로 구체화되길 꺼려 했다.

남조南朝의 법률法律에서는 청의淸議를 중시했다. 양梁나라에서는 금고禁錮의 과科를 만들어서 청의淸議를 범했을 때에는 종신終身토록 등용하지 않았다. 진陳나라도 역시 금고禁錮의 과科를 중시하여, 만약 벼슬아치나 귀족이 인륜을 어지럽히거나 범하고 불효를 하면, 조서詔書를 띄워 그를 내치고, 종신토록 쓰지 않았다(『수서隋書』형법지刑法志).

송무제宋武帝가 찬위簒位한 이래로는 향론鄕論·청의淸議·음란淫亂하고 더러운 도적질 등이 한 번 모두 씻겨지고 다시 시작되었다(『일지록日知錄』에 보임).

이것은 송宋나라, 제齊나라 이래로 법률 조항에 드러나지는 않았지만, 청의淸議를 범하는 자는 사면赦免의 서장書狀도 없이 모두 종신토록 금고禁錮에 처했다. 이것이 오래되자 예例로 만들어졌다. 다만 범엽范曄의 집에 있는 악기樂器와 복식들이 모두 아름답고 좋았다. 기첩妓妾들은 멋들어진 장식을 했으나, 모친은 헐벗었고, 부엌 하나에 땔감은 가득했다. 이렇게 검소儉素함은 황당荒唐하고 청의淸議도 그에 따르지 못하였다. 종신토록 금고禁錮함으로 다시 말할 것도 없었으니, 법령法令에 글로 구체화되지 않은 것은 무엇 때문인가?

③ 법률法律은 실행되고 지속적으로 지켰다.

> 송宋나라 완전부阮佃夫는 기녀妓女가 수십 명으로 금옥金玉과 비단 장식이 궁전도 미치지 못했다. 양梁나라 하우기夏候夔의 뒷방 기첩妓妾은 비단옷을 끌고 금과 비취로 꾸미면서 백여 명이 있었다. 양梁나라 서군천徐君倩은 시첩侍妾이 수십 명으로, 금과 비취를 차고 비단옷을 입었다. 심유지沈攸之의 뒷방에는 옥으로 장식한 이가 수백 명이다(이상以上은 앞의 인용한 것).
> 위魏나라 고양왕高陽王 옹雍은 황제의 궁宮에 4번째 집이 있는데, 빼어난 하인이 6천 명이고, 기녀妓女는 500명이나 되었다. 햇빛 비출 때 옥구슬 드리우고, 비단옷 바람에 날리니, 한진漢晉 이래로 여러 왕의 사치奢侈도 이와 같지 못했다(『낙양가람기洛陽伽藍記』).

이상과 같이 여러 사람들의 기첩妓妾과 복식服飾은 모두 사치奢侈의 극치極致를 이룬다. 그러나 진晉나라의 제도에서는 여자 노예가 금비녀를 할 수 없었다(『어람御覽』718 진령晉令을 인용). 위魏나라에서는 왕공王公 이하 천첩賤妾 모두 짠 비단과 구슬을 찰 수 없었고, 어기는 이는 역모逆謀로 다스렸다(『위서魏書』고양왕옹전高陽王雍傳). 쓸 데 없는 얘기 아닌가? 국가 법령法令이 이와 같은데, 신하臣下 희첩姬妾의 사치奢侈는 저와 같으니, 모두 모순矛盾된 일이지 않은가? 대개 중국 역대의 법령은 매우 많지만, 당시에 반드시 그 법을 실행한 것은 아니다. 법령은 수정되고, 반드시 실행되어 그대로 따른 것도 아니다. 법령 한 가지가 생기면, 후세가 반드시 길이길이 지킨 것도 아니다. 위진魏晉 때만 이와 같은 것이 아니고 역대歷代로 모두 이러했다.

제3절

# 위진남북조魏晉南北朝 시대의 남색男色

이 시대의 남색男色이 창궐猖獗하는 상황은 이전과 달리 크게 몇 가지의 특
징이 있었다. 이를 아래와 같이 분별하여 옮겨 놓았다.

### (1) 공공연히 남색을 꺼리지 않았다.

『북사北史』 위팽성왕소전魏彭城王韶傳에 보면 다음과 같이 전해진다.

"협손소魖孫韶가 북제北齊에서 영지를 물려받아 가을에 현공縣公되었다. 문
선文宣 황제[70]는 협손소의 구렛나루와 수염을 밀고 화장을 시켜서 눈썹을 그
린 후, 여장을 입히고 스스로 따라다녔다. 말하기를 '팽성彭城의 빈어嬪御(임
금의 첩)'로 여겼다."

또한 『사史』에 보면 다음과 같이 전해진다.

"몸이 미약한 남자를 기롱하여 부녀자에 비유한 것이 있는데, 이러한 공개적
인 현상은 이전에는 없었던 일이었다."

**(2) 우연하게 실연失戀했던 까닭에 연동變童을 모욕侮辱하거나 혹은 살해했다.**

『남사南史』 장사선무왕전長沙宣武王傳에는 다음과 같이 기술하였다.

"왕소王韶가 어린 소년이었을 때였다. 유신庾信이 그에게 장가들었다. 단수
지환斷袖之歡[71]처럼 몹시 사랑하였다. 입고 먹는 것에 관한 모든 돈은 유신이
주었다. 손님이 오면 왕소가 또한 유신을 위하여 술자리를 마련하였다. 그
후 왕소는 영주郢州의 자사刺史가 되었다. 유신이 그곳을 지나게 되었는데
왕소는 그를 박절하게 접대하였다. 유신은 참을 수가 없었다. 술에 만취하
여 왕소의 침실로 걸어 올라갔다. 또 밥상을 짓밟았다. 그리고 왕소를 직시
하며 말하기를, '그대가 오늘 나를 대하는 태도는 옛날과 크게 변하였다.'고
하였다. 손님이 만좌하였는데 왕소는 심히 부끄러워하였다."

『남사南史』 본전本傳에 역시 다음과 같이 기술하였다.

"왕승달王僧達에겐 친족의 아들인 확確이 있었다. 젊고 용모가 아름다웠다.
승달僧達은 그와 함께 사통하였다. 그들은 사랑에 탐닉하였다. 왕확王確의
숙부 영가태수永嘉太守인 휴休는 왕확을 그 고을에 위촉하였다. 따라서 승달
은 그 고을에 남아 있으려고 하였다. 그러나 왕확은 그를 피하여 가지 않았
다. 승달은 그곳에 숨어서 커다란 구덩이를 팠다. 그리고 왕확을 유인하여
그를 매장하려고 하였다. 승건僧虔은 그 음모를 알고 중지할 것을 힐책하였
다. 따라서 그 일은 그쳤다."

잘 알다시피 유신이 왕소에게 말하기를, "그대가 오늘 나를 대하는 태도는

옛날과 크게 변하였다."고 하였다. 이 말은 얼마만큼의 의미를 포함한 것이다. 또한 "왕소의 침실로 걸어 올라갔다. 또 밥상을 짓밟았다."는 말은 중대한 모욕侮辱으로, 손님이 가득 차 있을 때 일어난 것이기에 왕소는 어떠했겠는가? 왕승달은 왕확이 남아 있지 않자, 구덩이에 매장하여 살해하려고 하였던 것을 보면 색담色膽이 얼마나 대담했었나를 알 수 있다.

**(3) 남색을 좋아하여 아내와는 단절하거나 살해하는 경우도 있었다.**

『위서魏書』여남왕열전汝南王悅傳에는 다음과 같이 기술하고 있다.

 "열열悅의 부인인 염閻씨가 아들을 낳았다. 그런데 예답禮答을 하지 않았다. 최연하崔延夏는 좌도左道로서 열열悅과 함께 놀았다. 송술松朮의 선약을 복용하며 또 남색을 좋아하여 부인의 방에 들어가지 않았다. 부인이 좀 화를 내면 매질을 마구 하였다."

『진서晉書』석계용-재기石季龍載記에는 다음과 같이 기술하였다.

 "장군 곽영郭榮의 누이를 아내로 삼았다. 계방季龐은 남색 정앵도鄭櫻桃를 총애하였다. 그러다가 곽郭씨를 살해하였다. 그리고 청하淸河의 최씨 딸에게 장가들었으나 앵도櫻桃가 또 헐뜯어 그녀를 살해하였다."

첩을 총애하고 아내를 살해하는 것은 중국 사회에서 전해져 오던 관습이었다. 남색男色을 총애하고 아내를 살해한다는 것은 해괴한 행위가 아닐 수 없다. 그러나 진晉나라 때에는 이와 같은 기풍이 대중화되고 보편화되었다.

『송서宋書』오행지五行志에는 다음과
같이 전해진다.

색예쌍절(色藝雙絶, 미모와 기예가 모두 매우 출중함을
말함)의 심양기(潯陽妓), 백거이(白居易)의 작품 「비
파행(琵琶行)」.

"함령咸寧 태강太康 이후로부터 남
색을 총애하는 기풍이 크게 흥성
하였다. 심지어 여색보다도 사대
부들까지 그것을 좋아하지 않는
이가 없었다. 천하가 모두 그것을
모방하고 따랐다. 이는 부부 간의
인연을 끊고 이별까지 하게 되었
다. 원망하고 질투하였다."

질투는 인류의 공통적인 성정이다. 아름다워지고자 하는 마음도 공통적
인 심리로 남녀의 분별이 있을 수 없다. 남색男色을 사랑하는 사람이 자기의
아내를 살해해도 법률을 담당하고 있는 사람들도 감히 제재하지 못하였다.
따라서 남색의 창궐은 더욱 심하였다. 석계룡石季龍은 당시의 대표적인 인물
이었다. 여남왕의 예처럼 "부인의 방에 들어가지 않아, 부인이 좀 화를 내면
매질을 마구 하였다." 는 진실로 사공司空의 버릇을 보면, 일회적 사건으로
계산되지 않을 정도로 많았다.

### (4) 부부가 동시에 연동孌童을 사랑하였다.

『진서晉書』해서공기海西公紀에 다음과 같은 기록이 남아 있다.

"황제가 번藩에 있었는데 일찍이 병이 있었다. 폐인嬖人, 상룡上龍, 계호計好, 주령보朱靈寶 등이 내실의 잠자리를 시중들었다. 그러나 아름다운 전씨田氏와 맹씨孟氏는 3명의 사내아이를 낳았는데 그 장남을 수樹로 봉하고자 하였다. 당시의 사람들은 당혹스러워하였다."

『진서晉書』오행지五行志에는 이렇게 쓰여 있다.

"해서공海西公은 남자 구실을 못해서 곁에 있는 상룡相龍이라는 남색으로 시첩과 동침하게 하였다. 아들을 낳으니 자기의 자식으로 삼았다."

### (5) 남색을 사랑했던 까닭에 공명을 잃어버린 경우도 있었다.

『남사南史』사혜련전謝惠連傳에 보면, 다음과 같이 기술하고 있다.

"첫사랑 회계군리會稽郡吏 두덕령杜德靈에게 부친상인데도 오언시 10여 수를 지었다. 『승류준귀로乘流遵歸路』에 보면, 시편詩篇은 사실이다. 죄를 얻어 파직되어[72] 영위榮位를 대비하지 못했다. 관직은 상서부서尙書仆射에 이르고, 나이 37세에 세상을 떠났다. 일찍 세상을 떠난 것은 경박한 경우였고, 이 때문에 관직도 현달顯達하지 못하였다."

후대에 유가儒家들은 상喪을 당하여 애통한 때에는 시를 지어서 읊을 수 없다고 강조하였다. 이와 같은 논조論調는 부당한 것이었다. 부모의 상을 당하면 슬픈 일이지만 시간이 지나면 슬픔도 사라진다. 이른바 "여생을 멍석에 누워 지낸다[苫塊餘生]."라든지 "물 한 모금 마시지 않는다[水漿不入口]."라는 행위는 한漢나라 이후에 유가에서 가식적으로 만들어낸 것이었다. 시詩는 인간이 가지고 있는 성정을 말함인데, 상중이라고 해서 이 성정을 어떻게 할 수는 없지 않은가? 더구나 혜련惠連은 전통적 예교를 반대하던 사람이었다. 그런데 상중에 애인에게 시를 보냈다고 한다면 정상적인 것으로 생각했을 것이다. 불행히도 이 일로 인하여 폐직까지 당하게 되었다.

**(6) 남색과의 사랑 행위는 문학작품에 나타나는 경우도 있었다.**

유존劉遵의『번화응령繁華應令』을 보면 다음과 같이 기록하고 있다.

> "가련하구나, 주周의 소년,
>
> 웃으며 난꽃을 꺾는다.
>
> 고운 피부는 분보다 희고,
>
> 뺨은 마치 홍도와 같구나.
>
> 팔은 움직이면 향기가 떨치고,
>
> 옷은 가벼이 바람에 나부낀다."

양梁나라 간문제簡文帝가 쓴『연동시孌童詩』는 다음과 같다.

> "묘령의 주周 소년,
>
> 아름다운 용모는 아침노을 같으니,
>
> 옷깃을 여미면 감추는 듯 드러나는 살결,
>
> 머리를 돌이키니 두 볼일랑 살풋하네."

여성이 된 남자, 원대(元代) 전선(錢選)의 작품.

이 밖에도 진晉의 장한주張翰周의 『소사시小史詩』, 유효탁劉孝綽의 『소아채능小兒採菱』, 『무명씨소년無名氏少年』, 소명昭明의 『오숭伍嵩』 등은 『옥대신영玉臺新詠』 안에 소개되고 있다. 이것들은 모두 남색男色에 대해 극력으로 묘사하고 있다. 또 심약沈約의 『참회문懺悔文』에서는 다음과 같이 기술되어 있다.

"한수漢水 위의 궁궐, 실제로 얼마 되지 않아, 사랑은 길어, 또한 만족하리."

또한 『북사北史』 북제北齊 폐제은본기廢帝殷本紀에서 보면 다음과 같다.

"산수는 젊어서부터 연동과는 잠자리를 같이하지 않았다. 또 기녀의 방에도 들지 않았다."

이것을 보면 당시에는 보편적으로 즐겼던 것을 알 수 있다. 이 시대의 남색과의 사랑은 남조南朝로부터 북조北朝에 이르기까지 사회의 대중적인 기호로써 일종의 기풍을 이루었다. 전기의 군주나 귀족 등 특수 계층의 기호와는 같지 않은 점에 유의할 만하다.

제4절

# 위진남북조魏晉南北朝 시대 성기聲妓의 발달과 원인

이 시대에는 성기聲妓와 연악燕樂이 공전空前의 발전發展을 이루었다. 그러면 그 이유는 어떤 것일까? 아래와 같이 시도試圖할 수 있다.

## (1) 학술적 영향

『열자列子』[73]는 동진東晉의 장잠張湛의 무리들이 지은 위서僞書로서, 당시 사대부들의 구미에 적합한 것이었다. 남북조南北朝 시대 사회적인 습속의 자못 깊고 깊은 영향을 받았다. 그『열자列子』의 제7편을 양주楊朱라 표제로 삼았다. 양주楊朱의 이야기를 매우 상세하게 서술하고 있다.

"백수百壽를 온전히 누리는 사람이 없다. 백수를 누리는 자는 천 명 중에 하나도 없다. 설혹 있다 하여도 어린 시절과 늙어 혼미한 시절이 그 절반은 될 것이다. 밤에 잠을 자면 감각이 멈추게 되고, 낮에 깨어 있을 때 시간의 낭비를 생각하면 삶은 절반밖에 안 된다. 또 아프고 병나고, 슬프고 괴로우며, 불안하고 두려움이 없을 때가 절반밖에 안 될 것이다. 수십 년을 헤아려 보아도 마찬가지다. 자기 뜻대로 되는 일도 없다. 자신의 걱정, 불안을 잊을 때가 또한 한순간도 없다. 그러면 인생은 무엇인가? 무엇을 즐겨할 것인가? 아름다운 음식을 즐기며, 좋은 옷을 즐겨할 것인가! 아름다운 여색을 즐길 것인가? 여색, 의, 식을 항상 즐길 수 있는 것도 아니다. 또 상벌의 권면과 금지, 명예, 법도의 취함과 버림을 받아야 한다. 급하게 서둘러 한때의 영화를 좇고 사후의 영광을 도모한다. 홀로 눈귀의 보고 들음에 순종한다. 몸의 옳고 그름에 애태운다. 한때 누려야 할 지극한 낙을 버릴 뿐더러 일시의 방종을 할 수 없다. 잠시나마 마음껏 즐길 수 없으니 중죄인의 질고의 고통과 무엇이 다른가? 태고의 사람은 잠시 왔다가 잠시 가는 것임을 알았다. 그러므로 마음대로 활동하였다. 그리하여 자연 그대로 어기지 않았다. 살아 있을 때의 환락을 버리지 않았다. 그러므로 명예는 권면하는 대로 하지 않았다. 성품대로 방자하게 놀았다. 만물의 좋아하는 바 거스르지 않았다. 사후의 명예를 추구하지 않았다. 그러므로 형벌에 연루되지 않았다. 까닭에 명예의 선후, 나이의 다소는 헤아릴 바가 아니다.

또한 말한다. "만물이 태어나는 것은 다르지만 죽는 것은 똑같다. 태어남에는 현명함과 어리석음, 귀하고 천함이 서로 다른 것이고, 죽음에는 냄새나며 썩고 소멸됨이 똑같은 것이다. 십 년을 살아도 죽고, 백 년을 살아도 죽는다. 어진 자도 성현도 죽고, 흉악한 자도 어리석은 자도 죽는다. 살아서 현군이었던 요, 순도 죽으면 썩어 없어지며, 살아서 폭군이던 걸, 주왕도 죽으니 썩어 없어진다. 썩어 없어짐은 마찬가지이니 누가 그 다른 것을 알 수 있겠는가? 살아생전 즐겨야지 어찌 사후를 돌아볼 여가가 있겠는가?"

잘 알다시피 양주가 주장하는 바의 핵심은 "눈앞의 이기쾌락주의利己快樂主義"로 순전히 염세厭世의 비관悲觀이며 시세時勢의 반동反動이었다.

목숨도 재산도 내일을 기약할 수 없었다. 따라서 양주楊朱와 같은 일파의 학설이 생겨나게 되었다. 일반 대중들은 이러한 설법에 휩쓸리게 되었다. 모든 사람들은 "이 내 몸조차 용납되지 않으니, 뒷일을 걱정할 겨를이 없다."라는 관념이 있었다. 그러므로 방랑, 퇴폐, 호사 등의 습성들이 상관관계를 가지면서 발생하게 되었다.

### (2) 국가의 풍조와 법령

이 당시 남북조南北朝의 풍조는 서로 달라서 북조의 사대부들은 대부분 첩이나 기녀를 두지 않았다. 이에 반해 남조의 높은 관직에 있는 사람들은 축첩하여 많이 거느리게 되었다. 이런 일들은 보이지 않는 가운데 이미 법령으로 형성되었다.

원효우元孝友의 『전소언傳疏言』에 보면, 다음과 같다.

"조정 전체가 거의 첩妾을 두지 않았다. 따라서 천하가 거의 일처만을 두게 되었다. 부모가 딸을 시집보낼 때 반드시 질투를 가르쳤다. 시어머니나 시누이도 반드시 질투할 것을 서로 권하였는데, 이런 것을 부덕婦德으로 삼았다. 질투를 잘 하는 것이 여자의 능력으로 솜씨 중의 하나가 되었다."

또 『남사南史』 왕연전王宴傳에 보면, 다음과 같다.

"연宴의 종제인 후詡는 벼슬이 없었다. 아직 황문黃門에 오르지 못하여 여기女妓를 둘 수가 없었다. 그러나 당시의 여러 관리들은 축기蓄妓를 함으로써 파면을 당하였고, 10년 동안의 옥살이를 하였다."

이렇게 보면 북조北朝 때에는 조정의 축첩畜妾 기풍이 없어짐으로써 북제
北齊 때의 가기家妓에 관한 기록들을 거의 찾아볼 수가 없다. 남제南齊 때 황문
黃門에 오르지 못하면 축기를 할 수가 없었다. 그런데 다만 관가에서만 불을
밝힐 수 있었고, 일반 백성들은 등불을 켜는 것을 허락하지 않았던 정책은
가기家妓의 발전을 조장하는 결과를 낳았다. 그리하여 이때의 성기聲妓가 번
창하여 마침내는 남조南朝 때 더욱 발전하였다.

**(3) 조야朝野에서 풍모風貌를 숭상하고 사회에 방랑放浪을 꾸미어 다투었다.**

진晋나라 때 귀족들의 떠돌이 자제들은 머리를 풀어헤치고 나신으로 술을
마셨다. 그리고 비婢와 첩들을 희롱하며 놀았다. 양梁나라 귀족들의 자제들
도 역시 몸에 훈향을 뿌리고 수염을 깎고서 분을 바르고 곤지를 찍었다. 이
와 같은 사실들에 뚜렷한 증거가 있다.

『진서晋書』 오행지五行志에 보면, 다음과 같다.

> "귀족의 방랑의 자제들은 서로가 산발을 하고 나체로 술을 마시며 비첩들을
> 농락하였다. 그것을 어기는 자는 때려서 상처를 입혔다. 그렇지 않으면 아무
> 런 기롱도 하지 않았다. 희세의 선비 또한 부끄러워하지 않았다."

당唐의 주규朱揆의 『차소지釵小志』에 보면, 다음과 같다.

> "양梁과 진陳의 사대부들은 봄놀이를 하게 되면 화려한 옷에 얼굴에 분을 바
> 르고 거문고를 타고 노래하며 따랐다." 고 하였는데, 북조北朝 때에는 사람
> 을 기용하는 데 재주와 지식, 도량을 보지 않고 오로지 풍채를 보고 기용하

사안(謝安)은 동진(東晋)의 정치가로 일생토록 정신의 자유와 물욕의 향수를 추구하여, 뭇사람들에게 '풍류재상(風流宰相)' 이라 불렸다.

였다."

『남사南史』왕욱전王彧傳에 보면, 다음과 같다.

"송宋나라 효무孝武가 시중侍中 4명을 뽑았는데 풍모를 보고 뽑았다고 하
였다."

『남사南史』하형전何炯傳에는, 하형이 살결이 희고 용모가 아름답다고 하
였다.

"맹창孟昶과 맹기孟顗는 용모가 아름다웠기 때문에 당시의 사람들은 그들을
일컬어 쌍주雙珠라 하였다."

이처럼 남조南朝는 풍모風貌의 증거證據를 중하게 여겼고, 북조北朝 역시 그
러했다.

『북사北史』에 따르면, 최호崔浩는 섬세하고 백옥 같이 고운 것이 마치 여인
과 같았다고 하였다. 순사손荀士遜은 중서사인中書舍人이었는데 얼굴과 모양
이 너무도 못났다. 그러나 문장이 뛰어나서 중용되었다. 한번은 왕을 알
현해야 할 일이 있었다. 왕이 후원에 있으므로 나인들이 전갈을 하였다. 왕
이 누구냐고 묻자 나인은 사손士遜의 이름을 몰라서 말하지 않고 못생긴 사
람이라고 아뢰었다. 왕은 순사손荀士遜이라고 말하였다. 만나보니 과연 그
사람이어서 나인들이 모두 크게 웃었다.

『진서晉書』오행지五行志에 보면 이때의 남북조야南北朝野에서는 모두 풍모

를 중시하여 사람을 채용하였다. 이로 인해 사회에서는 크게 이 기풍을 좇았다. 이런 일들이 변화되어 진晉나라 때에는 산발하고 나체가 되는 풍습으로 바뀌었다. 또한 진陳과 양梁나라 때에는 화려한 옷을 입고 연지, 곤지를 찍고 분을 얼굴에 바르는 기풍으로 다시 바뀌었다.

이와 같이 온 중국이 미친 듯이 황음에 빠져들었다. 앞서 언급된 이들은 이른바 "시골에서 온유함을 찾았다. 그것이 남자이든 여자이든 불문하였다."라고 한 것을 보면 바로 위진육조魏晉六朝 때의 사회 모습을 짐작할 수 있다.

제5장

관기官妓의 전성 시대

제1절

# 당대唐代 창기의 개황槪況

당대唐代의 창기 명칭은 대단히 많았다. 영기營妓(『북몽쇄언北夢瑣言』)라고도 하고, 관사부인官使婦人(『구당서舊唐書』 우문융전宇文融傳)이라고도 하였다. 풍성부인風聲婦人(『당어림唐語林』)이라고도 하고, 궁기宮妓(『악부해제樂府解題』) 또는 관기官妓(『당서唐書』 장연상전張延賞傳)라고도 하였다. 이를 종합해 보면 궁기宮妓와 관기官妓의 두 종류로 볼 수 있다. 궁기宮妓는 천자 홀로 향유할 수 있었다. 『개원유사開元遺事』에는 다음과 같이 기술하였다.

"명황제와 귀비는 늘 술에 취하면 비자妃子로 하여금 궁기宮妓 백여 명을 통솔하여 오게 하였다. 황제는 어리고 젊은 사람 가운데 백여 명을 통솔하여 두 편으로 나누어 뜰에 진을 치게 하였다. 이를 풍류진風流陣이라고 하였다. 그리고 두 진영이 서로 싸우게 함으로써 즐거움과 웃음거리로 여겼다. 궁기宮妓인 영신永新은 노래를 잘해서 명황제明皇帝의 총애를 가장 많이 받았다."

『구당서舊唐書』에 보면 이러한 교방敎坊의 여악女樂들을 6백여 명으로 기록하고 있는데, 아마도 모두 이와 같은 궁기宮妓를 일컫고 있다. 이것은 모두 당唐나라 때 궁기宮妓가 있었음을 증명한다. 그러면 그들 궁기宮妓의 연원은 어디에 있을까?

우선적으로 노비奴婢로부터 말미암았을 것이다. 죄인의 가속들이 후궁後
宮으로 들어가게 되어 궁기宮妓가 되었다. 상관의上官義와 자정지子庭芝가 참
수당하자, 정지庭芝의 처妻 정鄭과 여식 완아婉兒가 궐 안으로 들어왔다(『당서
唐書』 상관의전上官儀傳). 오원제吳元濟의 처 심沈씨, 이사도李師道의 처 위魏씨는
참수당한 후 모두 재산을 몰수당하고 그의 가족은 관청의 종이 되었다(『당서
唐書』 원제사도본전元濟師道本傳).

또 아포사阿布思의 아내 예隸가 궐 안으로 들어가니, 제연帝宴에서 녹의綠衣
를 입게 하고 가무歌舞를 하도록 했다. 주主가 간諫하여 말하기를, "포사布思는
진실로 반역자이니, 그 처妻도 임금 곁을 용납해서는 안 됩니다. 죄가 없더
라도 군창오群倡伍에 함께 둘 수는 없습니다." 라고 하였다(『당서唐書』 화정공주
전和政公主傳).

화정공주和政公主의 말을 본다면, 아포사阿布思의 아내가 '군창群倡'의 하나
를 지어, 당시 궐에 들어가 창기가 되었는데, 그와 같은 사람은 많고 많다.
그 다음에는 약탈掠奪로 취한 창기가 많았다. 허영신許永新은 본래 길주吉州
영신악보永新樂譜 출신으로 노래를 잘하였고, 개원開元 말에 궁에 뽑혀 들어
갔다(『개원유사開元遺事』).

경경瓊瓊은 본래 협사狹斜 출신인데 쟁을 잘 타서 공봉供奉에 들어갔다(『청
루소명록靑樓小名錄』). 또 대역大歷의 홍홍紅紅은 본래 장군將軍 위청韋青의 무희舞
姬였는데, 악곡이 매우 맑고 깊이 통달했다고 임금의 귀에 들려, 다음 날 의
춘원宜春院으로 불려 들어갔다. 궁중에서 기곡낭자記曲娘子를 불러 후에 소의
昭儀를 부여받았다(『악부잡록樂府雜錄』). "온 나라의 지경地境 안에 임금의 신하
아님이 없다." 특히 여자들은 더욱더 왕의 신첩이다. 비록 늙은 백성, 평민,

무희들도 모셨고, 천자天子가 아껴서 자기의 것으로 하는데, 본래 이러한 일
은 매우 흔한 일이다.

『교방록敎坊錄』에 보면, "기녀가 의춘원宜春院에 들어가면, '내인內人'이라 일
렀고, 또한 '전두인前頭人'이다." 라고 하였다. 또 이르기를, "의춘원宜春院 사람
중에 나이가 어리면, 곧 운소雲韶로 길러진다. 운소雲韶를 궁인이라 하는데,
대개 천한 노비 신분이다." 라고 하였다. 또 이르기를, "평인平人인 여자로서
용모가 뛰어나서 뽑혀 들어온 자는 비파琵琶와 공후箜篌 등을 습득하였다.
이를 일러「추탄가搊彈家」이다." 라 하였다. 이 내인內人, 궁인宮人, 추탄가搊彈
家의 근원은 노예 약탈에서 벗어나지 못할 뿐이다.

관기官妓는 일반적으로 신하臣下나 서인庶人이 향수享受하는 바이고, 그 근
원은 또 어디에 있는가? 관기에는 세 종류가 있다.

### ① 매매賣買의 경우

『당율唐律』에 보면, 노비奴婢나 천인賤人은 가축을 기르는 법으로 다스린다
(『당율소의唐律疏議』권卷 육명예육六名例六). 노비奴婢는 이미 재화財貨와 동일하게
취급하여, 합쳐서 주인에 의해 처분된다(『당율소의唐律疏議』권卷 십사호혼하十四
戶昏下). 당대唐代에 노비가 재화와 같이 취급받는 것을 인지하였고, 이 때문
에 노비奴婢는 재화財貨와 동일하게 취급하여 매매賣買할 수 있다.

『당율소의唐律疏議』권卷 이십육잡률상二十六雜律上에 이르기를, 노비奴婢, 우
마牛馬를 살 때 ……등의 명령에 따랐고, (노비나 화제) 모두 시권市券을 동일하
게 작성했으며 팔 때도 마찬가지였다. 또『당육전唐六典』권卷 이십二十에 무
릇 노비, 우마를 매매함에 본사본부本司本部의 증명서를 써 준다고 했다.

고대古代의 창기娼妓는 사회에서의 지위가 노비奴婢와 동등함에 그친다. 노

비奴婢는 이미 매매할 수 있기에, 창기娼妓도 당연히 예외일 수 없다. 『북리지北里志』에 이르기를, 창기娼妓의 어머니는 대부분 가모假母다. 한 명의 가모假母는 보통 양녀 세네 명을 두는데, 나갈 수가 없거늘 매매는 어떻게 하는가? 또 기녀妓女 복낭福娘이 손계孫棨에게 시집가기를 원했는데, 손계에게 말하기를, "교방적教坊籍에서 벗어나기 위해, 군자께서 혹시 뜻이 있으시면, 일이백의 비용을 치르면 됩니다." 라고 하였다. 이 때문에 아가씨들이 곡중曲中에 이르러 몸을 팔아서 하루아침에 양인良人이 되기를 원했다. 반드시 유객游客들로부터 속신贖身(몸값을 받고 노비의 신분을 풀어 주어서 양민이 되게 하던 일)을 대신하게 되었다.

### ② 풍진風塵에 빠진 경우

『북리지北里志』에 이르기를, "여러 여자들은 …… 또한 양가良家의 자제가 있어, 그녀를 집에 불러 후한 뇌물을 구해주니, 그 가운데 잘못 빠져 곧 스스로 빠져나올 수 없었다." 고 하였다.

또 이르기를 "의지宜之가 손계孫棨에게 대답하여 말하기를, 총각總角이 사람을 초빙한 후에 한 손님에게 말하여 '경사京師에 들어와 부임했는데 경사를 다스려 여기에 두었다'고 하면서 손님은 떠나버렸다. 처음에 이 집은 친한 정으로써 매우 두텁게 우대하였다. 몇 개월 후에 어렵게 노래를 배우고, 점점……" 이라고 하였는데, 이것이 풍진에 빠진 예이다.

### ③ 죄인 집안의 여인이 관비가 되는 경우

『철경록輟耕錄』에 이르기를, "지금 창기로서 관노官奴가 되는 것은 곧 예전의 관비官婢이다." 라 하였다. 『당서唐書』 임온전林蘊傳에 보면 다음과 같이 되어 있다. "소주자사邵州刺史로 나가, 일찍이 태형으로 죽은 도원지陶元之는 그 시체가 강에 던져졌으며, 그 처는 창기가 되었다. 곧 궁기宮妓와 죄인의 처를 같이 보아서, 함께 궁정에 두고 창기娼妓과 같은 생활을 하였다."

당대唐代에 기악妓樂의 호적은 먼저 태상太常에 예속되어 있다가 뒤에 교방敎坊에 예속하게 되었다. 이들에 관한 관할은 악영樂營에서 하였다. 당唐나라는 원종元宗 안사安史의 난 이후에 하북河北의 3현이 오랫동안 외족에게 귀속되어 있었다. 또한 기타 절도사들은 토지, 군사, 세금의 세 가지 큰 권리를 보유하고 있었다. 무인들이 발호跋扈하였으나 당唐나라 때에는 쇠퇴하지 않았다. 기녀들은 더욱더 특수한 세력을 갖추게 되었다. 기녀의 옷, 식량을 모두 관아에서 공급하였다. 경사京師의 관노비와 똑같았다.

범려范蠡의 『운계우의雲溪友議』에 보면, 다음과 같다.

두소부杜少府와 위중승韋中承 두 사람은 힘써 불도를 믿었다. 악영樂營의 자녀에게는 옷과 식량을 후하게 주었고 마음대로 밖에 거주하였다. 만약에 잔치가 있으면 불러내어 그들과 마음대로 어울려 놀았다.
"두소부 학선은 재액을 가벼이 하고,
위중승은 부처 섬기어 소녀를 두려워해.
악영에는 모두 한가한 사람들,
두 곳의 풍정은 날이 갈수록 더해."

이렇게 보면 당唐나라 때 병부兵符에서 거느리던 영기營妓는 반드시 밖에 거주하지 못하게 하였다. 당시 관기들은 엄연한 절도사의 첩이 되었다. 위에 위韋와 두杜 두 사람의 "옷과 식량을 후하게 주고 마음대로 밖에 거주하였

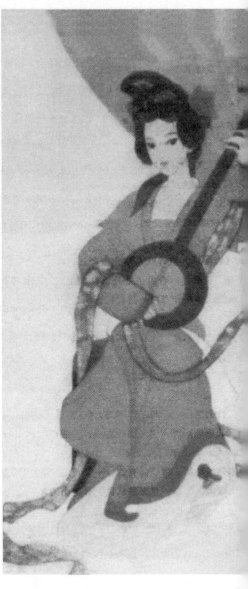

(좌)명기(名技) 영신(永新)
노랫소리가 가는 구름을 막았던 성기(聲妓)의 영신(永新)은 원소절(元宵節) 밤
에 오풍루(五風樓)의 맑은 노래 한 곡(曲)으로 세상 사람들을 감동(感動)시켰다.

(우)이삼낭(李三娘)
이연(李淵)의 여아(女兒)로 건국 명장 이삼낭은 어릴 적에 일찍이 청루(靑樓)에
흘러 떨어졌다고 전해진다.

다." "버드나무 꽃 사이, 마음대로 즐겨 놀아." 라고 한 것은 무인들 가운데에서는 예외였다고 할 수 있다.

『옥천자玉泉子』에는 다음과 같은 기사가 남아 있다.

"위보형韋保衡이 처음 등제하였을 때 독고운獨孤雲은 사천泗川을 통치하였다. 그는 그의 장막에 머물렀다. 기녀들 사이에 좌주佐酒가 있었는데 부사副使인 이갑李甲이 마음에 들었다. 그를 맞아 몰래 기약하고 맞아들였다. 보형保衡이 와 보니 그가 간 곳을 알 수가 없었다. 독고獨孤에게 이야기하여 그의 기적妓籍을 해제하였다. 이갑李甲이 이르러 자기 뜻에 어긋남을 불평하였다. ……보형은 용납할 수 없었으므로 곧 그 기녀를 이끌고 가 버렸다. 이갑이 분노하여 독고운에게 항의하였다. 독고운은 부득이 비첩飛牒을 띄워 돌아오게 하였다."

이렇게 보면 기녀가 기적에서 빠져나오려면 반드시 현의 장수의 허가를 얻어야 했다.

맹계孟棨의 『본사시本事詩』에 보면 다음과 같이 쓰여 있다.

"한漢나라 진공은 절서浙西에 현을 두었다. 융욱戎昱은 내부사內部史가 되었다. 주기酒妓가 있었는데, 노래를 잘하고 용모가 참으로 아름다웠다. 융욱은 정이 깊었다. 절서浙西의 악장樂將이 그 소식을 듣고 진공晉公에게 아뢰었다. 그를 불러서 적중籍中에 두었다. 융욱은 머물러 있을 수 없어서 호수 위에서 밥을 먹고 가사를 지어 바쳤다."

이와 같이 절도사는 마음대로 부部 내의 악기樂妓들을 불러 적중籍中에 둘 수 있었고 즐겨 놀 수도 있었다.

『구당서舊唐書』 장연상전張延賞傳에 보면 ……그러므로 성도成都의 관기 고高씨가 돌아갔다. 연상延賞이 그 소식을 듣고 크게 노하여 이吏, 영令들을 퇴

직시켰다." 라고 하였다. 관기官妓는 무력으로 탈취할 수 있고, 또 무력이 강한 사람이 물러가고 돌아오게 할 수도 있었다.

『당어림唐語林』에 보면 "우승유牛僧孺가 두목에게 풍류나 하는 천한 사람은 거처에 가만히 있어야 한다. 밤중에 혼자 놀러 다녀서는 안 된다. 어두운 밤에 잘못되면 어떻게 하겠나?" 라고 하였다. 우승유牛僧孺의 뜻은, 두목杜牧은 군졸 역사力士들로부터 모욕을 당할까 두려워하였다는 말이다. 왜냐하면 관리 역시 비호를 받을 수 없었기 때문이었다. 두목杜牧은 회남淮南의 막부에 살았기 때문에 군인들의 비호를 받았다. 그러므로 가는 곳마다 기쁜 일이 있었고 뜻대로 되지 않는 것이 없었다.

당唐나라 때 북리北里 기풍을 참으로 좋아하였는데 후대의 기풍과는 같지 않은 것이 많았다.

명기(名妓) 양채아(楊采兒), 우여곡절의 운명을 산 명기 양채아는 남보다 재화(才華)가 뛰어났지만, 종이처럼 박명(薄命)하여 후에 곡강(曲江) 연못에 투신하였다.

①기녀를 불러 주연을 열 때에는 반드시 관청의 허가를 받아야 했다.

『북리지北里志』에 보면, "장안의 기녀들의 기적妓籍은 모두 교방에 속해 있었다. 조정의 선비들이 연회를 하려면 반드시 관청에 공문을 제출한 뒤 기녀들을 다른 곳으로 데려갈 수 있었다." 고 하였다. 후대에 와서 누구나 어느 곳에서든지 기녀를 초청할 수 있었던 것 같이 그렇게 할 수는 없었다.

② 당대唐代에는 후대와 달리 귀엽고 작으며 깜찍한 여자를 으뜸으로 하기
보다는 나이가 연상인 기녀를 좋아하는 풍조가 있었다.

『북리지北里志』에 보면 다음과 같이 기록하고 있다.

"유담劉覃이 급제를 했을 당시 16,7세였는데 강진絳眞이라는 기녀를 가까이 하였다. 그녀의 나이는 유담보다 심히 많았다. 여러 사람들의 하는 말을 들어보아도 도무지 그가 무엇에 매력을 느꼈는지 알 수가 없다."

또한 내아萊兒라는 기녀도 모양이 볼 것도 없고 나이도 적지 않은데, 진사인 조광趙光이 한눈에 반하여 끝까지 버리지 못했다고 하였다. 후대에 어린 기생들을 일급으로 쳤던 것과는 같지가 않았다.

### ③ 당시 기녀들의 색色은 부수적이었다.

당대唐代의 기녀들의 특성을 알아보도록 하겠다.

강진絳眞은 해학적인 말을 잘하였다. 또한 노래도 잘 불렀다. 그의 용모는 항상 우아했으므로 당시의 사대부들이 그를 흠모하였다. 양묘아楊妙兒에서 장기長妓인 내아萊兒는 용모는 아름답지 못했으나 말재주가 뛰어났다. 특히 유머가 있었다. 정거거鄭擧擧라는 기녀도 용모는 그리 예쁘지 않았으나 풍류를 이해하였다. 재담이 뛰어났기에 사대부士大夫들이 좋아하는 바가 되었다. 복랑福娘이라는 기녀는 담론이 우아하고 말의 짜임새가 있었다. 소복小福이라는 기녀는 비록 자색은 뛰어나지 못했어도 대단히 총명하고 지혜로웠다. 왕소소王蘇蘇라는 기녀는 고대광실에서 살았다. 음식을 먹어도 법도와 차례를 지켰다. 뿐만 아니라 해학 또한 풍부하였다. 장주주張住住라는 기녀는 어렸으나 영특하고 지혜로웠다. 그리고 음률을 아주 잘 알았다.

위의 이야기는 모두 『북리지北里志』에 실려 있는 것으로 당시의 기녀들에 대한 사대부들의 관심이 무엇이었는가를 알 수 있다. 당唐나라 때 바람둥이들이 가장 중요시했던 것은 해학諧謔과 음악音樂이었다. 그 다음은 거주지와 음식이었다. 그렇다면 그들은 기녀들의 용모에는 큰 관심이 없었는데 이것은 모두 후대와는 같지 않은 것이었다.

**④ 술자리의 석규席糾(술자리에서 흥을 돋우며 주법을 관장하는 것)를 잘하는 기녀를 으뜸으로 쳤다.**

『승음편勝飮篇』에 보면 다음과 같이 말하고 있다.

"술을 마실 때 한 사람을 녹사錄事로 삼았다. 석규席糾로 하여금 사람을 앉히도록 하였다. 이것을 일컬어 굉록사觥錄事라고 하였다. 술을 마실 때 법을 어기는 자는 굉록사觥錄事가 그를 묶었다. 깃발을 앞으로 던지며 말하기를 '아무개가 주도酒道를 어겼습니다.'"

굉록사觥錄事는 바로 석규席糾이며 또 주규酒糾라고도 하였다. 일명 굉사觥史라고도 하였다.

이와 같은 몇 가지의 명목은 모두 당唐나라 때 성행하였다. 상정觴政이란 주령酒令이며, 주규酒糾는 바로 감령監令이었다.

『연화록烟花錄』에 보면 "기녀 강진絳眞과 정거거鄭擧擧는 모두 석규席糾였다."라고 하였다. 또 『북리지北里志』에 보면 "유낙진 또한 석규였다."라고 하였다. 석규 기녀는 반드시 민활한 말재주와 풍부한 문학의 소양이 있었다. 또한 뚜렷한 판단력을 가지고 있어야 했으니 쉬운 일은 아니었다.

당唐나라 때에는 도박으로 저포樗蒲, 쌍륙雙陸, 엽자희葉子戲 등의 명목이 있었는데 이 일은 오랫동안 그 사회에서 유행하였다. 하지만 오직 북리北里에는 그 흔적이 남아 있지 않았다. 현재 상해上海의 장삼당자長三堂子(최고급 기생집) 안에 기녀를 찾아 알선해 주고 그 대가를 받는 것과 같았다. 가장 보편적인 것으로는 기녀와 잠을 자고[和], 술을 마시는 것[酒]을 위주로 하는 것이었다. 당唐나라 때의 풍류는 단지 술만 할 뿐[吃酒], 잠자리를 같이하는 일[磁和]은 많지 않았다.

⑤ **창기 가운데의 도지都知는 권력이 가장 컸다.**

『북리지北里志』에 보면 이렇게 쓰고 있다.

"관내의 기녀들 중 우두머리를 도지都知라고 하였다. 모든 기녀들을 관리하며, 그들을 골고루 나누어 방에 들게 하였다. 정거거鄭擧擧와 강진絳眞은 모두 도지都知였다."

청나라 때 북경의 팔대호동에서 이름난 기녀인 화원춘花元春이나 상해上海의 명기 임대옥林黛玉 등은 모든 기녀를 나누어 관장할 수 있는 그러한 권리가 없었다. 이 또한 당唐나라 때 관기 제도의 특징 중 하나였다.

또 하나 재미있는 사건이 있다. 『북리지北里志』에 보면 기녀 장주주張住住는 방불노龐佛老와 사통하였다. 이어 남근男根을 자르고 고환을 거두어들였다. 이웃 할미에게 부탁하여 진소봉陳小鳳으로 하여금 응하게 하였다. 청淸나라 상해上海의 기방 기녀와 마찬가지였다. 기방에서는 대선생大先生, 소선생小先生, 첨선생尖先生 등으로 구분된다. 대선생大先生은 첫 번째로 손님과 잠을 자게 된 것을 말하며, 그렇지 않으면 소선생小先生, 첫 번째의 밤을 정식으로 보내지 않고 몸을 잃은 것은 첨선생尖先生이라고 하였다. 늙은 기모妓母들은 돈을 벌기 위하여 왕왕 두서너 번씩 첨선생尖先生을 소선생小先生으로 충당하였다.

위에서 장주주張住住의 사건으로 미루어 보면, 기녀들의 초야권初夜權이 얼마나 귀중하였나를 알 수 있다. 당唐나라 때에도 이미 이와 같았다.

제2절

# 당대唐代의 진사進士와 창기

당唐나라 때 인재들의 출셋길은 오로지 과거를 통해서만 열 수 있었다. 더욱이 진사進士들을 중시하였다. 귀족들이 설사 높은 벼슬에 올랐다고 해도 진사 출신이 아니면 대우를 받지 못하였다.

설원초薛元超가 말하기를, 평생에 세 가지 한恨이 있다고 하였다. 첫째 진사進士로 등제하지 못한 것, 둘째 첩妾 다섯을 거느리지 못한 것, 셋째 나라의 사서史書를 정리하지 못한 것이다. 또 당시에 수많은 사람들이 진사進士에 합격함을 큰 영광으로 알았다. 경박한 사람들은 진사에 급제하면 중황랑中黃郎을 우러러보고, 진사에 낙제하면 포화장蒲華長과 나란히 읍한다고 하였다. 그렇게 본다면, 당唐나라 때 일반적으로 진사進士를 얼마나 중요시하였던가를 상상할 수 있다.

그런데 진사가 가장 대접을 받은 것은 바로 처음으로 급제했을 때였다. 『당척언唐摭言』에는 다음과 같이 서술하였다.

"곡강曲江의 연회는 먼저 가방歌坊에 편지를 보내어 연주를 의뢰하였다. 자운루에 올라 시와 노래를 한다. 즉 그것을 위하여 날짜를 옮겼다. 그러므로 조송지曹松之는 그의 시에서 '놀이를 하다가 만약에 세 가지 즐거움을 만나면, 응당 하루의 봄을 잃어.'라고 노래하였다. 그 뜻을 내린 후에는 사람들은 휘장을 설치하여 두름으로써 주기酒器나 돈 등을 그 가운데에 두었다. 그리고 꽃을 만나게 되면 술을 마셨다. 그리하여 장적張籍은, '주인은 없어 빌릴 수 없네만 꽃 사이에 자고, 도처에 항상 술병 없어 빌리러 다니나니.'라고 읊었다. 그 휘장을 진사進士와 녹사錄事가 함께 점검을 하였는데 하나라도 빠지면 벌을 받았다. 곡강曲江에 연회의 행렬이 늘어서면 장안의 집들은 거의 비었다. 사대부들은 딸을 거느리고 나와서 사윗감을 골랐다."

이조李肇의 『국사보國史補』에는 "진사進士에 합격하면 자은사탑慈恩寺塔에 이름을 내걸었다. 그것을 제명題名이라고 일컬었다. 큰 주연은 곡강曲江의 정자에서 벌였는데 이를 곡강회曲江會"라고 하였다.

그러므로 곡강의 주연은 처음으로 진사에 합격한 사람에게는 가장 득의

得意한 일이 되었다. 위에서 장원狀元은 진사進士를 말하고, 녹사錄事는 기녀妓女를 말한다. 이때 진사가 기녀를 끼고 주연을 벌이며 노는 그 황홀감은 물론 형용할 수 없었다. 조송曹松이 '놀이를 하다가 만약에 세 가지 즐거움을 만나면, 응당 하루의 봄을 잃어.'라고 읊었던 것은 바로 곡강연회曲江宴會를 두고 한 것이었다. 일반 대중들이 놀이를 와서 즐겨 놀다가도 진사進士의 유락 행렬을 만나게 되면 놀이도 그치고 피하였다.

『북사北史』 위수전魏收傳과 『북제서北齊書』 진

명(明)나라 무명 작가의 천추(千秋) 색염도(色艶圖)(일부).

원강전陳元康傳에 의하면, 장안의 집들 중 반은 비고, 공경대부들이 딸을 거느리고 나와서 사위를 골랐다. 그 까닭은 무엇일까? 문벌 제도는 육조六朝 때 성행하였다. 남녀가 결혼할 때에는 왕왕 선대를 비교하였다. 그래서 서족庶族은 귀족의 딸과 결혼하는 것을 큰 영광으로 삼았다. 즉 죄로 말미암아 벼슬을 하지 못하고 있었던 귀족 가문의 딸을 가난한 사람이 맞이하게 되는 것을 비길 데 없는 영광으로 알았다.

당唐나라 때에도 이 같은 풍습이 이어져 왔다. 그러므로 설원초薛元超는 다섯 첩을 두지 못한 것을 일생의 커다란 한으로 생각하였다. 다만 장원 급제를 하여 용문에만 오르면[登龍門] 귀족의 딸을 아내로 맞이하는 것은 물론, 가난한 선비라고 하더라도 다섯 첩을 얻을 수 있었다. 아무리 못나고 성품이 어떻든지 간에 진사進士의 반열에만 오르게 되면 그는 엄연한 귀족이며 신사가 되었다. 그리하여 당唐나라 진사는 새로운 문벌을 형성하게 하는 제도가 되었다.

기녀를 끼고 잔치를 즐기는 그 황홀함은 황제의 부름을 받은 것과 같은 것이었다. 『개원유사開元遺事』에 보면, 장안의 많은 진사들은 예절을 가리지 않았다. 방약무인傍若無人(곁에 아무도 없는 듯 여김) 하고 오만하기가 이를 데 없었다. 꽃 피는 봄이 오면 아름다운 기녀 네댓 명을 골라서 수레를 타고 명승지와 곡강曲江을 찾아 놀았다. 모자를 벗어 버리고 나체로 풀숲에서 떠들고 웃어대며 놀았다. 이것을 스스로 일컬어 전음顚飮이라고 하였다.

또 장안에 우평강방右平康坊이라는 기방이 있었다. 기녀들이 모여 있는 곳으로, 장안의 기방이 협소해서 이곳으로 모여들었다. 매년 새로운 진사들은 붉은 천에 이름을 써서 그들 가운데 내보였다. 그때의 사람들은 이 방坊을 일컬어 풍류의 수택藪澤이라고 하였다. 『북리지北里志』서序에 의하면, 장안의 모든 기녀들의 기적妓籍은 교방敎坊에 소속되어 있었다. 모든 선비들의 연회 모임은 반드시 관아에 알린 다음에 할 수 있었다. 진사進士들이 유창游娼을 하려 할 때 기녀들의 사랑을 독차지할 수 있는 것은 돈이었다. 진사의 부름을 받은 기녀에게는 돈을 많이 줘야 체면이 있게 되는데 이것을 누구든지 하려고 하였다. 그러므로 진사는 마음대로 북리北里에서 오유遨遊하였다.

『북리지北里志』에 다음과 같이 기록하였다.

유담劉覃은 16세 때 과거에 급제하였다. 광릉廣陵에서 입경하였는데 그 짐이 10여 수레나 되었다. 같은 해에 급제한 정빈鄭賓은 그를 선동하여 장안에서 마음껏 즐기고자 하였다. 그는 특히 강진絳眞을 좋아하였다. 손용광孫龍光이 장원을 하였다. 기녀인 정거鄭擧를 보고 매우 매혹당하였다. 진사進士 조광원趙光遠이 내아萊兒를 보고는 넋이 빠져서 끝내 버리지를 못하였다. 내아 역시 조광원이 총명하고 준수하며 젊었기 때문에 더욱 그에게 빠져들게 되었

다. 안영빈顔令賓이라는 기녀는 진사를 만나면 극진하게 예를 다하여 받들었다. 노래와 시를 남겨주기를 간청하였다. 그래서 오색찬란한 종이가 항상 상자와 바구니에 가득 차 있었다.

명(明)나라 구영(仇英) 작품으로 설도(薛濤) 시전(詩箋).

이와 같이 당시의 진사와 기녀 사이의 사정을 서술하고 있다.

『개원유사開元遺事』에는 다음과 같이 기록하였다.

장안의 명기였던 유국용劉國容은 참으로 아름다웠을 뿐만 아니라 시를 짓고 읊을 줄도 알았다. 그런데 그녀가 진사進士인 곽소술郭昭述과 서로 사랑하게 되어 다른 사람은 거들떠보지도 않았다. 그 뒤 곽소술은 처음으로 벼슬살이를 하게 되어 국용國容과 이별하게 되었다. 너무 일찍이 부임하게 된 것을 원망하였다. 그가 함양에 이르렀을 때 그를 모시는 기녀는 여종으로 하여금 당나귀를 달려 보내 유국용에게 짧은 글을 전달하였다.

"환락의 잠자리 농익으려 할 때,
한탄하느니라 닭의 울음소리,
사랑을 끊어 버리다니,
사랑이 미흡하네,
탄식하네, 무정한 말발굽 소리.
마음은 초조하고,
임 생각에 병이 나겠네.
다시 만날 것을 바라네,
다시 섬길 것을 바라네."

이 글을 장안長安의 제자들은 모두 풍간諷諫하여 암송하였다.

『북리지北里志』에서는 그를 지칭하여, 행동거지와 풍류가 있었으며, 참으로 고상하고 우아했다고 하였다. 필연筆硯을 좋아하고 시를 잘 짓는 것을 당시의 선

명기(名妓) 이운영(李雲英).

비들이 좋아했다고 하였다. 재주와 용모를 겸비하고 있는 명기 유국용劉國容이 진사進士 곽소술郭昭述을 기다리는 온정은 어떠하였을까? '계성단애鷄聲斷愛'의 아름다운 말은 천 년이 지난 지금에도 사람들로 하여금 더욱 선망하게 하고 있다. 그리고 진사에 합격을 못하면 기녀들의 조소의 대상이 되었다.

나은羅隱이라고 하는 사람이 처음으로 과거에 응시하였다. 종릉鍾陵의 주연에서 창기인 운영雲英을 만나서 동석하였다. 1년 뒤에 종릉鍾陵을 지나가게 되었는데 다시 운영雲英을 만나게 되었다. 운영은 그의 손을 어루만지며 "나 생원 아직도 벗어나지 못했네요." 하고 시를 지어 말하였다. 그는 속으로 부끄러워하였다. 이렇게 진사에서 낙제하면 기녀들의 조소를 받았다. 이 밖에도 진사가 기녀들에게 모욕을 당했던 일들이 없지 않았다. 예를 들면 왕소소王蘇蘇에게는 진사進士 이표李標와 왕치군王致君이 있었다. 술을 마신 뒤에 이표李標는 창문에 "동굴 가운데 신선일랑 다정한 모양로이구나, 낭군은 머물러 내처 돌아가지 않아." 라고 썼다. 기녀 왕소소王蘇蘇는 처음에는 그 뜻을 몰랐었다. 그것이 달갑지 않아서 "누가 머물러 있다는 말입니까? 아무렇게나 말하지 말아요." 라고 썼다. 이표李標는 그만 얼굴이 붉어져 먼저 말을 타고 돌아갔다.

당唐나라 때에는 진사과進士科를 가장 중요시하였다. 인재를 취하는 것은 모두 시詩와 부賦로써 하였다. 그로 인하여 실학實學을 등한시하였다. 사회에서는 그렇게 진사進士를 중요시함으로써 선비들은 모두 진사가 되는 것을 크나큰 영광으로 삼았다. 이와 같은 기풍은 국풍國風을 손상시켰다. 결과적으로 당나라 때 진사의 인격과 문장은 모두 타락하고 말았다. 당唐나라 말엽 황소黃巢는 동관潼關을 공략하였다. 이때 그곳에는 과거에 응시한 선비들이 방류연곡方流連曲에서 과거를 기다리고 있었다.

"임금과 함께 동중선을 찾았네,

초승달이 눈썹 같아 창문에 비친다.

항아嫦娥를 데리고 계수나무에 오르고,

능곡을 좇아 한때 옮겼다네."

이것을 보면 당나라가 쇠망한 원인 가운데 하나로 이 진사과進士科를 들지 않을 수 없다.

제3절
# 당대唐代 관리들의 야유冶游

당唐나라 때 모든 관리들은 창기와 사랑을 하였다. 위로는 재상과 절도사로부터 아래로는 아전이나 목사에 이르기까지 거의 사랑을 하지 않는 사람이 없었다. 아울러 마음대로 일을 자행하여 이상하고 괴팍한 여러 가지 일들이 속출하였다. 당唐나라 때 관리들은 기녀들의 기적妓籍을 자유롭게 마음대로 옮겼다. 그렇게 함으로써 개인적으로 쾌락을 향유하였다. 예를 들면, 장호호張好好라는 기녀는 13세로 기녀들 가운데서도 손꼽힐 정도로 노래를 매우 잘하였다. 1년 뒤에 그녀의 짝이었던 심공沈公이 선성宣城으로 자리를 옮겨갔다. 그리하여 그녀도 기적妓籍을 선성宣城으로 옮겼다. 당唐나라 때 큰 도회지에서는 모두 악영樂營이 있어서 벼슬이 높았던 사람들은 그들 기녀들을 이곳에서 저곳으로, 또는 저곳에서 이곳으로 마음대로 기적을 옮길 수가 있었다. 또 자기의 기녀를 후임자에게 부탁하여 이교移交를 하기도 하였다.

『남부신서南部新書』에 보면, 미천媚川은 흡주歙州 주녹사酒錄事가 되었는데, 이요李曜는 흡주歙州를 자못 유의하여 지켰다. 그리고 자신은 영기營妓인 소광韶光을 받아들였다. 파주일罷州日에 오국吳國과 교대하며 현령에게 도와줄 것을 부탁하고, 떠날 날에 임박하여 함께 술을 마셨다. 그리고 이별의 아픔을 이길 수가 없어서 그는 다음과 같이 시詩를 읊었다.

(좌)기녀(妓女) 장호호(張好好).

(우)노래를 잘 부르고 춤을 잘 추었던 작작(灼灼)은 후에 정인(情人)의 마음에 부담의 대상이 되자 정신 이상이 되었다.

"몇 해 고을을 다스림에 즐거움 많지 않았고,

병기를 다스리는 일, 술친구에게 물었었네.

금일에 떠나며 인계를 하는데

분명 미천媚川의 구슬 거두어가리."

오국吳國은 이 시詩에 답하여 다음과 같이 읊었다.

"나막신 끌고 우아한 얼굴 날마다 탄식하네.

모름지기 말하노니 마음에 사무쳐 흐르는 눈물.

소광은 오늘 이미 먼저 받았거니,

바닷속에서 건진 구슬 손바닥 안에 놓고 보고 있네."

국토를 지키는 대관들이 듣고 있던 형명刑名이나 전곡錢穀 등은 반드시 분할하여 교환하였다. 풍토와 인정에 관해서는 마땅히 전임의 영윤令尹이 신임의 영윤令尹에게 이야기를 해주었다. 그리고 그 소속되어 있는 기녀들을 바꾸어 맡았다. 당唐나라 때 출사한 관리들은 공공연히 창기와의 사랑을 탐닉하였다. 심지어는 기녀와의 사랑으로 인하여 죽음에까지 이르렀다.

장군방張君房의 『여정집麗情集』에 보면, 최휘崔徽라는 기녀 때문에 한 관리는 발광하여 죽었다고 하였다. 또 작작灼灼이라는 금성錦城의 관기官妓는 춤을 잘 추고 노래를 잘해 어사御史인 배질裵質이 그녀와 함께 잘 어울렸다. 그러다가 배질裵質이 소환되었다. 작작灼灼은 엷은 생사生絲에 붉은 눈물을 모아서 부쳤다고 하였다.

『시화총구詩話總龜』에는 다음과 같이 서술하였다.

"설의료薛宜僚는 회창會昌의 좌서좌가 되어 신라新羅의 책증사冊贈使로 임명
되었다. 청주에서 배를 탔다. 배는 자주 폭풍우를 만나게 되어 1년이나 걸렸
다. 오한진烏漢眞이 극진히 그를 대우하였다. 단동미段東美라는 기녀가 있었
다. 설의료는 그녀와 사랑에 빠져 버렸다. 그리하여 연수連帥를 역驛에 두었
다. 그해 봄 떠나는 날 오열하며 눈물을 흘렸다. 단동미段東美도 마찬가지였
다. 설의료는 외국에 나가서 책례冊禮를 이행하지 못하였다. 뿐만 아니라 병
에 전염되었다. 판관判官 묘갑苗甲이 '동미東美는 무슨 까닭으로 꿈에서 자주
보였는가?'라고 물었다. 그 후 며칠이 지나
자 그는 죽었다. ……설의료의 관은 청주
로 돌아갔다. 단동미는 역에 이르러 소복
을 하고 통곡하였다. 관을 어루만지며 통
곡을 하다가 그만 죽어 버렸다."

서민들과 친한 관리들은 밖에 영기營妓
를 두고 자녀까지 낳았다. 『남부신서南部新
書』에 보면, 진주晋州의 목사인 갈상褐尙은
영기營妓를 밖에 두어 아들을 낳았다는 사
실을 기록하고 있다. 이것을 보면 당나라
때의 목사는 기녀와 살림을 차릴 수가 있
었다. 자녀를 낳아도 국가에서는 문책을
하지 않았다. 이와 같은 사실은 전대에는

이백(李白)의 초상(肖像) - 풍류(風流) 재자
(才子) 이백(李白)은 일생 동안 굴레 없이
방탕(放蕩)하였다. 천재(天才), 시인(詩人),
낭자(浪子), 호협(豪俠), 신선(神仙), 주선(酒
仙), 색마(色魔) 등으로 알려져 있다.

들어보지 못한 일이었다. 또 수계修禊로 인하여 기녀들과 사랑에 빠져 버리는 경우도 있었다.

『용재수필容齋隨筆』에는 다음과 같이 기술하였다.

"당나라 개성 2년 3월 3일, 아남阿南의 영윤인 이대조李待詔는 낙빈洛濱에서 계를 열기로 하고 하루 전날 유수留守 배영공裴令公에게 알렸다. 다음 날 어린 태자가 백거이白居易에게 전달하였다. 태자는 빈객이었던 소적籍籍, 이내 숙李仍叔, 유우석劉禹錫, 중서사인인 곽거중郭居中 등 15사람과 함께 배를 띄우고 주연을 베풀었다. 아침부터 저녁까지 앞에서는 물놀이를 하고 뒤에서는 기녀들과 어울렸다. 왼쪽에는 붓과 벼루가 놓여 있었다. 오른쪽에는 술병과 술잔이 놓여 있었다. 그것을 바라보니 마치 신선과 같았다. 구경하는 사람들이 마치 둑처럼 모여 있었다."

계禊는 본래 고례古禮였다. 불祓로써 상서롭지 못한 일을 제거하였다. 불祓이라고 하는 것은 신에게 빌어 재액을 떨어 버리는 행위를 일컬었다. 춘추春秋 때부터 3월 달에 진溱과 유洧강에서 실행하여 왔다. 이때 남녀가 모두 구름처럼 모여들었다. 난초를 채취하고 작약을 꺾어 바쳤다. 한漢나라와 진晉나라 이후부터는 이날 하루를 신하들과 서민들이 함께 즐기며 놀았다. 이대조李待詔는 지방을 지키고 있는 큰 관리를 위하여 공공연히 빈객과 친구들을 불러 모아서 강연江宴을 베풀기도 하였다. 이와 같이 당나라 때의 관리들은 기녀와의 사랑은 물론 온갖 사치와 호화를 다하였다.

『인화록因話錄』에 보면, 목주睦州의 자사인 유제물柳齊物은 어려서부터 준수하고 고매하였다. 그뿐 아니라 집이 부자였다. 장안에는 이름난 창기로 진교여陳嬌如가 있었다. 그녀는 자색과 예능을 겸비하고 있었다. 유제물은 그녀를 좋아하였다. 그러므로 진교여가 "비단을 20리 길이만큼 준다면 평생토록 받들겠다."라고 아뢰었다. 본래는 그녀가 본심으로 한 말이 아니었다. 그러나 다음 날 정말로 여러 대의 마차에 비단을 실어 왔다. 진교여는 크게 놀랬다. 그리하여 마침내는 유제물의 집에 기복妓僕으로 들어갔다.

당唐나라 때 가장 풍류가 있는 무신으로는 위고韋皐와 노암路巖이 있었다. 그리고 문신文臣으로는 백거이白居易를 비롯한 원진元稹을 들 수 있다. 설도薛濤는 성도成都의 창기로 용모가 뛰어나고 재예와 음악은 더욱 잘하였다. 유머가 풍부하여 사람들과 접촉함에 있어서 참으로 자연스러웠다. 위고가 성도에 둔영屯營을 두었는데 그것을 없애고자 아뢰었다. 이에 그가 불려갔다. 그리하여 이튿에 진사인 호증胡曾이 설도에게 시詩를 지어 보냈다.

"만 리의 다리 가에 설도는,

비파나무 꽃 아래 문을 닫고 사네.

눈썹을 그린 재자才子가 얼마나 될까,

불어오는 바람이야 봄바람 같지 않네."

설도薛濤는 늘 연수連帥의 총애를 받았다. 또 서로 화답하여 노래하고 수레를 타고 사방으로 유람하며 시를 지었다. 당나라 황제의 명령을 수행하기 위하여 촉蜀에 오는 사신들은 으레 설도薛濤를 만나보고자 하였다. 설도의 성품이 활달하여 그들은 남아 있는 금품들을 왕왕 상납하였다. 위고韋皐는 이것을 알고는 분노하였다. 그러므로 설도가 관리들을 따라다니는 것을 허락하지 않았다. 이에 그녀는 십리시十離詩를 지어 사람들을 감동시켰다. 드디어 다시 부름을 받았다.

당나라 때 시중인 노암路巖은 풍채가 준수하였다. 세상에 널리 알려질 정도였다. 성도成都에 둔영屯營을 두는 날이었다. 기녀들이 스스로 따라 나와 강루江樓에 주연을 베풀었다. 그때 많은 사람들이 선망하여 과일 등을 투척하였다. 이때 노암路巖이 「은다사恩多詞」라는 시詩를 읊었다.

"이별의 혼 어느 곳에서 끊어질까,

강남의 언덕에 보슬비만 내리는데."

지금까지도 이 시는 창루娼樓에 전해지고 있다.

당나라 때 영기營妓는 절도사의 첩으로 선점先占과 독점獨占의 권한을 갖고 있었다. 위에서 언급한 설도의 경우도 마찬가지였다. 속담에 "아가씨는 미남을 좋아하고 뚜쟁이는 돈을 좋아한다." 라고 하였다. 이와 같이 노암은 시중으로서 절세의 뛰어난 풍모를 지녔다. 쌍꺼풀진 눈에 작고 하얀 얼굴을 갖고 있어, 기생들의 사랑을 받지 않을 수 없었다. 그 밖에 백거이白居易나 원진元稹도 더욱 낭만적이었다. 원진元稹은 촉蜀나라의 감찰사로서 설도가 있음을 알았으나 만나기가 어려웠다. 사공司公인 엄잠嚴潛이 그 뜻을 알고 늘 설도를 보내었다. 원진은 후에 한림翰林에 올라서 설도는 완화浣花로 돌아갔다. 그때 그녀는 송화전松花牋 백여 폭을 만들어 시를 지어 원진에게 바

원(元)나라 때 연수(憐獸)하는 괴벽(怪癖) 모양의 석조상.

쳤다. 이에 원진은 답례시를 써서 그녀에게 보냈다.

"오랫동안 푸른 옥이 깊은 곳에 감추어져 있더니,

　마침내 붉은 종이 위에 자신을 따라서 썼네."

『나공곡囉嗊曲』에 보면, 유탐춘劉探春은 다른 사람의 아내였다. 그녀의 노
랫소리는 맑은 구름과도 같았다. 그러나 시詩를 짓고 읊는 것은 설도를 따르
지 못하였다. 반면 얼굴의 화사한 꽃 같은 아름다움은 그녀에 비길 수 없었
다. 원진이 탐춘探春을 맞아 회전淮甸으로부터 돌아와 시를 지어 바쳤다.

"새롭게 한 아름다운 화장 두 눈썹을 그리고,

　항주의 얇은 비단으로 감싸 드리우고.

　앞 얼굴은 살포시, 홀笏은 빛나고,

　천천히 걷는 걸음에 꽃무늬의 신.

　말소리는 우아하고 풍류가 그윽한데,

　행동은 다소곳이 참으로 아름다워.

　번뇌하는 사람 있어 애를 끊나니,

　시를 골라 망부가望夫歌를 부르네."

원진元稹은 절강浙江에서 7년 동안 있었는데 하루는 술에 취하여 동무정東
武亭에 시를 썼다. 그 끝 귀절에 "돌아가서 얻을 수 없고, 노어는 좋아하지 않
네."라고 하였다. 노시랑盧侍郎이 희롱하여 승상께서는 비록 노어鱸魚는 좋아
하지 않는다고 하더라도 경호鏡湖의 봄은 좋아하실 따름이라고 하였다.

설도는 본래 관기官妓로서 재색을 겸비하였다. 전술하였듯 용모도 아름다울 뿐만 아니라 재예가 뛰어난 여인이었다. 특히 당시의 문인들은 시기詩妓를 사모하였는데 그것은 인지상정人之常情의 일이었다. 오직 유탐춘만 남편이 있는 여자였다. 원진元稹은 그녀의 화사하고 꽃 같은 얼굴에 반하여 7년 동안 사랑에 빠져 있었다. 그러다 끝내 그녀를 버릴 수가 없었다.

영롱玲瓏은 여항餘杭의 가기歌妓였다. 백낙천白樂天[74]이 시를 지어서 그녀에게 주었다. 그때 원진은 월주越州에 있었다. 그 소식을 듣고 달려갔다가, 그는 한 달이 지나서야 비로소 돌아왔다. 그리고 시를 써서 아울러 백낙천에게도 부쳤다.

"영롱玲瓏으로 하여금 내 노래를 부르지 말도록,
나의 노래는 모두 모두 그대에게 부친 시이거니.
내일 아침 또 강가에서 이별할 것을,
달이 지고 조수가 밀려오는 어느 때일까."

백낙천白樂天은 항주杭州[75]의 자사로 재임되었다. 그는 기녀를 데리고 낙양洛陽으로 돌아왔다. 훗날 또다시 전당錢塘으로 데리고 갔다. 그리하여 유우석劉禹錫이 시를 지었는데 그 시에 답하여 "거기 전당의 소소소는 당신 생각에 석류 치마가 눈물로 다 젖었네."라고 하였다.

가기歌妓 영롱玲瓏은 원진과 백낙천을 동시에 사랑하였는데, 이를 보면 공처共妻의 기풍이 있었다. 다른 사람들은 백낙천의 시종으로 소만小蠻과 반소樊素 두 사람만 있는 줄로 알았다. 그러나 백낙천 시집 가운데 「소정역유월小庭亦有月」이라고 하는 시에서 백낙천은 다음과 같이 읊었다.

"능각은 생황을 잡고, 곡아는 비파
를 잡아, 홍소, 자소는 마음대로 노
래 부르네."

이렇게 보면 백낙천의 비와 첩은
대단히 많았음을 알 수 있다.

『구당서舊唐書』에 "원진元稹은 월
주자사에서 절동浙東관찰사로 이임
하였다. 회계會稽는 산수가 수려하
였다. ……또 3, 4월에 경호鏡湖 진
망秦望의 놀이를 하였는데 시를 풍

원진(元稹)의 초상(肖像).

송하였다."라고 하였다. 그리고 원진元稹은 "소년 시절에는 검소하고 청결하
였다. 그러나 외직에 나가면서 왜 그렇게 다른 모습으로 변하였는지 모르겠
다."고 하였다.

백낙천白樂天은 중서사인으로서 항주杭州로부터 소주蘇州로 옮겼다. 전후
하여 5년 동안이었다. 그는 스스로 그때의 생활을 시詩로 읊었다.

"두 곳의 강산을 두루 노닐며,
5년의 풍월을 남김없이 읊었네."

과연 당시 관리들의 풍류의 지극한 환락을 말해주고 있다. 밤이면 태호太
湖에 배를 띄우고 물놀이를 하였는데 다음과 같이 읊었다.

성당(盛唐) 장안(長安)의 명기(名妓) 양안수(楊安秀).

"열 척의 화선은 어느 곳에서 잠을 잘까,

동정호 산기슭의 옛 호심일러니."

이렇게 배를 띄워 밤낮 5일 동안을 지새웠다. 원미지元微之에게 보낸 시는
이렇게 읊었다.

"이 일을 그대에게 알리면 그대 마땅히 부러워할 것을,

5일 동안을 맑은 물결, 밝은 달 아래 지새웠다네."

또 백낙천이 재임할 때에는 항상 10여 명의 기녀를 대동하고 서호西湖[76]와
무구사武丘寺에서 밤놀이를 하였다. 그리고 나서는 놀이의 시를 지었다. 이렇
게 보면 원진과 백거이 두 사람은 외직을 담임하였을 때 산수에서 놀며 시를
쓰는 것뿐만 아니라 술을 마시고 기녀들과 사랑에 탐닉하였으니, 그들의 낭
만은 최고조에 도달했을 것이다. 당대唐代에는 창기와 함께 자는 것을 금지
하는 법이 없었다. 이 때문에 관리들이 야유冶遊를 좋아하는 원인이 되었다.

제4절

# 창기와 시詩

시詩는 당唐나라 때 들어와서 황금 시기를 맞게 되었다. 시의 체재를 보면 한대漢代와 위진남북조魏晉南北朝 때의 고체시古體詩가 당대唐代에 들어와서도 여전히 성행하였다. 그중 7언 고시七言古詩가 대단히 발전하였다. 기타 율시律詩 등은 당唐나라 사람들이 독창해 낸 것이었다. 배율排律은 장률長律이라고도 하였다. 이것은 율시律詩에서 끌어낸 하나의 다른 체재였다. 5언 배율五言排律은 당나라 때 과거시험으로 부과하였다. 절구絶句 또한 율시의 법칙을 참고한 것이었다. 7언 단시七言短詩도 당나라 때의 새로운 체재였다. 시인이나 시 창작의 양으로 말하더라도 단연 제일이었다. 송宋나라 때 계유공計有功의 『당시기사唐詩記事』에 수록된 시인은 무려 1,250여 명이나 되었다.

청淸나라 강희康熙 때 펴낸 『전당시全唐詩』[77]에 수록된 시인은 2,500여 명이었다. 그들의 시는 무려 4만 8,900여 편이었다. 이 300여 년 동안 당나라 때 탄생한 업적은, 수隋나라 때까지 1,000년 동안 창작된 300여 편에 비교해 보면 몇 배나 증가되었다. 이때에는 독서를 하는 일반 선비들 이외에도 황제로부터 재상, 일반 하급 관리에 이르기까지 시를 짓지 못하는 이가 없었다. 뿐만 아니라 장사꾼, 안방 규수, 하인, 중, 비구니, 그리고 기방 기녀에 이르기까지 시를 짓지 못하는 이가 없었다. 설혹 시를 못 짓는다고 해도 시를 읊을 줄 알았고 시를 이해하였다.

관기官妓 제도는 당나라 때 가장 완벽하게 정비되었다. 따라서 기녀들과의 야외 놀이의 기풍도 역시 당대가 으뜸이었다고 해야 할 것이다. 시를 지을 수 있는 기녀도 당나라 때 가장 많았다. 전당시全唐詩에 실려 있는 것에 의거하여 예를 들어보기로 하겠다.

### (1) 설도薛濤

자字는 홍도洪度였다. 본래는 양가의 규수였으나, 아버지를 따라서 환유宦游하다가 촉蜀나라에 떨어져서 기적妓籍에 오르게 되었다. 지혜롭고 말을 잘하였다. 그녀는 특히 시詩를 잘하였다. 위고韋皐가 촉蜀에 부임한 뒤에는 주연에서 시중을 들었다. 그리고 시를 짓도록 하였다. '여교서女校書'라고 일컬어 막부로 영입되었다. 11개의 현縣을 통하여 모두 그녀의 시가 잘 알려졌다. 늙어서는 완화계浣花溪에 살았다. 여자의 관복冠服을 입고 있었다. 종이를 제조하여 전牋으로 삼았는데 당시의 사람들은 설도전薛濤牋이라고 하였다. 현존하고 있는 『홍도집洪度集』에 한 편의 시가 실려 있다.

**무산묘를 배알하다.**

"원숭이 어지러이 울어대는 곳 고당을 찾았네,
길을 들어서니 안개 자욱하고 초목은 향기롭고.
소첩은 초나라의 충신 송옥을 잊을 수 없어,
물소리는 오직 초양왕을 곡하는 것 같네.
아침마다 밤마다 양대 아래서,
운우의 정을 나누나니 초나라는 망하고.
슬프다, 묘 앞에 늘어진 버드나무,

㈜시기(詩妓) 관반반(關盼盼), (우)명기(名妓) 유채춘(劉采春).

봄은 오고 한가로운데 눈썹은 다투어서 자라네."

## (2) 관반반關盼盼

서주徐州의 기녀였다. 장건봉張建封이 그녀를 맞아들였다. 장건봉이 죽자 홀로 팽성彭城의 연자루燕子樓에서 10년 동안을 살았다. 백거이白居易는 그녀에게 시를 지어 그의 죽음을 풍간하였다. 반반盼盼이 그 시를 받고 백거이白居易에게 글을 써서 보냈다.

"소첩 죽지 못함이 아니오라,
　이 몸이 가면 따라서 죽는 이 있을까 하여,
　소첩은 죽어도 옥 같이 맑아지고자 할 따름입니다."

이렇게 백거이白居易의 시에 화답하고는 그 뒤 10여 일을 아무것도 먹지 않았다. 그리하여 마침내 죽고 말았다.

**연자루**
"누각에 가물거리는 등불 새벽 서리 내리는데,
　합환合歡의 소리 그윽한데 홀로 잠드네.
　그리움으로 가득한 이 한밤, 정은 그 얼마인가,
　땅은 하늘가에 왜 이렇게 길단 말인가."

## (3) 유채춘劉采春

월주越州의 기녀로서 시詩 6수를 남겼다.

**나공곡**

"회수의 강물이 미워라,

강물 위에 배가 미워라,

낭군을 태우고 가버려

해는 가고 또 가고."

"어제가 오늘보다 낫네,

올해는 작년보다 늙었구나.

황하는 맑은 날이 있어도,

백발이 검게 될 까닭은 없네."

### (4) 태원기太原妓

구양섬歐陽詹이 태원에 놀러갔다가 한 기녀와 장안에서 만날 것을 기약하였다. 이별을 한 뒤에 기녀는 구양섬의 생각으로 병이 심하였다. 이에 머리 쪽을 자르고 시를 지어서 구양섬歐陽詹에게 부친 다음 붓을 놓고는 죽었다.

"임과 이별한 뒤 얼굴빛이 초췌해지고,

그리워한다지만 미워도 하네.

옛날의 구름 같은 머리 모양 알고 싶어,

못난 것 비단 상자 열어 가져오네."

### (5) 무창기武昌妓

위섬韋蟾이 글귀가 있다. 위렴韋廉이 악주鄂州에게 물어 곧 파하여 손님과 관리들을 조전祖錢하였다. 위휘는 종이에 문선文選의 글귀를 써서 앉아 있는 손님들에게 계속하여 돌렸다. 한 기녀가 두 귀를 대었는데 참으로 훌륭하였다. 위섬韋蟾이 많은 돈을 주고 그를 첩으로 맞아들였다.

> "이별이란 슬픈 것, 슬퍼하지 않으리,
> 산에 오르고 물가에 나가서 전송하네.
> 무창에는 끝없이 버드나무가 새로운데,
> 버들 꽃이 얼굴을 가리워 보이지 않네."

### (6)『자지柘枝』를 춤춘 여인

위응물韋應物의 애첩의 소생이었다. 담주潭州에서 기적妓籍에 올랐다. 이상李翔이 그녀를 보고 가련해 하여 빈객들 가운데 신랑을 찾아서 시집을 보내었다.

**이관찰에게 드림**

> "상강의 춤 끝나니 갑자기 슬퍼지네.
> 신발을 벗고 비단 휘장을 나오네.
> 누구일까 채옹과 같은 풍류객은?
> 위공은 옛 문희文姬를 그리워하는데."

### (7) 상호常浩

기녀로서 그녀의 두 편의 시 가운데 한 편을 소개한다.

**여부인에게 드림**

> "임은 내 얼굴 곱게 여기시니,
> 두렵나니, 꽃다운 향기 시들까.

(좌)명기(名妓) 위방(韋芳), (우)명기(名妓) 왕복랑(王福郞).

해는 지고 화당畵堂에 나와

뜰로 내려가서 새달을 맞이하네."

## (8) 양양기襄陽妓

가중랑賈中郞과 무보궐武補闕은 연산硯山에 올라 술을 마시며 자칭 양양 사람이라고 하였다.

### 무보궐을 보내며

"구슬이 부서지는 여울 가 영혼은 사라지네,

홀로 별리의 정을 술잔에 의지할 뿐.

한없는 연화는 마음에 없네,

꽃다운 풀로 하여 왕손의 슬픔을 참네."

## (9) 왕복랑王福娘

자字를 의지宜之라고 하였다. 해량解梁 사람으로 북리北里 전곡前曲의 기녀였다.

### 손계시를 쓴 뒤

"괴롭게도 이 글을 당신에게 전하네,

자세히 읽어보니 좋구나, 참신한 말들이.

비록 사마상여부에는 못 미치나,

황금 한두 근 값은 되겠구나."

### (10) 양래아楊萊兒

자字는 봉선蓬仙으로 화술이 있었다. 조광원趙光遠이 첫눈에 그녀에게 반하여 후에 명문세가에 들어가게 되었다.

#### 어린 아들에게

"어린아이야, 말을 빙자하지 마라,
방설이면 삼 명밖에 하지 못하네.
생원生員은 물을 병에 넣어 가지고 와,
길거리에서 요란하게 나다니지 말 것을."

### (11) 초아楚兒

자字는 윤랑閏娘이었다.

#### 정창도에게 드림.

"마땅히 전생에 숙원이 있는 것을,
기약도 없는 어제, 오늘의 악연이네.
눈썹이 아름답다 하나 거령(하신(河神))을 어쩔 수 있을까,
보잘것없는 이내 이겨내기 힘들어.
다만 철권[78]을 전해 사람만 놀라게 하니,
나로 하여금 청련靑蓮을 밝게 안 했으면.
곡강에서 날마다 임과 서로 어울려,
다음에 그를 만나면 채찍이 심하오리."

### (12) 왕소소王蘇蘇

남곡南曲의 기녀였다.

**이표에게 화답한다.**

"개는 놀라고 닭은 어지러이 나네,

수척한 아이, 파리한 말, 베옷은 낡았구나.

누굴까? 이리로 인도한 것은.

돈은 두고 급히 돌아가."

### (13) 안령빈顔令賓

남곡南曲의 기녀였다.

**병상에서 떨어지는 꽃을 보며**

"숨을 몰아쉬네,

남아 있는 꽃은 서너 가지.

한잔 술을 나누며 이별을 슬퍼하네,

서로 다시 만날 날을 기약 못하나니."

### (14) 평강기平康妓

기녀는 배사겸裴思謙이 급제한 뒤에 홍전紅箋(예쁘게 만든 편지지) 몇 십 폭을 만들어 평강리에 있는 그의 숙소에 보냈다. 그러나 그것을 힐책당하자 시 한 편을 지어 보냈다.

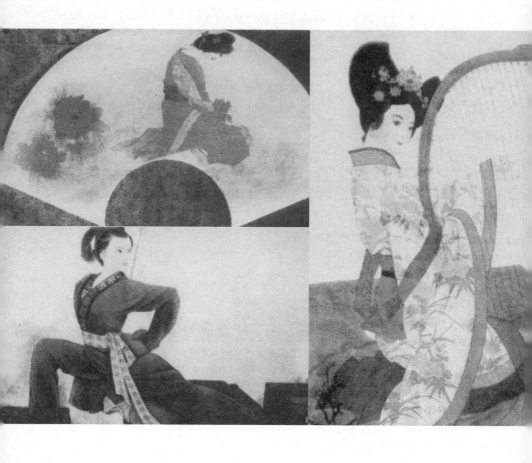

(상)명기(名妓) 옥소(玉簫), (하)명기(名妓) 서월영(徐月英), (우)협기(俠妓) 홍선녀(紅線女).

### 배사겸에게 드림.

"은홍銀紅이 비껴들어 귀고리에 물들고,

작고 낮은 소리로 임을 부르네.

몰랐네, 꽃사슴 향이 귀한 것을,

밤이 오면 새로이 계수나무 향을 가져오리."

## (15) 사봉史鳳

선성宣城의 기녀였다.

### 미향동

"동구 밖에 구슬이 부서지듯 쌍무지개 걸리고,

향풍은 드날려 사람을 혼미케 하네.

부용 장막 드리우고 해후한 뒤,

복숭아꽃 시내에 흘려보내지 않으리."

## (16) 성소총盛小叢

월越나라의 기녀였다. 이눌李訥이 절동浙東에 태수로 있을 때, 밤에 성루에 올라가니 애절하고 격앙된 노랫소리가 들려 그를 불렀다. 그녀가 바로 성소 총盛小叢이었다. 그때 여러 사람들이 성소총에게 노래를 시키고 각자는 시를 지었다. 이에 소총도 시를 지었다.

### 돌궐삼대

"안문산 기러기 떼 처음으로 날 제,

마읍馬邑 마구간의 말은 살이 찌네.

백간산白肝山 서쪽의 역사를 맞이하여,

슬며시 정의(군복)를 변방으로 보내네."

### (17) 조난난趙鸞鸞

평강의 명기였다.

#### 섬섬옥수

"섬섬옥수로 봄 파를 자르니,

향라香羅 비단 소매에 거두네.

그 옛날 비파줄에는,

분명히 손톱의 붉은 피로 물들었으리."

### (18) 연화蓮花

연화는 기녀로 예장豫章 사람이었다. 그런데 진도陳陶라는 사람이 남창에 있는 서산西山에 숨어 있었다. 현의 절도사인 엄우嚴宇가 그녀를 파견하여 진도를 시중들게 하였는데, 그는 그녀를 돌아보지 않았다. 그리하여 시 한 수를 썼다.

"연화의 옥 같이 하얀 얼굴,

소첩을 보내었거니 진중히 글을 받잡네.

처사는 무협巫峽[79]을 꿈꾸지 않나니,

헛수고로구나, 신녀는 양 대를 물러나네."

### (19) 서월영徐月英

양자강과 회수 사이의 기녀였다. 당시에는 그녀의 시들이 널리 읽혔으나 현재는 다만 2편의 시만 전해지고 있다.

#### 배웅하며

"슬프구나, 인간들의 옛일의 잘못들이,
두 사람이 함께 갔다가 한 사람만 돌아오네.
너무 밉구나, 평망대의 앞 강물이,
원앙이 서로 등지고 날다니."

### (20) 한양韓襄

한남漢南 지방의 객기客妓였다.

#### 끊어진 구절

"연리지連理枝 앞에서 함께 맹세하였네.
정향나무 아래서 함께 마음을 나누었네."

이상의 여러 기녀들의 시詩 중에서 설도薛濤의 시가 가장 많을 뿐만 아니라 또한 훌륭하였다. 정감이 풍부하고 염정적인 묘사가 뛰어났다. 그중에서도 7절이 더욱 뛰어났다. 그들 기녀들의 시 가운데에는 묘사가 뛰어난 시가 많아서 당시 시인들의 특별한 존경을 받았다. 백거이白居易의 시는 참으로 뜻이 심오하지 않고 통속적이었다. 그리하여 할머니들까지도 이해하였다. 또 기녀 계급의 구미에도 합당하였다. 그리하여 그들은 시를 쉽게 암송할 수 있었고, 이 때문에 널리 전해졌다. 입으로 외울 수 있으면 그 뜻을 이해할 수 있었다.

또한 충분히 감상할 수 있는 것이다. 물론 그 장점을 깊이 깨달을 수도 있었다. 감동을 받을 수 있어서 기쁨과 슬픔은 끝이 없었다. 그러므로 당시의 기녀들은 모두 백거이의 이름을 알고 있었다. 그 사람됨과 그의 시를 이해하였고 따라서 그의 시는 더욱 널리 읽혔다.

당시의 시인이 만약 기녀에 대해 포폄褒貶 또는 조롱嘲弄을 하게 되면 그녀의 명예는 물론 영업에 절대적인 영향을 주었다. 범려의『운계우의雲溪友議』에서 몇 가지 이야기를 인용하여 이해에 도움을 구해 보겠다.

육엄몽陸嚴夢이 계주桂州의 주연에서 호자녀胡子女에게 시 한 수를 지어 주었다. 사랑하는 표현의 과장된 언사들은 얼굴빛을 변하게 할 수밖에 없었다.

"자신의 풍류로는 올라갈 수 없네,
찌푸린 이마 야윈 얼굴로 어디를?
눈은 상강의 물과 같이 깊고,
코는 화악산처럼 높네.
손바닥 위에서 춤추기는 어렵고,
노랫소리 대들보 사이에도 미치지 못하네.
맹양孟陽 (진나라 때 추남)이 죽은 지는 9천 년,
홀로 가인이 있어 돌아갈 곳을 찾는구나."

남주南州 지방에 최운랑崔雲郎이라는 기녀가 있었다. 몸이 몹시 수척했지만 그런데도 희극적인 노래로 여러 손님들을 희롱하였다. 자신의 노랫소리를 믿었다. 그리하여 스스로 영郢나라 사람 중에서 가장 노래를 잘하는 것으

(좌)가무기(歌舞妓) 공손대랑(公孫大娘), (우)비파녀(琵琶女).

로 생각하였다. 이생李生과 선고宣古가 그 자리에서 시 한 수를 읊었는데 그
녀는 드디어 입을 다물었다.

> "어느 일이 가장 슬프단 말인가,
> 운랑의 용모가 뛰어났구려.
> 파리한 주먹 던지기도 급하여라,
> 삐죽한 입말은 더디고.
> 두렵구나, 어깨는 귀 위로 솟구쳐,
> 머리카락은 피부로 파고들어 오네.
> 반드시 문 앞에는 서 있지 말 것을,
> 머리 위에는 종규鐘馗가 있네."

최애崔涯와 장고張祜라는 시인이 창루娼樓에서 시를 쓰게 되면 거리에서 모
두 그의 시를 암송하고 다녔다. 그 시가 칭송되면 그들을 찾는 수레가 그치
지 않았다. 만약에 훼방을 받으면 손님이 끊어졌다. 그런데 그들은 이단단李
端端을 조롱하는 시를 지었다.

> "황혼이 지고 갈 곳을 몰라라, 말이 없구나,
> 코는 마치 굴뚝과 같고 귀는 방울과도 같네.
> 홀로 상아 비치개를 머리에 꽂으니
> 곤륜산 위에는 초승달이 떴구나."

이단단李端端이 이 시를 받아 보고 근심이 태산 같았다. 병으로 누울 지경
이었다. 마침내 단단端端은 두 시인을 찾아가 절을 하고 "다만 삼랑, 대랑만

을 기다리올 뿐입니다. 엎드려 비옵니다." 라고 애걸하였다. 이에 위로의 절
구 한 수를 지어 주었다.

  "비단 안장의 천리마를 타고,
  선화방의 단단이를 찾아 왔네.
  양주에 몇 날이런가, 질펀하게 어울려,
  한 송이 하얀 모란이 피어나누나."

그리하여 돈 많은 장사꾼들과 부호들이 앞다투어 단단이의 선화방善和
坊을 찾았다. 그렇기 때문에 당시의 기녀들은 시인들의 조롱과 해학을 두
려워하지 않을 수가 없었다. 문인들이 시詩로써 조소를 하고 또는 칭송을
하게 되면 일반 사회에서의 반응은 아주 민감하게 나타났다. 즉 창기는 이
에 따라 갑자기 문전성시를 이룰 수도 있고 아니면 갑자기 빈 침상을 지켜
야 할 수도 있었다.

당唐나라 때 시가 민중에 보급된 것은 어떠하였는가? 상술한 바와 같이 시
인들의 사회적인 인정은 매우 높아서 오만하기가 그지없었다. 당唐나라 때
창기娼妓들은 시를 지을 수 있고, 시를 암송할 수도 있으며, 시를 이해할 수도
있었다. 그런데 중당中唐 이후의 새로운 문체인 사詞가 발생하게 되었다. 이
것은 기녀들에게 특별한 공로가 있었다. 호적胡適[80]은 그의 사詞의 기원起源
에서 "곡曲에 의한 장단구長短句와 가락의 기풍은 민간에서 기원하였고, 악공
과 가기歌妓로부터 시작되었다" 고 하였다. 호적胡適의 이와 같은 견해는 옳
다고 본다. 사詞의 발생에 대하여 몇 가지로 나누어 보충 설명하도록 한다.

(좌) 능파무(凌波舞)를 잘 추던 사아만(謝阿蠻), (중) 다정했지만 박명(薄命)한 곽소옥(霍小玉), (우)명기(名妓) 두추랑(杜秋娘).

### (1) 악곡樂曲의 변천變遷

『구당서舊唐書』음악지音樂志에서 보면, 수隋나라가 진陳나라를 평정하고 청
상서淸商署를 두었는데, 그것을 일컬어 청악淸樂이라고 하였다. 양梁, 진陳이
망한 뒤에 남아 있는 것은 극히 적었다. 수隋와 당唐나라 이래 5대五代까지 남
아 있는 것은 겨우 44곡뿐이었다. 그 후 옛 곡을 중요시하지 않았기 때문에,
옛 곡에 대한 기예의 솜씨가 결핍되고 관현악기로 연주할 수 있는 것은 8곡
뿐이었다. 청악淸樂의 여파는 당나라 때 비로소 끊어졌다. 당唐나라 중엽 비
록 고악부古樂府가 있었지만 소리의 율조가 전해지고 있는 것은 없었다. 6조
六朝 때의 악부樂府가 당나라 때에는 사라져 갔다는 것은 생각할 수 있다.

### (2) 범성泛聲[81]과 화성和聲[82]을 사용하였다.

그러면 '범성'과 '화성'은 무엇을 뜻하는 것인가? 송宋나라 때 『주자어류朱
子語類』논시편論詩篇에 보면 이렇게 쓰고 있다.

"고악부古樂府는 시이다. 중간에 많은 범성泛聲을 첨가하였다. 아마 후에 와
서 범성은 없어졌다고 본다. 따라서 가사를 첨가하였고, 드디어 장단구가
형성되었다. 현재의 곡자曲子가 바로 그것이다."

『전당시全唐詩』부록附錄에 보면 다음과 같이 기술되어 있다.

"당나라 사람의 악부는 원래 율시와 절구를 사용하였는데, 화성和聲을 포
함해서 불렀다. 그 화성은 가사와 어울렸으며, 길고 짧은 귀의, 바로 곡의 박
자로써 전사塡詞(중국 송나라 때에 유행하던 한시[漢詩]의 한 격식[格式]이다)하였다."

위에서 인용한 바에 근거하면 『전당시全唐詩』부록附錄의 경우 『주자어류朱
子語類』보다는 비교적 명확하게 설명하고 있다.

"가사는 화성和聲과 어울리고 그 장단구가 바로 곡曲의 박자라고 하는 것은
사실에 합당한 것이었다. 사詞와 곡曲 어느 것을 막론하고 그 사의 구절을 악
보에 넣으면 여전히 화성和聲 또는 범성泛聲이 있게 되기 때문이었다."

이와 같이 어떤 형태도 없는 가운데 시詩는 장단구로 변하였고, 점점 5·7
언의 시는 문학의 범위 안으로 들어오게 되었다. 그리고 새로운 문체의 사詞
로 시대를 따라 더욱 발전하였다.

### (3) 기녀妓女가 시를 노래하였다.

원래는 성당盛唐과 중당中唐 때의 악부는 5·7언시를 사용하였다. 창기들이
주연에서 부르던 사詞는 문인들이 지은 시였다. 왕작王灼의 『벽계만지碧溪漫
志』에 상세하게 설명하고 있다.

당나라 사람의 옛 의미는 완전히 사라지지는 않았다. 죽지竹枝, 낭도사浪陶
沙, 포구락抛球樂, 양유지楊柳枝는 시 가운데의 절구로 가곡歌曲을 정하였다.
그러므로 이태백李太白의 청평조清平調는 3장 모두가 절구이다. 원미지元微之
와 백거이白居易가 항주에 있을 때 원미지元微之에게 보낸 시에 "영롱으로 하
여금 나의 시를 부르지 말도록 하오, 나의 사詞는 모두 그대에게 부친 시詩이
다." 라고 하였다.
백거이는 여러 기녀들에게 "자리에서는 다투듯이 술을 마시고, 노래 가운데
는 나의 시를 많이 부르네." 라고 읊었다. 개원開元 때의 시인 왕창령王昌齡,
고적高適, 왕환지王渙之는 정자에서 술을 마셨다. 이원梨園의 영관伶官은 기
녀들을 불러 주연을 베풀었다. 세 사람은 이름을 밝히지 않고 악공들로 하

여금 시의 우열을 나누어 보자고 약속하였다. 한 악공이 왕창령王昌齡의 절구인 "찬비는 강과 더불어 밤에 오나라로 흘러들어 간다……."를 노래하였다. 다른 악공은 고적高適의 절구인 "편지함을 여니 눈물이 가슴을 적시네……." 어느 기생은 왕환지王渙之의 시에 '황하가 멀리 흰 구름 사이로 오르는 듯……'을 불렀다. 이로써 이당李唐에는 악공과 기생으로 하여금 당대의 명사名士 시구를 취해서 가곡에 넣었다는 것을 알 수 있는데 대체로 세속적이다.

잘 알다시피 이 일단은 당대唐代의 기녀 문인시를 악곡에 악보로 썼다는 것은 확실히 사실이다. 그러나 격식格式 있는 율律을 가져와서 자수字數가 일정한 율律과 절구絶句로 정제整齊하여 가사歌詞를 만든다. 그리고 여러 가지가 섞여 엉클어진 악조樂調를 변화시켜 고르게 그것을 배합配合하는데, 자연스럽게 느끼기에는 극히 타협하기 어렵다. 당시 고악부古樂府는 이미 깨끗할 정도로 없어졌고, 외국 음악은 조수가 용솟음치듯 수입되어 왔다. 『당서唐書』에 실린 연악讌樂 10부에 「청상부清商部」를 제외한 나머지는 외국악外國樂에 골고루 연계되었다. 『당서唐書』 「음악지音樂志」에 이르기를 다음과 같이 말하고 있다. "주周나라, 수隋나라부터 관현管絃잡곡은 수백 곡을 가져다가 대부분 서량악西涼樂을 쓰고, 고무곡鼓舞曲은 귀자악龜玆樂을 대부분 사용했으니, 그 곡의 법도는 모두 당시의 풍속임은 아는 바이다."

위에서 살펴본 것 같이 당나라 때 기녀는 문인의 시로 악곡을 만들었던 것을 알 수 있다.

또 말하기를 "개원開元 이래로 노래하는 사람은 '항간에 떠도는'(호이리항〔胡夷里巷〕은 항간에 떠도는 것을 말함) 곡을 섞어서 사용한다고 했다."

당연히 기녀가 시를 노래할 때 그들은 반드시 멋지게 노래하고 잘 들어야만 하니, 이미 '항간에 떠도는' 곡을 응용했고, 노래 악보를 만들었으며 혹 글자의 중간에 화성和聲을 넣고 혹 구절 속에 범성泛聲을 삽입했다. 그녀들은 태반이 송시誦詩에 능했고, 혹자는 주시做詩에도 능했으며, 심하게는 범성泛聲, 화성和聲을 가지고, 실자實字를 채워 넣어 형용할 수 없는 시로 이미 장단구를 변화시켜 완성하였다.

방성배方成培는『향연거香研居』「사진詞塵」에 말하였다.

> "당나라 사람들이 노래하는 것은 대부분 오칠언 절구이며, 반드시 섞어 '산성散聲'한 뒤에 관현악을 입힌다. 예를 들어 양관삼첩陽關三疊(양관을 세 번 반복하는 것) 한 뒤에 음을 이루니 이것이 자연스런 이치이다. 뒤에 나오는 수보遂譜는 '산성散聲' 자구로써 이를 실제해서 장단구가 여기에서 일어난다."

중당中唐에 도달한 이후 일반적으로 야유冶遊하는 시인은 때때로 기녀와 가까이 접하며 그녀들의 사詞의 곡조가 너무 속俗된 것을 보고 우아하게 여기지 않았다. 이에 이미 이루어진 악보가 그녀들이 지은 악사樂詞를 대신하였다고 생각하여 장단구의 사詞도 바로 흥興이 일어난다. 예를 들면 유우석劉禹錫이 민간『죽지竹枝』「창녕儅儜」을 싫어하였고, 이에 새로운 사詞로 다르게 개작한 것이 바로 증거이다. 백거이白居易가 지은 「억강남憶江南」으로부터 악보에 의거한 새로운 사詞를 짓는 일이 시작되었다. 뒤이어 유우석과 그의「춘사春詞」제목 아래 스스로 주註를 내어 말하였다. "백낙천白樂天에게 화답한 「춘사春詞」는 「억강남곡憶江南曲」을 따라서 구를 만들었다." 이는 "악보를 따라 사詞를 채우는" 확실한 증명이다. 만당晚唐에 이르러서는 당사唐詞

가 이미 대성한 시기에 도달했고, 당시의 중심 인물은 온정균溫庭筠 같은 사람이 있다. 『구당서舊唐書』에서 말한 "그녀는 능히 현악기 소리를 쫓을 수 있고, 농염濃艶한 말을 한다."는 것은 바로 그들이 능히 현가絃歌 곡절曲折로 농염한 말을 채운다는 것을 말하는 것이다. 이런 증거가 더욱 밝게 드러나지 않았는가? 총괄하면, 「교방작보敎坊作譜」, 「시인전사詩人塡詞」는 중당 이후의 일이다. 몇 사람은 악보를 살펴서 사詞를 채우는 시인이었고, 거의 모두 기녀와 가까이한 인물이었다. 기녀는 사詞를 노래하는데 물론 창唱을 잘하고 잘 들어야 했다. 현재 이미 얻은 좋은 악보가 있고 또 좋은 사를 얻었으니 유객遊客에게 꼭 악樂을 의도하여 전대纏帶를 풀어 많이 주게 해야 했다. 온정균 같은 사람들은 바로 기녀의 심리에 영합해서 그녀들의 말만한 엉덩이를 치며, 바로 「안보전사按譜塡詞」의 공작을 하려 노력하였다. 사가 더욱 널리 유행하였다. 만당晩唐에 이르러서 사詞는 이미 성숙한 시기에 접어들었다. 다만 무형無形 중의 기녀가 급히 공을 이루어도 실實이 없어질 수 없었다. 이는 우리들이 주의할 가치가 있다.

당나라 손계孫棨가 말하기를, "일찍이 촉나라 기녀 설도薛濤의 재주와 말솜씨는 남보다 뛰어나다. 모든 북리北里 사람들은 설도가 참덕慙德(덕화〔德化〕가 널리 미치지 못하여 부끄러워함을 말함)이 있다."고 했다(『북리지北里志』서문).

당나라 때 시기詩妓가 많았다는 것은 상상만 해도 알 만하다. 청나라 장실재章實齋는 말하기를 "전 왕조는 정치가 모질어 벼슬아치들이 없어지고 처와 종에게까지 미쳤다. 이 때문에 시詩를 바치고 대가大家에게 예禮를 행해 대부분 북리北里에 빠졌다. 그중에 미모와 색과 재주를 겸비한 이가 슬기롭게 시를 소리로 전하니 모든 인사들이 좋아서 시가를 서로 주고받았다. 대부분 정이 봄풀처럼 이어지고, 은혜는 가을 단풍처럼 드니 증류贈類를 던지며 교유하고, 은근히 마음이 곱고 얼굴 고운 여자와 통하니, 시정詩情이 활달하여 다시는 혐의嫌疑하지 않고, 침실에서는 책으로, 밖에서는 북과 종소리가 들렸으니, 그것을 말함이 진실로 당연할 뿐인가?"

또 말하기를 "저 기녀 이李에게 주고, 장張에게 옮겨가는 것은 처하는 바에 응할 뿐이다. 양갓집 침실에서 부녀자의 말조차 들을 수 없다는데 문밖에서 시문을 주고받는다는 이러한 말이 어떻게 소문이 되어 도달했을까?"

또 말하기를 "부녀자는 정이 혼인의 줄을 끊는데 이르러, 예禮에서 주고받는 것을 특별히 여기는데, 늘 서정적이며 화려한 작품을 유학자인 마음이 통하는 사람에게 맡긴다. 이리하여 갑을이 만나서 전하는 것을 듣고, 매달 첫날에 품제品題를 구한다. 이러한 것은 기녀의 누각에서 구곡句曲의 전대前代에 왕왕 있었다. 우아한 여자이면서 규방閨房의 미인은 천지天地가 있는 이래로 이것이 예의라는 것을 듣지 못했다." (장실재章實齋의 『부학婦學』)

장실재章實齋는 이 일단락에 전통 예절 교육 사상을 면하지 못했다며 의론하였다. 단지 다른 이의 말을 취하여 보면 우리나라의 역대 "부녀자의 말이 문지방을 넘어서는 안 된다." "남녀는 친히 주고받지 않는다." 등의 완고한 사회를 타파하려는 것이다. 시편詩篇을 남자와 더불어 수작하고 왕래하는 것이 실제 당나라 때부터 시작되었다. 당나라의 기녀도 시작하였다. 이것은 우리가 주목할 만한 사실이다.

제5절

# 오대五代의 창기

　오대五代는 중국 역사에서 대단히 혼란한 시기였다. 당唐나라 말엽부터 변방 민족의 발호가 끊이지 않았다. 그 후에 드디어 오대五代로 나뉘게 되었다. 50여 년 동안의 중원은 전란에 휩싸여 하루도 평안한 날이 없었다. 사직의 운명이 가장 짧았던 나라는 유한劉漢으로 두 임금을 전후하여 겨우 4년 만에 막을 내렸다. 가장 운명이 길었던 나라는 양梁과 후당後唐으로 역시 10여 년에 지나지 않았다. 임금의 자리의 변천은 마치 바둑을 두는 것과 같았다.

　『오대사기五代史記』에 보면 이렇게 기술되어 있다.

　"오대의 혼란은 극도에 달하였다. 천지가 닫히고 어진 사람들은 모두 숨어 살았다. 비록 전쟁이 일고 학교가 폐허되었다고 하지만 예의의 쇠퇴함은 물론 풍속의 타락함이 이 지경까지 이르렀는가?"

　이때에는 다만 전란만 있을 뿐 어떤 문화나 정치에 대해서는 말할 수 없었다. 그러나 창기 사업娼妓事業은 쇠퇴하지 않았다. 악영사樂營使를 두었다는 기록 이외에도 『동미지洞微志』에 보면, "송宋나라 경덕왕 때 풍감馮戡은 「갈태자喝駄子」를 불렀다. ……이 곡은 단주單州 영기營妓의 우두머리인 갈대자葛大姊가 지은 것이었다."라고 하였다. 양梁나라 때 악영樂營은 병사들의 시중을 들었다. 사使와 교두敎頭(우두머리)가 있었다.

『옥당한화玉堂閑話』에 보면, 정주鄭州의 백성 및 군영의 부녀들로 도로를 메웠다고 하였다. 송사宋史에는 신臣이 옛날 사병이었을 때 평상을 짊어지고 대장을 좇아서 관기인 후소사侯小師의 집을 출입하였는데 참으로 그를 연모하였다고 하는 내용이 실려 있다. 진晉에는 악영부녀樂營婦女와 관기官妓가 있었다.

『오대사五代史』 동장전董璋傳에 보면 다음과 같이 쓰고 있다.

"동장은 관아에서 잔치를 베풀고 이인규를 초청하였다. 그러나 한나절이 지나도 그는 오지 않았다. 동장은 사람을 시켜 정탐하였다. 이인규는 역사驛舍에서 창기를 안고 빈객과 함께 곤드레만드레 취해 있었다. 동장은 대노하여 몇 사람을 대동하고 역사로 찾아갔다. 동장은 인규의 주리를 틀어서 끌고 오도록 하였다. 인규는 눈물을 흘리며 잘못을 아뢰어 겨우 벌을 면하였다. 동장은 말을 달려 관아로 돌아가면서 주안상을 철거시키고 다시는 그를 부르지 않았다."

이것을 보면 서천西川에도 창기가 있었음을 알 수 있다.

당시 중원 이외에 10국十國이 있었는데 남당南唐, 서촉西蜀, 형남荊南, 초楚, 민閩 등이 있었다. 비교적 태평하였다. 이에 따라 창기娼妓들은 미친 듯이 창궐하였다. 국왕인 이욱李煜은 몰래 창기의 집을 드나들었다. 어느 날 우연히 승僧을 만나서 자리를 베풀게 되어 오랫동안 머물면서 술을 마셨다. 그는 크게 취하여 벽에다가 커다랗게 글씨를 썼다. 하지만 승과 기녀妓女는 그가 누구인지 알지 못하였다. 상원절上元節(정월 대보름)에 촉蜀의 임금인 창昶이 관등觀燈에 나왔다가 무창 이염랑李艷娘을 입궁하도록 하여 집과 돈 10만 냥을 주었다. 후촉後蜀과 남당南唐의 두 임금은 본래 풍류를 좋아하여 기녀를 왕궁으로 불러들이거나 기녀의 집을 몰래 출입하는 일이 자주 있었다.

『십국춘추十國春秋』에 보면, 창기를
불러 모아 병사들 가운데 건장한 자를
골라서 그들로 하여금 성교를 하게 한
뒤, 발을 내린 다음 함께 구경하는 것을
오락으로 삼았다고 하였다. 또는 어린
궁인宮人들을 짝 지워 벗겨 놓고 돌아
가면서 구경을 하였는데, 이것을 '대체
쌍大體雙'이라고 이름 하였다.

이와 같이 음란하고 외설적인 당시
사람들의 행위는 수없이 많았다. 오대
五代 창기의 제도는 당나라 제도의 답
습 이었다. 도곡陶穀의 『청이록清異錄』
에 보면, 아래의 고사가 있다.

만당(晚唐) 명기(名妓) 한봉아(韓鳳兒).

광순廣順 3년에 시수례柴守禮 자영子榮
이 황태자皇太子가 되자, 태자소보太子少保가 예를 갖추어 치사致仕하였다. 세
종이 즉위할 때 그를 위하여 기녀들을 불러 주연을 베풀었다. 이것을 일컬
어 정사鼎社라고 하였다. 서락西洛에는 아름다운 기녀가 많았는데 시수례柴
守禮는 매일 10명씩을 불러서 종이에 성명을 쓰도록 하였다. 그 크기가 손바
닥만 하게 썼다. 그리고 사람들로 하여금 그를 부르도록 하였다. 부름을 받
아서 보내, 이를 받은 자는 부윤府尹에게 나가서 그 종이를 보이면 부윤은 그
종이에 서명을 하였다. 기녀들은 그 종이를 보고 다투어 사려는 사람들이
있었는데, 또 이것을 일컬어 정사鼎社라고 불렀다.

명(明)나라 때 그림, 원중투환(園中偸歡).

이와 같이 기녀를 불러서 주연을 베풀고자 할 때에는 반드시 부윤府尹의 서명이 있어야 했다.

당나라 때 조정의 사대부들이 연회를 할 때에는 반드시 관서에 행첩行牒 (공문서를 보냄)을 하였고, 그런 뒤에 기녀들을 다른 곳에 조치할 수 있었던 법규가 오대五代까지 보존되어 오고 있음이 확실하였다.

당시에 귀인 집안의 가기家妓는 역시 풍류와 낭만이 있었다.

남당南唐의 한희재韓熙載는 집에 쌀이 없을 정도로 가난했는데도 가기家妓는 수백 명이었다(『강남여재江南余載』). 그는 한가한 비첩들이 사객私客을 모시는 것을 방해하지 않았다(『남당근사南唐近事』). 도곡陶穀이 강남에 오자 한희재韓熙載는 가기를 보내어 그를 접대하도록 하였다. 아침이 되자 그는 글로써 감사의 뜻을 전달하였다.

"무산의 아리따운 아가씨 처음 왔거늘,
노을이 새의 길을 침범하였다오.
낙포의 아름다운 아가씨 스스로 찾아왔는데,
달이 차서 홍수가 졌다오."

하지만 이 말을 이해할 수 있는 사람이 없었다. 그리하여 한희재韓熙載는 가기家妓를 불러 물었다. 기녀는 어제 저녁에 갑자기 월경月經을 하게 되었다고 대답하였다(『요산당외기堯山堂外紀』).

위 글에서 조도鳥道는 새가 겨우 다닐 수 있는 길에 비유하여 여인의 음도陰道를 말하였다. 그렇다면 '하霞'는 붉은 노을임에 틀림없듯이 비록 월경 시에도 손님들의 잠자리를 접대해야 했다. 『구오대사舊五代史』 사홍조전史弘肇傳에 보면, 오대五代 때 사홍조史弘肇의 처처妻 염씨閻氏가 일찍이 주가창酒家倡이었다.

『성도고금기成都古今記』에 보면, 성도成都 미시교米市橋에 촉蜀나라 때 류조柳條 집은 술집으로, 그곳의 여자 노예를 '류조柳條'라고 불렀다. 당시에 술집의 이름이 바로 술을 파는 여자의 이름이었다.

지금 상해上海 사마로四馬路 채관리菜館里에는 항시 손님이 앉으면 「두람고곡兜攬顧曲」을 포주抱住의 집에서 비파琵琶로 연주하는 추창雛娼이 있었는데, 각 유희장游戲場과 커피숍에 있는 여초대女招待, 여다방女茶房은 오대五代 시대부터 이미 성행盛行한 것이다.

제6절
# 남송南宋과 북송北宋의 기녀

송宋나라 대의 창기 제도는 당唐나라 제도에 기인하고 있으나 변화가 조금 있었다. 북송北宋 대에는 관기官妓와 영기營妓가 있었고, 남송南宋의 항주杭州에는 와사瓦舍(기원(妓院))가 대단히 많았다.

등지성鄧之誠의 『골동쇄기骨董瑣記』에는 송宋나라 태종이 북한北漢을 멸망시킨 뒤 부녀자들을 탈취하여 군영으로 끌고 다닌 것이 '영기營妓'의 시초라고 본다. 이것이 후에 관기官妓로 설립됨으로써 권솔眷率이 없는 관료들에게 제공되었다.

관기官妓의 몸값은 5천 냥으로 5년의 만기를 채워야 원래의 집으로 돌아갈 수 있었다. 본관本官이 관기를 데리고 갈 경우에는 다시 2천 냥을 주어야 했다.

모두 역시 '구란勾欄(송원 시대의 대중연예장)'에서 취하였다. '영기營妓'는 '구란勾欄'의 기륜妓輪 한달치 돈으로서 허용許容하거나, 죄인罪人의 자녀, 또는 양가良家 사람으로 감옥에 갇힌 죄수, 심지어는 약탈掠奪하거나 훔쳐서 꾀어내어 충당하였는데, 이처럼 몹시 어지러운 정치 상황이었다. 남송南宋이 건국되자 그 제도를 혁파革罷하기 시작했다.

오자목吳自牧의 『몽양록夢梁錄』[83]에 보면 이렇게 쓰여 있다.

"'와사瓦舍'라고 하는 것이 있는데, 올 때를 '와합瓦合'이라고 하고 갈 때를 '와해瓦解'라고 한 데서 일컫는 말로서, 어느 때부터 시작되었는지 알 수가 없다. 장안은 선비들의 방탕의 장소가 되었다. 그들의 자제들까지도 흘러들어 타락의 장소로 변하였다. 소흥紹興과 양기楊沂 등지에는 군영이 많았기 때문에 서북 사람들이 많았다. 그리하여 그 안밖으로 와사瓦舍를 세우고 기녀들을 모아 병사들의 오락과 성희의 장소로 만들었다. 항주杭州의 와사瓦舍는 적어도 17곳 이상이나 되었다."

『북송北宋』의 기녀를 관리하는 관리官吏를 교방敎坊이라고 하였다.

『송사宋史』 악지樂志에 보면 다음과 같이 쓰여 있다.

"교방은 본래 선휘원에 예속되었는데 사, 부사관, 색장, 고반, 대소도지가 있었다."라고 하였으나 남송南宋 때 교방은 폐지되었다. 오자목吳自牧의 『몽양록夢梁錄』에 "옛 교방에는 필률부가 있었다. ……색에는 가관색이 있었다. ……그러나 색에는 색장이 있었고 부에는 부두가 있었다. 교방사, 부활도관, 장의, 장범이 있었는데 모두가 잡류명관이었다. ……더욱이 어린아이들이 있었는데 여자아이들은 연을 탔다. 그 밖에 별도의 균용반이 있었다. 소흥 때 교방이라는 직명을 폐지하였다."

그러므로 남송南宋 때 항주杭州의 기원妓院이 시내에 소재해 있는 것은 수내사修內詞에 예속되었다. 시외에 소재해 있는 것은 전전사殿前司에 속해 있었다(『무림구사武林舊事』). 북송北宋 이래로부터 수도 및 각 지방의 창기는 군영軍營에 예속되어 있거나 또는 주군州郡에 예속되었다.

송宋나라의 태종은 옹희雍熙 원년에 사포賜酺(조정에서 백성들이 모여서 술을 마시며 즐기는 것을 허락함)를 거행하였다. 임금은 단봉루丹鳳樓에서 사포賜酺를 구경하였다. 그리고 신하들을 불러 사연賜宴(임금이 베푸는 잔치를 말함)을 열었다.

모든 군사와 악공들은 어가御街에 도열해 있고, 음악은 연주되었으며, 사대부들은 그 놀이를 구경했다(『송사宋史』예지禮志). 또 창기는 모두 그 군의 옥관獄官에 예속되어 있었는데 여수女囚(여자 죄수)들로 하여금 손님을 맞이하고 주연을 시중들게 하였다(주욱朱彧의 『평주가담萍州可談』).

이를 미루어 볼 때 당시의 창기는 군영軍營과 주군州郡에 나누어 예속되어 있었던 것을 확증할 수 있다.

송宋나라의 태조는 나라를 세운 뒤 오대五代 동안 누적된 폐습을 개혁하였다. 모든 현령을 장안에 두어서 차례대로 조신들을 다른 곳으로 나누어 출수出守시켰다. 그 이후에는 문관과 무관을 기용하여 지주知州(지금의 지사(知事))로 삼았는데, 당나라 말엽 이래 무인만 기용했던 것과는 같지 않다. 종전의 관찰사 및 절도사의 일은 각 주의 '지주통관'이 겸하여 다스렸다.

당唐나라 때 절도사는 토지, 세금, 병마 등의 세 가지 큰 권한이 주어졌는데 이는 송나라 때 이르러 완전히 개혁, 폐지되었다.

당唐나라 창기는 교방에 예속되는 것 이외에 악영樂營에 예속되었다. 그러므로 무인들은 창기 부서에 특별한 권리를 점유하고 있었다. 그러나 송宋나라 때에는 주군과 군영으로 나누어 예속되었다. 따라서 문인과 무인들은 나누어 창기를 관할하였다. 역시 평등한 지위였다. 창기 호적을 풀어주는 사례도 있었다. 송대宋代에 문무관리 모두가 그러한 조치를 할 수 있는 권한이 있었다.

『동파지림東坡志林』에 보면, "소동파는 전당錢塘을 다스렸는데 그곳에는 구미호九尾狐라고 하는 기녀가 있었다. 어느 날 그녀는 기적에서 풀어줄 것을 서원하였다. 소동파는, '닷새 동안 경조京兆에 있었으니, 자유를 판결한다. 구

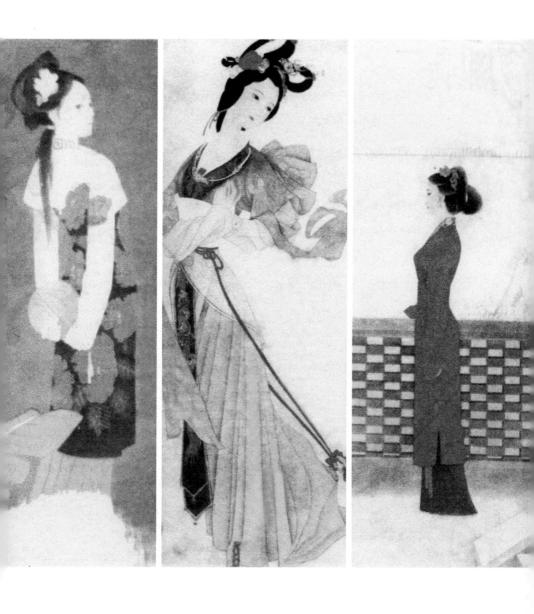

(좌)명기(名妓) 견금련(甄金蓮), (중)명기(名妓) 이념노(李念奴), (우) 태주(台州)의 명기(名妓).

미호는 들의 여우이니 뜻대로 하라.'고 하였다. 또 다른 기녀가 역시 그 예를 들어 기적에서 풀어줄 것을 요구하였다. 소동파는, '「소남召南」의 교화라면 그 뜻은 가상하지만 기북冀北의 무리가 될까 두렵다. 그러므로 소청을 윤허할 수 없다.'고 판결하여 듣는 이들이 크게 웃었다." 라고 하였다.

『동파일사東坡逸事』에 보면, "동파가 전당錢塘에서 경구京口로 부임하였는데 임자중林子中이 절도사였다. 그는 군의 연회를 열었는데 그 과중의 영기營妓 하나가 서원을 하였다. 정용鄭容은 기적에서 풀어줄 것을 구하였고, 고영高㷕은 평민으로 돌아가기를 청하였다. 임자중林子中은 소동파에게 위임하였다. 그는 붓을 찾아 「감자목란화減字木蘭花」를 판결문으로 사詞를 썼다." 고 하였다.

『옥호청화玉壺淸話』에 보면, "한위공韓魏公은 연회를 베풀어 관기 가애경賈愛卿으로 하여금 술자리로 모시도록 하였다. 그는 가애경에게 시를 지어 바쳤다.

원하건대 비호 같은 10만의 병사를 얻어,
오랑캐 굴혈을 즉시 평정하고 싶네.
돌아와 봉후인을 받지 못하였으나,
다만 가애경에게 빌어 군왕을 향하네.

그리하여 한위공韓魏公은 즉시 가애경賈愛卿을 이사중李師中에게 넘겨주었다." 고 하였다.

『제동야어齊東野語』에 보면, 천태天台의 영기營妓 엄예嚴蘂는 옥살이를 하였다. 악상경岳商卿은 법관이었다. 그는 그녀의 무죄함을 가련히 여겨 그로 하여금 스스로 진술하게 하였다. 엄예는 생각 없이 「복산자卜算子」(사[詞]의 이름을 말함)를 입으로 외웠다. 그리하여 그날로 평민으로 복귀할 것을 판결 받았다.

『화초수편花草粹編』에 보면, "성도成都의 윤온의尹溫儀는 본래 양가의 딸이었 는데 몸을 잃고 기녀가 되었다. 채상蔡相은 성도成都의 절도사였는데 윤온의 는 채상에게 기적에서 풀어줄 것을 요청하였다. 채상은 만약에 술잔을 잡고 시 한 수를 지으면 풀어주겠다고 하였다.

이런 것을 미루어 보면 창기의 기적은 당시 관리들에 의하여 마음대로 처 리할 수 있었음을 알 수 있다.

그러면 송宋나라 때 창기의 연원은 어떠하였는가? 『송형통일서宋刑統一書』 에 보면, 당나라 법률의 부곡部曲, 노비, 관호官戶 등의 글귀가 완전하게 보존 되어 있는 것을 발견하게 되는데, 송宋나라의 계급 제도에 그렇게 많은 개혁 이 이뤄지지 않았음을 알 수 있다. 『송사宋史』 인종본기仁宗本紀에 보면, "천성 원년 임금의 명령으로 영부를 남쪽으로 유배시켜 기녀가 된 자는 석방시켰 다." 라고 하였다.

그리고 장방창전張邦昌傳에 보면 장방창은 내정內廷에 거주하였다. 화국정 공부인華國靖恭夫人 이씨는 방창을 옹위하였다. 뒤에 고종은 이씨를 하옥시키 고 방창에게 사약을 내렸다. 그리고 이씨에게는 곤장을 내리고 차영車轝으 로 유배하였다. 이와 같이 영부를 유배시켜 기녀로 삼았던 것은 송나라 때 있었던 제도였다. 또 남송 때에도 실행되었는데, 죄인의 친족이 창기가 되 었던 당나라의 제도는 송나라 때까지도 보존되었다. 그러나 창기의 대부분 은 매매로 인해서 이루어졌다.

항주杭州는 북송 시대에 양가의 딸을 사들여 창기로 삼았는데 이 창기 사업은 번창하였다. 남송 때에는 전문적으로 창기를 매매하는 창쾌娼儈가 있었는데 이것은 그 전에는 들어볼 수 없었던 것이었다. 더욱이 "서관이 해결하지 못한다."라고 한 것을 보면 양가의 딸을 사들여 창기로 삼고자 하는 행위는 엄연히 법률적인 제재를 가할 수 있고, 해결도 할 수 있는 것이지만 관아에서는 묵인하고 있었다.

이 같은 사실로 보면 송나라 때 이 기풍이 성행했음을 알 수 있다. 양송兩宋 때 창기의 성황을 맹원로孟元老는 그의 『동경몽화록東京夢華錄』[84]에서 다음과 같이 기술하였다.

> 숭관崇觀 이래로 경와京瓦(기원[妓院]을 말함)의 기녀들이 부지기수이다. 매일 비바람에도 불구하고 사람들이 줄지어 서 있었다. 당시의 주루酒樓는, 특히 장안의 주점은 문설주에 모두 호화로운 비단으로 장식하였다. 그 안으로 들어가면 백여 보의 주랑이 곧장 뻗어 있었다. 남북의 천장 가로는 작은 다락방으로 이어져 있었다. 저녁이 되면 등촉이 위아래로 휘황찬란하였다. 화려하게 화장하고 단장한 기녀들이 주랑 앞에 백여 명씩 모여 앉아 있었다. 그리고 술손님이 부르기를 기다리고 있었다. 그것을 바라보면 마치 신선과도 같았다. 북경루北繋樓를 뒤에 풍악루豊樂樓로 개명하였는데, 3층 내지 5층으로 증개축을 하였다. 그곳에는 각각 무지개 난간이 있었다. 아름다운 발과 비단 액자 들이 잘 어우러졌으며 등축 역시 휘황찬란하였다. 초하루 저녁이면 한 와瓦마다 연등 하나씩을 달았다. 그리고 안쪽 서쪽 누각의 뒤쪽에는 사람이 올라오지 못하게 하였다. 또 이층에서 가운데를 바라보는 것을 금지하였다. 모든 술집(와시[瓦市]를 말함)에는 비바람, 추위나 더위, 낮과 밤을 막

론하고 성황을 이루었다. 장안에 본점만 72호였다. 그 밖의 것은 헤아릴 수가 없었다. 그 나머지는 각점脚店(지점을 말함)이라고 하였다. 모든 술집에서술 파는 주방의 사람들을 다반량茶飯量이라고 하였다. 술을 잘 마시는 사람[酒樽士]이 술집에 오면 큰아저씨[大伯子]라고 아이들이 일컬었다. 교방敎坊의부인은 허리에 푸르고 붉은 꽃띠를 매었다. 수건으로 쪽찐 머리를 동여매고주객을 위하여 술을 따랐다. 이것을 일컬어 준조焌糟라고 하였다.

더욱이 백성들이 술집에 드나드는 일이 있었는가 하면 소년배들도 와서 음주를 하였다. 그러면 조심스레 대접을 하였다. 물건을 사면 기녀들을 시켜서 돈과 물건을 가져오고 보내는 부류들을 일컬어 한한閑漢이라고 하였다.또 보잘것없는 기녀들은 부르지 않아도 주연의 자리 앞에 와서 노래를 불렀다. 그러면 얼마간의 돈을 주면 물러갔다. 이것을 답객剳客이라 하고, 또는타주좌打酒座라고 하였다.

이와 같은 곳은 여러 곳이 있었다. 그 나머지 주가에서는 술을 비롯한 구운생선, 오리, 볶은 닭고기 등을 팔았다. 한 사람분이 불과 15전이었다. 모든술집들은 정원과 담장이 있어서 가려져 있었다. 조그만 방은 꽃과 대나무가매달려 있었고, 발은 드리워서 휘장으로 삼았다. 기녀들이 노래하고 웃고 춤추는 모습을 가릴 수가 있었다.

주림周林의『무림기사武林記事』에는 특별히 남송에 대하여 상세하게 기록하고 있다.

| | | |
|---|---|---|
| 남와南瓦 | 중와中瓦 | 양방교와羊坊橋瓦 |
| 대와大瓦 | 북와北瓦 | 용산와龍山瓦 |

소소소(蘇小小)의 초상(肖像).

| | | |
|---|---|---|
| 포교와蒲橋瓦 | 편문와便門瓦 | 왕가교와 王家橋瓦 |
| 후조문와候潮門瓦 | 소언문와小堰門瓦 | 이상와자구란以上瓦子勾欄 |
| 신문와新門瓦 | 천교문와荐橋門瓦 | |
| 채시문와菜市門瓦 | 전호문와錢湖門瓦 | |
| 적산문와赤山門瓦 | 행춘교와行春橋瓦 | |
| 북곽문와北郭門瓦 | 미시교와米市橋瓦 | |
| 구와舊瓦 | 가회문와嘉會門瓦 | |
| 북관문와北關門瓦 | 간산문와艮山門瓦 | |

북와北瓦에 있는 양봉루 등을 유붕游棚이라고 한 것 이외에 또한 구란句欄이 대단히 많았다. 북와北瓦 안에 주루가 13곳으로 가장 많았다. 길은 있으나 기로岐路여서 빈객이 주루에 들어오지 않기 때문에 넓고 한가한 곳에서 개장을 하였는데 이를 타아아打野呵라고 하였다.

| | |
|---|---|
| 주루酒樓 | 춘풍루春風樓 |
| 화락루和樂樓 | 서루西樓 |
| 권화權和 | 풍락루豊樂樓 |
| 태화太和 | 북외루北外樓 |
| 태평太平 | 남외고南外庫 |
| 서계고西溪庫 | 화풍루和豊樓 |

이상의 관고官庫는 호부에 예속되어 있었다. 모든 관고官庫마다 관기官妓를 수십 명씩 두었다. 금과 은의 주기酒器들이 수없이 많았다. 모두 주객을 위하여 사용되었다. 관고官庫마다 당직자가 두세 사람 있었다. 이를 하번下番이라 하였다. 주객이 주루에 오르면 이름패로써 기녀 및 술과 안주를 시켰는데 이것을 송화패送花牌라고 하였다. 설날 저녁이면 모든 기녀들은 서로 다

른 주루를 돌아다니며 야매夜賣하였다. 모두 행화관杏花冠을 쓰고 화가花架에 앉아 있었다. 그러나 이름난 창기는 높은 누각의 깊숙한 곳에 숨겨져 있어서 쉬이 부를 수가 없었다. 모든 안주와 술은 마음대로 가지고 들어갔다. 왕왕히 모두 학사學舍의 사대부士大夫가 거주하기에 외부인은 쉽게 올라오지 못하였다.

| | | | |
|---|---|---|---|
| 희춘루熙春樓 | 삼원三元 | 오간루五間樓 | 녹마박錄馬拍 |
| 당침점唐沈店 | 옹주翁廚 | 임주任廚 | 상심루賞心樓 |
| 엄주嚴廚 | 화월루花月樓 | 진주陳廚 | 주주周廚 |
| 교장巧張 | 일신루日新樓 | 심주沈廚 | 정주鄭廚 |
| 마흘안蟎吃眼 | 지매호주只賣好酒 | | 장화張花 |

이상의 시루市樓들은 각기 10여 개의 작은 집들로, 주기는 모두 은으로 된 것이었다. 다투어서 사치와 호화를 다하였다. 그곳에는 관기와 사기가 수십 명씩 있었다. 그들의 복식은 화려하고 아름답기가 그지없었다. 여름에는 미리

송대(宋代)의 술집 객잔 모습.

茉莉를 머리에 가득 꽂아 그 향기가 그윽하였다. 난간에 의지하여 손님을 불러들였다. 이것을 '매객賣客'이라고 하였다. 또 나이 어린 기녀는 부르지 않았어도 자청하여 노래를 부르고 자기의 몫을 요구하였다. 이것을 일컬어 찰좌擦坐라고 하였다. 또 피리를 불거나 거문고를 뜯으며 노래를 부르는 사람을 간진趕趁이라고 하였다.

작은 향불을 제공하는 할미를 향파香婆라고 하였다. 살구 씨, 은행, 콩, 박하, 감람 등을 잘 조제하여 술과 고기 등에 장식하여 돈을 벌었는데 이것을 철잠撤暫이라고 하였다. 또 사슴, 게, 조개, 새우 등을 파는 것을 몽풍蒙風이라 하였다.

살조개, 낙지, 굴, 거북이 발, 오징어, 조개, 소라 등 '술을 같이 먹은 맛'이라고 한다. 무릇 술을 같이 마시면, 반찬과 국을 모두 마음대로 시킬 수 있었다. 열 명의 손님은 각각의 맛을 바라지만 역시 무방無妨하다.

임의로 웃어른의 뜻을 이어받아, 혹은 다소 고객들과 음식이 늦게 나와 어긋나기도 하였다. 주인은 이들을 내쫓았다. 웃으면서 노래하는 소리를 늦게까지 들을 수 있었다. 자주 아침에 거마車馬가 서로 붙어 있다. 비록 풍우서설風雨暑雪에도 조금도 줄어들지 않았다.

### 가관歌館

평강平康(유곽)의 여러 방坊으로 상하포上下抱, 검영劍營, 칠기장漆器牆, 자피방子皮坊, 청하방淸河坊, 융화방融和坊, 신가新街, 태평방太平坊, 중자항中子巷, 사자항獅子巷, 후시가後市街 등은 모두 많은 기녀들이 모여 있는 곳이었다. 이 밖에 찻집[茶肆]으로 청악 다방淸樂茶房, 팔선 다방八仙茶房, 주자 다방珠子茶房, 반가 다방潘家茶房, 연삼 다방連三茶房, 연이 다방連二茶房, 금파교金波橋 등 양안에서 와시瓦市에 이르기까지 각각 차이가 있었다.

화려하게 화장을 하고 문 앞에서 손님을 맞이하여 아름다움을 뽐내며 웃음을 팔았다. 아침부터 저녁까지 노래와 가야금 소리가 끊이지 않았다. 문에 처음 들어서면 병을 들고 있다가 차를 따라 주었는데 이것을 점화다點花茶라고 하였다. 주루에 올라와서 술 한잔을 마시고 먼저 몇 푼을 주었는데 이를 지주支酒라고 하였다. 그런 다음 기녀를 불러서 마음대로 주연을 벌였다. 이 기회를 틈타서 몰래 물건을 파는 사람들이 많았다. 따라서 돈을 낭비하게 되었다. 또는 돈을 별도로 지불하여 기녀를 불렀는데 아주 가까운 곳에서도 수레를 타고 왔다. 이를 과가교過街轎라고 하였다.

새관음賽觀音, 맹가선孟家蟬, 오련아吳憐兒 등이 있었는데 모두 색예色藝로서 한때를 주름잡았으며, 대단한 부호였다. 그 뒤로 비록 능력은 따라갈 수 없다고 하더라도 아름다움을 경쟁하였다. 주기酒器, 의복, 머리 장식 등을 모두 빌려서 썼다. 그러므로 고객이 오면 그를 위하여 새롭게 바꾸었는데도 익숙하지 못한 고객은 그 일을 잘 알지 못하였다.

## 『도성기승都城紀勝』에는 남송南宋에 대하여 상세하게 기록하고 있다.

관고官庫, 자고子庫, 각점脚店을 제외한 그 나머지를 일컬어 박호拍戶라고 하였다. 다반점茶飯店, 포자주점包子酒店, 산주점散酒店, 암주점菴酒店 등이 있었다. 창기들이 안에서 즐거움을 나눌 수 있었던 것은 바로 주방 안에 깊숙이 침대를 마련해 두었기 때문이었다. 문 앞에는 홍등을 걸어 두었는데 날씨가 좋지 않거나 비가 오거나 하면 청사로 그것을 덮어서 알아볼 수 있도록 하였다. 기타의 다른 큰 주점에서도 짝지어 앉아 있었지만, 만약에 그들로부터 기쁨을 사려고 할 경우에는 그녀가 살고 있는 집으로 함께 갔다.

술을 마시고 술값을 내는 여하를 살펴보았다. 식사만 하는 사람을 하로수下澇水라고 하였고, 그 돈은 백전百錢밖에 되지 않았다. 이를 소분하주小分下酒라고 하였다. 동반한 기녀들은 대부분 허세를 부리거나 교만해서 많은 돈과 고가의 음식을 주문하기 때문에 돈을 요령 있게 써야 모욕을 당하지 않았다. 대다방大茶房은 차를 끓여 파는 것을 위주로 하지 아니하였다. 단, 이로 말미암아 찻값으로 많이 쓰게 해서 창기의 형제들이 모여서 하는 곳이었다.
수다방水茶房 및 창가娼嫁에서 의자와 탁자를 설치하여 차를 팔았는데 젊은
층이 즐겨 이용하였다. 이를 일컬어 '건다전乾茶錢'이라고 하였다.

이상의 이야기들을 종합해 보면 몇 가지 특징을 찾아볼 수 있다.

① 관기官妓 이외에 사기私妓가 있었다.

② 관아에서는 주고酒庫(술을 넣어 두는 곳간)를 설치했는데 기녀가 수십 명으
로 유객游客들과 응대할 수 있었다.

③ 주루의 기녀는 이른바 매객賣客하는 기녀 이외에 찰좌擦坐, 준조焌糟, 타
주좌打酒座 등 각종의 기녀들이 있었다.

④ 주점酒店에 이른바 암주점菴酒店에서는 실제로 성교를 할 수 있었다.

⑤ 주루酒樓의 규모가 방대했고 허술한 구석이 없이 손님들은 매우 세밀한
대우를 받았다. 지금의 상해 마로馬路에 하등下等한 창녀 야계野鷄와 자못
흡사하다.

⑥ 기녀는 와자瓦子, 구란句欄 이외에 타야아打野阿가 있었다.

⑦ 다방茶房 안에서도 기녀와 희롱하고 놀 수도 있었다.

이와 같이 송宋나라 때의 창기 사업의 진전은 현실적이었다. 특히 기녀들의
호화와 사치는 물론 오입쟁이[嫖客]들의 돈 뿌림은 사람들을 놀라게 하였다.
『무림구사武林舊事』에 보면, "……근래에 오직 당안지唐安之만이 가장 이름
을 떨쳤다. 모든 주기酒器, 접시, 물 그릇, 화장 그릇 등은 모두 금과 은으로
만들어졌고, 침구는 대부분 비단이었다." 라고 하였다.

이욱(李煜)의 초상(肖像).

『계신잡지癸辛雜識』에 보면 다음과 같은 글이 있다.

"······오기吳妓 서란은 한때 이름을 날렸다. 오흥 오돈현의 심승무는 거부였다. 그는 서란의 이름을 듣고 사모한 끝에 큰 배를 타고 그녀를 찾아갔다. 서란은 그가 부호인 것을 알고 그의 별실에서 잔치를 베풀도록 하였다. 극히 잘 차렸다. 그날에는 특별히 좋은 비단으로 새 옷 한 벌을 만들어 그에게 바쳤다. 술자리에 임하여 더욱 극진히 대접하였다. 이와 같이 하여 열흘이 지나갔다. 심승무는 자기 자신을 억제할 수가 없었다. 그리하여 백금 5백 량과 비단 1백 필을 그녀에게 주었다. 그리고 반 년 동안 머무르면서 수백만 량을 탕진하였다. 그로 인해서 서란의 명성은 절강에 널리 퍼졌다. ······그녀의 집은 비록 크지는 않지만 아담하고 화려하였다. 정자와 연못을 갖추는 등 없는 것이 없었다. ······노래하며 비파를 타는 자가 10여 명이 넘었다. 금은 보옥은 물론 명인들의 그림과 글씨 등에서 음식의 용기들까지 정묘하지 않은 것이 없었다. 과연 삼오三吳의 으뜸이었다."

이를 보면 당시 기녀들의 사치를 짐작할 수 있다.

북송北宋의 변경汴京(북송의 수도)에 채노蔡奴라는 기녀가 있었다. 심해沈偕는 부호로서, 젊어서 변경汴京으로 나와서 공부를 하였다. 그런 중에 채노蔡奴와 사랑을 하게 되었다. 채노의 주가는 도하에서 제일로 알려졌다. 심해가 그녀를 찾고자 하면 보석상을 불러들였다. 그녀의 집 문 입구에 있는 차사茶肆

(다관(茶館))에서 값을 상의하였으나 사지 않고 그의 보석들을 옥상에 뿌렸다. 보석상이 대단히 난처해 함을 보고 심해는 웃으면서, "나를 따라오시오, 그 값대로 돈을 지불하겠소." 라고 말하였다. 채노는 드리워진 발 안에서 그 보석을 줍는 것을 엿보면서 속으로는 그가 다시 오지 않을까 걱정하였다. 며칠 뒤 심해는 그 집에 와서 웃으며 말하기를, "며칠 전 보석을 뿌렸던 사람이 왔소." 라고 하였더니 반가이 맞아들였다.

반루樊樓는 당시 제일가는 주루로서 주객이 항상 1천여 명이 넘었다. 송宋 나라의 휘종徽宗은 가끔 변경汴京의 진안방鎭安坊에 있는 기녀 이사사李師師의 집에 머무르곤 하였다. 전후 합계하여 금, 은, 돈, 비단, 그릇 등이 적어도 10만 량 어치는 되었다고 하는 것을 종합하여 보면 제왕을 비롯하여 진사, 태학생, 일반 서민 등이 다투어 창기들을 찾아다녔음을 알 수 있다. 이는 남송과 북송 모두 같았다. 당시 이사사李師師와 최염월崔念月은 그 이름이 한때 널리 퍼졌다. 나충지羅沖之, 숙용叔用은 주연 때마다 유주侑酒를 불러서 술을 많이 마셨다. 그 후 10여 년 동안 변경汴京에 오면 항상 같이 있었으며, 그들 이름이 국내에 널리 퍼졌다.

> "양애애楊愛愛는 전당錢塘의 기녀로 15세였다. 노래와 춤을 잘하였다. 금릉金 陵의 소년인 장정張運이 유인하여 변경汴京으로 잠적하였으나 그 뒤 장정은 그의 아버지에게 붙잡혀서 양애애楊愛愛와 이별하였다. 하루는 어떤 사람이 장정이 죽었다고 전하였다. 그녀는 그때부터 소복을 입고 고기도 먹지 않았 다. 비파도 가까이하지 않았다. 그 후 3년 뒤 그녀는 장정을 잊지 못한 채 병 이 들어 죽었다." (소자미蘇子美, 『애애집愛愛集』)

"왕생王生은 창기 도사아陶師兒와 함께 서호西湖에서 뱃놀이를 하였다. 밤이 깊어지자 서로 끌어안고 투신하였다. 이에 여러 사람들이 「장교월단교월長橋月短橋月」이라는 노래를 지어서 불렀다."(『명희전名姬傳』)

"학절아郝節娥는 기녀의 딸이다. 다섯 살이 되었을 때였다. 그녀의 어머니는 너무도 가난하여 남의 집 양녀로 딸을 팔았다. 성년이 된 후에 그의 어머니는 그녀를 다시 데려와서 창기를 시키고자 하였다. 하지만 그녀는 창기를 원하지 않아 어머니의 노여움을 사게 되었다. 채찍을 당하며 학대를 받았다. 아무래도 어머니의 권유를 벗어날 수 없을 것으로 판단한 나머지 그녀는 강으로 투신하여 죽었다. 마을 사람들이 그녀를 일컬어 절아節娥라고 하였다."

(『송사宋史』 열녀전列女傳)

기녀인 모석석毛惜惜은 고우高郵의 기녀로 단평端平 2년에 별장 영전榮全의 모반을 숙의하는 주연에서, "비록 몸은 천해도 모반의 신하를 섬길 수 없다."라고 말하였다가 별장의 노여움을 사서 죽임을 당하였다

(『송사宋史』 열녀전列女傳).

　　이상의 기녀들의 죽음은 각기 경우는 다르지만, 이 시대 여인들의 정조 문제에 관한 관념은 송宋나라 이학가理學家들의 영향을 받고 있었다. 정이程頤와 같은 이학가들이 주력했던 "굶어 죽는 것은 작은 일이지만 정절을 잃는 것은 큰일이다."라고 제창하였던 말이 진리로 여겨져서 일반 창기들에게까지 무의식적으로 받아들여졌다. 그리하여 이와 같은 현상을 초래하게 되었다. 어쨌거나 송나라 때 창기 제도는 대부분 당나라 제도에 기인하고 있었으며

명기(名妓) 모석석(毛惜惜).

이후 더욱 발달하였다.

악공樂工 수백 명을 선발하여 이원梨園에서 노래를 가르쳤는데, 이를 황제 이원제자皇帝梨園弟子라고 하였다. 후에 기녀를 제자弟子라고 하고 그 우두머리를 악영장樂營將이라고 하였다.

창기는 그 현의 옥관獄官에 예속되었는데 여수女囚(여자 죄수)들과 동반하였다. 근세에 이르러 용모를 가려 노래와 춤을 가르쳤다. 그리고 맞이하고 보내는 등의 술자리를 시중들게 하였다. 이것을 일컬어 제자弟子라고 하였고 그 우두머리를 행수行首라고 하였다.

주자朱子의 『당중우제삼장唐仲友第三狀』에서는 도행수엄예都行首嚴蘂라고 했는가 하면, 『북리지北里志』에서는 "당나라 때 기녀의 우두머리는 도지都知로 여러 기녀들을 관장하였다."라고 한 것 등을 보면 송나라 때의 제도와 비슷한데, 이것은 당나라 제도에 기인하고 있었기 때문이었다.

지혜가 있고 지식이 있어서 시를 쓰고 읊을 줄 아는 기녀를 합생合生이라고 하였다. 우스꽝스러운 소리를 잘하고 풍자를 잘하면 교합생喬合生이라고 하였다. 이 모두가 장안의 유풍流風이었다. 시를 쓰고 읊을 줄 아는 창기를 우두머리로 하였으며 이는 당나라 때의 주령酒令, 주규酒糾, 감령監令 등과 비슷하였다.

우스갯소리를 잘하며 풍자를 잘하는 기녀는 그 다음으로, 당나라 때의 해학을 잘하는 기녀와 비슷하였다. 이는 모두 당나라 제도에서 기인하고 있다. 오직 당나라의 궁기宮妓 제도만 송나라 때 없었던 것 같다. 그러나 송宋나라의 휘종은 가끔 이사사李師師에게 와서 낭만을 즐겼다. 송나라 예종禮宗도 노래 잘하고 재색이 뛰어난 기녀 당안안唐安安을 찾아 순행하였다.

『태평청화太平淸華』에 보면, 한때 어전에서는 많은 여류들을 웅대하게 하

였다. 심고고沈姑姑는 바둑을, 송宋씨와 강强
씨는 역사 이야기를, 육묘정陸妙靜은 『사서
삼경』을, 사아미史亞美는 소설을 잘하였다.
이단랑李端娘은 연극을, 왕윤경王潤卿은 그림
자놀이를 잘하였다고 하는 것을 보면 당나
라 때 나인內人이나 관기官妓, 전두인前頭人과
큰 분별이 없었다. 그렇다면 송나라의 창기
제도는 거의 당의 제도를 답습하였다고 볼
수밖에 없다.

원元나라 때 이탈리아의 마르코 폴로
Marco Polo가 중국에 왔다. 그때는 원세조
元世祖 1년으로 서기 1260년이었다. 마르코
폴로의 나이는 20세 전후였다. 그는 원세조
의 사랑을 독차지하였다. 그리하여 운남雲
南, 인도, 버마의 사신으로, 또는 추밀부사樞
密副使를 지냈다. 또 회동도淮東道의 선위사宣
慰使를 지내기도 하였다.

마르코 폴로는 16년 동안 중국에 거주하
였다. 어느날 갑자기 마르코 폴로는 고향
생각으로 돌아가고자 하였다. 그때 마침 과
극청科克淸, 백악오伯岳吾 공주가 페르시아로
시집을 가려고 할 때였다. 원세조는 마르코
폴로에게 공주를 옹위하여 페르시아까지

소식(蘇軾)의 초상(肖像).

범중엄(范仲淹)의 초상(肖像).

안내해 준 뒤 귀국할 것을 명령하였다. 마르코 폴로는 귀국한 후 1298년 베니스와 르네 사이에 전쟁이 발발하여 종군하게 되었다. 그는 패전하여 체포되어 옥중에 갇히게 되었다. 그는 옥중에서 루스티치아노(Rusticiano)라는 사람에게 대필하게 하여 중국에서 지냈던 이야기를 썼다. 이것이 바로 현재까지 전해지고 있는 유명한 마르코 폴로의 『동방견문록』이었다.

이 기행문에 항주杭州의 화려함을 찬미할 뿐만 아니라 창기의 번성함을 말하였다.

항주성은 1백만 평방미터로 돌다리가 1만 2천 개나 있다. 목욕탕이 3천여 곳이나 있었다. 모두 온천이었다. 여인들은 모두 아름다워서 마치 선녀 같았다. 임금을 시종하는 남녀의 수는 1천 명을 헤아렸다. 모두 아름답게 차려입었으며, 호사가 극진하였다. 시내에는 서호西湖가 있었고, 그 주위에는 높게 지은 집들이 있었다. 그곳에는 귀족들이 거주하고 있었다. 언덕에는 절들이 많았다. 호수 안에 2개의 작은 섬이 있는데 높은 누각이 있었다. 물 가까이 가서 보니 임금이 살고 있는 것과 같았다. 또 사대부들의 주연 장소로 사용되고 있었다. 술잔, 쟁반, 자리 등이 극히 화려하였다. 때로는 몇 백여 명의 빈객들이 모여들었다. 청루青樓가 참으로 많았고 화려하게 성장하였다. 난향과 사향을 뿌렸다. 이들 시녀들은 마치 구름과 같았다. 더욱이 재예가 있어서 이들에게 경도되어 취생몽사醉生夢死 탐닉하였다. 그러므로 항주杭州에 오는 사람들은 천당에 간다고 말하였다.

마르코 폴로의 여행기를 보면 남송 때 조정의 모습을 생생하게 알아볼 수 있다. 옛 시인은 다음과 같이 읊었다.

"훈훈한 바람은 불어 나그네 취하게 하나니,

항주를 변주에 비겨도 되리."

이는 바로 남송 때 항주杭州의 창기 사업이 번성함을 북송 때의 변경汴京에

비유한 것이었다.

제7절

# 송대宋代 관리들의 야유冶遊

당唐나라 때 관리들은 그들이 즐기는 풍류에 대해 어떠한 금지령도 겁내지 않았다. 그러므로 관리들은 더욱 방탕해졌다. 반면 송宋나라의 금지령은 엄격하였다. 하지만 그들의 풍류 기풍은 당나라 때보다 더욱 심하였다.

## (1) 관리들은 기녀를 끼고 호수의 놀이를 즐기는가 하면, 손님들과 어울려 창루娼樓에 오르기도 하였다.

공평孔平의 『중설원仲說苑』에 보면, "안수晏殊 승상丞相이 남경南京에 주관하고 있었는데, 왕기王琪는 장원張元의 객이었다. 그들은 기녀들과 함께 호수에 배를 띄워 놓고 놀이를 하였다. 안공晏公이 닻을 잡았고 왕기와 장원은 노를 저었다. 왕기는 남쪽 사람이어서 배의 노를 잘 저을 줄 알았다. 다리 아래에 이르렀을 때 배가 교각에 부딪쳐 기울어지자 안공晏公이 닻을 잘못 잡았기 때문이라고 날카롭게 소리쳤다."고 하였다.

『강호기문江湖紀聞』에 보면, "유개지劉改之는 신가헌辛稼軒의 빈객이었다. 신가헌이 회淮에서 변장을 했을 때 유개지는 모친이 병을 얻어 귀향하고자 하였다. 그러나 그날 저녁 유개지가 신가헌과 함께 변복을 하고 창루娼樓에 올랐다고 한 것을 보면, 당시의 관료들이 기녀들과 호유湖游하고 창루에 올랐던 사실들을 알 수 있다."
고 하였다.

## (2) 가기歌妓들은 막료들을 접대해야 하는 경우도 있었다.

『동산설원東山說苑』에는, "문희文僖 전유연錢惟演이 서도西都의 절도사였다.
그런데 사강謝絳, 구양수歐陽脩는 그의 막하의 막료였다. 하루는 숭산崇山에
서 놀이를 하였다. 영양潁陽을 떠난 뒤 어두워서야 용문향산龍門香山에 이르
렀다. 눈이 내렸다. 석루石樓에 올라 성내를 바라보니 홀연히 안개와 노을이
지고 있었다. 이수伊水를 건너오는 마차가 있었다. 바로 유연이 보낸 가기였
다. 관리가 전언하기를, '산길에 오시느라고 피로하실 테니 용문에 머물면
서 눈 구경이나 하십시오. 부사가 누추하시더라도 급하게 돌아가지 마십시
오.'라고 하였다.

## (3) 기녀가 사詞를 지어 어떤 사건을 해결하곤 하였다.

구양수歐陽脩가 하남河南 지방에서 벼슬살이를 할 때였다. 그곳에서 그는 한
기녀와 친하게 되었다. 그때 전문희錢文僖는 서경西京의 유수留守였는데, 매
성유梅聖俞와 윤사노尹師魯는 그 막하의 관료였다. 하루는 빈객을 모아 후원
에서 주연을 베풀었다. 구양수와 그의 기녀가 참석하지 않았다. 그런데 그들
이 해산할 무렵에야 겨우 나타났다. 전문희는 구양수를 꾸짖었다. "어찌하여
오지 않았느냐?" 기녀가 말하기를 "날씨가 너무 더워서 정자에서 잠을 잤는
데 비녀를 잃어버리고 끝내 찾을 수가 없었습니다."라고 대답하였다. 전문

회가 말하기를 "만약에 구양수에게 한 수의 사詞를 받아 내면 마땅히 너에게
상을 주겠다." 고 하였다. 이에 구양수는 즉석에서 한 수의 사詞를 지어 주었
다. 이에 모든 사람들이 박수를 쳤다. 그 기녀는 술잔에 술을 가득 따라 구양
수에게 권하였다. 전문회는 현의 금고에서 상을 주도록 명령하였다(『사원총
담詞苑叢談』).

소동파蘇東坡는 항주杭州에서 막료들과 함께 서호西湖에서 주연을 베풀었다.
그리고서 기녀들을 모두 모았다. 이때 기녀 수란秀蘭이 늦게 도착하자 관료
들이 그녀를 꾸짖었다. 수란은 눈물을 흘리며 애써 변명하였다. 무슨 사사
로운 일이 있었다고 하였다. 소동파가 그녀를 위하여 해명하였으나 석연치
않았다. 수란은 석류꽃이 만개한 석류나무 곁에 가서 나뭇가지를 꺾어 좌석
에 던졌다. 그러자 관료들은 분노하였다. 수란은 어쩔 도리가 없었다. 그러
자 소동파는 「하신량령賀新凉令」을 지었고, 수란이 술을 마신 뒤 그 시를 노
래로 불렀다. 그녀의 노래와 자색이 특히 아름다워 막료들은 크게 기뻐하였
다. 통쾌하게 술을 마신 뒤에 주연을 파하였다(『동파일사東坡逸事』).

## (4)기녀들이 사신들을 유혹하여 죄과를 모면하는 경우도 있었다.

문로공文潞公은 성도成都의 절도사였다. 유언비어가 난무하여 조정에서는
어사를 파견하여 성도 지역을 조사하도록 하였다. 문로공은 막료 가운데 어
사와 친밀한 사람을 찾았다. 그는 장유張俞로 하여금 한주에서 어사를 맞이
하도록 하였다. 또 영기營妓인 왕궁화王宮花를 대동하였다. 거짓으로 가희家
姬라고 하였다. 그녀는 춤을 추고 노래하며 주석主席을 이끌었다. 어사는 술
이 취하여 수건을 풀어서 그 위에 시를 썼다.

"양주梁州의 아름다운 비파 소리,

서대의 어사御史 아리따움을 애석해 해.

지금부터 왕궁의 버들 바꾸어,

춤을 다하니 봄바람은 늘어진 가지에 불어와."

어사가 막상 성도에 이르렀을 때에는 왕궁화가 출영하였다. 그리하여 그는

다시 손을 쓰지 않고 돌아갔다(『청파잡지淸波雜志』).

## (5) 시詩와 사詞를 써서 기녀를 사랑하게 되었다.

황산곡黃山谷은 형주荊州에 우거하였다. 그는 벼슬을 사양하였다. 그전에 그

는 당도當塗의 절도사로 있었다. 7일도 못 되어 그만두었는데 다음과 같은

시를 읊었다.

"버들斁 같이 가는 허리 휘어 감기는 듯,

술 따르고 노래하는데.

춤사위 여운 속 배꽃梅에 젖는 가랑비,

이 당도當塗의 풍월을 어찌할거나."

이 시詩의 구斁, 매梅, 당도當塗는 모두가 영기인데 그들을 빌어서 시를 썼다.

구양수는 한때 여음女陰에서 살았다. 두 기녀가 있었는데 모두 영특하고 아

름다웠다. 구양수는 사詞를 노래하며 오로지 그녀들을 잊지 않았다. 그리고

한결같이 노래하였다. 연석에서 그는 몇 년 뒤에 절도사로 올 것을 약속하

였다. 정말 몇 년이 지난 다음에 구양수는 유양維揚에서 여음으로 이임하여

왔지만 그녀들을 찾을 수가 없었다. 다음 날 관료들과 함께 호수에서 놀이

를 하며 술을 마셨다. 구양수는 길방정擷芳亭에 다음과 같은 시를 남겼다.

"버들가지 다 피어 봄은 가 버렸으나,

해당화는 더디 온 것을 미워하겠지."

범문정范文正은 파양군鄱陽郡의 절도사로 있을 때 경삭당慶朔堂을 지었다. 당시 기녀 가운데 나이 어린 과부를 마음에 두고 있었다. 그가 벼슬을 그만두면서 한 수의 시를 읊었다.

"경삭당 앞에 매일 꽃을 심었는데,

벼슬을 그만두고 간다 한들 피지를 않네.

해마다 자라날 것이언만 이별의 한일랑은 어찌하랴.

이미 봄바람이 불어오니 금방 피지는 않을까."

진소유秦少游는 채주蔡州에 있을 때 영기인 연옥連玉과 참으로 친밀하였다. 그는 그녀에게 사詞를 지어 마음을 전하기도 하였다(『송비류초宋裨類鈔』).

**(6) 송나라 때에는 관리들의 야유冶遊로 인하여 징계를 받는 경우도 있었다.**

장순민張舜民의 『화만록畵墁錄』에 보면, 모든 관리들은 연석에 기녀를 대동할 수 없도록 제한하고 있다고 기록돼 있다.

유환劉渙은 병주並州의 관료로 기녀와 함께 놀이를 하였다가 자주磁州의 통관으로 축출되었다(『송사宋史』 본전本傳).

속원소束元邵는 창기를 매입하여 첩으로 삼았다가 좌천당하였다(『송사宋史』 본전本傳).

왕수王洙는 기녀와 함께 어울렸다가 축출당하기도 하였다(『송사宋史』 본전本傳).

## (7) 기녀들과의 관계로 인하여 모욕을 받았다.

『제동야어齊東野語』에 보면, "주회암朱晦庵은 사절의 일행으로서 태주에 이르

렀다. 태주의 절도사인 당여정唐與正은 관기 엄예嚴蘂와 어지럽게 놀아났다.

이로 인하여 한 달 이상 옥살이를 하였다. 비록 고초를 당했지만 엄예는 당

여정에 대하여 침묵을 지켰다. 하지만 곤장을 면하지는 못하였다. ……감옥

의 관리는 좋은 말로 그녀를 꾀었으나 그녀가 말하기를 '몸은 비록 천기이

지만 태수와 함께 사랑하게 된 것은 죽을죄는 아니라고 생각됩니다. 그러나

시비와 진위를 망령되이 말하여 사대부의 명예를 더럽힐 수는 없습니다. 비

록 죽더라도 거짓 이야기는 할 수 없습니다.'라고 하였다. 그 뒤 2~3개월 동

안 또다시 곤장을 맞고 몇 차례 초죽음을 당하였다."고 하였다.

『산방수필山房隨筆』에 보면, "진선陳詵은 기녀 유강柳江과 함께 사랑에 빠졌

다. 악양의 태수 맹지경孟之經이 그 소문을 듣고 하루는 그녀와 함께 잔치를

벌였다. 유강은 맹지경을 모시지 않았다. 그는 유강을 불러 곤장을 치고 또

한 눈썹 사이에 '진선陳詵'이라는 두 글자를 써서 진주辰州로 압송하였다."

고 하였다.

## (8) 기녀와 함께 고승高僧을 찾아뵙기도 하였다.

『조학편調謔篇』에 보면, "대통선사大通禪師는 품행이 고상하여 목욕재계를 하

지 않고서는 불당에 나가지 않았다. 하루는 소동파가 아름다운 기녀와 함께

그를 찾아갔다. 대통선사는 기녀를 보자 노기를 띠었다. 이에 소동파는 「남

가자령南柯子令」이라는 아름다운 기녀에 대한 사詞를 지었다. 대통선사大通

禪師는 역시 웃으면서 '오늘로서 노승의 선이 깨졌다.'" 라고 말하였다.

## (9) 서한書翰을 기녀에게 주는 경우도 있었다.

소동파는 황주黃州에 있을 때 매일같이 주연을 베풀어 술에 취하며 시詩와 사詞를 지었다. 이때 영기營妓가 시중을 들었다. 소동파는 부채 위에 그림과 글씨를 써 넣었다. 이기李琪라는 기녀는 지혜로울 뿐만 아니라 학식이 있어서 소동파 또한 그녀를 돌보기를 기뻐하였다. 훗날 소동파가 여군汝郡으로 이임하게 되어 전별하게 되었다. 이기는 술이 취하였으나 잔을 올려 재배하였다. 그리고 수건을 풀어서 글을 써 줄 것을 간구하였다. 소동파는 오랫동안 바라보고 있다가 이기에게 먹을 갈도록 하였다. 붓에 먹을 듬뿍 찍어 "동파는 황주에 7년을 있었건만 어쩐 일로 이기를 언급하지 않았나." 라고 쓴 다음 붓을 던졌다. 그리고 소매를 걷어 올리고 빈객들과 담소를 나누었다. 좌객들이 서로 이야기하기를, 어려운 글귀도 아닌데 무엇 때문에 그 시의 끝을 맺지 않느냐고 하였다. 붓과 먹을 거두려 할 때 이기는 또다시 요청하였다. 소동파가 크게 웃으며, "아마도 밖으로 나가는 것을 잊었나 보다." 라고 말하고 이어서 "흡사 서천의 두보와 같네. 해당화가 비록 좋다고 하지만 시로 남겨두지 않는다." 라고 써 내렸다. 좌객들은 웃으며 박수를 쳤다. 그리고 술이 만취해서야 흩어졌다(『춘저기문春渚記聞』).

## (10) 기녀와 사랑에 빠져 병을 얻는 경우도 없지 않았다.

『군제독서지君齋讀書志』에 보면, 유원劉原의 부친이 지제고知制誥 벼슬로 여러

번 천거薦擧되어 영흥永興으로 발령을 받았다. 미혹된 관기官妓 때문에 정신
이 아득해질 정도로 병을 얻어 놀라, 이내 병이 낫기 위해 힘썼다. 인종仁宗
은 일찍이 집정執政에 이르러 말하기를, "창飮은 어찌 쉽게 얻었는가?" 하면
서 신등新橙 50개를 하사下賜하였다." 고 하였다.

당시의 묵객들 가운데 가장 낭만적인 것은 구양수歐陽脩와 소동파蘇東坡였다.
『피서록화避暑錄話』에 보면, "구양수는 양주揚州의 지사로 평산당平山堂을 건
설하였다. 웅장하고 화려하기가 회남淮南에서 제일이었다. 더울 때면 빈객
들을 이끌고 놀이에 나갔다. 사람을 소백邵伯에게 보내어 연꽃 1천여 송이를
가져오도록 하였다. 꽃이 그려진 화병에 1백여 송이씩 꽂아 손님과 손님 사
이에 놓았다. 술잔이 돌아가면 기녀들로 하여금 꽃 한 송이를 가져다가 손
님들에게 전해 주었다. 그리고 그 꽃잎을 따 가며 술을 마셨다. 그리하여 왕
왕 밤이 깊고 깊어 달을 등에 지고서야 집으로 돌아갔다." 고 하였다.
『휘진록揮塵錄』에는 다음과 같은 글이 있다.
"요순명姚舜明, 정휘廷輝는 항주杭州의 지사였다. 하루는 어떤 할머니가 스
스로 창기였다고 하며 소동파 선생에 대하여 말하였다. 소동파는 봄이 오면
휴가를 얻어 늘 호수에서 물놀이를 하였다. 산수가 아름다운 곳에서 밥을
먹고 난 뒤에 호수 위에 배를 띄웠다. 한 사람마다 한 척의 배를 띄워서 대장
한 사람을 두고 이끌었다. 각기 몇 명씩의 기녀를 대동하였는데 5시경에 징
이 울리면 모두 모여들었다. 그 다음 성호루聖湖樓나 죽각竹閣에 모여서 마음
껏 즐겨 놀다가 파하였다. 한두 번 새벽 북소리가 울려도 흩어지지 않고 있
다가 더 늦어서야 촛불을 들고 돌아갔다. 읍내의 남자와 여자들은 운집하여
구경하였다. 이것은 실제로 한때 성행하였다. 소동파는 항주杭州에 있을 때

명기(名妓) 이혜랑(李慧娘).

뿐만 아니라 양주 등지에서도 매일같이 주연을 베풀었다. 그리고 산, 호수 등지의 꽃 사이에서 풍류를 즐겼다."

『청루소명록靑樓小名錄』에 보면, "희영熙寧(1068~1085) 연간의 조무택祖無擇은 항주杭州의 지사였다. 그는 관기인 설희도薛希濤와 내통하였다. 왕안석王安石이 설희도에게 곤장을 쳤으나 죽어도 승복하지 않았다."라고 하였다.

『동헌필록東軒筆錄』에 보면 다음과 같이 쓰고 있다.

"희영熙寧의 시기에 왕안석의 신법新法이 실행됨에 따라 관리들에 대한 감독과 질책이 더욱 심하였다. 양절兩浙의 왕정지王庭志 등 현감들이 병사들을 돌아보고 난 뒤 기녀를 대동하고 주연을 베풀었다. 그로 인하여 그들은 축출당했다. 소동파가 항주의 절도사로 있을 때 신법을 어겨 역시 축출당하였다. 그와 같이 감독과 질책이 엄격했지만 소동파는 자기 마음대로 풍류를 즐겼을 뿐만 아니라 관리들의 간섭을 아랑곳하지 않았다."

『노학암필기老學庵筆記』에 보면, "송나라 때의 엽색獵色 행각에 가장 이름이 난 사람은 진회秦檜, 가사도賈似道 등이었다. 소흥紹興 시기에 진회는 사당에 제사를 지내기 위해 금릉金陵으로 돌아갔다. 그는 호화롭게 장식한 수백 척의 배를 타고 돌아갔다. 각 군과 현의 감사들이 영송하는 행렬이 100리를 이었다. 평강平江을 건널 때에는 비단을 드리우고 음악을 연주하였다. 그리고 관기들이 그 위에서 춤을 추었다. 그 비단 옷자락은 마치 구름 속에서 너울거리는 것과 같았다."고 하였다.

『송사宋史』기사본말記事本末에 보면, "가사도는 젊어서 실의의 나날을 보냈다. 그런데 그의 누나가 이종理宗의 총애를 받게 되어 귀비가 되었다. 이로 인해 가사도는 태상승군기감太常丞軍器監으로 발탁되었다. 그는 더욱더 총애받게 됨에 따라 거의 매일 창기에게서 소일하였다. 밤이 늦도록 물놀이와 주연을 베풀었다."고 하였다.

이사사(李師師)의 초상(肖像).

진회나 가사도의 방벽과 사치는 이루 말할 수가 없었다. 더욱 괴팍스러운 것은 왕불王黻이었다. 그는 후원에 꽃을 심고 돌을 모아 산을 만들었다. 그 가운데 골목길을 내었다. 민간의 창가와 흡사하게 하였다. 그는 이방언李邦彦 등과 함께 그 가운데서 잔치를 열어 동성끼리 성희를 하였다(『정강유록靖康遺錄』). 거주하는 방은 모두 창가를 모방했던 것을 보면 그들의 음행을 가히 짐작할 수 있다. 이후에 가사도는 남쪽으로 도망쳤다. 이때 다만 심생沈生과 왕생王生을 대동하였다. 그들은 천하의 절색이었다(『동강집洞江集』 목면원서木棉怨序). 이른바 "모란꽃 아래서 죽어, 귀신이 되어도 풍류이어라."라고 하였다.

한편, 이러한 일 외에도 더욱 괴이한 것은 임금과 신하가 함께하여 성애를 즐겼다는 사실이었다. 도군道君은 이사사李師師에게 행차하였다가 우연히 주방언周邦彦을 만났다. 도군은 그가 평상 밑에 숨어 있는 것을 알았다. 그는 스스로 새로 나온 귤 하나를 가지고 들어가 "강남에서 처음 들여왔다."라고 이사사와 함께 해학적인 말을 나누었다. 주방언은 그 말을 모두 듣고 은유의 「성소년유사成少年游詞」를 지었다. 그리고 이사사는 이 사詞를 노래로 불렀다. 도군은 누가 지었느냐고 물었다. 주방언의 사詞라고 대답하였다. 그는 크게 노하였다. 그때 주방언은 개봉부開封府의 감세監稅로 있었다. 그 직무를 박탈당한 다음 나라 밖으로 내쫓겼다. 이틀 뒤에 도군은 다시 이사사에게 행차하였으나 그녀는 보이지 않았다. 주방언을 전별하러 갔음을 알았다. 그녀는 밤늦게 되서야 돌아왔다. 도군은 노여워하며 어디 갔다 왔느냐고 물었다. "신첩은 만 번 죽어 마땅하옵니다. 주방언이 죄를 짓고 나라 밖으로 축출당하게 되었음을 알았습니다. 그래서 간단하게 이별의 술을 나누었습니다."고 아뢰었다. 도군은 그렇다면 사詞가 없었느냐고 물었다. 「난릉령蘭陵令」이 있다고 하면서 그 사詞의 노래를 불렀다. 노래가 다 끝났을 때 그는 크게 기뻐하였다(『귀이집貴耳集』).

도군道君은 다시 주방언을 불러서 대성정大晟正을 삼았다. 이렇듯 도군과 주방언은 이사사를 동시에 사랑하였는데, 송나라 때의 황음荒淫 현상이 사실상 어떠하였던가를 짐작할 수 있다.

제8절

# 송대宋代의 창기와 사詞

사詞의 발전은 송宋나라 때 이르러 최고조에 이르렀다. 넓은 의미로 보면 사詞는 곧 시詩이다. 시에 비교하여 말한다면 사와 음악은 매우 밀접한 관계를 가지고 있다. 사詞는 본래 음악의 부수적인 것으로서, 다시 말해 먼저 소리가 있은 뒤에 가사가 있었다. 사詞는 송나라 때 이르러서야 확고하게 자리를 굳혔을 뿐만 아니라 번창하게 되었으며 이에 따라 사체詞體가 크게 정비되었다.

내용은 산뜻하여 진부한 느낌이 없었다. 매끄럽고 원만하여 엉키거나 지저분하지 않았다. 사詞는 당唐나라 말엽부터 현재에 이르기까지 1천 년의 역사를 가지고 있다. 그러나 당대唐代에는 그렇게 문학적인 가치를 부여받지 못하였다. 다만 송나라 때 와서야 비로소 문학으로서의 가치를 인정받을 수 있었다. 그러므로 송대宋代를 사詞의 시대라고 하였다.

사詞의 황금시대에는 시인과 묵객 이외에도 위로는 제왕에서부터 평민이나 기녀는 물론, 여승들까지도 시를 짓지 못하는 사람이 없었다. 만약 사詞를 짓지 못해도 사詞를 노래할 줄은 알았다. 송나라 때 민간의 사詞는 기녀들의 사詞가 가장 성행하였다고 할 수 있다. 기녀들은 늘 문인들과 접하여 어울렸기 때문에 10명 중에 7~8명은 사詞를 할 줄 알았다.

『사원총담詞苑叢談』[85]에 보면 작품들이 수없이 많이 수록되어 있는데, 사

詞를 향유한 기녀들을 크게 나누어 보면, 사詞를 지을 줄 아는 기녀와 사詞를 노래할 줄 아는 기녀로 나눌 수 있다.

### (1) 사詞를 지을 줄 아는 기녀들

촉蜀 지방의 기녀들이 모두 문장을 잘하였다. 이는 아마도 당대의 명기였던 설도薛濤의 영향인 듯하였다. 육방옹陸放翁이 촉蜀 지방으로부터 기녀를 데려다가 별실에서 지내게 하였다. 그리고 며칠마다 한 번씩 찾아가곤 하였다. 어느 날 몸이 불편하여 한동안 그 기녀에게 소홀히 하였더니 그녀는 매우 의심을 하였다. 이에 육방옹陸放翁이 사詞를 지어 자신의 마음을 이야기하였다. 그 기녀는 다음과 같은 사를 지어 그에게 화답하였다.

> "맹세하고, 다짐하며,
>
> 정을 주고 마음 주어,
>
> 언뜻 춘정은 종이 위에 가득하네.
>
> 더욱더 많이 읽어 공자의 도를 벗어났으면,
>
> 어느 분이 가르쳐 주려나.
>
> 차도 밥도 입 안 대며, 말도 하지 않네,
>
> 이내 초췌할 뿐이네.
>
> 그리움은 한가함인가,
>
> 원망할 겨를 있어오리까?"(『제동야어齊東野語』)

영기營妓 마경지馬瓊之는 주단조朱端朝에게 사랑을 바쳤다. 주단조는 남창위南昌尉로 있었는데 마경지는 설매雪梅를 그린 부채에 「감자목란화減字木蘭

花」라는 사詞를 지어 그에게 부쳤다.

> "백설은 매화의 아름다움을 질투하네,
>
> 눈은 매화를 서로 밀며 당기네.
>
> 매화의 성품이 온유한데,
>
> 백설은 내리 누르다니, 매화 어찌 쉽사리 고개 들리오.
>
> 꽃다운 마음으로 말하고 싶어, 임께서 어서 오셔야,
>
> 임에게 말 전하니,
>
> 어서 매화의 주인 되소서." (구우瞿祐의 『기매기寄梅記』)

섭승경聶勝瓊은 지혜롭고 아름다웠다. 이지문李之問이 항주杭州에 왔다가 그녀를 보고 대단히 기뻐하였다. 그리하여 연분을 맺게 되었다. 하지만 이지문이 떠나게 되자 섭승경은 연화루蓮花樓에서 전별하였다. 십여 일이 지난 뒤에 그녀는 「자고천鷓鴣天」이라는 사詞를 지어 보내었다.

> "빛 잃은 구슬, 시든 꽃처럼 봉성을 나서니,
>
> 연화루 버드나무 푸르기가 그지없네.
>
> 푸른 술잔의 양관곡을 한 곡조 뽑으니,
>
> 사람들은 이별 조를 거듭 부르네.
>
> 좋은 꿈 꾸려 하여도, 꿈속에 임은 찾아오지 않고,
>
> 누가 있어 지금의 내 마음을 알아줄까?
>
> 베갯머리에 흐르는 눈물, 처마 끝에 비와 같고,
>
> 창 밖에 듣는 비는 날 밝도록 내리누나."

이지문은 이 사를 상자 속에 감추었다. 그러나 그의 아내가 그녀의 사를 보게 되어 그 연유를 물었다. 이지문은 사실대로 고백하였다. 그의 아내는 그 이야기를 모두 듣고 너무도 순결한 사랑에 감동하여 혼수의 경비를 내어 주었다. 그리고 섭승경을 데려와서 첩으로 삼게 하였다(『청루기青樓記』).

광한廣漢에는 영기가 있었다. 어려서 승아僧兒라고 불렸다. 총명하고 미모가 빼어났을 뿐만 아니라 사詞를 잘 지었다. 그녀는 광한의 태수에게 총애를 받았다. 그러나 태수는 나라의 향사(제사)로 인하여 귀임하였다. 이에 승아는 「만정방滿庭芳」이라는 사詞를 지었다.

"뜰에 국화 송이 금빛 머금고,
난초는 떨기마다 푸른 빛 잃네.
그림으로 그리나니 가을은 늦어 바람에 날리는 연기,
그대는 돌아가고 머나먼 천 리 길 소식이 아득하네.
기러기 가을 물에 스쳐 날아가니 더없이 아름다워,
도간(동진 때의 명장)을 이긴 그해,
어찌 한때의 성사만을 보겠는가.
모두 송행편(모든 것을 버리고 수행함)에 있거늘,
우수와 번뇌로 머리 빗기도 게을리하네.
그때의 그대 생각에 하염없나니,
달은 호숫가에 비추네.
저 달엔 얼마나 많은 낭만적인 일들이 얽혀 있을까.
무지갯빛 깃발의 수레 소리 들리는데,
다름 아닌 옥국신선(제사의 신)이네.

마땅히 연기와 안개를 헤치고,

하늘 높이 오르리라."(『소계어은총화苕溪漁隱叢話』)


항주杭州의 명기 악완樂宛은 시주감施酒監(酒監은 송나라 벼슬 이름)과 친하였다. 일찍이 시주감은 「복산자卜算子」라는 사詞를 지어 주었다. 악완은 이에 화답하여 사를 지어 보냈다.


"그리움 바다처럼 깊고, 옛일은 하늘처럼 멀구나.

눈물이 줄지어 흘러내리고, 나의 애를 끊나니,

보고파도 볼 길이 없어 어찌하지 못하겠네.

전생에 인연 없었다면 후생에 맺기를 원하네."(『사원총담詞苑叢談』)


성도成都의 관기 조재경趙才卿은 지혜가 있었다. 또 사詞를 지을 줄 알았다. 성도의 절도사가 연회를 베풀었는데 조재경에게 사를 지어 보내라고 명령하였다. 그녀는 명령을 받아서 즉시 사詞를 지었다. 이를 「연귀량燕歸梁」이라고 하였다.


"하늘거리는 버들가지 가득한 진영에 아부亞夫(유능한 장군)가 있어,

화려한 주연에 명기들이 모여드네.

청아한 노랫소리, 투호놀이에,

즐겁지 아니한 날 하루도 없구나.

한왕은 국경을 개척하려 명장을 생각하며,

조서를 받아들고 길에 들어서고자 하네.

종전의 밀약이 모두 티끌로 변해버리고,

다만 붉은 눈물만 구슬 같이 떨어지네."

이 사詞를 본 절도사는 크게 기뻐한 나머지 은 그릇을 그녀에게 주었다(『사원총담詞苑叢談』).

항주杭州의 서호西湖에 고을의 수령[倅]이 한가로이 소유少游가 지은 「만정방滿庭芳」을 노래하였다. 우연히 한 구절을 잘못 불러 「화각성단사양畫角聲斷斜陽」이라고 하자, 옆에 앉아 있던 기녀 금조琴操가 「화각성단초문畫角聲斷樵門」이지 '사양斜陽'이 아니라고 하였다. 그러나 쉬倅는 농담으로 운을 바꿔본 것인데 운을 바꾸어 부를 수 있느냐고 하였다. 금조는 즉시 양陽 자 운韻을 가지고 사詞를 지었다.

"산은 잔 구름을 거두어 가고,

하늘은 풀이 시들은 땅에 맞닿을 제,

화각(조각을 아름답게 한 피리) 소리는 끊어지고 햇빛은 빗겨,

잠시 군마의 고삐를 멈춰 이야기 나누며 이별의 잔을 드네.

봉래의 옛 친구들 자주 머리를 돌이켜 보나,

안개만 아득할 뿐이네.

외로운 촌락에 짝 잃은 까마귀 깍깍대고,

흐르는 물은 붉은 담을 돌아드네.

혼이 빠진 이 마당에, 가벼이 비단 띠를 풀고,

몰래 향랑을 풀어 헤친다.

진루秦樓의 아름만 얻어,

이제 가니 언제 다시 보나.

옷깃에는 은은한 향 아직 남아 있네.

마음이 상하는구나, 만리장성을 멀리 바라보니,

등불은 켜져, 이미 황혼이구나."


이 사詞를 본 소동파 역시 그녀를 칭찬하였다(『능개재만록能改齋漫錄』).


### (2) 사詞를 부르던 기녀들

황산곡黃山谷이 여주濾州 지방을 지나게 되었다. 관기 중에 반반盼盼이라고 하는 기녀가 있었다. 황산곡은 그녀를 매우 사랑하게 되었다. 황산곡이 그녀에게 「완계사浣溪紗」라는 시를 지어 주니 반반은 즉석에서 화답하여 「억춘아사憶春蛾詞」를 불렀다.

"젊어서 꽃 보려니 귀밑머리 푸르러,

말은 장대로 달리게 하니 풍악이 따르네.

이제 늙어 벗이 그립구나.

꽃은 만발하니, 종일 꽃을 보지만

꽃으로는 부족하네.

그림 속의 미녀는 얼굴이 옥 같이 희어,

나와 함께 금루 곡을 부르네." (『사원총담詞苑叢談』)


유수촌劉水村의 『수운촌음고水雲村吟槀』 알금문 謁金門 사詞에 보면 "임여臨汝에 가기가 있었는데 참으로 총명하였다. 함순咸淳 시기에 친구들과 함께 그

명기(名妓) 금조(琴操).

녀의 집에서 술에 취하여 읊조렸다. 그녀는 나를 위하여 「하신랑사賀新郎詞」를 불렀다. '유랑은 참으로 젊고 하늘은 많은 재주를 주었어요.' 구한립歐閒㞢이 이를 듣고 '옛 곡을 지금에 들으니 아주 좋군요.'라고 말하였다. 그리하여 유수촌은 짧은 사를 벽에 썼다."고 하였다(『사종보유詞綜補遺』).

소동파가 항주杭州의 태수로 있을 때 모택민毛澤民은 법조法曹였다. 소동파는 늘 그와 격의 없이 만났다. 모택민은 기녀 경방瓊芳과 아주 가깝게 지냈다. 귀임하게 되어 모택민은 「석분비사惜分飛詞」를 지어 경방에게 주었다. 하루는 소동파가 빈객들을 모아 주연을 열었다. 소동파는 기녀 경방이 그 사詞를 노래하는 것을 듣고 누가 지은 사詞인가 물었다. 이에 기녀가 모택민이 지었다고 대답하자 소동파는 탄식하여, "이 고을에 사詞를 짓는 사람이 있었다는 것을 몰랐다니, 나의 죄로구나."라고 하였다. 다음 날 소동파는 모택민에게 편지를 보내어 초청하였다. 그 후 수개월 동안을 함께 지내며 기뻐하여 사를 지었다고 하였다(『서호유람기西湖游記』).

유삼변柳三變과 손상하孫相何는 가난한 시절부터 친교가 있었다. 유삼변은 손상하를 만나고자 하여도 손상하가 항주의 지사로 문 앞의 경비가 삼엄하여 도저히 만날 수가 없었다. 이에 「망해조望海朝」라는 사詞를 지어 명기 초초楚楚에게 주면서 그녀에게 부탁을 하였다. 송상하를 보고자 하나 만날 수가 없으니 만약에 잔치가 열리게 될 때 그 붉은 입으로 이 사詞를 노래해 달라고 하였다. 그리고 이 사를 누가 지었느냐고 물으면 다만 유칠柳七이 지었다고만 말해 달라고 하였다. 추석날 밤 주연에서 초초楚楚는 그 사를 노래하였다. 손상하는 즉석에서 유삼변을 들어오도록 하였다(『사원총담詞苑叢談』).

진동陳東은 정강靖康 시기에 항상 항주의 주루에서 술을 마셨다. 창타좌唱打座가 노래를 불렀으나 그는 그것을 원하지 않았다. 이에 난간으로 나가서

홀로 서성거리고 있었는데, 어떤 기녀가 「망강남사望江南詞」를 노래로 불렀
다. 음조가 해맑아 그는 자신도 모르는 사이에 경청하였다. 돌아보니 의복
은 남루하였고, 손으로 옷을 걷어 올려 보았는데 피부가 눈처럼 희고 깨끗하
였다. 그리하여 다시 그의 앞으로 불러서 그 사를 노래하게 하였다. 그리고
진동은 그 사는 누가 지은 것이냐고 물었다. 전대의 청진淸眞의 사라고 말하
였다. 노래를 다 부른 뒤에 돈을 받고 내려갔다. 진동은 종을 시켜서 그 뒤를
좇게 하였으나 이미 그녀의 자취를 찾을 수가 없었다(『이견지夷堅志』).

　송나라 때 기녀들은 창사唱詞를 할 수 있었다. 그리고 위에 서술한 바와 같
이 작사作詞도 할 수 있었다. 작사하는 기녀들은 즉흥적으로 일필휘지하였다.
진실로 그들의 문학적인 수양은 상당하였다. 또 창사의 기녀들은 그 뜻에 부
합하여 생동감 있게 노래를 불렀다. 사의 의의 및 박자 등에 대하여 십분 이
해하였다. 바로 구슬이 구르는 듯한 낭랑한 목소리로 노래할 수 있었기 때문
에 사람들을 구슬픈 감동에 쉽게 젖도록 할 수 있었다.

　기녀들이 어떻게 이와 같이 사를 짓고 사를 노래할 수 있었을까? 이것은
아마도 당시의 창기들이 항상 훌륭한 문인들과 가깝게 지냈기 때문이었을
것이다. 유영柳永의 「학충천鶴沖天」 사詞가 있는데 다음과 같이 읊었다.

　　"황금방黃金榜 위에, 문과文科의 장원壯元에 실망했구나.

　　명대明代에 잠시 현인을 잃었으니, 이제 어디로 향할까나.

　　바람과 구름 가는 대로 따르지 말며, 다투어 광란에 빠지지 말 것인데.

　　어찌하여 반드시 얻고 잃음을 말함인가,

　　재자사인才子詞人, 백의의 재상일레.

　　연화의 거리마다, 단청은 여전하고, 병풍은 둘러,

다행이랄까 마음에 맞는 이 있어 찾아갈라치면,

푸르고 붉은 꽃에 파묻혀, 풍류에 젖어들어,

평생을 취하거니.

이 청춘 한 번 가고, 뜬 이름 잡을 수 있다 하나,

취하거니, 노래 부르거니, 뜬 이름과 바꿀지니." (『학충천鶴沖天』)

이 사詞는 유영柳永이 일생 동안 보낸 생활의 표현이었다. 유영은 부귀와 공명과는 거리가 멀 정도로 절망적이었다. 이로부터 그는 불우하게 되었고, 그의 천부적인 재능은 사를 짓는 데 발휘하였다. 그의 사는 완전히 여인들을 위하여 지어졌고 여인들에게 주어졌다. 그의 작품들은 일률적으로 나그네의 우수와 기방의 음사들을 썼다. 엽몽득葉夢得의 『피서록화避暑錄話』에 보면, 유영은 가사를 잘 지었기 때문에 기방의 악공들이 새로운 곡을 얻게 되면 반드시 유영에게 가사를 부탁하였으며, 그래야 그 노래는 세상에서 유행하였다고 하였다.

『후산시화後山詩話』에 보면, 유영은 장안의 신성新聲(새로운 가곡)의 가사를 지었는데 세상에서 널리 불렸다고 하였다. 송상봉宋翔鳳은 『악부여론樂府餘論』에서 다음과 같이 서술하고 있다.

"기경耆卿(유영의 자)이 뜻을 잃어 의지할 곳이 없었다. 그는 기방으로 전전하며 모든 속어와 천한 말들을 다 모아서 가사를 지었다. 기녀들이 서로 전하며 배우게 되었고, 한때는 사방으로 널리 전파되었다."

유영은 사詞를 잘 지을 뿐만 아니라 음률에도 정통하였다. 청淸나라 때 여류 사가 이청조李淸照는 북송의 모든 대사가들에 대하여 비평을 하면서, 역시 유영의 사는 음률에 잘 어울렸다고 하였다. 또 유영은 속어俗語와 이어俚語를

(좌)명기(名妓) 사옥영(謝玉英), (우)명기(名妓) 도소홍(陶小紅).

작품 안에 구사함으로써 쉽게 세상에 불려졌다. 다시 말하면, 유영의 사는 완전히 백화白話(일상 생활에 쓰는 입말체인 중국말)로 묘사되었기 때문에 일반인들의 열렬한 환영을 얻었다. 그러므로 "우물물이 있는 곳이면 모두 유영의 사를 노래할 수 있었다."고 하였다. 열일곱, 여덟 살의 아가씨들이 장단을 두들기며 「양류안효풍잔월楊柳岸曉風殘月」을 노래하였는데 이 노래를 못 부르는 사람들이 거의 없었다.

앞에서도 서술하였지만, 주방언周邦彦은 휘종徽宗 때 이미 제거提擧 벼슬로 대성大盛하였다. 음악音樂에 정통精通해서 매번 작사作詞를 하여 사방四方에 알려졌다. 그에게도 역시 「유연방곡流連坊曲」을 매우 즐거워했고, 이사사李師師와 연애했던 이야기가 있다. 이사사李師師도 그를 좋아했다. 어느 날 휘종徽宗이 이사사李師師의 집을 방문했는데 마침 주방언이 침대 밑에 있었다고 『소년유少年游』에 기록되었다.

휘종은 이 사실을 알고 그를 용서했지만 경계하면서 세관稅官 벼슬을 주어 나라 밖으로 내보냈다. 그가 국경을 나갈 때 이사사는 배웅했다. 주방언은 「난릉왕蘭陵王」 사詞를 지어, 이사사와 휘종의 사연을 노래했다. 휘종은 다시 그를 소환하여 대성악정大晟樂正 벼슬을 주었다(『귀이집貴耳集』에 상세히 적힘).

휘종은 전제專制 제왕帝王으로 존귀尊貴한 시절에 주방언과 쟁풍爭風했지만, 마침내 그를 당하지 못했다. 주방언의 마력魔力은 대단하지 않는가?

진욱장陳郁藏의 『일화유설一話腴說』에 보면, "주방언은 200년 동안 악부樂府에서 독보적獨步的이며, 귀인학사貴人學士이다. 저잣거리에서 기녀妓女의 거간꾼에 이르기까지 모두 그의 사詞가 사랑스럽다고 알고 있다."고 하였다. 이 이야기를 보면, 주방언의 사詞 역시 기녀妓女들을 매우 기쁘고 만족스럽게 한다는 내용이었다.

　　남송 때의 사가인 강백석薑白石은 음률은 물론 음악의 이론에 매우 밝았다. 그러므로 새로운 곡을 만들어 낼 수 있었다. 남송의 사에 있어서 그는 독보적인 존재였다. "스스로 새로운 사의 운율을 가장 좋아하네, 소홍은 노래하고 나는 퉁소를 부네."라고 강백석은 시를 읊었는데, 소홍小紅은 범석호范石湖가 그에게 보내준 첩이었다. 강백석은 새로운 사詞를 지을 때마다 스스로 퉁소를 불었다. 그리고 소홍은 노래를 불러 그에 화답하였다. 그리하여 양송대兩宋代에는 거의 가희들과 관계를 갖지 않는 사람이 없었다. 이 시대에는 이미 사의 황금 시기를 맞이하였다. 사가가 사를 지으면 가기는 바로 그것을 받아서 주연에서 노래를 불렀다. 17~18세의 가기들이 장단을 맞추어 「양류안효풍잔월楊柳岸曉風殘月」을 노래하였으니 어떻게 당시의 문인과 선비들이 좋아하지 않을 수 있었겠는가. 모든 사詞를 지을 줄 아는 문인과 무인, 관료의 대소를 막론하고 사詞 짓기를 즐겨하였다.

　　유영柳永, 주청진周淸眞 등은 오로지 사를 전습한 자들이었다. 유영이 기원에서 술에 만취한 채로 작사하여 가기들에게 건네주면 참으로 좋아하였다. 당시 문인들은 사체詞體를 가장 즐겨 썼을 뿐만 아니라 가기와 무희들도 가장 즐겨 노래를 하였다.

제9절

# 송대宋代의 태학생太學生과 창기

송宋나라 신종神宗 때 태학삼사법太學三舍法을 만들었다. 그 후 태학생들은 사회의 기강 확립을 위하여 상서를 하였다(왕명청王明淸『휘진록揮塵錄』). 진동陳東은 태학생들로 하여금 대신들이 국사를 그르치고 있으니 채경蔡京 (1047~1126년, 북송 말의 정치가)을 참수하라고 상서하도록 하였다(『송사宋史』진동 전陳東傳). 이 일이 송나라 때 태학생들이 정치에 관해 간섭한 첫 번째 사건이었다. 이 같은 기풍은 만연하여 채경蔡京을 비롯하여 이강李綱, 황잠선黃潛善, 탕사퇴蕩思退, 조여우趙汝愚, 중화궁重華宮, 사숭숭史崇崇, 정대전丁大全 등에 이르기까지 더욱 그 행위는 격렬해졌다.

기치가 선명하였고 방법方法은 완전하였는데 중국 근대의 5·4운동, 3·18 운동보다도 더욱 격렬하였다(오기창吳其昌『송대학생간정운동고宋代學生干政運動考』). 실제로 송나라 때의 태학생들에게는 영광스러운 역사였다. 그러나 한편으로는 태학생들이 기녀들과 주연을 차리고 음풍농월하던 기풍은 당唐나라 때 진사들보다도 더욱 심하였다.

주밀周密의『계신잡지癸辛雜識』에는 다음과 같이 서술하였다.

"태학太學의 학사들의 연회 때에는 반드시 기녀 하나를 불렀는데, 이는 각 재

齋에서 정식으로 청첩을 내었다. 이 청첩은 각 재齋의 도장을 찍었고, 제자 어떤 사람을 어느 곳으로 오라고 하였다. 곧바로 본재의 연회에 모였다."

또 일등의 야묘野猫 십여 명이 있어서 기녀들과의 만남을 주선해 주고 돈을 받았다. 그리고 밖에서 기녀를 만나고자 하면 태학생太學生과 사전에 만나야만 바로 이름을 빌려주고 창기를 초대하였다. 옛 속담에 "이름과 그릇은 빌려줄 수 없다."라고 하였는데, 이름을 빌려주고 기녀를 양도하여 재물을 받아내는 잘못된 일이 벌어지곤 했다.

이상의 인용문을 살펴보니 첫째, 태학에 각 서재書齋의 집정이 서재書齋의 도장을 사용하여 기녀를 불러 술을 마신 것은 태학의 존엄尊嚴과 학생의 순결에 오점汚點을 준 것이다. 둘째, 또한 일부 사람들이 일등의 야묘野猫의 보고를 이용하여 재물을 속였다. 셋째, 다른 사람이 다만 기녀와 서로 익숙한 재생齋生을 알게 되면, 바로 재생의 이름을 빌어 기녀를 부를 수 있다. 고인古人이 말하기를, "이름과 재능을 남에게 빌려주면 안 된다고 했는데, 기녀를 부른 것은 이미 잘못한 것이다. 남의 이름을 빌어 그녀들에게 속이지는 말아야 한다. 송宋나라의 태학에 어찌 이런 관습을 있겠느냐." 주밀周密이 말하기를, "이런 일이 언제 시작한지 모르지만, 생각해 보니 하루 이틀에 된 것은 아닌 것 같다. 정말로 우리 신성神聖한 태학을 모욕侮辱한 것이다."라고 말하였다.

「계신잡지癸辛雜識」에 보면 다음과 같은 일이 있었다. 임교林喬는 천주泉州 사람으로 아는 것이 많았다. 처음 장안에 나들이를 했을 때가 순우淳祐 시기였다. 종학宗學인 시근재時芹齋와 태학太學인 정신재程身齋는 기녀인 위화魏華를 사이에 놓고 다투었다. 임교가 부학府學을 끼어들게 하고 또 종들이 참견하게 되자 큰 싸움이 벌어졌다.

시근재와 정신재가 기녀 위화 때문에 싸움을 벌인 것은 임교林喬의 짓으로, 솔직히 상해의 주가酒家를 상대로 하는 불량배들의 행동과 별다른 바가 없었다.

『심설우담深雪偶談』에는 다음과 같이 쓰여 있다. 허좌지許左之는 기방에서 기거하였다. 그는 한 기녀와 사랑을 탐닉하였다. 그녀도 은밀하게 그가 있는 것을 기뻐하였다.

명기(名妓) 교계영(敫桂英).

"누가 알까 꽃에 주인이 있음을,
잘못하여 꽃밭 깊숙이 들어왔구나.
곧장 내려가니, 술잔이 말랐구나.
바로 돌아갈 수밖에."

이렇게 보면 송나라 때 태학생들이 기녀와 잠자리를 같이했던 것은 평상의 사건이었다. 그러나 만약에 다른 사람으로 바뀐다고 하면 서로가 결투하는 일이 발생하였다.

송나라 때 태학생들이 기녀들과 연애를 하다가 마침내 결혼하는 경우도 없지 않았다.

구우瞿祐의 『기매기寄梅記』에 보면 다음과 같은 사건이 있었다. 주단조朱端朝는 기녀 마경경馬瓊瓊과 내왕한 지 오래로 둘의 사랑은 깊었다. 마경경은 누누히 주단조를 평생토록 섬길 것을 말하였다. 주단조는 문장력이 풍부하였다. 마경경은 그가 머지 않아서 가난을 벗어나리라고 생각하였다. 그리하여 정성껏 받들며 모든 재물을 그를 위해 쓰는 것을 아까워하지 않았다. 마침 그해 가을의 과거시험에 합격하여 남창위南昌尉가 되었다. 이에 주단조는 마경경을 기적에서 탈적시킨 뒤에 그녀와 결혼하였다.

『옥조신지玉照新志』에 보면 다음과 같은 일이 있다. 장장張張은 동곡東曲의 기녀인 양육楊六과 매우 애정이 깊었다. 장장은 남궁南宮으로 돌아가게 되었는데 그녀도 그와 함께 가기를 원하였다. 장장은 함께 갈 수 없었으므로 반년 안으로 틀림없이 다시 오겠다고 약속하였다. 만약 하루라도 약속을 어기면 마음대로 다른 사람에게 가도 좋다고 하였다. 그 후 그는 명을 받아 결국 약속이 몇 개월 지난 뒤에 장안에 이르렀다. 그는 그의 옛집을 찾아갔다. 집지기가 그를 맞이하면서 말하였다. "그대가 요주의 장 선생이 아니오? 양육은 매일 그대가 약속을 지키지 않음을 속상해 하였다오. 그녀는 나보고 여기에서 그대가 올 때까지 기다리라고 하였소. 그녀의 어머니는 그대를 잊어버리라고 하였으나 장 선생 생각에 더욱 간절해 하였소. 3일 전에 그의 어머니와 함께 낙양으로 돌아갔습니다. 떠나기 직전에 나에게 많은 돈을 주었지요. 나리가 오시기를 기다렸다가 옛날 그 기거하던 방을 보여준 다음 다른 사람에게 빌려주라고 하였습니다."

장장張張은 그의 방으로 들어가 보았다. 즐거웠던 애정의 흔적들이 완연하였다. 탁자나 집기들은 옛날 그대로 놓여 있었다. 장장은 감개하여 울음을 터뜨렸다. 어떻게 억제할 수가 없었다. 이에 「우중화雨中花」 사詞를 지었는데 이는 도하에 널리 전해졌다(『제동야어齊東野語』).

심한 경우에는 웃기기 위해 경전經典으로 야유冶遊한 때도 있었다.

삽천雪川 월하月河 막莫씨의 집안은 권솔眷率(한집에
거느리고 사는 식구)이 많고 유명한 대가족이었다. 일
찍이 모某씨의 조상은 대관大觀에 있는 상상上庠, 즉
옛 학교를 다녔고 명성名聲이 멀리까지 퍼져 있었
다. 어느 날 막莫씨가 술집에 가서 술을 마셨을 때
벽에는 다음과 같은 글자가 쓰여 있었다.

" 봄에 3월, 왕과 부인은 이 술집을 갈 것이다."
대개 경박한 사람이나 창기娼妓가 이곳에 글을 써
놓았다. 막莫씨는 그 말의 아래에 이렇게 썼다.

" 여름에는 큰 가뭄이 있어, 가을은 먹고살기가 어

심주(沈周)의 초상(肖像).

렵구나, 겨울에 비가 오니, 설공雪公이 죽는다."
군자가 말하기를 "자기 도덕은 다른 사람을 설득할 수 있는지 생각하지 않
고, 자기 능력을 감당할 수 있는지도 판단하지 않는다. 그러므로 굶주림과
추위 때문에 죽어도 좋다!" 고 하였다. 보는 사람은 다 크게 웃었다(『행도기사
行都紀事』).


그러면 송나라 때 태학의 모든 학생들은 어떻게 그와 같이 낭만적인 사랑
을 할 수 있었을까?

첫째, 국가의 법령으로 태학생들이 기녀와 내왕하는 것을 허락했기 때문
이다.

오자목吳自牧의 『몽양록夢梁錄』에 의하면, 관아의 공적인 주연 및 태학의 삼
학재회三學齋會, 동갑회, 향회鄕會 등의 모임에는 모두 관아에서 기녀를 파송
하였다.

『무림기사武林記事』의 서관고叙官庫에서 살핀 기녀에 대한 내용은 다음과 같다.

"국가에서 태학생들에게 공공연히 위와 같은 규정을 내림에 따라 정력이 왕성하였던 그들로서는 무리를 지어 기방을 찾아들게 되었고, 그들이 하고자 하는 대로 행하였다. 당시의 유명한 창기들은 누각에 있었다. 자리를 차지하고 있어서 쉽게 불러낼 수가 없었다. 뿐만 아니라, 때로는 태학생들이 그녀들을 독차지하여 다른 사람이 쉬이 차지할 수 없었다. 당시의 태학생들은 관기들에 대한 독점의 권한이 있었다."

둘째, 권신들의 위협과 유혹이 있었다.

가장 수단이 좋았던 것은 가사도賈似道(1213~1275년, 중국의 남송 이종 때의 군인이자 정치가)였다. 『계신잡지癸辛雜識』에는 다음과 같이 기술되어 있다. "가사도는 국가를 망하게 하는 죄를 저질러서 하늘에 사무쳤다. 그러나 외척, 북사北司를 억제하고 학교 등의 일을 수습하는 데에는 따를 수가 없었다. 태학은 당시에 물의를 빚었다. 또한 삼학三學의 횡포는 경정景定, 순우淳祐의 시기에 가장 성행하였다. 출세하고자 하는 모든 이들은 비록 재상이라고 하지만 극간極奸하고, 때론 공박攻駁하여 반드시 나아갔다. 가사도가 재상이 되어 권력으로는 헤아릴 수 없을 것을 알았다. 다른 방책을 강구하였다. 그리하여 상을 중하게 여기며 먹을 것을 풍부하게 주었다. 태학에서 필요한 것들은 더욱 많이 지출하였다. 가끔 그 외에 더 보태주기도 하였다. 그러므로 모든 태학생들은 그 혜택을 입게 되어 그 권위를 두려워하였다. 때문에 가사도의 죄를 목격하고서도 감히 한 마디의 말도 하지 못하였다. 임금을 미워하고 나라를 버려도 상서를 하여 미덕을 칭송하였다. 오늘 재상宰相이라고 하는가 하면 내일 원로元老라고 일컬었다. 그의 잘못을 한 사람도 지적하는 사람이 없었다."

『제동야어齊東野語』에는 다음과 같이 기술되어 있다.

"가사도는 태학을 빌어서 명예를 얻고자 하였다. 이에 교위校尉(벼슬명)로 신분과 돈을 말하면 경시京試에 효과가 있었다. 그때 황문창黃文昌은 양자강으로부터 들어와 경윤京尹이 되었는데 상의 규격이 더욱 커졌다. 비록 글을 지을 줄은 몰라도 수천 량씩 얻을 수 있었기 때문에 너 나 할 것 없이 앞다투어 응시하였다. 그때 양襄(송〔宋〕나라의 양공〔襄公〕)과 영郢(초〔楚〕나라의 도성)은 이미 망하였고 강회江淮 또한 위협을 당하였다. 이름 없는 사람, 있는 사람의 시를 시제로 내어 과거를 치루었다.

> '북을 치니 경천동지하고,
> 구주의 어린 아이들 목 놓아 슬피 우네.
> 조정에서는 평융책平戎策을 불문하네,
> 많은 금전으로 벼슬을 낚네.'

이렇게 보면 가사도가 모든 과거 보는 사람들에 대해 얼마나 유혹의 수단이 좋았던가를 알 수 있다. 그 효과는 컸을 뿐더러 여러 가지 방법을 동원하여 학생들을 매수하였다. 북송 때에도 마찬가지였다. 왕안석王安石과 채경蔡京이 가장 뛰어났다."

『동헌필록東軒筆錄』에는 다음과 같이 기술되어 있다.

"왕안석이 중서中書(천자의 조서 등을 관리하는 벼슬)에 있을 때 경의經義(시, 서 등 모든 경전을 해석한 책)를 지어서 학생들에게 가르쳤다. 태학생이 거의 삼천 명에 이르렀다. 또 판감判監과 직강直講 등으로 하여금 모든 학생들의 성적을 구분하게 하여 상, 중, 하 셋으로 나누었다. 학생들 사이에서 떠도는 소문에 의하면 상, 중에 해당하는 자는 조정에서 별문제 없이 판감에 발탁될 것이라고 하였다. 이에 면학하지 않는 학생들도 언행을 꾸미며, 앉아서 헛된 명예를 얻으려고 하여 왕안석의 집으로 달려가는 자들로 문전성시를 이루었다."

『곤학기문困學紀聞』[86]에 다음과 같이 기술되어 있다.

"채경蔡京 역시 나라의 많은 학생들을 모아 학교에 두었다. 그리고 그들의 글을 심사하여 세 가지 등급을 정하여 음식을 주었다. 그 때문에 차등이 심하였다. 인재들을 선별하여 생선과 고기를 주었으나 부끄러워하지 않았다. 오히려 그것을 탐닉하였다."

이렇게 비유하면 가사도는 왕안석과 채경의 수법을 이어받아서 비교적 교묘한 수단을 이용하였기 때문에 그 효력은 왕안석이나 채경에 비하여 컸다.

명기(名妓) 염석교(閻惜姣).

제10절

# 송대宋代의 창기와 관매주官賣酒 제도

한漢나라 이후로부터 국가의 주세酒稅에 대한 두 가지 방법이 있었다. 하나는 관매官賣 제도이고, 다른 하나는 민매民賣 제도였다. 관아에서는 그 세금을 거두어들였다. 『한서漢書』의 소제본기昭帝本紀에 의하면, 한漢나라 시원始元 3년에 술의 전매를 폐지하고 민간인들이 대행하였다고 하였다. 민간인들로 하여금 술을 팔아서 이익을 보게 하는 반면 그 세금을 받아들였다. 한漢나라 이후의 모든 나라들에서는 모두 한나라의 법을 채택하였다. 관매와 민매의 제도 가운데 한 가지만 채택하기도 하고 또는 두 가지를 병용하기도 하였다.

백거이(白居易)의 초상(肖像).

북송北宋은 오대五代의 중과세 제도를 이어받은 뒤에 태조 건융 2년에는 양조법을 제정하였다. 태종의 태평흥국太平興國 2년에 처음으로 술의 전매 제도를 실시하였다. 바로 한나라 때의 관매 제도를 그대로 채용하였다. 비록 법령이 수시로 변경된다 하더라도 송나라 때에는 그 원칙이 고쳐지지 않았다. 국가의 관매주법官賣酒法과 창기와의 관계의 발생은 신종神宗 때 왕안석王安石으로부터 비롯된다. 송나라 왕증汪拯의 『연익모이록燕翼謀貽錄』 가운데에도 이 이야기가 실려 있다.

> "왕안석王安石의 신법新法이 실시되면서부터 모두가 공적으로 귀속되었으며, 청묘전靑苗錢을 백성들에게 풀었다. 그리고 청廳을 설립하여 술집을 누상에 두었다. 백성들이 돈을 가지고 외출을 하면 그를 유혹하여 술을 마시게 하였다. 돈이 10이라고 하면 1~3은 써버렸다. 또 관심을 가지게 하기 위해 창기들로 하여금 자리에 앉아 노래와 비파를 타게 함으로써 그들을 유혹하였다. 어리석게도 사람들은 그것을 잘 알지 못하여 서로 다투었다. 관아에서는 금지할 수가 없었다. 곧 병사들을 파견하여 곤장을 쳐 가며 탄압을 하였다. 이를테면 설법매주設法賣酒라고 하였다. 남송南宋 때 관아에서 술을 팔 때에는 창기로 하여금 비파를 타고 노래를 하게 했는데, 이후로 다시는 그것을 탄압하는 제도가 없었다. 그 설법說法의 이름은 고치지 않았다."

남송南宋과 북송北宋의 관아의 매주 제도를 종합해 본 결과, 북송에서는 창기로 하여금 술자리에 앉아 비파를 타고 노래하게 하여 비교적 설비와 방법이 간단하였음을 알 수 있다. 남송에서는 창기들이 말을 타고 주객을 맞이하러 가기도 하였다. 유객들이 관고에 이르러 창기를 불러들이는 일이 있는가 하면, 기녀들이 안 가는 곳이 없을 정도였다.

내득옹耐得翁의 『도성기승都城紀勝』에 보면 다음과 같이 기록하였다.

"모든 관청의 주고酒庫에서는 한식을 전후하여 빚은 술을 팔았다. 그리고 추석을 전후해서도 새 술을 팔았다. 또 창기들로 하여금 말을 타게 하여 세 가지

등급으로 장식을 하였다. 일등급은 특별히 머리에 큰 쪽을 찌고 커다란 옷을 입었다. 이등급은 모자를 쓰고 치마를 입었다. 삼등급은 모자를 쓰고 적삼에 바지를 입었다. 전에는 여동女童이 있어 마을에서 음악을 연주하고 주객을 맞이하였다.

관고官庫는 동, 서, 남, 북의 주고가 있는가 하면 상주고上酒庫, 중주고中酒庫 등이 있었다. 주고마다 주루酒樓가 있었다. 만약에 아름다운 창기가 관고에 들어가 화패花牌(그림카드)를 부르고자 하면 그 술집 사람들은 남몰래 부탁하는 것이 많았다. 반드시 그 창기를 잘 알아두어야 부탁할 수 있었다."

『건순세시기乾淳歲時記』에 보면 다음과 같이 기술되어 있다.

"호부에서는 13개의 주고酒庫를 점검하였다. 4월에 처음으로 열게 된 주고는 9월까지는 모두 열었다. 각 주고에서는 광목 위에 주고의 이름을 써서 긴 장대 나무에 달았다. 이것을 일컬어 포패布牌라고 하였다. 나무 인형과 철경鐵檠으로 써 신선과 귀불鬼佛의 숫자대로 만들었는데 이것을 일컬어 '태각台閣'이라고 하였다. 잡극雜劇과 여러 예술의 백희百戲를 각 주고酒庫마다 다투어서 신설하였다. 주고酒庫 가운데 미모가 뛰어난 창기는 모두 옥과 비취로 꾸몄으며, 금실로 수 놓은 옷을 입고 있었다. 비단으로 만든 말안장에 구슬로 엮어 만든 굴레를 씌운 준마를 타고 다니면 젊은 주객들은 왕왕 몰려와서 술잔을 잡았다. 다투어서 말머리를 돌렸다."

『몽양록夢梁錄』에도 다음과 같은 말이 있다.

"남고원南庫元의 이름은 승양升陽인데, 관아의 계고界庫는 사직단社稷壇의 남쪽에 있었고, 신계고는 청화방清和坊의 남쪽에 있었다. 주루 및 모든 주고酒庫에는 관명의 각기角妓가 있어서 설법매주設法賣酒 하였다. 고을에서 풍류의 제자들이 웃음을 사고자 하면 곧바로 주고酒庫에 가서 창기를 불렀다. 그의

㉻ 황후(皇后)가 된 명기(名妓) 출신 유덕비(劉德妃), (우)명기(名妓) 양홍옥(梁紅玉).

뜻에 따라서 선택을 할 수 있었다. 그런가 하면 모든 주고酒庫에서는 법에 따라서 술을 팔았는데, 관기 및 사적인 명기들 가운데에서 가장 아름다운 기녀들을 선발하였다. 그녀들은 빼어나게 아름다웠다. 입술은 앵두 같았고 손은 옥과 같았다. 물방울이 흐르는 듯 추파가 여울졌다. 노랫소리가 아름다울 뿐만 아니라 음률을 터득하고 있었기 때문에 사람들은 귀를 기울여 들었다. 아무리 들어도 싫지가 않았다.

당시에 이름 있는 관기들은 김새란金賽蘭, 범도의范都宜, 당안안唐安安, 아도석倪都惜, 반칭심潘稱心, 매추아梅醜兒, 전보노錢保奴, 여작랑呂作娘, 강삼랑康三娘, 도사고桃師姑, 심삼여沈三如 등이었다.

사적인 명기名妓로는 소주蘇州의 삼저칠저三姐七姐로, 문자文字의 이석석李惜惜, 고판鼓板의 주일저朱一姐, 식부媳婦(며느리)의 주삼저朱三姐, 여쌍쌍呂雙雙, 여련련呂憐憐, 여령령麗恰恰, 장칠저張七姐, 왕이저王二姐, 구삼저邱三姐, 양삼마楊三媽, 마이랑馬二娘, 진삼마陳三媽, 장삼랑張三娘, 주칠저朱七姐, 왕서저王西姐, 호삼마胡三媽, 서육마徐六媽, 심반반沈盼盼, 보안안普安安, 팽신彭新 등이 있었다. 그들 후배들 가운데 비록 노래를 잘하는 사람들이 있었다고 하지만 선배들에 비하여 잘 부르지 못했다."

이상의 이야기는 모두 남송 때 관아의 주고에서 창기를 이용하였던 실정에 대한 이야기였다. 전술하였듯, 북송 때에는 주루를 설치하고 창기들로 하여금 술자리에 앉아 노래를 부르고 현금을 타도록 하였다. 왜냐하면 당시의 주루는 국가에서 경영하는 일이었기 때문이었다. 이렇게 하여 많은 고객들을 유치하였고 영업의 발달을 꾀하였다. 앞에서 이야기한 바와 같이 남송 때 관아의 주고에는 주루를 두었다. 손님이 웃음을 사고자 하면 마음대로 창기를 선택할 수 있었다. 이것을 이를테면 점화패點花牌라고 하였다. 또한 창기들로 하여금 꽃으로 장식한 말을 타고 거리에 돌아다니면서 주객을 맞아들였다. 이와 같은 일은 북송과 남송 모두 별다른 차이가 없었다. 왕안석王安石[87]은 신종神宗 때 변법變法을 크게 제창하였는데, 그것의 가장 큰 목적은 사회 경제에 있어서 생산과 소비에 관한 것이었다. 이는 근대의 국가 전매 제도와 같은 것이었다. 왕안석은 시를 지어서 그 주된 뜻을 이야기하였다.

> "삼대의 백성들 재물은 공사의 구별이 없네.
>
> 임금이 나라를 다스림은, 마치 하늘이 북두칠성을 잡은 것 같네.
>
> 모든 것이 나로부터 부여되어, 아울러 이에 구하여 돌아오면.
>
> 그렇다면 법의 처벌이 있을 것을, 형세는 스스로 오지를 않네."

균수均輸, 시역市易, 청묘靑苗의 모든 법은 모두 이 사상에 의하여 만들어진 것이었다. 이와 같은 사상은 근대의 공산주의 논조와 같은 것이었다. 이 세상의 모든 재물을 관아에서 매매하도록 하려는 것이었다. 진실로 왕안석이 말하는 "모든 것이 나로부터 부여되어, 아울러 이에 구하여 돌아온다." 와 똑같은 현상이었다. 왕안석은 극단적으로 전매 제도를 주장하는 사람 중의 한 사람이었다. 균수, 청묘, 시역 등은 바로 왕안석이 고안하였다.

관고官酤(술의 전매 제도)는 북송 때 처음으로 실행하였는데 왕안석이 그 제도를 받아들였다. 영희寧熙 2년 주세를 증수增收하였다. 이 때문에 술을 사려는 사람들이 줄어들고 정부의 수입은 당연히 영향을 받게 되었다. 이로 인하여 기녀들로 하여금 술자리에 앉게 하여 노래를 부르고 춤을 추게 함으로써 판매고를 올리도록 하였다. 남송 때에는 그 본질마저 변하여 기악妓樂을 사용하지 않으면 안 되었는데, 왕안석으로서는 생각하지 못한 뜻밖의 일이었다. 왕안석은 관리들이 그 일을 처리함에 있어서 부조리가 생길까 걱정하였다. 즉 그와 같은 매주 제도賣酒制度를 빌어서 기녀들에게 돈이나 재물을 받아들이지 않을까 염려하였다. 그러므로 관리들에 대한 감독과 문책이 엄하였다.

『동헌필록東軒筆錄』에 다음과 같이 쓰고 있다.

"양절兩浙 감사인 장정張靚과 왕정지王庭志 등이 열병閱兵할 때였다. 밤을 새우면서 기녀들과 잔치를 벌였는데 이들 모두는 힐책을 당하였으나 다른 시대에 비교하여 보았을 때 관리들은 공공연하게 기녀들과 놀아났다. 하지만 왕안석 자신은 행동거지가 정갈하고 엄격하였다. 왕안석이 금릉金陵으로부터 소주蘇州를 지나게 되었을 때, 그곳 태수는 그에게 예를 차려 맞이하려고 여러 기녀들을 뜰아래 도열시켰는데 그는 끝까지 앉기를 원하지 않았다."

명기(名妓) 장채평(張采萍).

제11절
# 당송唐宋 시대의 가기家妓

.

당대唐代의 사대부들이 가기家妓를 두는 풍속 역시 전대前代 못지않았다. 그 호방하고 사치스러움은 사람들을 놀라게 하였다.

허경종許敬宗은 사택을 화려하게 장식하였다. 누각과 누각을 연결한 다음 기녀들로 하여금 말을 타고 그 위를 오가도록 하였다. 술을 마시고 음악을 연주하며 즐겨 놀았다(『당서唐書』 허경종전許敬宗傳).

주광록周光錄은 모든 가기들에게 머리에 울금향鬱金油을 바르도록 하였다. 그리고 얼굴에는 용소분龍消粉을 바르게 했다. 옷에는 향수를 뿌려서 입도록 하였다. 또한 매달 한 사람에게 금봉황金鳳凰 한 마리씩을 상으로 주었다(『운선잡기雲仙雜記』).

정주鄭注는 하중河中에 부임하였다. 기첩이 1백여 명이나 되었다. 그들은 모두 사향을 뿌렸는데 그 향기가 몇 리 밖에 있는 사람들의 코를 거슬렸다(『차소지釵小志』).

기왕岐王은 젊어서부터 여색에 유혹을 당하였다. 그는 추운 겨울이 오면 언제나 불에 손을 녹이지 않고 오직 기녀의 가슴에 손을 파묻어 따뜻하게 하였다. 이를 난수暖手라고 하였다(『개원천보유사開元天寶遺事』).

남당南唐 때의 손성孫晟은 벼슬이 사공司公에 이르렀다. 식사 때마다 몇 개의 상을 차렸다. 그리고 많은 기녀들로 하여금 각기 그릇을 들고 그 주위에 서 있도록 하였다. 이것을 육대반肉臺盤이라고 하였다(『차소지釵小志』).

이와 같은 기위妓圍(기녀를 두는 바둑)나 난수暖手, 육대반肉臺盤 등은 이미 인도人道에 어긋나는 것으로서 완전히 기형적인 생활의 일면이었다. 당나라 때의 가기는 마음대로 기증할 수 있었다. 병부시랑인 이상李尙에게 최자운崔紫雲이라는 가기가 있었다. 사詞를 잘 짓고 노래를 잘하였다. 그뿐 아니라 용모가 단정하였다.

병부시랑 이상李尙은 낙양에서 그녀를 위하여 잔치를 벌였다. 두목지杜牧之가 말을 타고 이곳에 온 뒤 연거푸 세 잔의 술을 마신 후에 주인에게 말하였다. "일찍이 사를 짓고 노래를 할 줄 아는 자운紫雲이 있다는 말을 들었는데 오늘에야 비로소 알게 되었소. 만약에 나의 뜻을 한 번 받아주신다면 더 바랄 것이 없겠소." 라고 하였다. 여러 가기들은 모두 고개를 돌리고 웃었다. 그리하여 두목지杜牧之는 시 한 수를 읊고는 말을 타고 가 버렸다. 이상李尙은 그를 찾아서 최자운崔紫雲을 보내 주었다(『시아소명록侍兒小名錄』).

한익韓翊은 젊어서부터 재주와 이름을 날렸다. 천보天寶의 말에 진사가 되었다. 천성이 곧고 말이 별로 없었다. 또 당시의 명사들과 교류하였다. 이웃에 활달한 대장부인 이장군이 데리고 있던 기녀 유씨가 있었는데, 매번 한익을 초청하여 함께 술을 마셨다. 한익은 그 기녀와 갈수록 사랑이 깊어 갔다. 뒤에 그 무관은 기녀 유씨를 그에게 보내 주었다. 그리하여 함께 살았는데 2년 뒤부터 이름을 날리게 되었다(맹계孟棨의 『본사시本事詩』).

이신李紳은 늘 유우석劉禹錫을 사모하고 있었다. 이신은 항상 그의 집에서 함께 술을 마셨다. 술에 취하면 가기들로 하여금 노래를 하여 유우석을 배웅하게 하였다. 유우석은 상좌에 앉아서 시詩를 읊었다. '司空見慣渾閒事, 惱殺蘇州刺史腸.'라고 하였다. 이에 이신은 가기를 그에게 보내 주었다(맹계孟棨의『본사시本事詩』).

곽애郭曖는 잔치를 벌였다. 계집종 가운데 경아鏡兒가 있었다. 그녀는 거문고를 잘 탔을 뿐만 아니라 절세의 미인이었다. 이단李端은 자리에 앉아서 때때로 추파를 던지며 자기의 마음을 전달하였다. 곽애가 그것을 깨닫고, "이 선생께서 거문고를 타고 시제를 삼아서 시를 써서 빈객을 즐겁게 하면 마땅히 경아를 아깝게 여기지 않겠소." 라고 하였다. 이단李端은 즉석에서 시를 읊었다. 곽애는 크게 칭찬하였다. 금과 옥으로 된 주기酒器들을 거두어들이고 자리를 파한 뒤 경아를 그에게 보내 주었다(『차소지釵小志』).

유우석, 두목지, 이단 등은 별다른 노력도 없이 미기美妓를 얻을 수 있었다. 이것에는 모두 시詩가 매개체가 되었다. 당나라에서 시詩의 가치가 얼마나 컸는지 알 수 있다. 반면 당나라의 권력자 및 무신들은 마음대로 다른 사람들의 가기를 빼앗아 갔다.

조가趙嘏는 집이 절서浙西에 있었다. 미기美妓가 있는데 그를 유혹하였다. 그녀와 해로를 하려고 하였으나 그의 어머니가 이를 허락하지 않았다. 학림鶴林에서 놀이를 위하여 모였는데 절강의 절도사가 그녀의 미모에 반하여 빼앗아 차지하였다고 하였다(『전당시화全唐詩話』).

이봉길李逢吉은 유우석에게 미기美妓가 있다는 말을 들었다. 그가 한번 만나

보기를 원하여 사양하지 않고 기녀 들을 아름답게 화장을 시켜서 찾아 갔다. 이봉길은 여러 기녀들에게 얼 굴을 들어 보라고 명령하였다. 40여 명의 기녀들은 모두가 다 그녀만 못 하였다. 그런데 그녀가 안으로 들어 간 뒤에는 다시 나오지 않았다. 얼마 되지 않아 이봉길은 몸이 불편하다 는 핑계로 자리를 떠났다. 이미 그녀 와 잠자리를 함께 하였다. 누구도 알 아채지 못하였다. 유우석은 원망과 탄식을 할 뿐이었다. 시를 써서 보내

한희재(韓熙載)의 초상(肖像).

었다. 이봉길은 웃음을 지으며 "참으로 시가 좋군[大好詩]"이라고 딴청을 부 렸다고 하였다(『전당시화全唐詩話』).

당나라 때 교지지喬知之는 미기美妓가 있었는데 벽옥碧玉이라고 하였다. 교 지지는 그녀를 위하여 결혼하지 않았다. 그런데 무승사武承嗣는 여러 기녀들 과 함께 그녀를 돌려보내지 않았다. 교지지는 '녹주원綠珠怨'이라는 시를 지 어서 그녀에게 부쳤다. 벽옥은 그 시를 보고 우물에 빠져 죽었다. 무승사는 그녀의 치마 허리에서 시를 찾아내었다. 그는 도발대발 하였다. 그로 인해 교지지의 일족을 멸하였다(『자치통감資治通鑑』[88]).

이상 세 사람의 경우를 살펴보면, 유우석劉禹錫의 미첩은 한 번 가서 돌아 오지 않았다. 조가趙嘏의 경우, 조가가 다음 해에 급제를 하였는데, 절강의

절도사는 미첩을 그에게 되돌려주었다. 그러나 미첩은 마침내는 조가를 끌어안고 통곡하다가 이내 죽어 버렸다. 또한 교지지는 미첩을 빼앗겼을 뿐만 아니라, 그녀를 잊지 못하여 「녹주원緣珠怨」이라는 시를 지은 것이 그에게 멸족의 화를 불러오게 하였다. 옛사람들이 "재산이 많은 사람은 화를 입기 쉽다."라고 한 말은 정말로 틀림이 없었다.

한편, 당나라의 무인들은 그들 마음대로 가기들을 죽일 수 있었다.

하남부河南府의 어떤 무인은 애첩인 비연非烟을 몹시 사랑하였다. 성이 본래 보步씨였다. 그녀의 용모는 섬세하였다. 마치 비단과도 같았다. 그녀는 특히 진秦나라의 노래를 잘 불렀다. 이뿐만 아니라 시문을 잘 지었다. 그녀의 시

변량(汁梁) 명기(名妓) 우문유랑(宇文柔娘).

문은 악기의 연주와 잘 어울렸다. 그런 까닭에 무인은 그녀를 더욱 사랑하게 되었다. 그러던 어느 날 그녀는 이웃집의 어떤 남자와 사통을 하였다. 이 일을 그녀의 하녀가 일러바쳤다. 그는 그녀를 묶어 대들보에 매달아 채찍으로 쳤다. 그녀는 피를 흘리고 죽었다(절록황보권節錄皇甫權의 『비연전非烟傳』).

촉蜀나라 맹사현孟思賢은 아름답고 교활하였다. 그런데 일찍이 왕제王制의 총애를 받았다. 하지만 그녀는 밖에서 사통을 하였다. 그 뒤 어디론가 달아났다가 후에 있을 곳이 없게 되자 다시 왕제에게로 돌아왔다. 그는 병사들에게 그녀의 두 다리를 묶도록 한 다음 내동댕이쳐 놓고 마구 때렸다. 그녀는 마침내 기절하여 죽었다(『속보시아소명록續補侍兒小名錄』).

두대중杜大中은 인정이 없는 인물이었다. 장안의 사람들은 그를 두대충杜大蟲이라고 불렀다. 그는 아내가 잘못이 있다고 하면 곤장을 쳤다. 그에게는 재색을 겸비한 애첩이 있었다. 두대중은 그 모든 하고자 하는 바를 서찰로 표명하였다. 하루는 그가 막 잠자리에 들려고 했을 때였다. 그의 애첩은 탁자 위에 자못 훌륭한 종이와 먹이 있는 것을 보고 「임강선臨江仙」이라는 사詞를 한 수를 지었다. 그 사詞 가운데 "봉황이 까마귀를 따른다彩鳳隨鴉." 라고 하는 말이 있었다. 두대중杜大中은 깨달아 그녀를 보고 "까마귀 또한 봉황을 때릴 수 있다鴉且打鳳." 라고 말하였다. 그런 뒤 그녀의 얼굴을 때리며 목을 꺾어서 죽였다(『금시당수록수是堂手錄』).

사랑하게 되면 구천九天에 오르게 되고, 미워하면 구연九淵에 빠지게 된다. 까마귀 또한 봉황을 때릴 수 있어서 목을 꺾어 죽이는 것을 보면 사람의 목숨을 새만큼도 여기지 않았다.

또한 가기家妓로 인하여 괴로움을 받기도 하였다. 한희재韓熙載는 강남江南

의 승상이 되었다. 황제가 즉위한 후에 북인北人을 믿지 않아서 짐새(광동성에 사는 독조〔毒鳥〕. 그 깃을 담근 술을 마시면 죽게 됨)을 받고 죽은 사람도 있었다. 한희재韓熙載는 화를 초래하기를 겁내서 일부러 술과 여색에 빠진 모양을 취하기 위해, 예법을 안 지키면서 재산도 모두 수백 명의 기녀를 사기 위해 탕진했다. 매일같이 황음무도荒淫無道로 그치지 않았다. 나중에는 월급마저도 주지 못해 결국 해진 옷을 입고 장님인 체했다. 그런데도 문하생門下生 서아舒雅를 시켜 거문고의 빠른 리듬을 따라하게 했다. 또한 식사를 위해 매일 집집마다 다니며 구걸한다고 했다. 후세의 사람들은 이 일 때문에 나무라면서 야연도夜宴圖를 그렸다. 그러나 그 정情을 역시 애석하다 할 만하였다(『계신잡지癸辛雜識』).

또한 가기들을 먹여 살릴 수 없어서 구걸을 하도록 하였다. 송宋나라 사대부들은 대부분 가기를 두고 있었다. 당시 축기의 풍속은 공개된 비밀이었다. 비록 황제가 알고 있다고 하더라도 그저 일상에 있는 일로 여겼다.

송宋의 부마도위 양진楊震에겐 10여 명의 기첩이 있었다. 모두 절세의 가인이었다. 그 가운데 특히 분아粉兒가 뛰어났다. 하루는 천유天游를 초대하여 술을 마셨다. 모든 가기들이 나와서 함께 술잔을 나누었다. 천유天游는 분아를 마음에 두고 있었다. 그는 「완계사浣溪沙」를 불렀다. 그 사詞 가운데 "일찍이 혼을 잃은 적이 없었다."라는 구절이 있었다. 이 사를 듣고 있던 양진은 드디어 분아를 그에게 보내 주었다(『악부기문樂府記聞』).

소홍小紅은 범석호范石湖의 기녀로 아름다울 뿐만 아니라 재예才藝가 있었다. 음악에 조예가 깊었던 강요장姜堯章이란 자는 암향暗香과 소영疏影의 두 곡을 제작하였다. 범석호는 두 기녀들로 하여금 그 노래를 익히도록 하였다. 음절이 맑고 고왔다. 범석호는 소홍을 강요장에게 보내 주었는데 그는 늘 기뻐하였다. 스스로 그 노래를 퉁소로 불었다. 그러면 소홍은 노래를 불러서 이에 화답하였다. 그러므로 "소홍이 노래 부르고 나는 퉁소를 분다."라는 시구가 남아 있다(『연북잡지硏北雜志』).

신가헌辛稼軒이 상요上饒에 있을 때 그의 아내가 병이 들어 의사를 불러서 맥을 짚어 보도록 하였다. 피리를 불며 기녀가 옆에서 모셨다. 이에 그녀를 가리키며 의사에게 말하기를 "아내의 병을 낫게 해주면 이 사람을 드리겠소."라고 하였다. 며칠 후에 과연 약을 쓰지 않아도 되었다. 이에 앞의 약속을 이행하였다. 그의 기녀는 그 의사를 따라갔다. 이로 인하여 「호사근사好事近詞」를 입으로 노래하였다(『청파별지淸波別志』).

**(1) 축기蓄妓는 주인과 운명을 같이하였다. 주인의 권세가 기울어지거나 죽거나 하면 그녀들은 그 집을 나가거나 혹은 유곽으로 떨어졌다.**

왕장명王將明에겐 전영인田令人이라는 가기가 있었다. 용모가 정말로 국색이었다. 하지만 왕장명이 죽자 그녀는 하녀 한 사람을 데리고 호주亳州로 숨어들었다. 그녀는 여사旅舍에 머물고 있었다. 그것을 알고 현에서는 몇 개월 동안 그녀를 구금하였다. 결국 그녀의 집에서 사람을 보내어 그녀를 데리고 돌아갔다.

채원장蔡元長에겐 무공인武恭人이라고 하는 기첩이 있었다. 그녀 또한 아름답기가 범상치 않았다. 채원장이 영남으로 귀양을 갔는데 한 사신이 있었다. 성이 손孫이었다. 그는 축기蓄妓를 하였다. 이내 채원장은 기녀와 함께 남경으로 숨어들었다가 그 현에서 7개월 동안 구금당하였다. 그런데 후에 사람을 보내어 그를 맞아 장안으로 보내었다(『묵장만록墨莊漫錄』).

한니주韓佅冑가 몰락한 뒤에 가기 유랑의 사정은 사람들로 하여금 눈물과 웃음을 금할 수 없게 하였다. 한니주의 행첩幸妾 가운데 가장 우두머리를 차지하는 것은 삼부인三夫人이었다. 만두화滿頭花라고 불렸다. 새로 들어온 자를 사부인四夫人이라고 하였고, 궁실의 기적에 올렸다. 자명慈明이란 자가 늘 불러들여 그의 사랑을 표현하였다. 사부인四夫人은 바로 자명과 짝을 지었다. 한니주는 정발鄭發을 위하여 제재한 틈을 타 모든 가기를 그들 부모에게 돌려보냈다. 자명은 특별히 태수로 하여금 사부인四夫人을 곤장을 때려 보내도록 하였다. 또 여러 노비들을 방출할 때 두서너 배에 이르면 모두 어느 기첩, 어느 사람 부모라고 일컬었다. 궁중에서는 따라서 사인私認만 명命하였다. 머리에 장식한 것과 옷을 입은 것 이외에는 물건을 실어 가는 것을 허락하지 않았다. 그리하여 금비녀를 머리에 가득하게 꽂았다. 의복은 몇 벌씩 껴입었다. 저자의 사람들은 그녀들의 물건을 사들여서 장사를 하였다. 그러므로 서로 다투어서 그녀들의 부모가 될 것을 원하였다. 많은 기첩들의 화려한 옷에 유인되어 반드시 같이 돌아가고자 하였다. 참으로 우스운 일이었다(『조야견문록朝野見聞錄』).

송宋나라 휘종 때 선화전宣和殿이라는 나이 어린 관기는 이내 윤락하여 한 가기로 충당되었다. 가사도賈似道가 몰락한 뒤에 어떤 사람이 「갈령葛嶺」이라는 시詩를 썼다.

"누각 우뚝하여 기녀를 둘러 있더니,
양양과 번성의 지원을 잃은 때일러라.
왕의 기운은 이미 악기의 소리를 따라 다하였고,
강물 소리는 흘러들어 옥퉁소가 슬프구나.
이름은 공신의 명부에 올라 있지 않고,

가묘에 임금의 내린 비석 두었으니.

국가와 민족이 그릇되더니 자신 또한 그릇되어,

뜰의 가을 풀에는 이슬이 조롱조롱."

### (2) 기녀를 내쫓거나 기녀 스스로 주인을 떠나가는 경우도 없지 않았다.

소동파는 기녀 조운朝雲에게 시詩를 써 주었다. 인언引言에서 말하기를 "세상에서는 백낙천의 「죽낙마鬻駱馬」와 「방양지放楊枝」라는 사詞가 있었다. 그것이 아름답기가 그지없어 늙어 병이 들었으나 차마 죽지를 못하였다." 라고 하였다.

유우석劉禹錫은 시에서 "봄은 다하고 버들가지는 날려 머물러 있지 않고, 바람 따라 날아가 누구 집에 떨어질까." 라고 읊었다. 또 "병은 백낙천과 함께 짝지어 오는데, 봄은 반소樊素를 따라 한때 돌아가네." 라고 하였다. 그리하여 반소는 마침내 가 버리고 집에는 몇 명의 기첩만 있었다. 그들은 4~5년 동안에 모두 떠나 버렸다.

조운朝雲은 홀로 남쪽으로 옮겨갔다. 『낙천집樂天集』을 읽고 시를 희롱삼아 지었다고 하였다.

신가헌辛稼軒에게도 가기가 있었는데 전이錢二라고 하였다. 그런 그가 늙자 가기를 돌려보냈다. 그리고 「임강선臨江仙」을 지어서 그녀에게 기증하였다.

진소유秦少游는 가기를 방출하였는데 그녀가 다시 되돌아왔다. 이에 이별의 시를 지어 주었는데 석별의 아쉬움을 금하지 못하였다. 이를 『묵장만록墨莊漫錄』에 기술하였다.

진소유에게는 변조화邊朝華라고 하는 가기가 있었다. 장안의 사람으로 원우元祐의 계유癸酉 때 그녀를 받아들였다. 그때 그녀의 나이 19세였다. 3년 뒤

소식(蘇軾)의 시첩(侍妾) 조운(朝雲).

에 진소유는 수양을 위하여 세속의 인연을 끊고 그녀를 그녀의 부모에게 돌려보냈다. 변조화는 이별에 임박하여 그저 울 따름이었다. 진소유는 시를 지어 읊었다. 그녀는 이미 떠나 버렸는데, 20여 일이 지나도 시집갈 것을 바라지 않고 도리어 돌아올 것을 애걸하였다. 진소유는 가련하게 여겨 이를 허락하였다. 다음 해 진소유는 전당錢唐에 출유하면서 변조화에게 "네가 떠나지 않아 나는 수양하러 갈 수가 없다." 라고 하였다. 그리고 그녀의 아버지를 불러내어 다시 그녀를 딸려 보냈다. 이에 그는 다시 시를 지어 읊었다.

"사랑하는 사람아 보냈더니 다시 돌아와,

이번에 헤어지면 다시 보기 어려우리.

애를 끊나니 귀산歸山의 이별을,

석양의 외로운 탑만 홀로 우뚝 섰네."

앞에서도 말했듯, 백낙천白樂天은 "낙마駱馬와 양지楊枝는 갔다." 라고 시를 지었다. 소동파는 조운朝雲에게 시를 지어 보내며, "양지와 백낙천의 이별을 배우지 않았는가, 마치 통덕通德벼슬의 영원을 짝함과 같네." 라고 하였다. 활달하기 그지없었던 백낙천과 소동파도 일단 기첩과 이별을 하게 되면 마

음을 바로잡지 못하였다. 당나라 사공서司空曙는 병상에 누워 가기를 돌려보
내며 시를 지었다.

> "눈앞에 모든 일 마음을 아프게 하는구나.
>
> 일생이 초췌도 하여 꽃을 마주하여 잠을 자네.
>
> 황금을 다하여 가무를 배웠으니,
>
> 다른 사람과 더불어 젊은 날을 즐기리."

이와 같이 송宋나라 때 가기를 두는 풍속은 당나라에 못지않았다. 다만 다
른 사람의 가기를 빼앗거나 혹은 자신의 가기를 죽이는 일은 당唐나라 때 늘
있었던 일이었지만, 송나라 때에는 이런 일이 거의 자취를 감추었다. 이것
은 바로 송나라 사대부들의 인격이 당나라 사대부들에 비교하여 훌륭한 점
이었다. 축기의 풍습을 통하여 그 사회의 우열을 판가름해 볼 수 있다.

제12절

# 당송唐宋 시대의 비구니女尼와 여도사女冠

비구니[女尼]와 여도사[女冠]를 어떻게 기녀의 반열에 넣을 수 있는가? 왜냐 하면 비구니와 여도사는 명분으로는 입산하여 수도를 하는 사람이었으나 실제로는 창기와 마찬가지였기 때문이다. 그들의 행위에 대하여 연원을 고찰해 보면 좀 더 뚜렷히 이해할 수 있다. 그렇다면 중국의 비구니와 여도사는 어느 때부터 시작되었는가?

『진서晉書』의「불도징전佛圖澄傳」에 보면 "한漢나라 때 서역 사람들이 도읍에 절을 세웠다는 말을 들었다. 한漢나라 사람들이 모두 출가할 수 없었다. 위魏나라가 한漢나라의 뒤를 이은 후에도 역시 마찬가지였다." 라고 하였다.

『당서唐書』「부혁전傅奕傳」에는, "한漢나라는 호사胡祠를 건립하거나 서역 승들이 전교傳敎하는 것을 금지하였다. 서진西晉에서도 이상과 같이 불교의 전교를 금지하였을 뿐만 아니라 삭발을 금지하였다. 그런데 석부石苻가 중국에서 내란을 일으킨 뒤에 이런 금지가 풀렸다." 고 하였다.

진晉의 환원桓元의『난왕밀서難王謐書』에 보면, "진나라 사람들은 거의 불교를 믿지 않았으며, 불교 신자들은 모두가 호胡를 섬겼다." 고 하였다.

이상의 세 가지 이야기에 근거하면 진혜晉惠(서기 313년) 이전의 중국 사람들은 비구니比丘尼나 여도사女道士로 투신하지 않았던 것은 의심할 여지가 없다.

양梁나라의 승려 정창定唱의 『비구니전比丘尼傳』에 보면, "낙양 죽림사의 비구니 정검이 진晉나라 진흥 때 낙성의 동리사로 출가하였다. 비구니 도형道馨은 송宋나라 태시 때 출가하였다. 비구니가 불경을 강송하였는데 도형이 처음으로 시작하였다."고 기록되어 있다.

법경法瓊의 『승행편僧行篇』에는 양나라 심약沈約의 정수장淨秀狀이 실려 있다. 그 가운데에 "본래 정수淨秀는 청원사에 출가하였다. 송나라 대명 7년에 별도로 거처할 곳을 건립할 것을 생각하여 처음으로 정사를 두었다. 태시 2년에 명나라 황제는 '선림禪林'이라고 이름을 내려 주었다. 감실을 만들고 불상을 만드는가 하면, 불경을 쓰고 사람들을 불러 모았다. 그리하여 같이 거주하는 사람이 10여 명이었다."라고 설명하였다.

이상에서 인용한 두 가지 이야기에 근거하면 중국에서 출가하여 비구니가 된 것은 정검이 처음이었다. 그리고 출가하여 불경을 강송한 것은 도형으로부터 비롯되었다. 별도로 비구니의 절을 건립한 것은 정수淨秀로부터 시작되었다. 그러므로 중국에서 비구니의 출가일은 시작에서부터 완전하게 갖추어질 때까지는 진晉나라 민제愍帝 건흥建興으로부터 송宋나라 명제明帝 태시泰始에 이르기까지 125년 동안이었다. 도교道敎(서기 313~465년)는 북위 때 크게 일어났다. 여도사女冠의 발생은 당연히 비구니보다 후의 일이었다. 수서隋書를 살펴보면, 양제가 순행을 할 때 늘 비구니와 여도사가 수행을 하였는데 그것을 '사도장四道場'이라고 일컬었다.

배구裵矩(557~627년, 수나라 때의 공신)는 강도 경내의 과부 및 미혼녀들을 감영 안으로 불러 모았다. 또한 장병들을 불러내어 마음대로 간택하도록 하였다. 우선 간통의 부녀, 비구니, 여도사 등을 짝지어 주었다. 이와 같은 제도는 수隋나라 때 이미 성행하였다. 아마도 비구니, 여도사는 북위 때부터 당나라 초기까지 전국적으로 보편화되었을 것이다. 특히 남북조 시대에 비구니의 음행이 크게 번졌다. 『낙양가람기洛陽伽覽記』에 보면 다음과 같은 말이 있다.

요광사瑤光寺는 화려하기가 그지없었다. 강당을 비롯한 거실이 5백여 칸이었다. 문과 문이 서로 통하였고 기화요초가 난만하였다. 소, 개, 닭, 오리 등을 식육용으로 길렀다. 비빈妃嬪이 어거하여 있는가 하면, 도道를 배우는 장소에 미인들이 함께 하였다. 또한 명문의 딸들이 성희를 즐겨하는 도장이 되었다. 삭발을 하고 부모를 떠나서 이 절에 살았다. 영롱하게 장식을 하고 수도의 옷을 입었다.

위魏나라 효장孝莊 때 이주용爾朱龍은 낙양에 침입하여 병사들에게 마음대로 약탈하게 하였다. 그때 기병 수십 명이 대궐에 난입하여 음행을 하였다. 그 뒤에 이일로 인하여 대단히 많은 비방을 얻었다. 『경사어京師語』에 보면, "낙양의 계집아이들 급하게도 쪽을 찌고, 요광사 안에서는 사위를 빼앗아 보느라 법석이네." 라고 하였다. 웅장한 비구니 사원에는 비구니들이 참으로 많았다. 반면 그들의 음행은 듣는 사람으로 하여금 경악을 금치 못하게 하였다.

또한 『북사北史』혹이전酷吏傳에는 다음과 같이 기술하였다.

"위魏의 왕문동王文同은 하북 지방의 여러 현을 순찰하였다. 승려들이 재계齋戒하며 채식하는 것을 보고 참으로 요망스럽게 생각하여 모두 잡아 들였다. 승려와 비구니들의 옷을 모두 벗기고 음상淫狀을 조사하였는데 동남童男과 동녀童女가 아닌 자가 수천 명이었다. 그리하여 그들을 죽였다. 다른 현에서는 이에 놀라서 각기 그 일을 아뢰었다."

또한 『남사南史』순리전循吏傳에도 보면 도하都下의 불사佛寺가 5백여 곳에,

승려가 10만여 명이 넘었다. 도사道士는 백도白徒(과거를 보지 않고 벼슬아치가 된 자)를 두고, 비구니들은 양녀를 두었다. 법도를 지키지 않는 승려들이 많았다. 양녀들에게 비단옷을 입히며 아름답게 화장을 하였다. "승려들이 실제 음행을 하였다. 동남동녀가 아닌 자들이 수천 명이었다." 라든지, "비구니는 양녀를 많이 두었다. 승려들은 법을 어기는 일이 많았다. 양녀는 비단옷을 입었다." 등 당시의 현상들을 통해 비구니들의 음행이 매우 문란하였음을 알 수 있다.

당唐나라 때 이르자 비구니女尼와 여도사女冠의 음란과 방탕은 더욱 심해졌다. 여도사들은 항상 사대부들과 왕래하여 수작을 부렸는데 방탕은 극에 달하였다. 창기들의 행위와 조금도 다를 것이 없었다. 어현기魚玄機와 이수란李秀蘭이 당시의 대표적인 인물이었다.

당唐나라 때 여도사인 어현기는 장안에서 태어났다. 경국의 미색으로 글 읽기를 좋아하고 글짓기를 잘하였으며, 늘 신선이 될 것을 생각하였다. 16세 때에는 도사가 될 것을 생각하였으며, 의종懿宗 때 드디어 함의咸宜 도사들을 따라다녔다. 그리고 그녀의 서경敍景적인 시들이 가끔 사람들에게까지 전파되었다. 가냘픈 난초는 자신을 지탱할 수 없었다. 다시 풍류의 협객들을 좇아서 두루 표류하였다. 풍류의 선비들은 다투어 그녀에게 사랑을 갈구하였다. 그녀는 술을 마시면 반드시 거문고를 타고 시詩를 써서 희롱하였다. 그녀에게는 녹교綠翹라는 총명하고 아름다운 여자아이가 있었다. 하루는 어현기가 이웃 수도원에 초대를 받았는데 그녀를 동반하였다. 마침내 손님이 왔다. 그 손님은 평소 어현기와 친하던 손님이었다. 녹교가 그와 사통하는 것으로 생각하였다. 그 여자아이는 그로 인해 곤장 수백 대를 맞고 죽었다(『삼수소독三水小牘』).

(좌)어현기(魚玄機)는 강무종(康武宗) 연간(年間) 사람으로 여도사가 된 후 참배하러 온 문인(文人)과의 정(情)을 통하고 아무 거리낌 없이 자기 마음대로 행동하였다.

(우)이치(李治)는 다예(茶藝)에 뛰어난 명기(名妓)로 후에 여관(女冠)이 되었다.

이수란李秀蘭은 재주가 뛰어났다. 그녀가 다섯 살 때 그의 아버지는 딸을 안고 뜰에 나갔다. 아이는 장미 덩굴을 보고 「영장미咏薔薇」라는 시를 지었다. "때가 지나가도록 붙잡아 주지 않아. 마음이 마냥 어지럽구나." 라고 하였다. 그녀의 부친은 "이 아이는 장래에 글을 잘 하겠으나 틀림없이 부녀의 도덕을 잃어버릴 것이다." 라고 하였는데 과연 그 말대로였다. 그녀는 후에 여도사가 되었고, 유장경劉長卿 등 여러 문장가들과 내왕하였다. 그리고 평소의 행실이 방탕하고 질서가 없었기 때문에 자신을 가누지 못하였다. 실제로 어현기와 이수란은 당나라 때의 유명한 여도사일 뿐만 아니라 유명한 시인이었다. 그 밖에 당나라와 송나라 때 귀족의 여자들이 왕왕 가출하여 비구니가 되거나 여도사가 되어 끝내는 방탕함을 감당하지 못하였다(『옥당한화玉堂閑話』).

이의산李義山의 「벽성碧城」 시 3수는 모두 공주들이 도사가 된 일을 다루었다. 당나라 때의 공주는 출가하는 경우가 많았다. 이의산李義山과 동시대의 사람인 문안文安, 심양潯陽, 평량平梁, 소양邵陽, 영가永嘉, 영안永安, 의창義昌, 안강安康 등은 다투어서 여도사가 되었다. 밖에 건물을 세우고 연못을 파는 것을 보고 즐겼다. 그리하여 자못 방비함을 뜻하여 「벽성碧城」이라고 이름 지었다.

『십국춘추十國春秋』에 보면, "후촉의 정덕원淨德院에는 비구니가 80여 명으로 모두가 궁녀 출신이었다." 라고 하였다. 귀족의 딸들이 출가하여 비구니와 여도사가 된 것은 오대五代가 할거할 때부터 내려오는 풍습이었다. 당나라와 송나라 때의 비구니와 여도사들은 수시로 궁중에 불려 들어갔다. 당나라의 여도사 이수란은 일찍이 궁실로 불려 들어갔다. 『전당시全唐詩』에는 그녀의 「은명소입유별광능고인시恩命召入留別廣陵故人詩」가 실려 있다.

"재주는 없고 병은 많아, 쓰러질 것 같고

헛된 이름 궁궐에 알려질 것 생각조차 못했네.

우러러 갓을 씻어 흰머리 위에 썼거니,

참으로 부끄럽구나, 거울을 떨쳐 버리고 쇠한 얼굴 매만지다니.

마음은 북궐로 달려가고 꽃다운 풀을 따르고,

눈을 크게 뜨니 남산의 정든 봉우리 바라보이네.

계수나무는 손들을 머무르게 할 수 없고,

갈매기는 포구에 내려 서로 만나리라."


위의 시詩는 바로 당시의 모습을 보여주는 예로서 송宋나라 때 이와 같은
풍습이 더욱 성행하였다. 『조야유기朝野遺記』에 보면, 첩여婕妤(여관명〔女官名〕을
말함) 조曹씨 자매는 궁실의 법령에 올라 있었는데 모두 여도사였다. 그들을
'자연선생自然先生'이라 하였다.

『제동야어齊東野語』에는 다음과 같은 말이 쓰여 있다.

"여도사인 오지고吳知古는 권력을 좌지우지하였다. 궁내에서 참군 연회를
열었다. 교방에서 문서를 보내 초청하였다. 참군參軍이 이르기를 '나는 비로
소 여도사에 대하여 이야기를 들었다.'라고 분노하였다. 그는 아전 앞에서
그녀의 머리를 힘껏 갈겼다. 그리고 '어떤 일이든지 여도사가 다 망쳐 놓는
구나.' 하고 소리쳤다. 당시에 속칭 황관黃冠(도사가 쓰는 관으로, 곧 도교를 의미함)
을 '필율觱篥'이라고 불렀다고 한다."

남송 때의 여도사들은 궁정에 드나들면서 정치에 관여하였다. 그러므로
교방에서 연극할 때 '필율'들로 하여금 풍자하게 하였다. 심지어 임금과 신
하가 함께 여도사를 사랑하기도 하였다. 예를 들면 송영종宋寧宗과 한니주韓

尼冑의 조씨 자매에 대한 일들은 말할 것이 못 된다.

또 오대五代의 초문소왕楚文昭王은 사치와 음간을 좋아하였다. 선왕은 잉滕 (고대 제후의 딸이 시집갈 때 함께 따라간 여자)이 많았는데, 그들에 대하여 무례하기가 그지없었다. 또 비구니들로 하여금 남몰래 이웃집의 아름다운 여인들을 찾아내게 하여 강제로 채단采緞(혼인 때 신랑 집에서 신부 집으로 미리 보내는 푸른색과 붉은색의 비단)을 드렸다. 전후하여 수백 사람이었는데 그래도 색욕에 만족하지 못하였다.

그렇다면 남송과 오대의 비구니와 여도사의 행위는 창기와 다를 바가 없었다. 왜냐하면 비구니와 여도사의 행위가 낭만적이었기 때문이다. 그러므로 당나라와 송나라 때 시인들은 항상 시를 지어 그들을 조롱하였다. 당나라 때 백낙천은 「옥진관여관시玉眞觀女冠詩」를 지었다.

"가련한 듯 예쁜 선녀, 이제 나이 16살.

옥산의 눈 덮인 봉우리, 요수의 한 가지 연꽃.

늦은 정원 꽃은 피어 있고, 봄 창에 달을 짝하여 잠들었네.

눈짓하여 말하고자 하나, 어머니 옆에 계시네."

송나라 때 아름답기가 그지없는 미모의 여도사 창暢이 있었다. 진소유秦少游가 그녀를 좋아했지만 끝내 따르지 않았다. 그리하여 다음과 같은 시를 남겼다.

"눈동자는 물을 가를 듯하고 허리는 한줌,

한 폭의 검은 비단의 찬 구슬.

초연한 그 아름다운 자태에

화장을 하니 더욱 성숙하네.

높은 누각 구름 사이 사람은 보이지 않고,

문 앞의 거마車馬는 분주하네.

대례가 끝난 요대瑤臺의 봄은 고요한데,

꽃은 가득 떨어지고 저녁 까마귀만 우짖네."

송宋나라의 여정관女貞觀, 진묘상陳妙常은 20년 동안 비구니 노릇을 하였다. 그들은 자색이 출중하였을 뿐만 아니라, 시문에도 재주가 뛰어났고, 음악도 잘하였다. 장우호張于湖는 「임강령臨江令」을 지어 바쳐서 여정관과 하룻밤을 보냈다. 진묘상에게 또한 시詩로써 달래었으나 그녀는 사詞로써 거절하였다. 또 장우호의 전처와 반덕성潘德成은 사통을 하였다. 이를 반덕성은 장우호에게 밀고하였다. 계략적으로 부부의 인연을 끊었다. 민간인 사이에 전해 내려온 『옥잠기玉簪記』에 언급되어 있다.

당나라 천성天成 2년 6월에 "칙관敕官 가운데 재회齋會(법회(法會))를 알려주는 것 이외에 재회 전과 재회 후에 승려가 서로 지나칠 수 없다고 하는 것을 생각하지 않았다." 라고 하였다. 만일 고의적으로 위반하면 간통에 준거하여 처단하였다. 승려는 절에서 강경講經(불경을 강독하는 일)을 할 수 없었다. 또한 승려는 3년을 복역시켰고, 비구니는 고을 밖으로 축출하였다고 했다(『오대회요五代會要』).

『연익모이록燕翼謀貽錄』에 보면, "송나라 개보 5년 12월의 정축일이었다. 법도에 적합한 비구니들은 본 절에서 강경講經(불경을 강독하는 일)과 수계授戒(부처의 가르침을 받드는 사람에게 계율을 줌)를 할 수 있도록 하였다. 위반하는 자는 중

벌을 하였다. 많은 사람이 알렸다." 라고 하였다. 비구니들은 독립해 있어서 승려들과 내왕이 단절되었다. 이 오랫동안 내려오고 있는 법령이었다. 하지만 날이 갈수록 금지된 기강이 해이해졌다. 남송 때 임평명臨平明의 인사因寺는 본래 한 비구니의 대찰이었다. 왕래하는 승관僧官들은 반드시 젊은 비구니들을 불러내어 침실을 같이하였다. 절 안에서는 대단히 불편했기 때문에 다른 한 채의 집을 별도로 지었다. 불시에 필요한 경우를 대비하여 비구니들이 대기하였는데 이것을 이참尼站이라고 하였다. 승관과 비구니들은 그 별채에서 공공연하게 성교를 하였다. 이는 기원妓院의 창녀들과 다를 바가 없었다.

당나라 이후부터 비구나와 여도사들은 대부분 빈객들과 내통하는 것을 좋아하였다. 특히 아름답게 화장하는 것을 좋아했다.

『당어림唐語林』에서 이르기를 "선종宣宗이 덕관德觀에 미행하였다. 여도사가 얼굴과 몸을 화려하게 꾸미고 화장을 하고 있었다. 왕은 대노하여 회궁回宮한 뒤에 송숙강宋叔康을 불러 축출하였다. 그리고 남자를 선택하여 덕관의 주지로 삼았다." 라고 하였다.

『청이록淸異錄』에 보면, "범양范陽·봉양원鳳陽院의 염자廉子는 스무 살이 채 못 된 비구니였다. 선정적이고 총명하였는데, 특히 빈객들과 내통을 잘 하였다. 새로운 형태의 눈썹을 창조해 냈는데 당시의 풍습과 같지 않았다. 사람들은 그로써 불교에 귀의하여 불제자佛弟子가 되었다. 그것을 일컬어 천문수미淺文殊眉라고 불렀다." 라고 하였다.

제13절

# 당송唐宋 시대 남기南妓의 발흥

『통전通典』에 보면 양주揚州에 관한 간단한 기록이 남아 있다. 즉 영가永嘉 이후에 황실을 동쪽으로 옮기고 벼슬아치들이 피난을 하게 되었는데, 그때 기예, 문장, 유교의 학술이 널리 보급되어 번성했다고 한다. 바로 중국의 문화가 북방에서 남방으로 이전하게 되었다. 이 간단한 『통전』의 기술에서 알아볼 수 있듯이, 동진東晉 이후 오호五胡의 난 이후부터 중국 대륙은 도탄에 빠지게 되었다. 중국 역사에 남을 민족의 대이동을 하게 된 것이다. 이때 문화, 정치, 경제의 중심은 모두 황하 유역으로부터 양자강 유역으로 이전되어 갔다. 즉 전대의 시인들이 노래한 "북방에 가인이 있다." "연나라와 조나라에 가인이 많다." 라고 하는 시구들에서 그 흔적들을 살펴볼 수 있다. 하지만 남방의 가인들이 갑자기 두각을 나타내기 시작했는데, 당나라 이후 아름다운 기녀들과 연회가 번창하는 바로 그 변천의 자취임이 뚜렷하다. 당시의 몇몇 중요한 도시의 유연游宴 풍습을 소개하기로 하겠다.

### (1) 성도成都

성도의 기녀들과 어울려 놀던 풍습은 송나라 때 이르러 더욱 번성하였다. 송비宋費가 지은 『성도연유기成都宴游記』에는 당시의 상황을 잘 설명하고 있다.

성도의 연회는 서촉西蜀에서 으뜸이었다. 땅도 크고 물자도 풍부하였다. 또한 사람들은 놀기를 좋아하였다. 태수들의 세시歲時 연회 때에는 말을 타고 나섰다. 수레는 물론 복장이 화려하였고, 창기들은 북을 치고 피리를 불었다. 그렇게 출입을 옹위하였다. 주위에서는 갖가지 묘기와 변괴가 여기저기서 쏟아졌는데 순서에 따라서 앞으로 나아갔다. 그렇게 함으로써 백성들과 즐겼다. 해마다 그 시기가 있었는데 '고사故事'라고 일컬었다. 그 시기가 되면 여인들이 옷을 잘 차려 입고 즐비하게 늘어섰다.

노인은 부축하고 어린이는 손잡고 길가에 도열하였다. 놀이를 기뻐하며 넓은 뜰에 앉아 구경을 하였는데, 이것을 일컬어 오상遨狀이라고 하였다. 그리고 태수가 오두遨頭가 되었다. 고대 연회 시에는 아교牙校(관명(官名))가 그것을 관장하였다. 매주賣酒의 이익은 많았고, 사람들은 일하는 것을 좋아하였다. 세입은 무려 1천만 관을 넘어섰다. 신법新法이 실행된 이후부터 주방酒坊을 두어 관아에서 판매하였다. 아교가 비록 돈을 걷는다고 하더라도 스스로 풍족하지 못하였다. 이에 성도에 시무市務를 설치할 것을 제의하였다. 사람들이 놀고 구경하는 것을 흥미 없어 하자 세입이 반감되었다. 꽃이 피고 친구들이 모여서 강 놀이를 하였다. 세입은 겨우 3만 관에 불과하였다. 부족할 것을 생각하여 모든 경비는 이전에 비교하여 절약하였다. 그리고 놀이의 비용은 책정하지 않았다. 그리하여 마침내 그 시무를 폐지하였다. 천자는 성도 한 고을만 혜택을 부여한 것이 아니라 그 이웃까지도 혜택을 주었다. 그러므로 술을 팔아서 서민들의 생활을 도모하였다. 이때에는 이미 연회를 폐지할 수 없었다. 1월 2일은 동쪽 교외로 나가서 오전에 이충사移忠寺에서 연회를 가졌다. 저녁에는 대자사大慈寺에서 다시 연회를 열었다. 그런데 연회

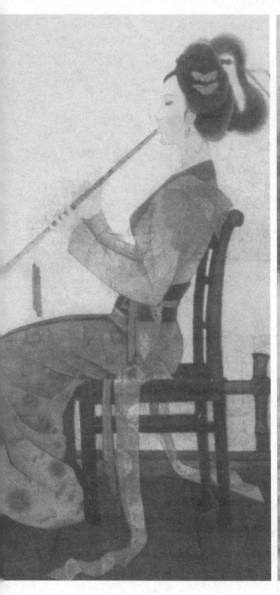

(좌)양주(楊州) 명기(名妓) 소소경(蘇小卿).

(우)요낭(窅娘)의 초상(肖像)으로 남당(南唐) 후주(後主) 이욱(李煜)의 궁중 무기(舞妓)로 피룩으로 전족을 하였다.

가 끝나면 새로운 사詞를 노래하고 그 사를 음미하였다. 이것은 송나라의 공기公祁로부터 시작되었다. 임공臨功, 주지순周之純은 사를 참으로 잘 불렀다.

일찍이 사를 지어 기녀에게 주었고 연회를 받들었다. 연회가 번성하면 창기는 따라서 흥성하였다. 앞에서 설명한 설도薛濤는 당나라 때부터 미모와 재주가 뛰어나 이름을 날려 "촉蜀에서는 기녀가 난다."라는 말이 생겼다. 송나라 사람들은 촉蜀나라 창기가 시문을 잘 하는데 이는 설도가 남기고 간 풍습이라고 하였다. 촉나라 창기들의 풍류는 완미하여 일반 사대부들이 연연하였는데 하나로서는 부족하였다.

『이견지夷堅志』에 보면 이렇게 쓰여 있다.

"장연은 소흥紹興(남송 고종의 연호) 때 강동 부총관이었다. 그는 건강에 거주하였는데 항상 높은 값으로 성도의 아름다운 기녀를 매입하였다. 그의 가옥이 줄지어 있는가 하면 20여 명의 기녀들이 도열해 있다. 하지만 그의 어거함은 대단히 엄격하였다."

육방옹陸放翁(남송의 시인)은 촉에 살면서 날마다 보아온 바를 시로 썼다.

"벽옥碧玉(여남왕(汝南王)의 첩(妾) 이름)의 나이 16살도 채 안 되는데,
가무를 배워 제후의 집에 들어가네.
지금은 초췌하고 누추하지만,
푸른 하늘에 날아오르나니 낙화 또한 시샘하리."

그리고 그가 촉을 떠난 뒤 옛날을 추억하며 쓴 시들이 많이 있다.

"금편주탄의 춘유를 생각한다.

먼 다리 동쪽의 화려한 누각.

아름다운 새벽바람은 소슬하고,

봄 기러기 나는가, 소식 전할 길 없네.

거울 가운데 머리털이 이 같은데,

자리 위에 친구들 잘들 있을까.

광주리 안에 편지지도 이렇게 많건만,

가는 글씨로 봄의 수심을 써서 보내리."

매첩買妾은 옛날에만 있었던 것이 아니었다. 근대에도 돈 많은 사람들이 조강지처를 버리고 소주나 항주로 가서 여인을 사오는 것과 다를 것이 없었다.

## (2) 항주杭州

당나라 때부터 백낙천과 원미지元微之는 선후하여 절강에 환유하였다. 그들은 정사의 여가를 이용하여 기녀들과 연회를 열어 즐겼는데, 이로 인해 항주 기녀들의 명성은 점차 세상에 전해졌다. 상영롱商玲瓏과 여항餘杭은 노래를 잘하였다. 백낙천이 항주 태수로서 고을을 다스릴 때 취가醉歌를 써서 보여 주었다. 호호好好는 항주의 관기였는데 접대를 잘했을 뿐만 아니라 노래와 춤도 잘 추었다. 백낙천은 늘 호호를 대신하여 최원외崔員外에게 시詩로써 화답하였다. 진총陳寵과 심평沈平은 모두 항주의 명기였다. 백낙천은 「예상우의가霓裳羽衣歌」를 지었다.

"전당으로 옮겨온 지 벌써 2년,

비로소 뜻이 있어 비파에게 묻는다.

영롱은 공후를, 사호는 거문고를 타고,

진총은 필율을, 심평은 생황을 탄다."


이것들은 모두가 백낙천이 기녀들과 놀던 모습을 보여주고 있다. 그런데 이런 일들은 송나라 때 이르러서는 더욱 심해졌다.

『평주가담萍州可談』에 보면 다음과 같은 말이 있다.

"소동파는 항주의 태수였는데 술을 견디지 못하였다. 모든 사람들은 그의 재주와 명망을 부러워하여 아침저녁으로 모여들었다. 그들을 접대하기에는 너무나 피로하였다. 이에 '주식지옥酒食地獄(날마다 술잔치가 계속되어 질려서 이르는 말)'이라고 불렀다. 소동파가 항주에 있을 때 염문은 더욱 많았다. 백낙천과 비견할 만하였다. 소동파는 '놀라지 마시오, 해가 까마득하나니, 아침저녁으로 사람들이 들끓는다오.'라고 읊었다." 과연 그의 풍류를 생각해 볼 수 있다.

서호西湖(아름다운 여인 서시〔西施〕를 닮은 항주 서쪽의 호수)는 당나라 때부터 번성하기 시작하였다. 남송 때 이르러 성도省都를 두었는데 풍류의 남녀들이 호화로운 배를 띄워 술 마시며 노래하였다. 날마다 엄청나게 많은 돈을 소비하였다. 그리하여 이 서호는 호화로운 유흥의 장소가 되었다. 원나라 상원上元 웅진덕熊進德은 「죽지사竹枝詞」를 지어 다음과 같이 읊었다.


"금물 입힌 화롯가에 마노의 고리,

다투는 것 같네, 당신 집에 봄이 활짝하니.

나비는 정원에 가득히 날아가지 않고,

아름다운 꽃들이 붉게 피어 그윽한 봄일레라."

### (3) 소주蘇州

소주는 당나라와 송나라를 거치는 몇백 년 동안 전쟁을 겪지 않았다. 더구나 토지가 비옥하고 풍광이 수려할 뿐만 아니라 옛날부터 가인이 많이 났다.

『오군도경속기吳郡圖經續記』에 보면 이렇게 묘사한다. 당시 사회는 태평하였고, 백성들은 풍요로운 생활을 하였다. 아이들은 모두 글을 배우고 노인들은 전쟁이 무엇인지 알지 못하였다. 토지는 비옥하여 항상 수확이 풍부하였다. 나라에는 도둑이 없었고, 마을에는 간악한 사람이 없었다. 이른바 이 세상의 낙원이었다고 하였으니 당시의 사회적인 상황을 이해할 수 있다.

또 『오중기문吳中紀聞』에 보면 "오나라는 당나라부터 오대를 거치는 몇백 년 동안 병난을 보지 못하였다." 라고 하였다.

당唐나라 때 유명한 미인은 진랑眞娘이었다. 『청루소명록靑樓小名錄』에는 다음과 같이 기록하였다.

"진랑은 오국의 가인이었다. 당시의 사람들은 전당의 소소소에게 비유하였다. 그녀가 죽자 오나라 궁궐 옆에 장사지냈다. 묘지에는 화초가 많았다. 바람 불고 비 내리는 저녁이면 거문고와 노랫소리가 들렸다. 행객이 그 화려함을 부러워하여 묘지의 나무를 두고 시를 썼다. 거자擧子 담주譚銖는 그곳을 향하여 시를 썼다."

"호구산 아래 무덤이 총총하고,
소나무는 소슬하구나, 슬프도다.
어떤 이를 세상 사람들은 색에 편중하는가,
진랑 묘 앞에 홀로 시를 쓰는가?"

당나라 때 백거이, 이신李紳, 장고張祜, 이상은李商隱 등은 모두 아름다운 그녀를 시로 읊었다. 당나라 때 백거이는 소주蘇州의 자사를 지냈다. 소주 창기들에 대한 여러 가지 사랑의 행각을 시로써 가장 많이 노래하였다. 심노沈奴는 소주의 창기였다. 백낙천은 다음과 같은 시를 썼다.

> "진랑 묘 앞에 봄풀이 푸르고,
> 심노의 머리에 가을 서리가 희다.
> 바로 그 가운데 오직 양경이 있을 뿐,
> 감히 동녘의 산에 올라 사씨와 짝하네."

또 이렇게 노래하였다.

> "심노는 이미 죽고 호용도 늙었구나,
> 뒤에 풍류는 어느 누구일까?"

이연李娟, 장태張態는 소주의 창기였다. 백낙천은 「억구유憶舊游」 시詩를 썼다.

> "강남에 옛 놀던 곳 무릇 몇 군데인가,
> 가장 생각나느니 오강일진대.
> 이연과 장태는 한순간의 꿈,
> 주오와 은삼일랑 묘혈로 돌아갔네."

백낙천이 오吳나라의 계집과 사랑을 하였기 때문에 오나라 계집의 아름다운 이름이 세상에 널리 알려졌다. 지금까지도 이 이야기는 쇠퇴하지 않고 있는데 상당히 주목할 만한 가치가 있다. 송나라에 이르러 그 일을 그대로 이어받아 화방제도畵舫制度가 거의 완비되었다. 소학사蘇學士(송나라 때의 사장가〔詞章家〕 소순흠〔蘇舜欽〕을 지칭하는 말)는 9월 5일 밤에 반문盤門(고소성〔姑蘇城〕의 남대문으로 전국 시대 오吳나라의 국경 수비 요새)을 나섰다. 그는 서호에 머물러 있으면서 밀회를 하였다. 황위黃尉에게 7언 고시古詩를 써 올렸다.

"아름다운 비단 장막 황금의 고리,

진주의 관락觀落이라 유유함이 없네.

맑고 아름다운 그림자 물결에 비치는데,

깨끗하고 아득하니 모래 위에 빗기네.

앞산은 점점 어두워지고 비파 소리 그치고,

오직 성긴 갈대만 가을을 맞이하네.

노로 이 경치를 저어 가나니,

배를 타고 장성에 놀고 싶어라.

아리따운 아가씨 노를 저으니 갑자기 멀어지고,

아름다운 약속이 있어 오히려 부끄러워하네.

푸른 배는 선명해라, 네 창을 여니,

향기로운 술에 취해 손님들 머무나니.

청아한 노래는 귀를 밝게 하고,

웃으며 움직이는 자태 그윽한 향기 떨치네.

옥소반의 생선일랑 한결같이 비우고,

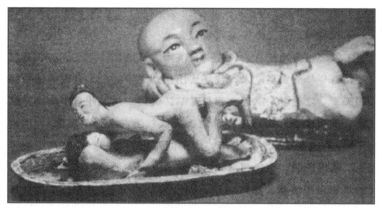

어린아이 베개.

부드러운 안주 어디든지 있네.

술잔이 몇 차례 돌아 생기 넘치고,

일어나 그와 술을 마시면 그는 반드시 응수하네.

서로 아나니 이런 기회 쉬이 얻을 수 없음을,

이렇게 해후하기란 또다시 어렵다네.

모든 것을 안다 한들 스스로 괴롭고,

이 속세에 시달리니 근심은 더욱 많네.

이미 술에 취해 더욱 노래와 춤으로 흥겹고,

내일일랑 흩어지나니 이별의 슬픔이.”


 이 시에서 말하고 있는 ‘청아탕장靑娥蕩獎’은 아마도 모두가 선랑船娘(놀잇배
를 빌려 손님을 맞아 노는 기녀)이었을 것이다. 이렇듯 송나라 때 소주蘇州에서 창
기와의 연회가 얼마나 성행하였던가를 상상해 볼 수 있다.

### (4) 양주揚州

양주는 당나라 때 창기와의 연회가 가장 번성한 곳이었다. 송나라 홍매洪邁의 『용재수필容齋隨筆』에 보면 이렇게 말하고 있다.

"당나라 때 소금과 철을 양주에서 운송하였다. 이때 이권利權 다툼이 있었다. 판관들이 수십 명이었고 상인들이 많았다. 그러므로 '양일익이揚—益二'라고 세상에서 말하였다. 이 세상에서 가장 번성하기로는 양揚이 첫째이고 촉蜀이 그 다음이었다."

당唐나라 우복于鄴은 『양주몽기揚州夢記』에서 양주를 승지勝地라고 하였다. 저녁에는 청루靑樓 위에 항상 무수한 청사초롱이 켜져 있었다. 거리마다 비취와 구슬로 장식되었다. 아득한 것이 마치 선경과 같았다. 당나라의 시인들 가운데 양주揚州를 노래한 사람이 매우 많았다. 장우張祜는 다음과 같이 읊조렸다.

"십 리 길 기나긴 거리라 까마득하고,
달이 밝은 다리 위에 신선을 보네.
인생이란 양주에서 죽어 마땅한데,
선지의 산광은 묘전으로 좋구나."

왕건王建은 다음과 같이 묘사하였다.

"밤거리 휘황한 등불은 푸른 구름을 비추고,
높은 누각엔 화려한 옷차림, 손님들로 붐비누나.
오늘은 태평성세가 아닐진대,

오직 피리 소리만 밤새 들리누나."

양주의 창기들이 얼마나 번창했는지 미루어 상상해 볼 수 있다. 그러므로
일반 시민들은 그녀들과의 염사가 생각보다 꽤 많았다.

우승유牛僧孺는 회남淮南의 절도사였다. 그리고 두목지杜牧之는 서기가 되었
다. 두목지는 매일 밤 주연을 열었다. 그가 출유를 하면 뒤에 병졸들이 30여
명씩 뒤를 따랐다. 그들은 옷을 갈아입고 잠복하여 경호하였다. 이는 승유의
은밀한 지시였다. 두목지는 이같이 환락을 즐기며 몇 년 동안을 보냈다.

『구당서舊唐書』에 보면 다음과 같은 일이 있었다. 온정균溫庭筠은 양주에 환
유하면서 양자원揚子院에서 걸식을 하였다. 그는 야행夜行법을 위반하여 우
후虞侯(관명〔官名〕)에게 맞아 얼굴에 상처를 입었다. 심지어 이까지 부러졌다
고 하였다. 시인들이 양주에 환유하면서 시로 노래하는 사람들이 날로 늘어
났다.

양주는 역사상 환락의 도시로 바뀌어 갔다. 하지만 송나라 때 이르게 되
면서 그 번창함이 점차 쇠락해 간 것 같았다. 왕상지王象之의 『여지기승설與
地紀勝設』에 보면, "회남의 큰 강이 서쪽에서부터 남쪽으로 5령에 이르기까지
촉한의 11개의 길과 1백여 개의 고을로 옮겨가는 상인들로 붐볐다. 이들은
양주로부터 돌아왔다." 라고 하였다.

홍매洪邁의 『용재수필容齋隨筆』에 보면, "본조本朝(송나라를 말함)는 170년 동
안 태평세월을 누렸다. 하지만 당唐나라의 10분에 1도 미치지 못하였다. 오
늘날 정말 코가 시큰해진다." 라고 하였다. 이 말에 근거하면 양주는 송나라
때 이미 쇠퇴하였다. 『여지기승與地紀勝』에 기술한 바와 같이 번창했던 시절
은 아마도 당나라 때의 사정이었을 것이다. 당나라 때 양주揚州는 정치 중심

지였을 뿐만 아니라 중외 사업의 중심지이기도 하였다. 당나라 때 양주에는 페르시아의 상인들이 있었다(사조제謝肇淛의『오잡조五雜俎』). 전신공田神功(양주를 중심으로 반란 세력을 규합하여 무슬림에 대한 대학살을 가져왔던 전신공의 난을 일으킴)은 양주를 침략하여 약탈을 자행하였다. 아라비아[大食] 및 페르시아[波斯]의 상인 수천 명이 죽었다(『구당서舊唐書』). 당시에 외국 상인들이 양주에 많이 몰려들었는데 좁은 길이나 굽은 골목으로 흘러들었다. 당나라 최애崔涯는 다음과 같이 기녀를 조소하여 시詩를 썼다.

"비록 소방목을 얻었다고 하나,

그러나 대모피를 탐내어,

임신한 지 열 달 만에,

곤륜아를 낳았네."

근대의 인물인 진유청陳裕靑과 최애崔涯는 창사의 사정을 시로 썼는데 곧바로 그 사회에 전해졌다. 그들의 시는 모두 양주의 기녀들이 외국 사람들에게 했던 접대에 대해 풍자한 것이다. 당시의 양주는 외국 사람들이 모여들었던 곳으로 창기는 특히 번창하였다. 오늘날의 기녀들도 서양 사람들과의 접촉함을 숨기고자 하였다. 최애는 이와 같은 기녀들의 심리를 풍자하였다.

# 제14절

# 요遼·금金·원元의 창기

　　요遼나라 때 내척이나 외척 중에서 세관世官들의 범죄자 가족들은 '와리瓦里'에 들어가게 되었다. 이는 전대의 관노비가 변화한 것이었다. 『요사遼史』 백관지百官志에 보면, '말와리말골抹瓦里抹鶻'이라고 하였고, 『국어해國語解』에서는 "말골와리에 관리가 12명이었다."라고 하였다. 『병지兵志』에는 "관아에 와리가 74개 있었다."라고 하였고 『형법지刑法志』에 "가장 악한 무리들은 와리에 들어갔다首惡之展, 沒入瓦里."라고 하였다.

　　그 이후 송나라 때 창가에는 한때 '와자瓦子'라는 이름이 기록에 남아 있었다. 모두 요나라의 명칭을 인용해서 썼다. 연산燕山 창기는 '子'자로써 이름을 삼았는데 여름과 겨울에 모두 솜치마를 착용하였다. 이와 같은 풍습은 원나라와 명나라 때에도 쇠퇴하지 않았다.

　　장탁莊浞의 「계륵편鷄肋篇」에 "연산의 창기는 모두 '子'로써 이름을 지었다. 예를 들면 '향자'나 '화자'와 같은 것들이다. 더위와 추위를 막론하고 반드시 솜치마를 입었다."라고 한 것을 보면 요遼나라에도 역시 창기가 있었다.

　　금金나라 때 '감호監戶'와 '관호官戶'가 있었는데, 각 지방마다 창기 또한 적지 않았다. 『금사金史』 식화지食貨志에는 모든 관호官戶에 들어갔던 양인良人들은 궁적감宮籍監의 감호監戶가 되었다고 하였다.

재기(才妓) 유파석(劉婆惜).

명기(名妓) 연지수(連枝秀).

명기(名妓) 왕교아(王巧兒).

또 본호本戶, 한호漢戶, 거란호契丹戶 및 나머지를 잡호雜戶라 하였는데 악호樂戶에는 들어 있지 않았다. 『금사金史』 후비전后妃傳에 보면, 김장종金章宗의 황후는 감호 이상李湘의 딸이었다고 하였다. 금나라 때의 감호나 관호는 당나라 대의 죄인의 권속眷屬(한집에 거느리고 사는 식구)이 '액정掖庭(궁전의 옆집으로 궁인의 관(官))'에 들어가는 것과 같았다. 즉 당나라 때의 궁기와 마찬가지였다.

청매아靑梅兒는 통주通州의 기녀였다. 청매아는 눈망울이 맑고 하얀 이를 가졌다. 노래와 춤은 어디에도 비길 수가 없었다. 금의 대정大定(금나라의 연호)의 때 왕적王寂이란 자는 역졸이었는데, 그는 통주의 동각을 지켰다. 그런데 기녀의 복색이 범속한 것을 이상하게 생각하였다. 이렇게 보면 금나라 때 관리들이 창기와 같이 내왕하고 음주의 연회를 가지는 것은 흔히 보통으로 있는 일이었다.

김유기金劉祁의 『귀잠지歸潛志』에 보면, 어사대부인 합주合主는 일이 있어서 숙주宿州를 경유하게 되었다. 아호홀대牙虎忽帶는 숙주의 태수였다. 술을 마실 때 창기들이 그 앞에서 노래를 하였다. 밤이 되어 창기들이 시침을 하였다. 날이 밝자 합주는 떠나고자 하였다. 창기는 돈을 요구하였다. 합주는 아연실색하였다. 아호홀대는 그의 상자를 강제로 빼앗아 비단을 꺼내어 기녀에게 주었다. 합주는 속수무책이었다. 그리고 그냥 떠나 버렸다. 그러므로 사농어사司農御史들은 모두 그 경내로 들어가지 않고 피하여 돌아갔다고 하였다.

또한 숙주에는 관기가 몇 사람 있었다. 그들은 모두 아호홀대를 좋아하였다. 당시 한 관기로 하여금 은부銀符를 차고 고을에 나아가 재물을 거두도록 하였다. 고을의 부인들은 모두 멀리 피난하였는데 이것을 '성차출행省差出行'이라고 하였다. 즉 "은부를 차고 고을에 나아가 재물을 거두는 일"은 공전에 없었던 일이었다.

금나라에서 창기가 정치에 관여했던 것을 보면 당시에 정치가 얼마만큼 혼탁했는지 알 수 있다. 금나라 때의 도성都城 내외를 막론하고 모두 창기가 있었다. 원元나라 때에도 관기가 있었다. 장안의 창기들은 전대의 제도를 받아들이고 있는데 모두 교방教坊에 예속되었다.

『악경잡영樂京雜詠』에 보면, 의봉사儀鳳司는 천하에 뛰어난 악공이었다고 한다. 늘 교방에서 주연을 베풀었다. 미녀들은 반드시 화관을 쓰고 비단옷을 입었으며, 정성껏 받들었다고 하였다.

『청루집青樓集』에는 이렇게 쓰여 있다.

"왕금대는 등주의 왕동지에게 장가를 들었는데 아들을 낳았다. 왕동지는 백안태사에게 그 일을 속이고 교방에 들어가고자 하였다. 왕동지는 한 비구니로 말미암아 교수형을 당하게 되었는데, 태사부인에게 사정을 하여 이를 모면하였다."

이를 보면 원나라 때에는 마음대로 양가의 여자들을 데려다가 교방에 들일 수 있었다.

또 『원곡필담篔谷筆談』에는 다음과 같이 말하고 있다.

"옥당에서 잔치를 베풀면 가기들이 나열해 있었다. 이름 있는 선비들이 있어서 매음을 하였다. 요문공姚文公은 사신을 보내어 승상에게 낙적落籍(호적을 옮기는 것)을 부탁하였다. 승상은 그의 뜻을 중하게 여겨 본래의 뜻은 기첩으로 두고자 하였으나 교방에 명령하여 기적에서 해제하였다."

이를 보면, 원나라 때 기녀가 시집을 가고자 하면 반드시 교방으로부터 낙적의 수속을 밟아야 했다. 원나라 때 기녀들은 비구니가 되어 수도하는 자가 특히 많았다.

활불노活佛奴와 가아歌兒는 자색이 수려하였다. 가흥嘉興의 부호인 복락濮樂
은 천금을 주고 활불노를 첩으로 삼았다. 하루는 활불노에게 "나는 이미 늙
어서 얼마 오래 살지 못할 것이니 뒷일을 잘 처리하오."라고 말하였다. 그녀
는 눈물을 흘리면서 오직 한 사람만을 섬기겠다고 맹서하였다. 오래지 않아
활불노는 비구니가 되어서 죽을 때까지 행동거지가 결백하였다.

왕련련汪憐憐은 호주湖州의 명기였다. 경력經歷은 늘 그녀를 마음에 두고 있
었다. 이에 중매쟁이를 두어 재물을 갖춘 후 그녀에게 장가들었다. 하지만
경력은 3년 뒤에 세상을 떠났다. 이에 왕련련은 머리를 깎고 비구니가 되었
다. 그리고 모든 세속적인 사념들을 끊어 버리고 마침내는 비구니로 늙어
생을 마쳤다.

이진동李眞童은 10여 세 때 색예色藝가 뛰어나 절강에 이름이 났다. 달천산
達天山은 절강성의 검교檢校였다. 그는 그녀에게 한눈에 반하였다. 3년 후에
달천산은 임기가 만료되어 귀임하였다. 하지만 명년에 다시 돌아올 것을 그
녀에게 약속하였다. 그러나 이진동은 도사가 되어 두문불출하였다. 내객을
사절하고 날마다 불경을 외우는 것을 일과로 하였다. 그러던 후에 달천산은
예를 갖추어 그녀에게 장가들었다. 그 뒤 달천산이 죽으니 다시 도사가 되
어 계행수도戒行修道 하였다.

이당당李當當은 교방의 명기였는데 갑자기 깨달은 바가 있어서 도사복을
입었다. 단천우段天祐는 일찍이 시를 지어 주었다.

"노래와 춤은 첫째인데,
화장을 지워 버리고 청루를 떠나네.
바로 남악 부인을 따라가고,

소주의 자사는 머물러 있지 않네.

주가의 달은 밝아 소봉이 나리고,

노랫소리 낭랑하여 구름은 흩어지는데 잃은 짝을 거두네.

밉고 미워라 심양부와 절교했거늘,

시집갔나니, 그 상인은 이미 머리가 희네."


한편, 연지수連枝秀는 장안의 명기였는데 여도사가 되었다고 기록하고 있
다. 『청루집靑樓集』, 『멱등인화覓燈因話』[89]에 보면, 이취아李翠娥는 회양淮陽의
명기로 시서를 잘 하였다. 그녀는 악적樂籍에 올라 있었다. 원한을 참을 수
가 없어서 머리를 묶고 비녀를 질러서 관을 쓰고 도사의 의복을 입었다. 그
리고 상소문을 가지고 양주의 총관 육안지陸安之를 배알하였다. 그는 정성
스럽게 그녀를 도와 주었다. 격문檄文을 써서 그녀에게 주었는데, 결국 그
녀는 동악관洞岳觀에서 일생을 마쳤다.

원나라 때 창기들은 또한 재정才情이 풍부하였다. 특히 가창에 뛰어났다.
재예가 있을 뿐만 아니라 시서를 좋아하였다. 따라서 악부사樂府詞를 잘 지
었다. 시도 잘 지었고 글씨도 잘 썼다. 『전등신화剪燈新話』[90]에 보면 이러한
말이 있다.

"나애경은 가흥의 명기였다. 고을 가운데 명사들은 늦여름 보름날 원호
의 청허각에 모여서 피서를 하였다. 그리고 달을 완상하며 시를 썼다. 애경
이 먼저 4수를 완성하였다. 앉아 있던 사람들은 모두 붓을 던졌다."

『멱등인화覓燈因話』에 보면 이렇게 쓰여 있다.

"지원至元 2년에 육안지陸安之는 양주揚州의 총관總管이었다. 하루는 명창 이
취아를 불렀다. 노래를 하라고 명령하였다. '어릴 때 배우지 못했어요.'라고

대답하였다. 육총관은 대단히 놀래어 '그렇다면 배운 것이 무엇인가?' 하고
물었다. 이취아는 '역사책을 읽었어요.' 하고 대답하였다. 총관은 '네가 문장
을 알면 반드시 시를 쓸 수가 있겠구나.' 하고 뜰 앞의 매화를 시제로 지정하였
다. 이취아는 즉시 입으로 읊었다.

> "찬란한 매화 나무,
>
> 가득하나니 옥인과 같구나.
>
> 기쁜 마음으로 찬 눈을 대하나니,
>
> 염양의 봄을 상관하지 않으리."

육안지는 놀랍기도 하고 훌륭하게 생각하여 이에 그녀를 앉게 하였다. 뒤
에 그녀는 여도사가 되었다."

그 밖에 장옥련張玉蓮은 문장에 뛰어났을 뿐만 아니라 남북의 사詞를 즉석
에서 썼다. 그리고 음악을 잘 알았는데 당시에는 그녀와 비길 만한 사람이
없었다고 『청루집靑樓集』에 기술하고 있다.

원나라 때 관리들은 창기들과의 사랑으로 면직을 당하는 경우가 종종 있
었다. 김앵아金鶯兒는 산동의 명기였고, 가백견賈伯堅은 산동의 첨헌僉憲이었
다. 그는 한눈에 그녀에게 반하였다. 뒤에 서태어사西台御史로 제수되었으나
그녀를 잊지 못하였다. 얼마 후에 「취고가醉高歌」「홍수혜紅繡鞋」 곡曲을 써서
그녀에게 부쳤다. 왕이 그것을 알고 탄핵하여 파면하였다. 오늘날 산동에서
는 미담으로 전해지고 있다.

한편, 원나라 관리들이 행한 창기들과의 호사스런 사랑 행각은 듣는 사람
으로 하여금 놀라움을 금치 못하게 하였다. 참으로 가소로운 일은 기녀의

신발에 술을 따라 마시는 것이었다.

명明나라 때 고원경顧元慶의 『운림유사雲林遺事』에 따르면 양염부楊廉夫에 관한 일이 전해진다. 양염부는 호색가였다. 하루는 운림雲林을 비롯하여 여러 친구들과 어울려 술을 마셨다. 양염부는 창기의 신을 벗겨 술잔을 그 가운데 놓았다. 그리고 손님들로 하여금 돌아가면서 마시도록 하였다. 이를 일컬어 '와주鞋酒'라고 하였다. 그러나 운림은 평소에 결벽증이 있는 터라 그것을 보고 대노하며 이를 갈았다.

당나라나 송나라 때와 같지 않은 것은 원나라 유객들이 창기들과의 놀이에서 노래와 춤을 중심으로 흥취를 즐긴다는 것이었다. 『청루집靑樓集』에 실려 있는 창기들의 장기를 예를 들어 알아볼 수 있다.

조아수曹娥秀 : 賦性聰慧, 色藝俱絶

유연가劉燕歌 : 善歌舞

희춘경喜春景 : 色不逾中人, 而藝絶一時

섭단향聶壇香 : 姿色嫵媚, 歌韻淸圓

주인애周人愛 : 色姿藝幷佳

왕옥대王玉帶, 풍육육馮六六, 옥사연玉樹燕, 왕정연王庭燕,

주수두周獸頭 : 皆色藝雙絶

왕금대王金帶 : 色藝無雙

옥연아玉蓮兒 : 端巧慧麗 歌舞譚諧 悉達其妙

국옥제國玉第 : 尤善談謔 長於綠林雜劇

새렴수賽簾秀 : 不年雙目皆無所覩 聲遏行雲 乃古今絶唱

왕교아王巧兒 : 歌舞顏色, 稱於京師

번수가樊秀歌 : 妙歌舞, 善談諧

양매노楊買奴 : 美姿容, 善謳唱

장분아張奔兒 : 姿容風格, 妙於一時

이교아李嬌兒 : 姿容姝麗, 意度閑雅

새천향賽天香 : 善歌舞, 美風度

조매가趙梅哥 : 美姿色, 善歌舞

장계취張繼娶, 화당당和當當 : 貌雖不揚, 而藝甚絶

진파석陳婆惜 : 善彈唱, 聲遏行雲, 然貌微陋, 而談笑風生, 應對如流

미리합米里哈 : 囙囙旦色, 妙入神品, 貌雖不拘, 而專工花旦雜劇

고산산顧山山 : 資性明慧, 技藝絶倫

이진동李眞童 : 十餘歲卽名動江浙, 色藝無比

일분아一分兒 : 京師名妓也, 歌舞絶倫

유파석劉婆惜 : 頗通文墨 滑稽善舞 逈出其流

사사의事事宜 : 姿色歌舞悉妙

반반추般般醜 : 善詞翰達音律


이와 같이 묘가무妙歌舞, 선가무善歌舞, 가무절륜歌舞絶倫, 가무실묘歌舞悉妙 등의 말들을 종합하여 보더라도 쉽게 상상할 수 있다. 원나라 사람들은 유창游娼할 때에는 순수하게 노래와 춤[彈唱歌舞]에 치중하였다. 물론 '색'과 '예'를 겸비하면 더할 나위 없이 좋은 것이었으나, '예'는 있고 '색'이 없다고 하더라도 별로 상관하지 않았다. 다만 아름다운 용모만으로는 원나라에서 창기로 합당하지 못하였으며, 말을 잘하고 유머 감각이 있는지를 중요시하였다. 우선담학尤善談謔, 담소풍생談笑風生, 담소회해談笑詼諧 등을 보아도 알 수가 있다. 원나라 사대부들은 유창游娼의 목적으로 비파를 타고 노래와 춤을 잘하는 것을 최상으로 여겼다. 말을 잘하고 유머를 잘할 줄 아는 것은 그 다음이었다. 용모는 또 그 다음이었다.

요遼와 금金나라 때에는 창기의 사적史籍이 비교적 많지 않았다. 원나라의 창기가 요와 금에 비교하여 성행하였다. 당나라와 송나라는 못 미친다고 여겨진다. 또한 명기나 관기의 명칭이 별로 기재되어 있지 않았다. 그 이유는 노예 제도와 절대적인 관계가 있기 때문이다. 노예의 연원은 아마도 매매賣買, 범죄犯罪, 부로俘虜(포로) 등 세 가지 종류에서였다. 중국의 포로 노예가 가장 번창했던 시기는 아마도 외족이 중원을 지배했던 시대였다. 즉 요·금·원은 모두 다른 민족이 중원을 지배했던 시대였다.

『속문헌통고續文獻通考』에, "금의 제도에 여진을 본호로 삼았다. 한인 및 거란을 잡호로 삼았다. ……모든 한인 및 발해인은 명안 목곤호로 충당할 수 없었다."라고 한 것을 미루어 보아도 요·금 때에는 포로가 되어 노비가 된 한인이 가장 많았다. 원나라에 이르러서는 말할 것도 없이 거의 모든 한인들이 노예가 되었다.

『철경록輟耕錄』에 보면, 몽골인과 색목인色目人의 포로 중 남자는 노奴라 하였고, 여자는 비婢라 하였으며, 이들을 통칭하여 구구驅口라고 하였다는 기록이 있다. 국초에 여러 나라를 평정하고 포로들의 남녀를 배필로 삼았다. 그들 사이의 자손은 영원히 노비로 삼았다. 재물을 스스로 원납하고 노적奴籍에서의 해제를 요구함으로써 관아에서 그것을 처리해 주었는데 이것을 방량放良이라고 하였다.

사적으로 소와 말을 도살하면 곤장 100대를 맞았다. 구구驅口가 맞아 죽은 경우에는, 일반 사람들을 죽였을 경우에 비하여 감형되었다. 즉 곤장 107번을 맞았다. 그렇다면 노비는 우마와 별다를 것이 없었다.

몽골인과 색목인들의 구구에 대한 대우가 이러하였으니 그 사회적인 지위는 말할 것도 없었다. 당시 한족에 대한 압박이 어떠했던가를 유추해 볼 수 있다.

상술한 바와 같이, 중국 창기의 연원 일부분은 범죄 노예로부터였다. 특히 요와 금에 이르러서는 노예가 헤아릴 수 없이 많았다. 노예는 마치 소나 말처럼 대우하는 한편, 온 천하가 창기로 창궐하였다. 따라서 창기는 이미 그 지위를 상실하게 되었다. 그러므로 요나 금이 황하 유역을 점거하고, 그 강토가 송나라와 접촉하고 있었던 사천이나 숙주 등에는 아직도 영기營妓가 있었다.

원나라의 병력과 국력은 요나 금보다 강하였고, 구구는 온 중국에 두루 퍼졌다. 또한 몽골인과 색목인은 대륙에 널리 분포하고 있었다.

『진여록賡餘錄』에 보면, 원나라가 개국한 뒤에 20가구를 '갑'으로 개편하고, 젊고 튼튼한 사람을 '갑주'로 하였다는 기록이 있다. 의복, 음식을 하고자 하는 대로 다 하였다. 동자나 소녀들도 마찬가지였다. 이에 스스로 목숨을 끊는 자가 무릇 얼마나 되는지 알지 못하였다. 이러한 이유로 원나라 때 창기들은 비구니나 여도사가 되었다.

원나라 말엽 순제順帝의 황음한 행각은 이루 말할 수 없었다. 기강이 점차 해이해져 몽골인과 색목인들은 동화되었다. 이에 창기娼妓 사업은 조금씩 회복되기 시작하였다.

# 제15절

# 원대元代 기녀와 곡曲

　　원元나라는 '곡曲'의 시대라고 할 수 있다. 원나라 이전부터, 예를 들면 송나라 때 '잡극사雜劇詞'나 '고자사鼓子詞(한국 판소리와 같은 문학 장르)'를 비롯하여 금나라의 '제궁조諸宮調(곡(曲)의 일종)', '탄사彈詞(운문과 산문으로 구성되어 있고 비파 또는 3현으로 탈 수 있는 사(詞)를 말함)' 등으로 매일 새로운 양상으로 발달하였으나 모두 원곡元曲의 선구였다.

　　명明나라 이개선李開先(1501~1568년, 중국 명나라의 희곡 작가이자 문학가)과 장소선張小山의 『악부서樂府序』에 보면, 홍무洪武 초년初年에 황제의 아들과 형제에게 반드시 사곡詞曲 1,700본本을 하사下賜하였다고 되어 있다.

　　원나라 이후로부터 가장 저명하여 원곡元曲과 항상 상충되었던 것은 명나라의 전기傳奇(장편의 희곡)였다. 표면적으로는 원곡의 명성과 견줄 만한 듯하였지만 실제로는 원곡의 미성尾聲일 따름이었다.

　　요사린姚士粦은 "탕해약은 원나라 원본 1천 종을 소장하고 있다."라고 하였듯이, 당시의 곡본曲本은 매우 널리 유행하였다. 그러나 그 이후 점차 유실되었다. 현재 보존되고 있는 것은 겨우 117종이다.[91] 북곡원본北曲院本으로 현존하는 것은 다만 『서상기西廂記』한 가지뿐이었다. 남곡원본南曲院本은 적지 않지만 작품의 작자를 알 수 없는 것이 대단히 많다. 작품의 설명이 있는 것 중에서도 사적을 상고할 수 있는 것은 많지 않다. 문인들이 실의失意하여 그 곡曲에 의탁하여 현실적인 불만을 토로하기도 하였다. 이는 한때의 기풍이었다. 그들 작품이 유전되어 오는 것은 10종류라면 2~3에 불과하고 그 나머지는 모두 소실되었다. 결론적으로 곡曲은 원나라 때 가장 번성하였다. 위로 재상인 명현으로부터 아래로 창기나 역졸에 이르기까지 곡을 하지 못하는 사람은 한 사람도 없었다.

『태화정음보太和正音譜』에 조자앙趙子昻(원나라의 문인이자 화가)을 인용하여 다음과 같이 말하였다.

"양가의 자제들이 분장을 하여 잡극을 하였는데 이를 일컬어 '행가생활行家生活'이라고 하였다. 창우倡優(광대)들이 분장하는 것을 일컬어 '누가파희戾家把戲'라고 하였다. 잡극은 선비, 학자, 시인, 묵객들이 지었다. 그들 창우들이야 그것을 어찌할 수가 있었겠는가? 그러므로 관한경은 자제로서 분장을

명(明)나라 진홍수(陳洪綬)의 송시도(誦詩圖).

하고 연출을 하였는 바 우리 집의 풍월이었다. 비록 희언戱言(웃음거리로 하는 실없는 말)이라고 하더라도 가장 이치에 합당하였다."

이렇듯 원나라 때 시인, 묵객들은 스스로 곡을 창작하는 한편 스스로 연출하였다. 잡극이 창우들에게 유행하고 날이 갈수록 많아졌다. 창기들은 스스로 분장하고 연출하였기 때문에 자연히 창기들이 「산곡散曲」을 지을 줄 아는 사람들이 많았다. 원곡이 황금시대를 이루게 된 것은 위에서 이야기한 '누가파회' 및 '행가생활'의 공헌이 자못 컸다.

다음에는 원곡을 잘 짓고, 원곡을 노래로 잘 부르는 창기들을 나누어 당시의 모습을 알아보기로 하겠다.

### (1) 곡曲을 짓던 기녀들

일분아一分兒의 성은 왕王씨로, 경사京師의 명기名妓이다. 하루는 정지휘丁指揮가 재인 유사창劉士昌을 초대하여 강향원江鄕園에서 주연을 베풀었다. 일분아는 술을 따랐다. 그때 어린 소녀가 국화회남여곡菊花會南呂曲을 노래하였다. 정지휘는 "이것은 「침취동풍沈醉東風」의 첫째 구절인데 일분아가 다음 구절을 맞추어 보라."고 하였다. 그녀는 응대하여 다음과 같이 노래하였다.

"홍엽이 떨어짐은 마치 용의 비늘이 날림 같고,

청송은 시들어 왕뱀과 같네.

노래하고 그림을 그리고 기쁨의 술잔이 오가는 자리,

자주 술잔에 술을 따르네.

취하지 않으니,

붙잡지 않고 말 위에 오르네."

앉아 있던 모든 사람들은 감탄과 칭찬을 금하지 못하였다. 이로부터 그녀의 성가는 더욱 높아졌다.

유파석劉婆惜은 이사李四의 아내였다. 그녀는 남편 몰래 내객과 사통하고 마침내는 밤에 도주하였다. 이런 사실이 들통 나면 곤장에 맞아 죽을 것으로 생각하였다. 그래서 그녀는 광해廣海에 가서 살았다. 감주贛州를 지나가는 길에 현감 전자인全子仁을 배알하였다. 그때 손님들이 만좌해 있었다. 현감은 모자 위에 청매靑梅 한 가지를 꽂고 술을 마셨다. 그는 「청강인淸江引」의 "푸른 열매는 가지 위에 맺고"라고 노래하였다. 그리고 벗들로 하여금 계속하도록 하였다. 많은 사람들 가운데 한 사람도 이를 이어받는 자가 없었다. 유파석이 옷깃을 다듬고 앞으로 나아가 "소첩이 한 구절 읊는 것을 용납하시오니까?" 하고 아뢰었다. 현감은 "물론" 하고 대답하였다. 유파석은 이어받아 다음과 같이 노래하였다.

"푸른 열매는 가지 위에 맺고,
사람을 유인하여 올라와 꺾게 하네.
그 가운데 전자인은, 맛이 다르네.
다만 당신을 위한 신맛만 남아,
버리기가 어렵나니."

노래를 듣고 현감 전자인은 그녀를 크게 칭찬하였다. 이로부터 그는 그녀를 총애하였고 마침내는 첩으로 맞아들였다.

주렴수朱濂秀는 당시에 잡극의 독보적인 존재였다. 노학사盧學士가 이별할 때 그녀에게 「쌍조낙매풍雙調落梅風」이라는 시 한 수를 지어 주었다. 주렴수는 그에게 다음과 같이 화답하였다.

"산은 많고,

연기는 자욱하게 피어오른다.

초췌하기 그지없네, 옥당의 사람.

봉창에 의지하여,

산다는 것은 괴로운 것.

한하노라, 큰 강을 따라가지 못하는 것을."

## (2) 곡曲을 노래하는 기녀들

우집虞集(1272~1348년, 중국 원대의 시문〔詩文〕의 대가)이 한원翰苑에 있을 때였다. 산산학사散散學士 집에서 주연을 베풀었다. 순시수順時秀는 「절계령折桂令」을 노래하였다.

"박산동, 부드럽고 향기로운 바람,

길가에 청사초롱, 촛불의 그림자 붉게 흔들리네.

푸른 소매 은근한데 옥종을 받들고 오네.

가늘고 하얀 팔, 가냘픈 노래.

문장이 뛰어난 선비들로 가득하고,

술에 취하여 몽롱하구나.

밤은 깊어 주연은 끝나려 하고,

달은 오동나무 사이로 떠오른다."

번소정(樊素貞).

위와 같이 한 구의 2운二韻을 사용하는 것을 단주短柱라고 하는데 대단히 짓기 어려운 것이었다.

다음의 시는 어떤 기녀인지 이름을 밝혀낼 수가 없다. 요수姚燧라는 한림의 승지가 옥당에서 주연을 열었다. 가기歌妓가 나열해 있었다. 그 가운데에 용모가 수려하고 우아한 기녀가 있었다. 요수는 그녀에게 노래할 것을 명령하였다. 이어 목청을 돋우어 다음과 같이 노래하였다.

"소첩은 본래 양가의 외동딸로 태어났거늘,
어찌하다가 이렇게 굴러떨어졌나?
사람들 앞에서는 교태와 아양을 다 하지만,
남몰래 흘리는 천 갈래의 눈물.
한 봄 남쪽 지방에 가련히 떠돌아,
불어오는 봄바람에 이리저리 흔들리네.
슬픔만 더하는구나. 어디에 진주 열 말이 있다면,
뜨내기 계집을 속량할 수 있으련만!"

이것은 「삼성곡三醒曲」을 풀어서 쓴 것이었다. 요수는 이 사詞의 비극적인 내용을 보고 슬프게 생각한 나머지 그녀에게로 가까이 다가갔다. 그리고 그녀의 내력에 대하여 물었다. 그녀는 울며 대답하였다. 부친은 삭방朔方(관명)을 하였는데 공금을 유용하였다. 그런 뒤 상환하지 못하게 되자 그녀를 창가에 팔았다. 그리하여 오늘에 이르렀다고 하였다. 이 말을 듣고 있던 그는 관리를 파견하여 그녀를 기적에서 해제하여 주었다. 또한 소사小吏인 황체黃棣에게 "이 여인을 너의 아내로 삼아라, 나는 그녀의 아버지가 되겠다."라고 권고하였다. 그는 흔쾌히 그 말을 수락하였다. 뒤에 그 소사는 현관顯官(높은 벼슬자리)을 하게 되었고 부부는 해로하였다.

해어화解語花의 성은 유劉씨였다. 『고곡진담顧曲塵談』에 보면 해어화의 일화가 전해진다. 염야운廉野雲은 여러 선비들을 초청하여 장안 밖의 만유당萬柳堂에서 주연을 열었다. 해어화는 왼쪽 손에 연꽃을 들고 「우타신하雨打新荷」를 노래하였다.

> "녹음이 우거진 못가의 누각은 자못 시원도 하여라.
> 바다 석류 꽃은 비로소 터졌거니,
> 송이마다 붉은 꽃잎 수줍구나.
> 어린 제비 지지배배, 새끼 꾀꼬리 꾀꼴꾀꼴,
> 버드나무 매미는 매암매암 회답하네.
> 소나기 지나가니 마치 구슬을 뿌린 듯,
> 새 연꽃잎을 때리누나."

이 곡은 본래 원유산元遺山의 작으로 당시의 명기들이 즐겨 불렀다고 하였다. 당시의 유객游客들은 완전히 창기들의 가무歌舞와 탄창彈唱에 치중하였다.

지금 절록節錄『청루집靑楼集』에 기재된 사람은 아래와 같다.

조진진趙眞眞, 楊玉娥善唱諸宮調

순시수順時秀, 雜劇爲閨怨最高, 駕頭諸旦本亦得體

남춘연南春宴, 長漁駕頭雜劇, 姿容僞麗

진옥련秦玉蓮, 秦小蓮, 善唱諸宮調, 藝絶一時, 後無繼之者

사연노司燕奴, 精雜劇

천연수天然秀, 閨怨雜劇, 爲當時第一手, 花旦駕頭, 亦臻其妙

국옥제國玉第, 長於綠林雜劇

천석수天錫秀, 善綠林雜劇

왕분아王奔兒, 長於雜劇, 然身背微僂

평양노平陽奴, 精於綠林雜劇

조편석趙偏惜, 旦末雙全, 韓獸頭亦善雜劇

왕옥매王玉梅, 雜劇精致

이지수李芝秀, 記雜劇三百餘段

주금수朱錦繡, 雜劇旦末雙全, 而歌聲墮梁塵

소옥매小玉梅女區區, 資性聰明, 能雜劇

조진진趙眞眞, 善雜劇

이교아李嬌兒, 花旦雜劇特妙

장분아張奔兒, 善花旦雜劇(세상 사람들은 분아의 온유단'溫柔旦', 이교아의 풍류단'風流旦')

부용수芙蓉秀, 能雜劇

취하수翠荷秀, 雜劇爲當時所推

왕련련汪憐憐, 善雜劇

(좌)「서상기(西廂記)」- 장생랑염(張生惊艶).
(우)「서상기(西廂記)」- 장생서상유회(張生西廂幽會).

미리합米里哈, 貌雖不揚, 而專工花旦雜劇

고산산顧山山, 花旦雜劇猶少年時體態, 後背且蒙其指敎

이지의李芝儀, 女童童, 善雜劇

장칠악張七樂, 善雜劇

염전수廉前秀, 雜劇甚妙

연산수燕山秀, 旦末雙全, 雜劇無比

형견견荊堅堅, 工於花旦雜劇

이정노李定奴, 歌喉宛轉, 善雜劇 (『이상以上 잡극雜劇』)

해어화解語花, 尤長於慢詞

소아수小娥秀, 能慢詞

왕옥매王玉梅, 善唱慢詞

이지의李芝儀, 尤善慢詞, 孔千金善撥阮, 能慢詞 (『이상以上 만사慢詞』)

진봉가眞鳳歌, 山東名妓也, 善小唱

이지의李芝儀, 淮揚名妓也, 工小唱

이심심李心心, 楊奔兒, 袁當兒, 于盼盼, 于心心, 吳女, 燕雪梅, 皆國初京師之小唱也

소아수小娥秀, 善小唱 (『이상以上 소창小唱』)

우사저于四姐, 合唱爲一時之冠

김앵아金鶯兒, 山東名奴也, 擖爭合唱, 鮮有其比 (『이상以上 합창合唱』)

용루경龍樓景, 丹墀秀, 專工南戲 (『이상以上 남희南戲』)


위에서 자세히 살펴보면 두 가지를 생각할 수 있다.

첫째, 원나라 때 희곡은 모든 것을 다 포괄하고 있어서 당唐·송宋 이후의 것을 집대성하였다.

『악부여론樂府餘論』에 보면 다음과 같이 쓰고 있다.

"만사慢詞는 아마도 송나라 인종 때 전쟁이 끝난 뒤에 시작되었다. 변경이 번창하고 노래하는 곳과 춤추는 자리에 신성이 다투어서 나왔다. ……그 이후 동파, 소유, 산곡 등이 계속하여 시를 지으니 만사는 유행을 하였다."

즉 만사는 송나라 때의 산물이었다.

왕국유王國維(1877~1927년, 중국 청대 말 민국 초의 금석학자)는 그의 『송원희곡사宋元戲曲史』에서 이렇게 말하였다.

"제궁조諸宮調(중국 송대〔宋代〕에서 금대〔金代〕에 걸쳐 성행한 대사가 섞인 가곡)는 송나라 사람들의 대곡大曲의 답습으로 만든 곡에 지나지 않는다. 한궁조宮調 안에 있어서 더욱 분명하다. 서상西廂의 제궁조는 많으면 10여 가지가 되고 적으면 한두 곡으로, 기타의 궁조와 다른 궁조가 합하여 한 가지의 이야기를 노래하였다. 그러므로 제궁조라고 하였다."

동해원董解元의 『서상西廂』, 호원서胡元瑞, 시북연施北硏의 필기 가운데서 모두 고증하고 있지만 어떠한 체제인지 알 수가 없다.

심덕부沈德符의 『야획편野獲篇』에는 금金의 원본이 모범이라고 하고 있으나 확실히 제궁조인 것은 의심할 여지가 없다. 왕궁유의 논법에 의거하면 제궁조는 금나라 대의 산물임이 확실하다.

명의 축윤명祝允明(1460~1526년, 중국 명대의 문인이자 서예가)의 『외담猥談』에 보면, "남회南戲는 선화宣和 이후 남도南渡의 때에 나왔다. 그것을 일컬어 온주溫州 잡극雜劇이라고 하였다." 라고 하였다. 엽자기葉子奇의 『초목자草木子』에서 "배우의 희문은 왕괴王魁, 영가永嘉 사람이 지었다." 라고 하였다.

왕국유는, "남회南戲는 남송의 희문에 나왔지만 남송의 잡극과는 아무런 관계를 가지고 있지 않다. 오직 온주溫州와 관계가 있는데 근거가 없는 것이 아니다." 라고 설명하고 있다. 그렇다면 남희는 남송에서 연원하고 있다. 남희, 제궁조, 만사는 원나라 창기들이 노래하고 익힐 수 있었는데 '잡곡과 함께 세상에 유행하였다.

둘째, 원나라 때 희곡은 잡극이 중심이 되었다. 왕국유는 "잡극은 동작, 언어, 노래 이 세 가지가 합해져 이루어졌다." 라고 하였다.

또 말하기를 "원나라 때 잡극雜劇[92]은 전대 희곡에 비교하여 발달했다고 볼 수 있는 두 가지 이유가 있다." 고 하였다.

① 극劇마다 절수折數가 정해져 있고, 극마다 모두 사절을 쓰며, 절마다 한 번 궁조宮調(궁음으로 시작해 궁음으로 끝나는 음계)를 바꾸고, 조調 중의 곡마다 반드시 열 곡 이상이 있다. 대곡大曲을 비교하면 송나라 대곡이 자유로우며, 제궁조諸宮調[93]를 비교하면 웅장한 음률이고, 금金 제궁조이다. 또한 정궁正宮 「단정호端正好」[94]는 모두 14곡이며, 모두 자구에 구애하지 않고 증감할 수 있으니 이것이 악곡의 진보이다.

② 서사체가 변하여 대언체가 되었다. 송나라 사람은 대곡을 하는데 바로 현존하는 것으로 보자면 모두 서사체이고, 금 제궁조가 비록 대언代言하는 곳이 있더라도 대체로 서사敍事라 말할 수 있다.

그러나 곡문曲文은 전부 대언으로 되었다. 비록 송宋·금金 때 혹은 이미 대언체代言體의 희곡戲曲이 있다고 하지만 현존現存하고 있는 것을 보면 끊어졌다가 원대元代에 다시 시작되었다. 이는 바로 희곡戲曲의 진보進步라고 볼 수 있다. 형식과 내용이 모두 겸비하여 발전하였다. 이로부터 중국의 진정眞正한 희곡戲曲이 출현하였다. 위의 나열된 것 중에서 『선잡극善雜劇』, 『정잡극精雜劇』, 『장어잡극長於雜劇』, 『잡극특묘雜劇特妙』, 『잡극위당시소추雜劇爲當時所推』, 『잡극무비雜劇無比』, 『규원잡극위당시제일閨怨雜劇爲當時第一』 등의 말을 보면 때때로 눈엣가시처럼, 당시의 창기娼妓들은 한 사람도 잡극雜劇에 능통하지 않은 이가 없었다.

또 원元이 송금宋金이 크게 이룬 것을 집대성集大成했으니, 희곡戲曲의 황금시대黃金時代라고 칭해졌고 진정한 잡극雜劇이 되었다. 일반적으로 창기娼妓들이 외우고 익혀 전파傳播했던 공功은 절대로 사라질 수 없다. 『여가파희戾家把戲』과 『행가생활行家生活』은 실제로 곡조는 다르나 글을 짓는 기교는 같다.

당시 창기는 『도곡度曲』, 『가곡歌曲』에 능하여 날마다 늘어났다. 『창부娼夫』 또한 그 풍류에 물들어 사조詞藻에 능통한 바가 적지 않았다. 장국빈張國賓은 교방敎坊 관구管勾로, 「한삼기汗衫記」, 「의금환향衣錦還鄕」, 「나리랑羅李郞」, 「설인귀薛仁貴」 등의 극劇이 있다. 홍자紅字 이이李二는 교방敎坊 유요화劉要和의 사위로서[95], 「무송타호武松打虎」, 「병양웅病楊雄」, 「흑석풍黑旋風」 등의 극劇이 있다. 화이낭花李郞 또한 유요화劉要和의 사위였는데, 「상부원相府院」, 「정일정釘一釘」, 「감길평勘吉平」 등의 극劇이 있다.

이렇게 보니 고금의 옛것만을 고수하지 않고, 시대의 풍기風氣를 따라 전이轉移하는 것으로 창기娼妓만한 자가 없다. 그 시대의 숭상하는 시詩라면 시를 암송하고 지을 수 있고, 그 시대의 숭상하는 사詞라면 가사歌詞를 지을 수 있으며, 그 시대의 숭상하는 곡曲이라면 가곡歌曲을 지을 수 있다.

필자가 보건대 당송원唐宋元의 시기詩妓와 사기詞妓와 곡기曲妓는 많은 과강지경過江之卿(흘러가는 강물과 같은 벼슬)과 같이, 이에 창기는 단지 당시 문인文人 묵객墨客의 벗일 뿐만 아니라, 또 그 시대의 문화文化와 학술學術의 공신功臣으로도 도움을 주는 존재였다. 우리들이 도리어 천한 노예나 계집종으로 그들을 대우待遇하는 마음이 있어야 되겠는가?

# 제16절
# 명대明代 초기의 창기

명 태조明太祖는 건도교乾道橋에 부락원富樂院을 설립하였다. 그런데 화재로 말미암아 다시 무정교武定橋로 옮겼다. 또 각처의 관기들을 장안으로 불러들여 부락원에 넣었다. 이것이 명나라 때 관기의 시초였다.

축명윤祝明允의 『외담猥談』에 보면 다음과 같이 쓰고 있다.

"봉화奉化 때 면호丏戶가 있었는데 속칭 대빈大賓이라고 하였다. 모두 성 밖에서 모여 살았다. 서로가 배필이 되어서 양인良人은 접촉하지 않았다. 모든 관아에서 옷을 공급하였다. 그 부녀들은 화장을 엷게 하고 잠자리를 같이하게 되었는데 환가宦家의 시초였다. 그중 사람을 죽인 죄로써 고환을 제거하였다. 관곡을 주고 음탕한 뇌물을 받아들였는데 금릉의 교방에서 일컫고 있는 18가家가 또한 그런 것이었다."

왕어양王漁洋(청조 때의 유명한 시인이자 학자)의 『지북우담池北偶談』에 보면 이렇게 말하고 있다.

"금릉의 구원에 '둔頓'과 '탈脫'이라는 성을 가진 사람들이 있었는데 모두 원나라 사람들의 후예로 교방에 들어갔던 사람들이었다. 순치의 초에 강녕江寧(지금의 남경[南京])에서 탈십랑이라는 사람을 만났는데, 나이가 80세인데도 살아 있었다. 만력萬曆의 중기에 북리北里에는 더욱 많았다."

또 『삼풍십연기三風十愆記』 기색황記色荒에는 이렇게 쓰여 있다.

"명나라가 원나라를 멸망시킨 뒤에 몽고의 자손들이 한족으로 흘러 들어온 자는 그 소재지에서 호적에 편입하도록 하였다. 장안에 있는 자는 악호라고 하였고, 현에 있는 자는 면호라고 하였다."

이상과 같이 미루어 보면, 명나라 때의 관기는 범죄자 및 포로의 여자들인 것은 의심할 여지가 없다. 『명사明史』 유기전劉基傳에 보면, 오吳의 사졸들과 연고 있는 사람들의 아내는 모두 별영別營에 두었는데 수만 명이었다고 되어 있다. 음울하기 그지없었다. 오吳의 장병들도 투항한 자는 모두 군호軍戶에 편입되었다고 하였다. 반면에 『명사明史』 해진전解縉傳에 보면, 홍무 21년에 관기는 비인도적인 행위로서 마땅히 근절되어야 한다고 상소하고 있다. 명나라 성조成祖 때에는 건문建文(성조[成祖] 전의 황제를 말함) 때 모든 충신들의 아내, 딸, 친척들을 모두 징발하여 교방에 넣었는데 가장 잔혹하고 야만적인 행위였다.

『교방록敎坊錄』에 보면, "영락永樂 11년에 본사本司의 등성鄧誠이 아뢰었다. 간통을 한 철현의 하녀가 있었는데 뜻을 받들어 모두 그의 마음대로 처리하였다."라고 하였다. 또 『국조전고國朝典故』에 의하면 다음과 같이 말하고 있다. "철현의 아내는 나이 35세로 교방사敎坊司로 보내졌다. 노대勞大의 아내 장씨는 56세로 교방사에 보내었다. 장씨가 병으로 죽자 교방사의 안정安政은 봉천문에서 아뢰기를, "'성지를 받들어 분부대로 상원현 문 밖으로 내어다가 개들에게 먹도록 주었음을 삼가 아뢰옵니다.'"

『남경사법기南京司法記』에 보면, 영락永樂 2년 12월 교방사에 말하기를 탁경녀卓敬女, 양노우楊奴牛, 경유시景劉氏는 모두 아무런 통보도 없이 사승謝昇의 아내인 한씨의 예와 같이 홍국공洪國公을 보내어 영내로 들어가서 통간을 하

명기(名妓) 철수영(鐵秀英).

였다고 되어 있다.

영락 11년 1월 11일 교방사 우순문右順門에서 이르기를, 제태부齊泰婦 및 생질며느리, 또 황자중黃子澄 및 누이 등 4명의 부인은 20여 명의 남자들이 지켜보고 있었다. 젊은이들은 모두 임신하였는데 아들을 낳으면 그들로 하여금 소귀자小龜子를 만드는 것을 제외하였고, 3살 된 여자아이들이 있었는데 성지聖旨(황제의 명)를 주청하였다. 왕은 마음대로 하라고 하였다. 이들은 채 자라기도 전에 음전淫錢의 재목이 되었다. 또 말하기를 "황자중의 아내가 한 아이를 낳았는데 지금 10살로서 흠명을 받들어 마음대로 하라." 고 하였다.

『옥광검기집玉光劍氣集』에 보면 이러한 일이 있다.

방정학方正學(1357~1402년, 명나라 초기의 학자)의 무덤은 우화대雨花臺 밑에 있었다. 두 그루의 매화나무를 기호로 삼았다. 그의 여자는 마침내 교방으로 흘러들어 기적에 오르게 되었다. 매년 우화대에 올라 술을 따라 올렸다. 그 땅이 매도위의 집으로 편입되어 술을 끊었다. 이도부李道父는 낭중郎中(남자

무당의 한 가지)이 되어 그녀를 기적에
서 해제하였다. 그리하여 상인인 탕
약사湯若士에게 시집을 갔다. 후에
그녀는 방정학의 묘지를 찾아서 그
토지를 사들였다. 그런 뒤 제사를
지내었다. 청나라 때 장학성章學誠은
그의 『부학婦學』에서 "전대의 학정
으로 모든 명문의 귀족들은 몰락하
였고 이러한 것이 부녀들에게도 파
급되었다. 학식과 예절이 있는 집안
의 많은 여인들은 북리로 빠져들었
다."라고 설명하고 있는데, 명나라
때의 그와 같은 일을 지적하고 있다.

장이운(張怡雲).

　『합주사료弇州史料』에 보면 다음과 같은 내용이 있다. 인종仁宗 즉위 어찰御
札 건문建文 때 간신들의 가족은 처음에 교방으로 들어갔다고 하였다. 그런
데 금의위錦衣衛 『완의국浣衣局』에서 보면, 공장工匠의 일을 익혔는데 공신들
의 가노家奴가 되었다. 그 후에 죽은 자는 다시 살 수 없고, 타락한 자는 만회
하기가 어려웠다. 사건 정황의 변천은 많은 도움으로 구제하기는 힘들까 봐
두려울 뿐이다.

　명나라의 홍무洪武 때 술집에 관한 제도가 있었다. 송나라 때의 동남가려
루東南佳麗樓와 유사한 것으로서 그 범위가 확대되었다.

　명나라 때 강명숙姜明叔의 『용성시화容城詩話』에 보면 다음과 같이 쓰여
있다.

"국초에 금릉 취보문 밖에 경연, 담분, 매연, 유취 등 14개의 주루(설비〔設備〕를 크게 잘 꾸며서 술을 파는 집)를 건설하였다. 그러자 사방에서 빈객들이 모여들었다. 게맹동揭孟同의 시를 보면, 국초의 선비들이 주연을 열었을 때 모두 관기를 동원하였던 것을 알 수가 있다. 당나라 때와 다를 것이 없다. 단지 후에 와서는 금하였다. 영락 때 안탁의 금릉원석이란 시에 보면 '화월춘풍 십사루花月春風+四樓'라고 하였지만 지금은 모두 없어지고 남시루 하나만 남아 있다."

남시루南市樓는 앞에서 말한 명나라 때의 14루 가운데 하나로서, 관기들이 이곳에 거처하였다.

『금릉문견록禁陵聞見錄』에 보면, 장사長沙의 태수인 진붕년陳鵬年이 남시루를 헐었다고 되어 있다. 그리고 강당으로 개조하여 부로父老들에게 초하루, 그믐으로 효孝, 제悌, 충忠, 신信, 예禮, 의義, 염廉, 치恥 등을 가르치도록 하였다. 오늘날의 두문교斗門橋 동쪽의 거리를 강당대가講堂大街라고 하고 있다.

이상에서 알 수 있는 것은 세 가지가 있다. 첫째, 명나라 때 분명히 '십사주루+四酒樓'가 있어서 관기들을 두었던 제도가 있었다. 둘째, 명나라 말엽까지도 역시 그 '십사주루+四酒樓'가 존재했다. 셋째, 남시루의 규모는 그대로 청나라 강희康熙 때까지도 남아 있었다.

"진붕년陳鵬年이 군창群娼들을 내쫓고 그 위에 정자亭子를 지어, 초하룻날 임금의 칙유勅諭(임금의 훈유(訓諭)나 그것을 적은 포고문)를 선강宣講했다." 는 말에 이르러, 비로소 십사주루는 완전히 폐지되었다. 도광道光(1821~1850년) 말년末年에 이르러 감회卅熙가 말한 '도식구적徒識舊迹'의 말이 있다. 다만 강명숙姜明叔의 말에 대해서 여전히 다소간 회의적懷疑的인 부분이 있음을 알 수 있다.

① 강명숙姜明叔은, 명초明初 진신縉紳(홀을 큰 띠에 꽂는다는 뜻으로, 모든 벼슬아치를 통틀어 이르는 말)들이 연회宴會에 관기官妓를 부르고서 자못 회의懷疑하는 뜻이 있다고 말했다.

명초의 창기에 관하여 가장 상세하게 기록하고 있는 것은 유진劉眞이 지은 『국초사적國初事蹟』이라고 할 수 있다.

"태조는 부악원을 설립하여 예방 왕적으로 하여금 관장하도록 하였다. 이 사람은 음률에 대한 이해가 깊을 뿐만 아니라 악부를 지을 줄도 알았다. 문무 관리들을 비롯한 일반인들의 출입을 금지하였다. 다만 상인들만 출입을 허용하였다."

이렇게 보면 명초에는 관리들이 기원을 출입하는 것을 분명하게 제한하고 있었음을 말하고 있다. 뿐만 아니라 주루의 장소 및 숫자들은 거의 정확하지가 않다.

또 이렇게 전하고 있다. 태조太祖가 희산喜山에 안찰첨사按察僉事로써 절강浙江과 직예直隸의 관점官店에 부설府設하는데, 수과收課 관리를 제수받고, 군용軍用에 계승하니, 간사한 소인을 적발하여 자세히 살피었다. 뒤에 만구분관滿拘分官 마합모馬合謀가 처주處州에 부임하여 부악원富樂院에 들러 창기를 사서 놓았는데, 금禁한 것을 실패하여 일이 탄로 났다.

태조太祖가 말하기를, "전곡관錢穀官은 반드시 과세課稅를 침입侵入하여 훔치는데, 돈을 관리하기 때문이다. 사정査定에는 일백여 명이 있어야 한다." 고 하였다. 또 태조太祖가 말하기를, "저주滁州의 수문守門을 반쯤 열어 두어라. 진주辰州에 참군參軍의 절반折半만 군사를 따르게 하라." 고 하였다. 이러한 관리를 숙창宿娼이라 하였고, 명초明初에 또 극히 엄중한 금지령이 있었다.

강명숙姜明叔의 말을 어떻게 해석할 수 있을까? 혹자는 관리가 연회 모임이 열릴 때, '소기유상召妓侑觴(창기를 불러 술잔을 권함)', '입원유창入院宿娼(안에 들여서 창기와 잠자리를 가짐)'에 능숙하지 못하였다고 말한다. 바로 부득이 알 뿐 었다.

②강명숙姜明叔은 주루酒樓의 터와 개수 역시 정확하지 않다고 말했다. 그 '십사주루十四酒樓'의 장소는 모두 취보문 밖에 있다고 하지만 그 가운데의 청강淸江, 석성石城은 분명 그곳에 있지 않았기 때문이다. 명나라의 주길보周吉甫의 「금릉쇄사金陵鎖事」에 보면 16개의 주루가 있었다고 하였다. 성내에 있는 것을 남시南市와 북시北市라고 하였다. 그 취보문 밖 서쪽에 있는 것을 내빈來賓이라고 하였고, 동쪽에 있는 것을 주역主譯이라고 하였다. 와소패瓦屑壩에 있는 것을 집현集賢 또는 악민樂民이라고 하였다. 서문의 중심가 북쪽에 있던 것을 명학鳴鶴이라고 하였다. 서문 중심가의 남쪽에 있었던 것을 취선醉仙이라 하고, 서관西關 남쪽에 있던 것을 경연輕煙 또는 담분談粉이라고 하였다. 서관의 북쪽에 있던 것을 유취柳翠 또는 매연梅姸이라고 하였다. 석성문石城門 밖의 것을 석성石城 또는 아가雅歌라고 하였다. 청량문淸凉門 밖의 것을 청강淸江 또는 고복鼓腹이라고 하였다. 이에 근거하면 명초의 주루들은 금릉성 내외에 산재하고 있었다. 취보문 한곳에 몰려 있지 않았던 것은 확실하였다. 또 주루가 16곳으로 말하고 있지만 양용수楊用修의 『예림벌산藝林伐山』이나 기타 남아 있는 기록들에 근거하면 14곳이 확실하다고 볼 수 있다.

제17절

# 명대明代 중엽 이후의 창기

명나라 중엽 이후에 전국적으로 창기가 번창하였다. 사조제謝肇淛[96]의 『오잡조五雜俎』에 잘 설명하고 있다.

"현재 창기는 천하에 가득 널려져 있다. 대도시에는 몇 천 명이 넘는다." 라고 하였다. 그 이외에 산간 벽지까지도 침투해 있었다. 그들은 하루 종일 문에 의지하여 웃음을 팔았다. 물론 매음을 하여 생활하였다. 장안의 교방 관리들은 그 세금을 거두어들였는데 이를 지분전脂粉錢이라고 하였다. 군현에 예속되어 있는 것을 악호樂戶라고 하였는데 명령만 이행할 뿐이었다. 당나라와 송나라 때에는 모두 관기들로서 좌주佐酒를 하게 되었는데 명초에도 마찬가지였다. 선덕宣德 초에 이르러서야 비로소 금지하였다. 그러나 사대부들의 집에 거하는 자들은 상관하지 않았다. 그러므로 비록 공식적으로는 없어졌다고 하지만 마을 안으로 스며들었다. 또한 관아에 예속되지 않아 개인의 집에서 매음을 하였는데, 이것을 일컬어 '사과자私窠子'라고 하였다. 그 수를 헤아릴 수가 없었다.

자세히 설명한 바에 의거하면, ①명나라 때에는 관기 이외에도 사창이 있었음을 증명하고 있다. ②창기에게서 받는 세금을 지분전脂粉錢이라고 하였는데, 후대의 화연花捐과 마찬가지였다. ③장안에는 교방이 있었고, 군현에는 악호가 있었는데, 어느 사이에 당·송의 영기 및 관기 제도가 회복되어 있었다. 관리들은 유창遊娼을 금하고 있었지만 사대부들은 제외되었다.

실제적으로 창기가 가장 번성했던 곳은 북경과 남경으로 가청嘉淸과 만력萬曆 이후였다.

청나라 엄사신嚴思愼의 『염화艶囮』에 보면 다음과 같이 쓰여 있다. 명나라 만력의 말엽에는 위에서 정사를 거들떠보지 않았다. 자연히 그 밑에 있는 관아의 관리들은 말할 것도 없었다. 그 사이에 창기들과 정을 통하는 자들이 있었다. 한때 교방의 관기들은 앞다투어 치장을 하였다. 때에 따라서 많은 재화를 벌 수 있었다.

명나라 반지항潘之恒의 『화사畫史』에 보면 다음과 같이 쓰여 있다.

"만력 25년 빙필매사冰筆梅史에는 연도의 기곡妓曲 창기 가운데 40여 명을 배치함으로써 시주侍酒(술 시중 듦)하도록 하였다. 동원에 19명, 서원에 4명, 앞문에 13명이었다. 매사梅史라고 하는 것은 절수부의 어떤 장소를 빌어서 붙인 이름이었다."

탕현조(湯顯祖)[97]의 초상(肖像).

그리고 『신도매사新都梅史』에 보면, 연나라와 조나라에는 미인이 많았는데 아름답기가 백옥과 같았다고 되어 있다. 나라에서 현을 세웠는데 오늘날까지 번창하였다. 남쪽 사람들의 풍모와 기질을 가지고 있었다고 하였다.

또 『화사畫史』에는 장안의 기녀 왕설소王雪蕭에 대한 이야기가 있다. 그녀를 문장원文狀元이라고 불렀다. 최자옥崔子玉을 무장원武狀元이라고 하였다. 설소소薛素素는 재기를 겸비하고 있었는데, 그녀의 이름이 사대부들에게 알려졌다. 그리하여 모든 사람들은 그들의 기를 빼앗길까 하여 자리를 피하였다고 하였다.

『갑을잉언甲乙剩言』에는, 장안에 있는 동원東院의 모든 창기들은 아름다운 자가 없었다고 한다. 하지만 설소소薛素素는 자태가 우아하고 아름다웠으며, 언행이 귀여웠다. 사군자를 치며, 해서를 잘 쓸 줄 알았다. 그뿐 아니라 말을 잘 타며 활도 잘 쏘았다. 앞에서 쏜 화살을 뒤에서 쏜 화살이 명중시켜서 공중에서 부러졌다. 이렇듯 백발백중이었다. 그녀는 가야금도 잘 탔고 뿐만 아니라 남자들이 기뻐하고 즐거워하는 일은 모두 그녀의 수중에서 나왔다.

당시의 북경에 있는 기곡妓曲 가운데에는 설소소薛素素만한 자가 없었다. 재기와 색예色藝를 겸비하고 있어서 남중南中의 명기, 즉 마상란馬湘蘭, 조려화趙麗華, 마문옥馬文玉 등에 뒤지지 않았다.

『매포여담梅圃餘談』에 보면, 당시의 사회상에 대하여 잘 기술하고 있다. 세상이 너무나 음란하고 남녀가 부끄러움이 없었다. 황성皇城 밖에는 창사가 늘어섰으며, 노랫소리와 피리 소리가 한데 어우러졌다. 성 밖에서 생계가 어려운 서민들이 왕왕 여자 거지들을 구인하여 창사를 설치

서위(徐渭)[98]의 초상(肖像).

하였는데, 이와 같은 사설의 창사를 요자窰子라고 하였다. 방 가운데 천장에
는 구멍을 뚫고 길에 접해 있는 벽에는 작은 구멍 2, 3개를 뚫어 놓았다. 거
지들의 용모를 잘 꾸며서 그 안에 살게 하였다. 입으로는 간단한 사詞를 노
래하게 하였고, 행동은 음란한 몸짓을 하도록 하였다. 지나가던 부랑아들이
구멍을 통하여 그녀들이 하는 짓을 엿보았다. 색정을 자제하지 못하고 문을
열고 들어오면 그녀들은 나신으로 그 앞에 열을 지어 섰다. 그녀들 가운데
한 사람을 선택하여 돈 7푼을 던져주고 침상에 오를 수 있었다. 1시간이 지
나면 나와야 했다. 오늘날 사람들은 창사(과사)를 요자窰子라고 하고 있는데,
그렇게 성급하게 하는 성행위를 타정打釘이라고 하였다.

신재辛齋의『시화詩話』에 보면, 만력 때 서산西山의 계단戒壇에는 유녀游女들
이 참으로 성행하였다고 적혀 있다. 수레들이 연락부절하여 찻집과 술집들
이 길을 메웠다. 창기들을 끼고 절로 들어가는 자도 있었다. 이에 어떤 이름
없는 시인이 이를 풍자하여 시를 썼다.


"산을 내려오니 암자로구나,

쌀과 생선 바구니가 드나든다.

계율과 설법이 같지 않고,

관음은 곳곳마다 서 있네."


만력 때 북경은 유창의 중심지가 되었다. 명대 중엽 이후부터 남경은 창
기 사업의 중심이 되었다.

명나라 조대장曹大章의『진회산여표秦淮山女表』에 보면, 명나라 초엽의 창기
는 악관에 들어 있었다고 한다. 사대부들은 가연佳宴을 폐지하지 않았다. 24

개의 주루들은 진회秦淮[99]에 늘어서 있었는데 후에는 모두 없어지고 다만 6 곳만 남아 있었다. 그중에서 가장 아름다운 곳은 구원舊院 하나뿐이었다. 홍무洪武 초에 16개의 주루를 설치하였는데 그 뒤 1백여 년이 지나면서부터 폐허가 되거나 일부는 남아 있기도 하였다. 남시南市, 주시珠市, 혹은 구원舊院만 남아 있을 뿐이었다. 남시에는 천민이 살았고, 주시에는 재색이 뛰어난 자가 있었으며, 구원에는 행수行首가 살았다. 당시의 아름다운 명기로 세상에 이름이 난 기녀는 주무하朱無瑕, 정무미鄭無美, 마상란馬湘蘭, 조영연趙令燕, 고미顧眉, 동백董白, 유여시柳如是, 이향李香 등이 있었다.

『판교잡기板橋雜記』에 보면, 금릉은 남곡南曲의 아름다운 고장으로 돈 많은 한량이나 탈속의 시인들이 내왕하며 회유했다고 되어 있다. 말들은 용처럼 줄을 이었고, 수레는 서로 앞을 다투었다. 풍월 누각에서는 관현의 노래가 어우러지고, 창기들은 서로 아름다움을 뽐내었다. 이와 같이 명나라 말엽 남경에서 창기 사업이 얼마나 번창했는가를 상상해 볼 수 있다. 그리고 북경과 남경을 제외한 여러 고을에서도 창기 사업은 번창했는데, 예를 들면 대동大同과 양주揚州는 유명하였다. 대동에는 악호가 매우 많았다. 기적에 올라 있는 자만 2천여 명이었다. 장안 내외의 그 삼원三院에 소속되어 있지 않은 자는 대부분 대동의 기적에 있었다. 그러나 그렇게 흘러 다니는 자들을 '노기산악路妓散樂'이라고 하였다.

구변九邊(명나라 때 9곳의 요새)은 마치 대동의 번화함과 같았는데 강남에 비길 수가 없었다. 여인들은 아름답고 모든 물건들은 우아하였다. 모두 변방에는 없는 것들이었는데, 오래되었을 뿐만 아니라 전쟁을 겪지 않았기 때문이었다. 속칭 '소진성장蕭鎭城牆' '관부교장官府敎場' '대동파랑大同婆娘'을 3절이라고 하였다.

『오잡조五雜俎』[100]에는 다음과 같이 쓰여 있다.

"……강과 호수가 수려하였다. 그러므로 여자들은 모두 아름다웠고 마음이 온유하며 행동거지 또한 지혜로웠다. 진실로 물로 인한 윤택한 기운이 많았기 때문에 그 정숙한 기질과 아름다움을 어떤 누구도 견줄 수가 없었다. 그러나 양주 사람들은 좋은 재화로 생각하였으며, 각처의 동녀童女들을 시판市販하였다. 더욱이 시서, 거문고, 바둑 등을 가르침으로써 후한 가치를 인정받을 수 있었는데 이들을 일컬어 '수마瘦馬'라고 하였다."

또『사릉전례四陵典禮記』에 보면 황귀비皇貴妃에 관한 이야기가 전해진다.

황귀비는 전굉우田宏遇의 딸로서 천생이 총명하고 지혜로웠다. 전굉우는 양주의 파총把總(무관의 관직명)이 되었는데, 글과 그림을 잘할 만한 자들을 찾아서 가르쳤다. 그리고 그들을 사대부들의 첩으로 삼으려고 하였다. 이들을 좋은 재화라고 생각했는가 하면 전굉우의 아내는 본래 창기라고 하였다.

『도암몽억陶庵夢憶』[101]에 보면, 당시의 기촌妓村의 모습을 비교적 자세하게 설명하고 있다.

초관鈔關을 가로질러 건너서 오 리쯤 가면 9개의 골목이 있다. 골목이 9개이기 때문에 맴돌아서 난 길을 비롯하여 모퉁이 길, 전후 좌우한 길 등이 수없이 많았다. 골목의 입구는 좁고 꼬불꼬불하였으며, 조그만 방들이 꼭 들어차 있었다. 명기를 비롯하여 왜기歪妓(잡기〔雜妓〕, 즉 천한 창기)들까지도 한데 어울려 거처하였으나, 명기들은 깊이 숨어 있어서 사람들의 눈에 잘 띄지 않았다. 이뿐만 아니라 잡기는 5,6백여 명이나 있었다.

어둠이 짙어지면 창기들은 향욕香浴을 하고 골목 입구로 나왔다. 찻집과 주루 앞에서 배회하였는데 이것을 일컬어 참관站關이라고 하였다. 찻집과 주루의 언덕에는 청사초롱이 켜져 있었고, 모든 창기들은 그 불빛 사이에 묻혀

있었다. 등불 앞과 달빛 아래 사
람들이 모두 그녀들을 올바르게
볼 수 없었던 것은, 한결같이 하
얀 화장으로 백 가지의 누추함
을 가릴 수 있었기 때문이었다.
이는 곧 화장의 힘이었다. 유객
들은 물결처럼 오갔다. 서로 눈
이 맞으면 앞으로 나아가 끌고
갔다. 뿐만 아니라, 창기들은 갑
자기 뛰어나와서 손님을 인도하
며 앞으로 나갔다. 그리고 천천
히 뒤를 따라왔다. 골목을 정탐
하고 있던 자는 골목을 향하여
"아가씨, 손님 오셨어." 라고 외

명기(名妓) 심구랑(沈九娘).

쳤다. 안에서의 대답은 우뢰와 같았다. 그리고 화급히 뛰어나와 하나하나 짝
지어 들어갔다. 남아 있는 자는 불과 2,30여 명이었다. 밤이 깊어 가면 등불
은 모두 꺼지고, 찻집은 고요해지며 어둠에 싸였다. 그러면 찻집 주인은 잠
자리에 들게 되었다. 이 때문에 모든 창기들은 돈을 거두어 주인에게 촛불을
사서 불을 밝히고 늦게 오는 손님을 기다렸다. 교성을 지르기도 하고, 벽옥
파碧玉破 등 짧은 사詞를 노래하기도 하였다. 이와 같은 것은 바로 명나라 중
엽 이후에 대동, 양주 등 각 지방의 창기들도 마찬가지의 상황이었다. 양주
에는 훌륭한 여자들이 많았는데, 숭정崇禎[102]의 전황후田皇后 또한 수마瘦馬[103]
출신이었다. 양주에 수마가 얼마나 많았는가를 상상해 볼 수 있다.

당시 창사의 정황은 오늘날의 현상과 비교한다면 더욱 노골적이며 음란하였다. 그리고 명나라 때 각 현의 악호가 번창했던 것은 말할 필요도 없다. 명나라 때 창기 사업은 역시 교방에 속하였다. 『판교잡기板橋雜記』에 보면, 악호는 교방사에서 통치했다고 되어 있다. 교방사에는 관리자 한 사람이 있어서 모든 일을 주관하였다. 관방官房(벼슬아치가 일을 보거나 숙직하던 방)이 있고, 공좌公座(공적인 업무를 맡아보는 직위)가 있었으며, 형장첨패刑杖籤牌 등이 있었다. 관대冠帶를 하고 있었다. 손을 보게 되면 읍揖(인사하는 예〔禮〕의 하나로, 두 손을 맞잡아 얼굴 앞으로 들어 올리고 허리를 앞으로 공손히 구부렸다가 몸을 펴면서 손을 내림)을 하지 않았다고 하였으며, 양가로부터 낙적을 하였다면 사부祠部(관직명)에 예속되었다. 명나라 때 관리들은 유창의 행위를 금지하였다. 자못 송나라의 제도를 답습하였다.

『숙원잡기菽園雜記』[104]에는, "전대의 문관과 무관들은 관기를 둘 수 있었으나 지금에는 창기와의 동침을 금지하였으며, 파직을 하게 되면 추서追敍(죽은 뒤에 관등을 올리거나 훈장 따위를 줌)하지 아니하였다." 라고 되어 있다.

『야획편野獲編』[105]에 보면, "선덕 3년 8월에 호광湖廣을 순수巡狩(황제가 나라 안을 두루 살피며 돌아다님)하였다. 어사 조륜은 창기와 통간을 하였는데 요동으로 수자리(국경을 지키던 병사)를 보내었다." 라고 하였다.

한편, 지방 관리들 중엔 창기와 놀아나면서도 법망에서 누락되는 자도 있었다. 신종 때 광택光宅은 글과 풍류가 있었다. 청렴결백하게 정사를 돌보았다. 그는 왕백곡王伯穀 등과 매우 친하였다. 때로는 그의 서재에서 술을 마셨다. 왕백곡은 명기를 건넌방에 숨겨 두었다. 술이 취한 뒤에는 그녀와 통간을 하였고, 늘 그렇게 하였다. 왕백곡은 이로 인하여 거간居間에게 청탁을 하였으며, 주머니가 가득 차 있었다. 형자원形子愿 등 어사는 강남을 순찰하였다.

소주의 부호 반벽潘碧은 감옥에 있었다. 그의 첩인 금릉의 명기 유팔자劉八姹도 감옥에 있었다. 그녀는 평소에 아름다운 여인으로 이름이 났다. 안 보는 척하면서 엿보니 과연 아름답기가 그지없었다. 반벽은 그녀와 밀약을 하였다. 임기가 만료되어 곧 이임移任의 소식을 기다리고 있으니 모처에서 만나자고 하였다. 드디어 죄가 가벼워져서 교방으로 돌아왔다.

한편, 재상을 높이 함으로써 창기를 끼고 술을 마시는 이들도 있었다. 『요산당외기堯山堂外記』에 다음과 같이 기술하였다.

양영, 양사기, 양박이라는 세 사람이 있었다. 그때 제아수齊雅秀라고 하는 명기가 있었는데 성격이 매우 간교하고 지혜로웠다. 하루는 그녀에게 시주侍酒하도록 하였다. 여러 사람들이 "너는 그 세 분들을 웃게 할 수 있겠는가?"라고 물었더니 "한번 들어가면 금방 웃길 수 있어요."라고 대답하였다. 따라서 들어갔더니 어찌하여 이렇게 더디 왔느냐고 물었다. "책을 보았어요." 하고 대답하니 어떤 책을 보았느냐고 물었다. "열녀전이에요." 하고 대답하니 세 사람은 크게 웃으며, "암캐가 예의가 없구나." 하고 말하였다. 이에 "제가 암캐이면 여러분은 수놈 원숭이입니다."라고 받아넘겼다. 한때 장안에서는 이 말이 널리 유행하였다."

이를 미루어 보면 명나라 때 재상들이 마음대로 기녀와 즐길 수 있었던 것처럼, 지방의 관리들도 마음대로 창기와 유흥을 즐길 수 있었다. 그러나 그로 인하여 파직을 당하고 귀양을 가는 경우도 종종 있었다.

명나라 때 기곡妓曲 가운데 의협심이 강한 창기들이 대단히 많았다. 그들 중 마희馬姬라는 창기가 있었다. 마희馬姬의 자는 수진守眞으로 그림을 잘 그렸다. 그러므로 상란湘蘭이라는 별명을 얻었다.

또한 진회秦淮는 경치가 아름다운 곳에 거주하였다. 그녀는 곧잘 의협심을 발휘하여 때때로 돈을 물 쓰듯 하였다. 소년들에게 돈을 나누어 주기도 하는 한편, 금은 장식품은 물론 돈 있는 자들도 돌아보지 않았다. 그리하여 왕백곡王伯穀은 그녀에 대한 시를 지었다.

"돈을 흙과 같이 가볍게 여기다니,

푸른 비취옷의 주가런가.

약속을 태산과 같이 중하게 여기다니,

붉은 화장의 계포인가."

대륜戴綸은 장안의 객으로 창기 소금보邵金寶와 사랑에 빠져들었다. 뒤에 그는 경영참장京營參將이 되었으나 구란九鸞의 사건에 연좌되어 투옥되었다. 집을 생각하니 수천 리 밖에 있었다. 홀로 투옥되니 어디 의지할 곳이 없었다. 이에 사람을 시켜서 주머니에 있는 3천 량을 꾸려 소금보에게 보냈다. 그리고 "나는 생사를 알 길이 없다네, 먹을 것, 입을 것이 없으니 좀 돌보아 주게나. 다만 내가 죽은 다음에는 그 돈은 모두 가져도 좋다네." 라고 옥바라지를 부탁하였다. 소금보는 대륜을 위해 하루하루의 비용을 쓰고, 그 나머지로 권문세가의 귀공자들과 결교結交(서로 사귐)하였다. 귀공자들은 대륜의 재물을 얻게 되었다. 마침내 대륜은 10년 뒤에 출옥을 하였고, 그는 건창의 유격의 벼슬을 하였다. 그러나 소금보는 대륜에게 도리어 4천 량을 돌려 주었다. 대륜은 소금보의 음덕으로 벼슬까지 하게 되었다. 그때 대륜의 아내가 와서 소금보에게 절을 하며 대륜에게 이렇게 말하였다. "지아비가 어려움을 당하였어도 아무런 능력이 없었으며, 지아비를 위한 어떤 힘도 쓸 수가 없었어요. 첩을 얻어 오히려 그의 힘을 쓸 수 있었으니 나는 당신의 아내가 될 수 없어서 돌아갑니다." 끝내 눈물을 흘리며 이별하였다.

손태학孫太學은 어떤 창기와 결혼할 것을 서로 맹서하였다. 그녀를 위하여 재화를 기울였다. 까닭도 없이 그는 상처喪妻(아내의 죽음을 당함)를 하였고 가산은 몰락하였다. 친구들이 교사教唆하여 그 기녀를 송사訟事에 부쳤다. 손태학은 재산을 잘 다스리지 않았다. 기녀가 가지고 온 모든 패옥들을 얼마 되지 않아 모두 탕진하였다. 그녀는 낮과 밤으로 부지런히 베를 짜서 죽으로 그를 봉양하였다. 이와 같은 생활을 10년 동안 보낸 뒤 그는 늙어 잘못을 회개하였다. 그러나 이미 때는 늦었을 뿐만 아니라 아무런 재산도 없으니 슬픔으로 밤을 지새웠다. 그 기녀는 손태학을 정성껏 보살피며 숨겨 두었던 돈을 그로 하여금 파내게 하였다. 모두 천 량을 꺼냈는데, 이 돈은 그녀가 몰래 파묻어 두었던 것이었다. 손태학은 이로 인하여 현위縣尉가 되어 마침내 안찰사按察司로 옮겨갔다. 이후 관록이 윤택하게 되자 그녀는 손태학에게 사직을 권고하였고, 그들은 귀향하여 종신토록 향락하였다.

이러한 이야기들을 살펴보면 소금보와 같은 기녀들의 열정, 사랑, 의협심은 어떤 명문의 규수들 가운데에서도 쉽게 찾아볼 수 없는 것이었다.

옛사람들의 말 중에 "열 걸음 이내에 반드시 꽃다운 풀이 있다."라고 하였는데, 교방 가운데에서도 훌륭한 인물들이 있었다.

반면, "기녀에게 애정이 없고 창기는 의리가 없다."라고 한 말은 정확하지 못한 것이었다. 오히려 문인들과 호객豪客들의 방탕과 사치는 듣기에도 너무나 놀라운 일이었다.

강덕함康德涵은 관직이 떨어져 귀향하였다. 그는 창기들과 어울리는 것을 낙으로 삼았다. 그때마다 악부樂府를 지어서 하인들로 하여금 비파를 타도록 하였다. 그리고 명기 1백여 명을 모아서 감상하였다.

양용수楊用修는 운남 지방의 적선謫仙이었다. 마음대로 술을 마시며 자유로이 행동하였다. 분을 바르고 둥근 쪽에 꽃을 꽂은 모든 창기들이 그를 옹위하며 시가를 돌아다녔다. 운남의 촌장은 아주 새하얀 실로 승의僧衣(승복)를 만들어 창기들로 하여금 그것을 입도록 보내 주었다. 때로는 술자리에서 글씨를 요구하였다. 취묵醉墨(술에 취하여 쓴 글씨)이 유려하였는데 모든 촌장들이 사 가지고 돌아가서 책을 만들었다.

왕유우王幼于와 장효자張孝資는 동갑이었다. 술을 마시며 노래를 부르고 유창游娼까지도 함께 놀았다. 장효자는 생일날 스스로 자살하였는데 왕유우는 자제들을 거느리고 상복을 입고서 통곡하고, 상식上食(상가〔喪家〕에서 아침저녁으로 궤연〔几筵〕 앞에 올리는 음식〔飮食〕)을 하였다. 그리고 왕유우는 앉아서 그것을 향유하였다. 다음 날 출상의 상례를 마치고 기악妓樂을 차린 다음 울음을 그치고 통쾌하게 술을 마셨다. 이것을 '수루收淚'라고 하였다.

유회경劉會卿은 노래를 좋아하였는데 갑자기 병으로 죽었다. 왕유우는 술을 가지고 그의 빈소에서 곡을 하였다. 그리고 시종들로 하여금 비파를 연주하게 한 다음 목청을 돋우어 노래하고 술을 마셨으니 그의 방탕이 어떠했는지 가히 짐작할 만하다.

과주瓜州의 소백량蕭伯梁은 성품이 호화로움을 좋아하고 의협심이 강하였다. 재산을 기울여 많은 협객들과 결교하였다. 밤낮으로 통쾌하게 술을 마셨다. 많은 창기들을 끼고 놀았다.

그런가 하면 가흥嘉興의 요장명姚壯茗은 12척의 배를 진회秦淮에 띄우고 사방에서 이름이 있는 1백여 명의 선비들을 초치招致(불러 들임)하였다. 그리고 배마다 명기 4명씩을 불러서 시주侍酒하도록 하였다. 이원梨園(당의 현종이 장안의 금원(禁苑) 안에 영인(伶人)들을 모아 음악을 가르치던 곳. 이후 뜻이 변하여 연극계, 극단, 기방(妓坊)을 뜻함)의 일부는 등불이 휘황하고 피리 소리가 끊이지 않았는데 한때 성행하였다.

한편, 서청군徐青君은 백만장자이기도 하였으며, 사람됨이 호화롭고 사치스러운 것을 좋아하였다. 널리 축첩을 하고 정원을 만들었다. 평천平泉과 금곡金谷을 모방하였다. 매년 여름이 오면 연하방宴河房을 만들어 명기 4, 5명을 두어서 손님을 초대하고 술자리를 모시도록 하였다. 과일 등이 산더미처럼 쌓였다. 지란芝蘭과 주리茉莉의 향기로 가득하고 꽃은 눈처럼 하얗게 피었다. 밤이 시작되면 그 다음 날까지 계속하여 술에 취하고 노래하였다. 정말로 신선 가운데 한 사람 같았다.

추공이鄒公履는 평강平康에 출유하였다. 머리에는 붉은 수건을 동여매고 몸에는 종이옷을 입었다. 고대에 산에 사는 사람들은 흔히 종이옷을 입었다. 나막신의 굽이 높았는가 하면, 미친 듯이 술에 빠졌다. 천만 량쯤 뿌리는 것을 아까워하지 않았다. 초장初場을 마치고 대사마大司馬의 문의 북을 두드렸다. 과거 시험지를 보내고 창가에서 잔치를 열었다. 높은 소리로 스스로 그 글을 암송하였는데 창기들은 모두 통쾌해 하였다. 어느 틈에 이원梨園의 장막 속으로 난입하였다. 그리고 참군골參軍鶻을 공연하였다.

축윤명祝允明은 여색과 도박을 좋아하였다. 행실을 바로 하지 않았다. 항상 분을 바르고 창기를 따라서 술자리에서 새 노래를 불렀다. 이로 인해 해내외海內外(해내(海內)와 해외(海外))에서 점점 축윤명의 이름이 알려졌다. 이윽고 그의 글과 글씨를 얻으려고 사람들이 줄을 이었다. 또는 돈을 수레에 싣고 그 문 앞에 이르렀으나 그는 병을 핑계로 만나지 않기도 하였다. 그러나 그는 술에 만취되어 창사에 있었다.

아마도 창기들이 이름을 날릴 수 있었던 것은 진실로 재색에 의지하는 바
가 컸다. 그러나 왕손王孫들이 돈을 뿌리고, 문인과 묵객들의 시문에 응수하
는 등 서로 표방하고, 유양하는 관계 또한 커다란 영향을 미쳤다. 이 때문에
이른바 미인과 명사들은 서로 상부상조하게 되었다.

진회秦淮의 풍월이 성행하는 상황에서는 실제로 이와 같은 두 종류의 사람
들이 쉬이 생성되었다. 『판교잡기板橋雜記』에 보면, "흰 비단 바지를 입은 소
년들은 마음에 새긴 재주 있는 젊은이들(才子)이지만, 색진色陳(색정(色情)을 밝
힘)이 혼미해서 된바람처럼 기운이 다했다."라고 한 것을 보더라도 당시의
창기들의 마력이 얼마나 위대했던가를 알 수 있다. 이때 국가의 흥망과 관
계가 있는 절대의 가인이 등장했다.

이자성李自成과 오삼계吳三桂 등은 서로 다투어 석류石榴 치마의 진원원陳圓
圓 아래에 꿇어 엎드렸다. 육차운陸次雲의 『진원원전陳圓圓傳』에서는 비교적
상세하게 다음과 같이 설명하고 있다.

진원원은 옥봉玉峰의 가기였다. 성색聲色이 천하의 으뜸이었다. 명나라 숭
정崇禎의 계미년이었다. 총병이었던 오삼계가 그녀의 이름을 사모하였다.
돈 천 량을 보내어 그녀를 초빙하였다. 하지만 전완田畹이 먼저 그녀를 얻었
기 때문에 부득불 자신을 섬길 수 없어서 오삼계는 내심 몹시 안타까워하였
다. 전완은 회종懷宗 비의 부친이었다. 갑신년 봄에 흉흉한 기운이 크게 나돌
았다. 왕비는 황제의 근심을 풀 수 있는 것이 무엇인가를 아버지께 의논하
였다. 전완이 원원이를 찾아갔다. 원원은 눈썹을 그리고 들어왔다. 그녀에
게 돌봐줄 것을 바랐으나, 그녀는 급히 전완의 집으로 돌아갈 것을 말하였
다. 그때 이자성李自成이 근기近畿 지역을 압박해 오고 있었다. 황제는 급히
오삼계를 불러 산해관을 지킬 것을 명령하였다. 전완은 오삼계를 맞아 집에

(좌)송혜상(宋惠湘), (우)진원원(陳圓圓)의 초상(肖像).

서 연회를 베풀었는데 마지못하여 늦게야 당도하였다. 그는 전복戰服을 입고 잔치에 임하였다. 전완은 누차 자리를 옮기더니 드디어 밀실로 옮겨 왔다. 많은 창기들이 나와서 음악을 연주하였는데 모두가 빼어난 미모였다. 화장을 엷게 한 자가 모든 창기들을 통솔하였는데 그녀가 노래를 가장 잘하였다. 오삼계는 전완을 돌아보고, "이가 이른바 진원원이 아닙니까? 정말로 사람을 현혹하기에 충분합니다."라고 말하였다. 전완은 앞자리에서 "오랑캐가 오면 장차 어떻게 하시렵니까?" 하고 물었다. 오삼계는 "진원원을 주실 수 있다면 마땅히 나라보다도 공의 집을 먼저 보위하겠습니다."라고 대답하였다. 전완은 애써 그것을 허락하였다. 오삼계는 즉시 진원원으로 하여금 전완에게 이별을 고할 것을 명령하였다. 그런 후 곧바로 말을 타고 가 버렸다. 전완은 쓸쓸하였지만 어찌할 수가 없었다. 황제는 오삼계에게 산해관으로 나갈 것을 촉구하였다. 오삼계의 아버지는 독리어영督理御營으로 이름이 양驤이었다. 그런데 그는 아들과 진원원과의 일을 황제가 알까 봐 두려워한 나머지, 관아에 남아서 출전할 것을 명령하지 않았다. 오삼계가 나갔으나 이자성은 이미 성을 정복하였다. 회종懷宗의 사직은 멸망당하였고 그는 자살을 하였다. 이윽고 이자성李自成은 궁궐을 점거하였다. 그때 오양吳驤은 이자성에게 항복하였다. 이자성은 오양에게 진원원을 찾아낼 것을 종용하였고, 또 그의 집을 몰수하였다. 그리고 글을 써서 그 아들을 찾아올 것을 명령하였다. 오양은 그의 명령대로 진원원을 찾아서 보내 주었다. 이내 이자성은 그녀를 몹시 사랑하게 되었다. ……오삼계는 아버지의 글을 받고 흔쾌히 명을 받아들였다. 첫 번째, 전령이 도착하자 오삼계는 "우리 집에는 아무 일이 없는가?"라고 물었다. "이자성이 집을 몰수하였습니다."라고 대답하였다. "내가 돌아가서 찾을 것이다."라고 말하였다. 또 한 전령이 이르자 "아버

지께서는 무고하신가?" 하고 물으니 "이자성에게 포로가 되었습니다." 라고
말하였다. "내 의당히 돌아가 석방시킬 것이다." 라고 말하였다. 또 전령이
이르자 "진원원은 무사한가?" 하고 물으니 "이자성의 첩이 되었습니다." 라
고 대답하였다. 그때 오삼계는 칼을 뽑아서 책상을 내리치며 "과연 그렇군,
나대로 행할 것이다." 라고 하였다. 그리고 오양에게 답신을 하였다. 즉 "아
버지께서 충신이 되지 못한 바 아들이 어떻게 효자가 될 수 있겠습니까? 아
들은 아버지와 결별하옵니다. 일찍이 도적의 방비를 하지 않았습니다. 비록
아버지께서는 칼을 옆에 두고 유인한다고 하더라도 저는 돌아보지 않겠습
니다." 라고 하였다. 그런 뒤 청군에게 원군을 요청하여 반란군을 토벌하였
다. 먼저 일편석一片石에서 크게 패하였다. 이자성은 대노하여 오양을 살해
한 뒤 아울러 30여 가구를 멸하였다. 그리하여 진원원을 버리고 전진을 가
다듬어 서쪽으로 후퇴하였다. 그때 이자성의 군졸들이 전의를 상실하여
모두 궤멸당하였다. 오삼계는 장안을
수복한 뒤 급히 진원원을 찾았다. 마침
내 그녀와 상봉하여 포옹을 한 채 기쁨
의 눈물을 흘렀다. 그 후 10년을 하루
같이 그녀를 총애하였다. 이와 같이 그
녀의 아름다운 춤과 청아한 노래는 영
웅호걸을 쉬이 사로잡을 수 있었다.

　오매촌은 「원원곡圓圓曲」에서 "삼군
을 통곡하노라, 모두 흰 옷을 입고, 머
리칼이 쭈뼛쭈뼛하도록 노하나니 진
원원 때문일세." 라고 한 것을 보면 오

동소완(董小宛)의 초상(肖像).

삼계가 청군에게 원군을 요청한 것을 모방하여 쓴 것이었다.

명나라 말엽에 창기는 더욱 창궐하였다. 진원원을 제외하고 재색이 뛰어난 창기들은 그 사람됨의 결핍이 없었다. 깨끗한 절개와 고고한 풍모를 가지고 있었다. 정이 풍부하고 의협심까지 있었다. 구슬피 울 수도 있었고, 노래할 수도 있는 행동거지는 진실로 사대부들이 할 수 있는 것이 아니었다.

소완小宛은 누구인가?『판교잡기板橋雜記』에서는 아래와 같이 서술하였다.

"소완小宛은 자를 청연靑蓮이라고 하였다. 천성이 총명하고 지혜로웠을 뿐만 아니라 용모까지 아름다웠다. 7, 8세 때 글을 가르쳤다. 자라면서 그녀는 고독을 좋아하고 바느질이나 음악을 잘하였다. 또한 요리나 차 등을 모르는 것이 없었다. 성격이 조용하여 그윽한 숲과 개울물, 바위와 구름을 좋아하였다. 남녀가 어울려 앉아 노래하며 피리를 부는 등 시끄러운 것을 싫어하였다. 오문吳門의 산수를 좋아하여 반당半塘으로 이사하여 조그만 호수를 만들고 대나무 울타리에 모옥을 지었다. 그 집 앞을 지날 때에는 항시 시를 읊는 소리가 들렸다. 또는 북소리와 거문고 소리도 들렸다. 때로는 일엽편주를 서자호西子湖에 띄워 선유를 하기도 하였고, 황산黃山에 오르기도 하였다. 어머니를 여의고 병이 생겼다. 그 후 그녀는 모벽강冒辟疆을 따라서 혜산惠山, 증강澄江, 금산金山 등을 거쳐서 돌아왔는데 얼마 뒤에 모벽강의 첩이 되었다. 모벽강을 섬긴 지 9년 만에 피로가 겹쳐 병으로 죽었는데, 그녀의 나이 27세였다. 모벽강은 「영매암억어影梅庵憶語」에서 그녀에 대한 추도시 2,400여 언을 지었다. 그때 사람들이 그녀를 추도하는 추모시는 참으로 많았다."

모벽강의 『영매암억어』에서 그녀에 대해 더욱 상세하게 다음과 같이 설명하고 있다.

그녀는 별실에서 4개월을 지낸 뒤 아내가 그녀를 데리고 돌아왔다. 어머니와 아내에 대해 그녀는 특별히 좋아하였다. 그래서 더욱 잘 보살펴드렸다. 집안 식구들과 더욱 친절하였으며, 그녀의 덕성이나 행동거지는 다른 데가 있었다. 뜻에 따라서 복종하며 행동하였다. 노복과 다를 바가 없었다. 차를 다리고 과일을 깎아서 항상 자신이 들고 들어왔다. 큰 추위나 더위가 심해도 반드시 옆에 지키고 서서, 먹고 마시며 입는 것을 한결같이 돌보았다. 9년이 넘도록 아내와 한 마디의 말이 없었어도 서로 의사가 일치하였다. 이것은 실제 소완이 모벽강의 가솔을 섬긴 사실이었다.

이외에도 진계秦溪 몽란 이후에 난리를 피하여 잠시 해능海陵에 머물렀다. 이곳에서 모벽강은 겨울을 보내고 봄이 오기까지 150여 일간 병을 앓고 있었다. 그녀는 겨우 하나 떨어진 자리를 말아 가지고 와서 폈다. 추우면 끌어 안고, 아프면 어루만져 주었다. 약을 달여 입에 넣어주고, 분뇨를 받아서 색깔과 냄새를 관찰하였다. 근심이 더하는가 하면 기쁘기도 하였다. 그렇게 5개월여를 보내는 동안 그녀는 장작개비 같이 말랐다. 어머니와 아내는 그녀를 가련하게 여겼으며, 감격한 나머지 좀 쉬라고 권고하였다. "내 마음과 힘을 다하여 지아비를 따르고자 하옵니다. 지아비가 산다면 나는 죽는다 해도 도리어 산 것입니다." 라고 대답하였다.

한번은 모벽강이 피를 많이 쏟아 의식 불명이 되었다. 그런데 의사가 투약을 잘못하여 병은 더욱 악화되었다. 물을 못 마신 지 20여 일이 넘어서 모두들 반드시 죽는다고 말하였다. 하지만 그녀는 60여 일 동안 더워도 땀도 닦지 않고, 모기도 쫓지 않으며, 주야로 화로 옆에 앉아서 약을 달였다. 그런 뒤 2년 뒤 가을에는 동창凍瘡을 앓게 되어 또다시 1백여 일을 보내었다. 모벽강은 5년 동안 3차례의 죽을병을 앓았는데, 만나는 사람마다 그가 죽는다고 하였지만 오히려 죽지 않았다. 이는 소완小宛의 힘이 아니었다면 있을 수 없는 일이었다. 하지만 소완이 먼저 죽어 영결하였다. 그리하여 그녀의 죽음을 상심한 나머지 그의 병이 더욱 악화되었다. 소완이 죽고 없으니 서로 의지할 수 없었다고 하는 것을 보면 그들의 애정이 어떠하였는가를 알 수 있다. 그동안 모든 생활 비용도 소완의 손에서 나왔다. 그녀는 재물을 축적하지 않았다. 보물이나 의상 등을 천시하였다. "그녀의 옷과 장식품은 환난 가운데 모두 잃어버리고 돌아올 때에는 맨발로 한 가지 물건도 가지고 있지 않았다."라고 한 것을 보면 가히 짐작할 수 있다.

이상의 이야기들로 미루어 보면, 소완의 애정과 취향이 얼마나 순결하고, 전하는 바와 같이 현모양처의 언행을 그대로 지니고 있었는지 알 수 있다. 창사의 기녀들 가운데에도 이 같은 미덕을 갖추고 있는 여인들이 있었다는 것은 상상하기 어려운 것이었다.

청의 세조는 동악董鄂이라고 하는 귀비가 있었다. 후대의 사람들이 '동董' 자와 '악鄂' 자의 음으로 인하여 '동완董宛'으로 투사하여 청궁淸宮의 일로 끌어들였다.

최근에 맹심사孟心史가 지은 『동소완고董小宛考』에서는 그 잘못된 점을 극력하게 천명하고 있다.

① 진기년陳其年의 『모소민오십수冒巢民五十壽』 서序에 기록하고 있다. 소민巢民의 부인은 소완을 자신의 누이처럼 대우하였다. 그리고 그녀가 죽자 통곡을 하고 두 아들에게 상복을 입게 하여 장례를 치렀다. 또 『영

매암억어影梅庵憶語』에는 소완의 죽음을 1월 2일로 기록하고 있는데, 아울러 그의 순장품 및 남겨 놓은 것에 대하여 상세하게 기록하고 있다. 즉 소완이 집에서 요절한 것은 조금도 의심할 여지가 없다.

② 소완은 청清의 예왕豫王, 다탁多鐸의 병사들에게 이끌려 입궐하였다고 세간에 전해지고 있다. 그런데 다탁이 강남으로 내려간 것은 순치順治 2년 을유乙酉였다. 5월에 남경을 격파하고 6월에 절강에 입성하였으며, 10월에는 북경으로 회군하였다. 소완이 소민을 섬긴 것은 대부분 을유년 이후였다. 을유 2년에 입궐하였다는 것은 근거가 없다.

③ 순치順治 8년 1월 2일에 소완이 죽었는데 그때의 나이 28세였다. 청나라 세조는 14세의 어린 동자였다. 소완은 그보다 나이가 배로 많은데 입궐하여 절대로 그의 총애를 받을 이유가 없었다. 당시 강남에서는 오랫동안 전화가 없었으며, 난리로 말미암은 약탈이 없었다. 그렇게 본다면 순치 8년에 입궐하였다는 설은 성립될 수 없다.

④ 소완은 영매암에 묻혀 있는데 분묘가 아직도 남아 있다. 진기년陳其年은 소완이 죽은 지 몇 년 뒤에 일찍이 모벽강을 찾아가 조문을 하였으며, 아울러 그의 시가 시집 가운데 남아 있다. 또 소완이 죽은 뒤에 장례를 보고 들은 사람도 적지 않아 분명 소완이 요절함은 확증되는 것으로 의심할 여지가 없다. 이렇게 비추어 보면 소완이 입궐하여 성은을 받았다는 것은 잘못으로, 소설가들에게 잘못이 있었다. 예를 들면 『홍루몽색은紅樓夢索隱』의 작자들이 가공에 의거하여 결론을 내린 데 오류가 있었다.

유여시柳如是에 대한 사실은 『강운루준우絳雲樓俊遇』에 상세하게 설명하고

유여시(柳如是)의 초상(肖像).

있다. 유여시는 명기인 서불徐佛의 양녀로, 본명은 양애楊愛였다. 오히려 미색은 서불보다도 뛰어났다. 청아하고 박학하였다. 옛것을 숭상하였으며, 희세의 준재들이 그녀를 좇았다. 우산虞山의 전겸익錢謙益은 당시 이두李杜라고 불리었는데, 그녀는 그의 시문의 훌륭함을 칭송하였다. 조각배를 타고 우산에 이르러서 선비로 분장을 하고 수레를 맞대어 전겸익을 만나고자 하였다. '양楊' 자를 '유柳' 자로 바꾸고 '애愛' 자를 '시是' 자로 바꾸어 배알하고자 하였다. 전겸익은 만나볼 것을 사양하였다. 그런데 시를 보니 그 안에 그녀의 재색이 드러났다. 전겸익은 그 시를 보고 크게 놀라 배로 그녀를 방문하였다. 과연 뛰어난 미인이었다. 이에 7언의 근체시로 교정하여 그 시를 늘 감상하였다. 또한 그녀의 붓글씨를 보고는 당나라 때 저수량褚遂良의 필법을 본받았다고 하여 마음속으로 좋아하였다. 종일토록 밀어를 나누다가 이별이 임박하자 전겸익은 유여시에게 말하였다. 성은 유柳이고 이름은 시是로써 내왕을 하였는데, 나로 하여금 여如 자를 덧붙여서 오늘 맹세의 증표로 삼는 것이 어떻겠느냐고 하였다. 이에 그녀는 응낙을 하였다. 이로부터 그 두 사람의 합작의 시초가 이뤄졌다. 그 당시 전겸익은 상처를 하였는데, 그해 겨울 유여시는 전겸익에게 시집을 갔다. 유여시의 재색이 무쌍할 뿐만 아니라 첩으로 둔다는 것이 서로 욕된다고 생각하여 부용芙蓉의 배 안에서 결혼의 예를 올렸다. 그리하여 그를 일컬어 하동군河東君이라고 하고, 또 유부인柳夫人이라고 하였다.

 '정축丁丑의 옥獄'을 당하여 전겸익은 그만 뜻을 상실하였다. 다만 유여시가 있는 바에는 조용하게 세상을 사는 것이 소원이었다. 그리하여 우산虞山 북쪽에 다섯 칸의 집을 짓고 강운絳雲이라고 하여 편액을 달았다. 그리고 밤낮으로 유여시와 함께 시를 짓고 읊었다. 목옹牧翁 전겸익이 피음披吟(시가를

쪼갬)을 좋아하였는데, 만년에 더욱 독실했다. 국사國史를 교수校讎(대조하여 고
침)하였는데, 하동군河東君의 직책이었다. 강서 시험試驗에 임해서는 찾아 연
구해야 하는 일이 있었는데, 유여시가 번번이 누각에 올라 어떤 글이나 책을
열거함에 손을 따라 뽑아 추려내는 데 백에 한 가지도 어긋나지 않았다. 혹
은 용사用事(한문 시작[詩作]에 있어서 전고[典故]나 사실[事實]의 인용[引用])함에 약간
글자나 말이 잘못되더라도, 이내 바르게 고쳐 돌아왔다. 목옹牧翁 전겸익은
그녀가 지혜롭고 사리事理를 잘 해득함에 기뻐하였고, 더욱더 어여삐 여겼
다. 경인庚寅에 강운絳雲이 화재를 당하여 홍두산장紅豆山莊으로 옮겨 가 살았
다. 또 말하기를, 목옹牧翁 전겸익은 만년에 성색聲色에 거침이 없었다. 유여
시柳如是는 옛 창기娼妓인데, 지혜롭고 시를 잘 지어서, 아침저녁으로 창을 하
고, 이러면서 노경老境을 즐겼다.

이상과 같이 미루어 보면 유여시는 재색을 겸비하였는데 진회秦淮의 모든
창기들보다도 한 수 위라고 할 수 있다. 또한 유여시는 사람을 놀라게 하였
다. 『강운루준우絳雲樓俊遇』에 보면 다음과 같은 일이 기술되어 있다.

"을유년 5월 변란이 일어났다. 유여시가 전겸익에게 권하여 '마땅히 의리
와 절개를 가짐으로써 이름을 지켜야 해요.'라고 말하였다. 전겸익은 난색을
보였다. 이에 유여시는 몸을 연못에 던지려고 하였지만 붙들어 뛰어들 수
없었다.

그때 장주의 심명륜이 전겸익의 집에 유숙하고 있었는데, 직접 이를 목격
하고 돌아가서 이 사실을 말하였다. 전겸익은 불수산장에서 유여시와 함께
지내었다. 돌 틈에서 흘러 나오는 맑고 깨끗한 샘물에 발을 씻고자 하였으나
얼른 발을 담그지 않았다. 유여시는 웃으면서 희롱하듯이 '이 도랑물은 어찌
진회하가 아닙니까?' 하고 말하였다. 전겸익은 너그러운 표정을 지었다."

전겸익이 죽자 유여시는 마을에 남아 거상을 하였다. 처음에 전겸익은 그의 친족들과 평소에 화목하지 못하였다. 그들에게 진 빚이 있었다. 그래서 많은 사람들이 송사를 제기하였다. 유여시는 울면서 말하였다. "집에는 장손이 있어요. 의로운 것이 능욕을 받아서는 안 됩니다. 미망인은 천성이 천박하여 남아 있어도 정말 쓸모가 없어요." 라고 말한 다음에 일어나서 천 량의 돈을 주었다. 다음 날 아침 흉포한 무리들이 전날과 같이 시끄럽게 모여들었다. 그리고 어제 나누어 준 것은 부인의 물건일 따름이

전겸익(錢謙益)의 초상(肖像).

며, 친족들에게 나누어 준 것은 너무 적으니 그 재산의 반 이상을 가난한 이들에게 분배해야 마땅하다고 요구하였다. 그때 그의 장손인 손애孫愛가 그 말을 듣고 두려워하여 숨어 있었다. 감히 나오지 못하였다. 유여시는 전겸익의 가까운 친족 및 평소에 친분이 두터운 문하의 사람들과 가노家奴들을 비밀리에 소집하였다. 그리고 각자가 할 일을 분담하여 결정하며 맹세하기를, "진실로 옛 덕을 생각하여도 이 말을 어김이 없어야 하오." 하고 말하였다. 그리하여 모두 응낙하였다. 유여시는 이에 나와서 친족 사람들에게 "내가 가지고 있는 재산은 그것이 전부로 너무 부족했어요. 그의 재산은 여기에 있으니 내일 술을 나누어 마시며 나누겠소." 라고 선포하였다. 이에 사람들은 흩어지기 시작하였다. 그 다음 날 이른 아침에 많은 친족들이 몰려왔

다. 유여시는 가속들과 함께 빈소에 앉아 있었는데 가노家奴에게 앞방으로 들어와 문을 잠그도록 하였다. 그녀는 방 안으로 들어가 영목루榮木樓로 올라갔다. 그런 뒤 오랫동안 나오지 않았다. 집안사람들이 의아해 하여 들어가 보았더니 이미 목을 매어 유여시가 자살을 하였다. 벽에는 "힘을 합하여 도적의 무리를 결박한 다음 관아에 알리시오." 라고 큰 글씨로 써 놓았다. 그 일을 보고 손애는 통곡을 하였다. 그리고 가속들은 모두 달려 나가서 그 친족들을 급히 결박한 뒤 문을 잠갔다. 한 사람도 빠져나간 자가 없었다. 유여시의 일을 관아에 알렸다. 현령은 사실을 조사하여 흉포한 무리들을 하옥시키고 그 일을 윗전에 알려 법에 의하여 처리하였다. 전겸익은 비록 죽었다고 하지만 가산을 지켰는데, 이는 오직 유여시의 힘이었다. 그러므로 고을 안에서 시를 쓸 줄 아는 사람들은 순절시殉節詩를 지어 추모하였다.

이향군李香君은 몸이 왜소하고 피부가 백옥 같았다. 반면에 지혜롭고 총명할 뿐만 아니라 노래를 잘하여 누구도 비길 수가 없었다. 그리하여 사람들은 그의 이름을 향선추香扇墜라고 하였다.

『판교잡기板橋雜記』에 보면, 이려정李麗貞은 이향군의 의붓어머니로서, 하룻밤에 도박을 하여 1천금을 잃은 일이 있을 만큼 호기가 있었다고 한다. 그때 이향군의 나이 13세로 의협심이 있고 지혜가 있었다. 주여송周如松에게 노래를 배워서 「옥명당사몽玉茗堂四夢」의 노래를 아주 잘 불렀으며, 더욱이 비파에 능수능란하였다. 『설원雪苑』의 후조종候朝宗과 잘 어울렸다.

내시 원대침院大鋮은 후조종과 내왕을 하고자 하였지만 이향군이 극력으로 간하여 이를 말렸다. 후조종이 떠나간 뒤 개부開府(관명으로 총독 등의 존칭) 전앙田仰이 많은 돈을 내어 그녀를 초대하였다. 하지만 그녀는 사양하여 "소첩은 감히 후조종을 배신할 수는 없습니다." 라고 말하였다. 그리고 마침내

가지 않았다. 이에 원대침은 후조종
을 미워하여 그를 죽이려고 하였으
나 도망하여 죽음을 면하였다.

청나라 때 운정산인雲亭山人은 40
막의 『도화선전기桃花扇傳奇』를 지었
다. 이별과 만남의 슬픔과 기쁨, 아
녀자와 영웅을 쓰고 있지만 실제로
그 전부는 이향군을 중심으로 하고
있다. 당시 명나라의 북도北都가 함
락되고 굉광宏光이 종묘를 짓밟다.

후방역(侯方域)의 초상(肖像).

보잘것없는 소인배들이 권세를 손아귀에 쥐었을 뿐더러 조야에서 아무것도
하는 일 없이 소일하였다. 당시의 사회적인 가난에 대하여 분격하였지만,
그들 무리들은 모두가 백면서생에 속하였다. 남조南朝의 홍폐는 도화선桃花
扇에게 매여 있었으나 그녀는 한 나이어린 창기일 뿐이었다. 마침내 각렴却
奩, 거매拒媒 등 희극을 연출하였다. 애절하고 곡진함이 끝없는 것처럼 이어
나갔다. 만약 몇 백 년 뒤에 태어난다면 무의식중에 '이 할미를 무엇에 쓰겠
어!' 하고 외쳤을 것이라고 하였다.

고미顧眉의 재색은 아마도 소완이나 이향군보다도 훨씬 뛰어났다. 『판교
잡기板橋雜記』에 보면, 고미의 자는 미생이라고 하였다고 한다. 또 '미'라고도
이름 하였다. 인상은 청아하고, 다른 사람을 포용할 만큼 성품이 활달하였
다. 구름 같은 머릿발에, 얼굴은 복숭아 빛과 같았다. 몸매는 섬세하고, 허리
는 개미와 같았다. 문학과 역사에 통달하였으며, 특히 난을 잘 그렸다. 당시
의 사람들은 그녀를 남곡南曲의 으뜸이라고 하였다. 집 안에 미루眉樓라고 명

명한 누각이 있었는데 늘 그것은 '미루眉樓'가 아니라 '미루迷樓(迷, 미혹할 미)'라고 희롱하였다. 그리하여 사람들은 그녀를 모두 미루迷樓라고 지칭하였다.

당시의 강남은 참으로 사치스러웠다. 창기와 선비들은 주연을 베풀고 글을 지었다. 그런데 그 자리에 고미가 없으면 모두 즐거워하지 않았으며, 더욱이 고미 집의 요리를 좋아하였다. 이 때문에 미루眉樓에서는 매일같이 잔치가 벌어졌다. 이와 같이 고미가 진회에 있을 때의 성색의 화려함은 극치를 이루었다.

명나라 때 이르러 교방의 풍습은 당나라 때 북리北里의 현상을 답습하였다. 그 특징을 몇 가지로 나누어 설명할 수 있다.

### (1) 문학과 예술을 숭상하였다.

구백문寇白門은 도곡度曲에 능하였고, 난을 잘 그렸으며, 운을 맞추는 데는 거칠게 알았지만 시詩를 잘 읊었다.

고미顧媚는 문사文史에 능통했고, 난을 잘 그렸으며, 자태와 용모가 마수진馬守眞보다 더 뛰어났다.

이십낭李十娘은 성격은 깨끗한 것을 좋아하고, 거문고 타는 것과 청아한 노랫가락에 능했다. 시문詩文을 짓거나 서화書畵를 그리는 일에 뛰어났으며, 문인文人과 재사才士들을 사랑했다.

변새卞賽는 글을 알아서 소해小楷에 뛰어났다. 난 그림을 잘 그리고, 거문고를 잘 탔으며, 나뭇가지와 미인 그리기를 좋아했다. 한번 필화를 시작하면 십여 장이었다.

범옥范珏은 산수화를 잘 그렸다. 대치大癡 고보동顧寶憧을 모방하여, 오래된 나무나 먼 산의 골짜기를 그렸으며, 필묵 사이에는 천연의 기운이 있고, 부

(좌)이향군(李香君)의 초상(肖像), (우)고미(顧眉)의 초상(肖像).

인부人 가운데에는 범화원范華原이 있다.

돈문頓文은 글자의 뜻을 약간 알지만, 당시에 매우 능했다. 거문고 타는 것을 배워, 아가雅歌에 삼첩운三疊韻 했으니 청령淸冷하고 신비한 기운이 두루 미쳤다. 그러므로 글자에는 금심琴心이라 일렀다.

사재沙才는 바둑을 잘 두었고, 도곡度曲을 퉁소로 불었다.

왕소대王小大는 문예文藝를 섭렵했고, 붓을 두드려 묵흔墨痕을 내고 가로세로로 표질標帙했다. 이는 이이안李易安의 류流이다.

(이상以上 『판교잡기板橋雜記』에 구체적으로 서술되어 있음)


위에서 인용하고 있는 이야기들은 자주 나타나는데, 이것은 명나라 방곡에서 사대부 및 유객游客들과의 유연游宴이 주로 문학과 예술에 치중했기 때문이었다. 원나라 창기들이 오로지 '희곡가무戲曲歌舞'를 중점적으로 하였던 것과는 크게 다른 바가 있다.

### (2) 방이 청결하고 우아하였다.

고미顧媚의 집에는 무늬가 있는 창문과 주렴珠簾, 상아로 만든 첨대와 옥玉으로 만든 축대가 있고, 책상을 쌓아 올리고, 옥으로 꾸민 금琴과 아름다운 슬瑟이 좌우에 놓여 있으며, 향의 연기가 아름답게 퍼지고, 천 권의 패엽경은 꽃비 되어 흩어진다.

동백董白이 오문吳門의 산수山水를 그리워하며 반당半塘에 한거閑居하면서, 물가에 집을 짓고 대나무 울타리를 쳤다. 그 자리를 지날 때면 때때로 시 읊는 소리를 들을 수 있다.

18세의 변새卞賽는 오문吳門에서 놀고 호구虎邱에서 기거하였으니, 그곳에는 상강湘江의 대나무로 만든 발과 비자나무로 만든 안석이 있고, 땅에는 티끌 하나 없다.

이십낭李十娘은 곡방曲房의 밀실密室에 기거하였는데, 빙 둘러친 휘장과 준이(고대에 술을 담는 예기〔禮器〕인 육준〔六尊〕과 육이〔六彝〕를 함께 이르는 말)가 있어, 격이 있는 풍치를 갖춰 아름다움을 더하였다. 그 가운데 추녀를 만들고, 추녀의 왼편에는 늙은 매화나무 한 그루를 심었다. 꽃이 필 때 향내 나는 하얀 눈꽃이 책상에 떨어진다. 추녀의 오른편에는 오동나무 두 그루가 서 있고, 또 큰 대나무 십여 그루가 있다. 아침저녁으로 오동나무를 씻고 대나무를 닦으니 비취 빛깔이 탐스럽다. 그 집으로 들어오는 자는 티끌 하나 없는 공간을 의아해 한다.

(이상以上 『판교잡기板橋雜記』에 서술되어 있음)

마상란馬湘蘭은 진회秦淮의 승처勝處에 거처하였는데, 지관池館(못이 있는 집)은 깨끗하고 확 트였다. 화석花石은 그윽한 듯 깨끗하고, 곡랑曲廊(곡선으로 굽은 사랑채)은 변방便房(뒷간)으로 가는 길인데, 헤매다가 나오기 힘들다.

(『열조시집列朝詩集』에 기술되어 있음)


이상에서 살펴보면, 산림山林에 의탁하고 살던 당시의 은사나 선비들이 거처하였던 것과 같았다. 문에 의지하여 웃음을 파는 조진모초朝秦暮楚(풀이 아침에는 진나라에 있다가 저녁에는 초나라로 감. 거주지나 주소가 일정치 않음)의 창기들이 이와 같이 거처하고 산다는 것은 전대에 들어보지 못한 이야기였다. 『판교잡기板橋雜記』나 『북리지北里志』에 보면, 집이 청결하고 화목이 소소하며, 전후 정원에는 아름다운 꽃들을 심었고, 괴석으로 쌓아올린 연못이 있다고 한 것을 보면 가히 상상할 수 있다. 명나라의 방곡은 온 힘을 다하여 청결하고 아

(좌)구백문(寇白門)의 초상(肖像), (우)변옥경(卞玉京)의 초상(肖像).

름답게 꾸민 것을 볼 수 있는 당나라의 풍습을 답습한 것이었다.

### (3) 기녀의 풍모를 중요시하였다.

이소대李小大는 자못 아름다운 이름이 드러나 자태가 곱고 품행이 발랐다.

갈눈葛嫩은 귀밑머리에 묶은 머리가 구름 같으며, 복숭아 같은 볼에, 호리
호리한 허리를 가지고 있다.

동백董白은 선천적으로 아름다웠고 지혜로우며 용모가 고왔다.

사재沙才는 아름답고 고우며, 풍만하고 넉넉하며, 골격과 몸매가 모두 아
름다우니 천생의 뛰어난 인물이다.

이향李香은 신체가 아담하고 피부는 옥색이었다.

마교馬嬌는 미모가 청순하고 아름다웠으며, 봄 달빛에 비치는 버들처럼 빛
이 났다. 출렁이는 물 위에 나오는 부용 같았으며, 이름이 '교嬌' 한 글자라는
것을 부끄러워하지 않았다.

변옥경卞玉京은 키가 크고 피부가 하얗고 옥玉처럼 고왔으며, 몸이 가냘프고
아름다웠다. 사람들은 보기를, 수정水晶 병풍屛風이 서 있는 것 같다고 했다.

이십낭李十娘은 태어나면서부터 아름다웠으며, 피부는 옥과 눈과 같이 깨
끗했다.

어느 때를 막론하고 마찬가지이지만 특별히 명나라 때에는 창기의 색에
대하여 중시하였는데 다음과 같은 두 가지에 더욱 치중하였다.

① '두 팔은 연 줄기와 같고', '피부가 백옥 같으며', '눈이 까맣고' 등 선천적
   으로 타고난 아름다움에 치중하였다.

② '애교와 섬세함이 있고', '허리는 개미 같이 가늘고' 등 가녀리고 심성이

변옥경의 동생 변민(卞敏).

고운 미인을 제일로 알아 주었다. 아마도 당·송 이후부터는 남방의 가인이 두각을 나타내기 시작하여 명나라 때에는 강절식 江浙式(강소성과 절강성을 말함)의 미인이 일세를 풍미하였다. 북방의 미인에 대하여 눈을 돌린 것은 그 후의 일일 것이다.

기타 화방花榜(미녀선발대회)의 일은 아마도 명나라 때 시작되었다. 가청嘉靖과 융경隆慶 사이에 금단金壇의 조대장曹大章이 연대선회蓮臺仙會를 창립하여 오백고吳伯高, 양백룡梁伯龍(명나라 때의 문인 양진어[梁辰魚]) 등 명사들을 비롯해 청아한 창기들을 모아 주연을 베풀고 풍류를 즐겼다. 이것이 한때 성행하였는데 화방의 시초가 되었다. 그 뒤 만력萬曆 때『빙필매사冰筆梅史』에서는 창기 40여 명을 잎에 써놓았는데, 굉주觥籌(술잔의 수를 세는 대나무 가지)로써 대신하도록 하였다. 조대장曹大章은 다시『진회사여표秦淮士女表』를 지어 모든 창기의 재정才情 및 색예色藝의 등급을 판별하였다. 그리하여 여장원女狀元, 방안榜眼, 탐화探花, 해원解元, 여학사女學士, 태사太史 등의 칭호가 붙었다. 명나라 말엽에 이르러 그 기풍은 더욱 극성을 부렸다.

가흥의 심우화沈雨花는 일금 천 량을 써 화안花案(꽃을 놓는 탁자)을 정하였다. 주시珠市의 명기 왕월王月의 자는 미파微波였다. 동성桐城의 손무공孫武公은 그녀를 사랑하였다. 7월 7석날 밤에 모든 창기들은 방밀方密의 교거수각僑居水

閣에 모였다. 사방에서 현인과 호걸들의 수레가 골목에 가득하였다. 이원梨園의 자제들이 늘어서고, 그 누각의 밖에는 배들로 둘러쌌는데 마치 담장을 친 것과 같았다. 창기들을 품평하여 높이 무대를 세우고 장원狀元을 앉혔다. 20여 명 가운데서 왕월이 1등을 하였다. 그녀가 무대 위에 올라서자 음악을 연주하였다. 돈을 주고 술잔을 진상하였다. 이에 남곡南曲의 모든 기녀들은 부끄러워하며 모두 가 버렸다. 날이 밝자 술자리를 파하였다. 다음 날 각기 이 일을 시로 썼다. 이것은 명나라 숭정 때 있었던 일이었다.

방곡坊曲에서 백미신白眉神을 숭배하였던 것도 명나라 때 시작되었다.

『화진지花鑛志』에 보면 다음과 같은 말이 있다. 교장敎場 백미신은 초하루, 보름에 손수건 및 실과 바늘로 신의 얼굴을 찌르며 기도를 하였는데 대단히 근엄하였다. 이것을 일컬어 살맥撒帞이라고 하였다. 사람의 얼굴을 보고 미혹하면 다시는 그는 떠나가지 않았다. 백미신은 고대의 홍애洪崖(고대의 선인[仙人]) 선생으로, 한편 요신祅神이라고 불렀다.

또한 『야획편野獲篇』에 보면 다음과 같이 백미신의 형상을 설명하고 있다.

"방곡의 백미신은 수염에 위엄이 있었다. 말을 타고 칼을 잡고 있는 것은 마치 관운장과 같았다. 그러나 눈썹은 하얗고 눈이 빨갛다. 장안의 사람들은 서로 욕하기를 '백미적안白眉赤眼' 같다고 했기에, 서로 미워하고 원수가 되었다. 창기가 처음 잠을 잘 때에는 반드시 이 신에게 함께 절을 한 뒤 서로가 통정을 할 수 있었다. 남경과 북경도 모두 마찬가지였다."

후대에는 유객游客이 창기와 잠잘 때 백미신에게 기녀와 함께 절하는 일은 없었다. 방곡에서 신을 숭배하는데 이 신을 노랑신老郎神이라고 하였는데 아마도 백미신이 변모한 것이었을 것이다.

명나라 때 남경과 북경의 창기 사업은 매우 번성하였다. 그러나 이름을 날리던 기녀들은 대부분 남방의 창기들이었다. 북방의 가인은 그렇게 뛰어나지 못했는데 그럴 만한 이유가 있었다.

① 용모와 화장이 남방에 뒤졌기 때문이다.
『석진일기析津日記』에서 이르기를, 고시古詩에 이렇게 적고 있다.

"연燕과 조趙나라는 미인이 많았지.

얼굴은 마치 백옥白玉과 같았다네.

비단 치마저고리를 입었고,

맑고 고운 노래를 불렀네."

그러나 연燕나라에 사는 부녀婦女가 비록 아름답다지만, 대부분 붉은 분을 바르고, 거짓으로 꾸며낸 자가 많다. 13살에 갑자기 시집가서, 30세에 이르러 초췌해졌다. 이는 순화蕣華(무궁화꽃)가 쉽게 떨어지는 것과 같으니, 어찌 옥玉에 비유할 수 있는가? 청루青樓의 기녀妓女들도 대부분 바지를 입었으며, 비단 치마를 입은 자는 역시 드물었다. 당시에 창사들의 창기들은 대부분 바지를 입었을 뿐 비단옷을 입는 일은 드물었다.

② 숭정 때 북경에는 악호樂戶가 거의 폐지되었다. 엄사암嚴思庵의 『염와艶囮』에 보면 이렇게 전해지고 있다. 명나라 만력 말엽에 교방의 부녀들이 서로의 용모를 경쟁하였는데, 그들은 때가 되면 재물을 모을 수 있었다. 또한 작당을 하여 기만의 극을 늘어 놓았다. 미모가 출중한 사람을 뽑아 와囮로 삼았다. 그것을 타괴아打乖兒라고 불렀다. 그리고 함께 일하는 남자들은 방뇨幫鬧라고 하였고, 여자들은 연수連手라고 하였다. 반드시 그 생김새를 보고

선택하여 그와 함께 일을 하였다. 성
사가 되면 그 능력을 계산하여 이익
을 나누었다. 그리고 그 와囮는 혼자
서 그 이익의 반을 차지하였다. 그러
므로 교묘하게 기회를 만들었다. 변
태가 백출하였다.

평화방(評花榜).

서사공徐司空은 부호였다. 재산을
그대로 둔 채 죽었다. 그의 어린 아
들과 첩들이 그 재산을 관리하였다.
그런데 심구沈嫗라는 사람이 있어 그

집을 자주 드나들었다. 정귀비鄭貴妃의 조카인 새고賽姑와 결혼을 성사시켜
주겠다고 속이고 금은, 골동품 및 채단綵緞(온갖 비단)을 사취하였다. 또다시
서사공의 아들의 명의를 빌어 그의 형을 찾아가 은 5백 량과 옥으로 만든 사
자獅子 한 쌍을 빼앗아 갔다. 그러나 일을 낭패한 뒤에 악호에서 그 일을 누
설하였는데 주모자는 모두 그 악호의 창기들이 연루되어 있었다. 이른바 방
뇨幇鬧와 연수連手였다.

숭정 중엽에 어사는 그 상황을 풍문에 듣고 장안의 악호를 폐지시킬 것을
주청하였다. 그리하여 그녀들은 각 현으로 흩어졌다. 특히 양주로 가장 많
이 유입되었다. 따라서 북방의 가인들이 그 사회의 저변으로 스며들게 되었
다.

③ 명나라의 법령은 관리들에게 압창狎娼을 금지하고 있었기 때문이었다.
명나라 때 남경과 북경에는 모두 교방 악호가 있었는데, 마찬가지로 규제를
하였다. 그러나 진회秦淮의 풍류를 두고 '욕계慾界의 선도仙都, 승평昇平의 악

토악土樂'라고 일컬었다. 상청上廳, 행수行首라고 호칭하고 있는 자들이 이 나라
에 모여들었다.

연도燕都의 방곡坊曲의 성색聲色(음악[音樂])과 여색[女色])은 쓸쓸히 물러나 창
기 문화사 가운데 아무런 위치를 차지할 수 없었던 것은 바로 이러한 몇 가
지 이유 때문이었다.

제18절

# 명대明代의 남색男色

남색男色은 오대五代로부터 송대宋代에 이르기까지 갑자기 흥성하였다. 도곡陶谷의 『청이록清異錄』에 보면 다음과 같은 말이 있다.

"오늘날 장안에서 색色을 전업으로 하는 집이 1만 호로 집계할 수 있다. 남자들은 신체를 들어 재화로 삼았다. 들고 나는 것을 기뻐하니 드디어 벌집처럼 이루었다. 다만 풍류로 교방을 짓는 것은 아니었다."

송나라 주욱朱彧의 『평주가담萍州可談』에 보면 이렇게 쓰여 있다.

"장안과 군읍의 불량배들은 그것을 먹고사는 것으로 꾀하였지만 제대로 금지한 적은 없었다. 휘종 때 비로소 입법하여 체포할 것을 포고하였다. 남창을 하면 곤장 100대를 맞고 그 일을 고발하는 사람에게는 상금 50관을 포상했다."

주밀周密의 『계신잡지癸辛雜識』에 보면 다음과 같이 쓰여 있다.

"오吳나라 풍속은 이와 같은 남색의 기풍이 더욱 심하였다. 신문밖에 그들의 소굴이 있었는데 모

남풍(南風) 청(清)나라 때.

두 화장을 하고 옷을 곱게 차려 입었다. 또한 바느질도 잘해서 부인과 같다고 말하였는데 자주 구합求合(자신과 뜻이 맞는 이를 찾음)하였다. 그 우두머리 되는 자를 사무師巫, 행두行頭라고 하였다."

이상에서 인용한 것과 같이 북송과 남송 때 장안과 군읍의 남색은 특히 창궐하였다. 원나라 때 그 기풍은 줄어들었으나 명나라 때 와서 다시 융성하여, 위로는 천자로부터 아래로는 서민에 이르기까지 남창들과 사랑하지 않는 사람이 없었다.

『애매유필曖媒由筆』에 보면, "명나라 정덕 초엽에 내신內臣에게 가장 사랑을 받은 자는 노아당老兒當에 들어갔다. 그 무리들이 많았다. 모두 나이가 어리고 준수한 자를 가려서 뽑았는데, 이는 내신을 위한 것이었다."고 되어 있는데, 이는 '천자天子'가 남색을 좋아했던 증거로 충분하다고 할 수 있다.

『어기만초漁磯漫鈔』에 보면 다음과 같은 이야기가 있다.

"해염海鹽에 금봉金鳳이라고 하는 우동優童이 있었다. 젊어서 분의分宜의 엄동루嚴東樓와 남색의 행각을 하였다. 낮에는 금봉이 아니면 밥을 먹지 않았고 또 밤에는 금봉이 아니면 잠을 자지 않았다. 하지만 금봉이는 이미 색정이 쇠퇴하여 식객 노릇을 하였다. 엄동루에 비하여 너무 쇠퇴하였다. 왕봉주王鳳洲의 『명봉기鳴鳳記』에도 그 행적을 기록하고 있다. 금봉은 다시 분을 바르고 몸을 아름답게 꾸며 엄동루와 어울렸다. 그의 행동거지가 대단히 애교가 있었는데, 다시 그 이름이 인구에 회자되었다. 그들의 은정恩情은 말할 것도 없었다.

『이담耳談』에 보면 다음과 같이 쓰여 있다.

"남경에 왕좨주王祭酒가 있었는데 한 감생監生과 사통을 하였다. 그런데 그 사람의 꿈에 상어가 사타구니 밑에 나오며 그에게 말하자, 그는 희롱 삼아 말하기를, '그 사람의 꿈이 매우 의심스럽다. 꿈에 상어가 다리 밑에 뚫어 들어간 일이 수상쩍다. 생각하건대 감생監生 중에 왕학사를 말하고 밤에 와서 탐방하는 귀한 상을 알았던 것이다.'"

또 『이담耳談』에는 이렇게 말한다. 협서차어사陝西車御史가 양안부梁按部 어느 고을의 수레 끄는 어린 동자를 보고 좋아하였다. 고을에 이르러 문지기를 바꾸도록 명령하였다. 이목吏目은 아무런 응답이 없었다. 차어사가 다시 말하기를 "도중에서 수레를 끌던 그 동자로 하면 좋겠다." 라고 하였다. 그러자 이목은 "그 동자는 단지 수레를 끌 따름입니다." 라고 대답하였다. 그런데 역승驛丞이 그 뜻을 깨닫고 "동자를 나리의 분부대로 하겠습니다." 하며 마침내 문지기로 바꾸었다. 강경명强景明은 이 일을 희롱하여 『예교행拽轎行』을 지었다.

> "수레 끄는 동자여, 수레 끄는 동자여,
>
> 너 예쁜 동자여, 대인께서 보자 하신다.
>
> 애석하구나. 이목이 깨닫지 못하나니,
>
> 마침 역승이 와서 알았도다."

이것을 보더라도 명明나라의 관리들이 남색을 좋아했다는 예증으로 충분하다.

『폐추재여담敝帚齋餘談』에 보면 주용재周用齋에 관한 일화가 전해진다. 주용재周用齋는 오吳나라 곤산昆山 사람으로 문명文名을 드날렸다. 하지만 과거에 오랫동안 급제를 못하였다. 그는 호주湖州의 어떤 집에 글방을 차렸다. 천성이 소박하여 첩을 두지 않았다. 얼마 오래되지 않아 그는 갑자기 돌아가겠다고 말하였다. 주인은 그가 고독을 감내하지 못하고 있다는 것을 알았다. 그래서 억지로 만류할 수가 없었다. 그러나 그는 용양龍陽(남성들 사이의 동성 연애를 의미하는 남색(男色)의 다른 말)과 자도子都(미남자)에 대하여 은근히 언급하였다. 주용재는 분노로 얼굴색이 변하면서 금수보다도 못한 짓이라고 하였다. 주인은 평소에 짓궂은 생각을 가지고 있었다. 이에 그는 음행을 잘하는 동자로 하여금 술에 취한 틈을 타서 음경을 삽입하도록 하여 꿈꾸는 듯 즐거이 화합하여 깨도록 하였다. 더욱더 희롱과 해학이 그치지 않았다. 주인은 은밀하게 동자에게 그의 뜻을 알아보고자 물어 보았다. 그는 크게 소리 질러 "용산龍山은 정말로 성인聖人이다." 라고 하였다. 몇 십 번을 외쳤다. 다음 날 그 이야기가 퍼져서 웃음거리가 되었는데, 용산龍山은 그 주인의 별호가 되었다. 이로부터 그는 남색에 빠지게 되었다.

팽조(彭祖) 양생(養生) 방중술(房中術) 계열(系列).

『유남수필柳南隨筆』에 보면 이이와李二哇에 대한 이야기가 있다. 이이와는 적적嫡, 헌獻의 남색이었다. 아름다웠을 뿐만 아니라 용감하였다. 전쟁을 할 때에는 반드시 선봉에 나섰다. 하지만 뒤에 황득공黃得功에게 생포되었다. 황득공은 그의 아름다움을 좋아하였으나 그가 따르지 않아 죽였다.

그런가 하면 형리와 병사의 이야기가 있다. 형리刑吏가 한 병사를 좋아하여 장소를 가리지 않고 통정을 하려고 하였다. 하루는 병사가 밤에 옥사를 지키게 되었다. 모든 판관은 반드시 드나드는 사람을 기록하였는데 대단히 엄격하였다. 옥리가 아직 오지 않은 사람을 대신하여 들어갔다. 그날 밤은 달이 밝았다. 그런데 한 아름다운 자가 달구경을 하고 있었다. 형리는 병사에게 "내가 가서 수작을 붙여 보겠네." 라고 하였다. 병사는 '좋다.'고 대답하였다. 하지만 그는 크게 분노하여 말다툼을 하였다. 형리는 마침내 그를 구타하여 죽게 하였다. 그리고 시체를 우물 안에 버렸다. 병사가 말하기를, "나를 위한 것이었으니 의리를 잊을 수 없소. 내가 대신 옥살이를 함이 마땅하오." 라고 하였다. 사형수로서 2년 동안 음식 등 모든 옥바라지를 형리가 다 하였다. 그런데 뒤에 갑자기 옥바라지가 끊겨 형리를 불렀으나 다시 오지 않았다. 병사는 분노와 증오심을 금할 수가 없었다. 병사는 그동안의 사실들을 털어 놓았다. 따라서 판관은 병사를 출옥시키는 반면 형리를 투옥시켰다. 이와 같이 명나라 때에는 남색이 창궐하였다.

『폐추재여담敝帚齋餘談』에 보면 민남閩南 지방에 대한 이야기가 있다. 민남閩南 지방의 사람들은 특별히 남색을 중요시하였다. 귀천과 미추를 막론하고 끼리끼리 인연을 맺었다. 나이가 많은 자가 계형契兄이 되고, 적은 자가 계제契弟가 되어서 형이 아우의 집에 들어갔다. 아우의 부모는 그를 사랑하기를 사위와 같이 하였다. 아우에 대한 뒤의 생계비 및 결혼 비용 등은 모두 그 형이 마련해야 했다. 나이가 들수록 서로 사랑하여 잠자리도 마치 부부와 같이 하였다. 그리

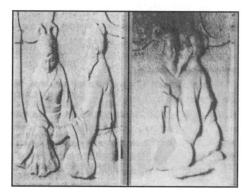

(좌)성희지이(性戱之二), (우)성희지삼(性戱之三).

고 그들의 간음을 들추어내는 자를 이름 하여 기간畏奸이라고 하였다. 이 기
畏 자는 운서韻書에서 찾아볼 수 없는 민남 지방 사람들이 스스로 만들어 쓴
것이었다.

여기서 잘생긴 젊은 남자들이 말하는 것인데, 혹은 서로 미혹迷惑을 품게
되어 때때로 이런 일이 생겼다. 이것은 연령과 용모가 비슷한 사람에 불과
하기 때문이다. 가까이 있는 사람을 보더라도 장부壯夫 중에는 동성 연애자
가 많았다. 문득 아름다운 여자들이 많이 모이고, 그녀와 같은 이불 아래서
의 사랑을 즐거워했다. 아버지로 자처하면서 작은 집에 소년들을 살게 하고
더욱 반역叛逆을 극렬하게 꾀했다. 그 일은 '해구운海寇雲', 즉 해적의 소굴에
서 시작되었다고 알려졌는데, 큰 바다로 나갈 때 부인婦人들이 군중軍中에 있
으면 풍랑을 만나 배가 뒤집혀 익사하기 때문에 금禁하였다. 그래서 남창男
娼으로 대신하고, 호강豪剛한 이들은 '계부契父'라 불렸다.

또 이렇게 말하고 있다.

"집안의 남색男色이 부득이하게 여러 집에서 배출되었다. 당시 미혼 여자
가 남자와 만나는 것이 법률적 남녀 간통奸通으로 여겨 제한되었다. 남자들
이 서로 위로하려 해도 관계를 할 수가 없었다. 또한 범죄로 감옥에 오랫동
안 가두어지면 배우자配偶者를 찾았다. 같은 감정을 가지고 있는 사람과 상
의한 후에 감옥에서 관계를 갖는 것이었다. 질투로 다투거나 모함하는 일
이 생겨 감방監房에 제소를 하기도 하였다. 이처럼 남색은 외부에만 있던 일
이 아니라 옥중獄中에서도 있는 일이었다. 서북西北의 술좌戌座(집터나 묏자리가
술방[戌方]을 등지고 진방[辰方]을 향한 좌향[坐向]을 말함)에 이르기 위해 아내를 얻을
돈이 없는 사람들끼리 서로 위로하였다. 나이를 먹어도 배우자가 없는 남
자는 두 발로 대신하였다. 가난하기 때문에 어쩔 수 없는 것이었다. 웃기지

만 불쌍한 일이었다. 풍속으로 전해 내려온 것은 경사京師의 '소창小唱', 민중閩中의 '계제契弟' 이외에도 지사志士가 연동孌童을 얻는 경우도 있었다. 지사志士는 나이 어린 소년에 대한 애정愛情을 한데로 모아 사랑했다. 강남江南부터 창성하고 서서히 중원中原까지 이르러, 금릉金陵의 방곡坊曲처럼 유명한 기원妓院은 이런 방식으로 유객游客들의 총애寵愛을 받았다. 우스갯소리로 여자 손님들을 웃기는 것이 좋은 일로 여기는 것이었다. 북방 기생들은 유일하게 이런 일로 깊이 즐기지 않았다."

사조제謝肇淛(명말[明末]의 관리이자 문인)의 『오잡조五雜俎』에서는 이렇게 전하고 있다.

"당시 남색을 말한다면 민남閩南과 광동廣東 지방이 명실공히 이름이 있었다. 그러나 오吳, 월越로부터 연燕, 운雲에 이르기까지 남색에 대하여 모르는 사람이 없었다. 장안에는 소창小娼이 있어서 오로지 사대부들의 주연에서 시주하였다. 관기는 이미 금지하고 있었기 때문에 그들을 사용할 수 없었다."

이를 통해 몇 가지로 나누어 요점을 개괄할 수 있다.

① 남색男色은 민중閩中의 계형제契兄弟, 계부契父가 가장 유행하였다.

② 죄수 및 옥리들까지 남색을 면할 수가 없었으니 명대의 남색이 일반 민중 가운데까지도 보편화되었다.

③ 이와 같은 남색의 풍습은 강남에서 성행하다가 중원으로 옮겨 왔다.

④ 명대의 창기는 계간鷄姦 행위로써 유객들에게 공헌하였다.

⑤ 명대의 연경燕京에서는 남색을 모두 소창小娼이라고 하였다. 다만 고장이 다르기 때문에 남북의 분별이 있었다.

⑥ 남색은 수려하였다. 서북에서 동남으로 민첩하게 옮겨 다녔다.

또 이렇게 전한다.

"사대부들은 창기娼妓와 어울리면 법률의 단속을 받았지만, 남창男娼(용양지호〔龍陽之好〕와 단수지벽〔斷袖之癖〕은 고대 남성애를 형용하는 말)에 대해서는 관대寬待하였다. 돈(아도〔阿堵〕는 당나라 때 자주 쓰는 말. '이거'를 뜻하는데, 돈을 말함)에는 선비와 서민들이 종종 곤란해 했는데, 화대花代(전두〔纏頭〕는 창기의 수입을 말함)보다는 남창男娼과의 비용이 덜했다. 당시 남편이 남자와 사귀면 질투가 심한 부인이 포악하게 굴지(하동사후〔河東獅吼〕는 질투가 심한 부인이 포악하게 군다는 말) 못하였다. 남녀가 밀회하는 것(상중지약〔桑中之約〕은 남녀가 밀회하는 행동)은 예교규범에 어긋났다. 그래서 남자와 여자가 사귀면 슬며시 만나야 되었기(의옥〔倚玉〕은 자기보다 신분이 높은 사람과 친분 관계를 맺어 자신의 지위를 높인다는 말) 때문에 함께 만나는 것이 어려웠다. 그래서 남창男娼이 점점 많아졌다."

사조절謝肇淛의 언급을 미루어 보면, 명明나라에서 남창男娼의 발달發達의 원인이 무엇이었는지 거의 알 수 있다.

제19절

# 명대明代의 창기와 시詩

명나라 때 가정嘉靖과 융경隆慶 이후부터 남경의 방곡 창기들은 대부분 시를 지을 줄 알았다. 이른바 십이금차十二金釵, 진회사미秦淮四美 등은 모두 음풍농월할 수 있었고, 유객들과 어울려 휘호를 할 수 있었다. 또한 십이차十二釵와 사미四美의 반열에 들지 않고서도 문장과 시를 짓는 데 뛰어난 이름 있는 창기도 적지 않았다.

### (1) 조연여趙燕如

본래의 이름은 여화麗華로 부친은 조예趙銳이다. 음악을 잘하였다. 홍무洪武 황제에 뽑혀 봉양하기도 하였다. 그녀는 13살 때 기적에 올라갔는데 용모가 몹시 빼어났다. 소사小詞를 잘 지어서 즉시 연주되어 불렸다. 기질이 호방하고 의협심이 있어서 천금을 벌어도 이내 써 버렸다. 당시의 명사인 진치매陳治梅와 어울렸다. 후에 나이가 많아지면서부터 화장을 일절 하지 않고 문을 걸어 잠근 채 손님 받기를 거절하였다. 그러나 여러 사람들과 어울려 형제처럼 지냈다.

김백서金白嶼, 왕중방王仲房, 심가즉沈嘉則은 중양절에 돈을 모아 술을 마셨다. 그때 시를 써서 조연여에게 보여주자 즉석에서 화답하였다.

"어려서 진의 누각에서 배웠나니 연비의 춤을,

하지만 초의 구름, 절의 물은 호응하지 않았거늘.

기쁘기도 하여 오늘 중양의 술을 마시게 되어,

오늘에야 이 낡은 무의를 매만지네.

허리띠 졸라매도 조연비가 못 된 것을 슬퍼하고,

노래와 화장 엉망이어라, 꿈을 버려야 할까나.

임은 권해도 취하지 않고 취한 체만 하네.

그러나 국화를 꽂아 임을 보내 드리우리다."

### (2) 경편편景翩翩

그녀의 자는 삼미三昧로 건창建昌의 창기였다. 왕자인 매수梅瘦와 함께 풍류와 의지가 통하여 결혼을 약속하였으나 이루지 못하였다. 그녀는 오랫동안 곤궁하게 지냈을 뿐만 아니라 그를 그리며 애를 태우다가 죽고 말았다. 그녀는 '산화음散花吟' 한 수를 지었는데 왕백곡王伯轂은 그 시를 읽고 다음과 같이 읊었다.

"규방에 여인 있어 시를 매우 잘하여,

산화사散花詞 한 편을 나에게 보내었네.

비록 그녀 얼굴이야 못 보았지만,

뛰어난 시를 보니 양귀비를 감당하겠네."

본가는 우강旴江에 있었으나 때때로 건안建安에 출유하였다. 그래서 민남 지방에서 여자들에게 전해지고 있는 「안기晏起」라는 시가 있다.

아침에 늦게 일어나

새벽 다향으로 숙취를 푸노라니,

담 바깥 꽃 내음 새벽 기운에 어울려 있네.

아이는 꽃다발 밖을 가리키네,

어느덧 춘산엔 흰 구름이 피어오르네.

### (3) 마상란馬湘蘭

본래의 이름은 마수진馬守眞이었다. 자를 현아玄兒, 월교月嬌라고 하였다. 특히 난을 잘 그려서 상란湘蘭이라는 이름이 유명하였다. 용모는 보통 사람과 같았으나 한 번 마음을 열면 봄의 꾀꼬리와 같아서 사詞를 토해 냄이 마치 흐르는 물과 같았다. 사람들은 크게 공명을 하였다. 그녀의 사詞를 보면 넋을 잃지 않는 사람이 없었다. 그녀는 진회의 경승지에 거처하였다. 맑은 물이 흐르며 꽃과 돌이 그윽하였다. 구불구불한 주랑과 누각들로 이어져서 잘 찾아 나갈 수가 없었다. 어린 계집아이들은 춤과 비파를 배웠다. 장구와 비파소리를 비롯하여 현금이 잘 어울렸다.

호방하고 의협심이 강하여 돈과 재물에 그렇게 연연하지 않았다. 묵지랑墨池郎은 항상 곤궁하였으며, 왕백곡王伯谷은 재액으로부터 벗어났다. 마수진은 몸을 맡겨 왕백곡을 섬기고자 하였으나 그는 응낙하지 않았다. 만력 갑신의 가을이었다. 왕백곡의 나이 일흔 살 초엽이었다. 마수진은 금릉金陵으로 가서 그의 장수를 위하여 주연을 베풀었다. 몇 달을 두고 계속 취하였다. 가무로 사무쳤는데 금릉에서는 수십 년 만에 있었던 성사였다. 그녀는 돌아가서 얼마 되지 않아 병을 얻었는데, 연등 예불을 하고 목욕한 뒤 옷을 갈아입고 단정히 앉아서 죽었다. 그녀의 나이 57세였다.

시집 2권을 남겼는데 왕백곡王伯谷이 한 수의 시로써 서序를 대신하였다.

### 이별의 슬픔

병든 몸이 기다란 그림 같아,

차마 보기에 너무도 가련하네.

때때로 퉁소를 잡거나,

밤이면 시편들을 모으네,

찬비는 삼강에 마음대로 내리는데

가을바람이 소슬한 밤을 지새우네.

깊은 안방에 일들이 없어

종일토록 돌아오는 배를 기다리네.

### (4) 조채희趙彩姬

자는 영연令燕으로 남곡南曲 가운데 마수진과 이름을 나란히 하였다. 장유우張幼于는 그녀의 '중추부中秋賦'에서 "무심코 하늘 위 은하수를 바라보니, 오늘밤은 어찌 직녀성이 없구나." 라고 읊었는데, 이 시가 당시 사람들에게 회자되었다. 조채희는 또한 북리에서도 으뜸으로 알려져 있었다. 모백린冒伯麐은 12명의 명창 가운데 영연令燕의 시를 읽었다. 진회에 왔을 때 그녀가 아직 그곳에 있음을 알았다. 조채희는 문을 잠그고 손님을 사절하였다. 그러나 모백린은 오백웅과 함께 그녀를 방문하였다. 용모는 온화하고 말소리는 청아하였다. 비파나무 아래 문을 잠그고 있었는데 풍류를 생각할만큼 뛰어났다. 그러므로 조채희는 시를 지어 마수진이 죽은 뒤에 부쳤다.

**장안(長安)으로 돌아가는 왕중방을 보내며**

저녁에 눈은 강남 길에 날리고,

성은 쓸쓸한데 술잔 올릴 날 기다리네.

은근히 버들가지 꺾노라니,

도리어 지난해의 가지로 향하네.

## (5) 주무하朱無瑕

자字는 태옥泰玉, 도엽도변桃葉渡邊의 여자였다. 어려서부터 가무를 배웠다. 행동거지가 우아하고 소담을 잘하였다. 은근하게 풍류하였고, 시문과 역사에 능통하였다. 시와 글씨를 잘 썼다. 진회秦淮에서 연회가 있었는데 당시의 명사들이 모두 모여들었다. 그녀의 시詩가 나오면 다른 사람들은 모두 스스로 파기하였다. 당시의 사람들은 『수불제집綉佛齊集』에 있는 시를 마상란의 시로 여겼다.

**봄날 규방(閨房)의 원망**

사람 말을 배운 꾀꼬리에 놀라 잠에서 깨어

도리桃李가 담장에 기대어 붉은 유밀과 가득 찼네.

세월의 흐름이란 바로 풍치를 생각하는 마음이니

열 두 개의 난간에 홀로 오랫동안 서서 기대네.

## (6) 정여영鄭如英

자는 무미無昧이고, 어릴 때 이름은 정타鄭妥였는데 금릉 구원舊院의 창기였다. 모백린冒伯麐은 정여영, 마수진, 조영연, 주태옥의 시를 모아서「진회사미인선고秦淮四美人選稿」를 내어 놓았다. 정여영은 손에서 책을 놓지 않았다. 아침저녁으로 향을 피우고 책을 읽었다. 모백린의 그녀에 대한 술회시가 있는데, "낭랑한 목소리, 책을 쥔 선녀, 진세塵世의 마음일랑 구천에 유배하네. 근원으로 귀의하기를 원하니, 알 수 없는 것은 전생의 인연일레." 라 하며 그녀의 아름다움을 읊었다.

정여영의 시가 한 편 기록되어 있다.

**빗속에 기연생(期蓮生)을 보내며**

손을 잡았네라, 이별할 수 없으리,

앞의 수레는 판교를 물어물어 가고,

근심스러워라, 비바람은 지루한데,

마음은 별리의 슬픔으로 바스라져,

손이 가는 길에 나무와 구름으로 덮이고,

아침이나 저녁으로 단장한 누각에 홀로 있네.

마음을 가눌 길 없으니 뉘라서 잡아줄 것인가,

그윽한 꿈이런가, 마음대로 일렁이네.

### (7) 마문옥馬文玉

본명은 규珪였다. 노래와 거문고를 잘 연주하였다. 어느 해 늦은 봄, 서호에서 유람하는 중에 '억구시憶舊詩' 4장을 지었다. 무림武林의 시인과 묵객들의 많은 작품들이 모두 그녀의 시에 미치지 못하였다.

**봄날 서호에 배 띄워 옛 생각을 하며**

예부터 알려졌거니 서호의 아름다운 봄은,

손 가운데 님은 기뻐하리 백화가 만발했으니.

점심 때 가까워 술병을 따고 배 띄울 것을 재촉한다.

물길 따라 모래밭에서 사람에게 묻네.

모래의 발자국 밟으며 다시 푸른 물가로 돌아와,

눈에 들어오네, 버드나무의 새로운 푸르름이.

홀로 차마가 예전 같지 아니함을 슬퍼하지만,

가무는 의연하니 십 리에 먼지가 인다.


### (8) 마여옥馬如玉

자는 초여楚璵이며, 본래의 성은 장張이다. 금릉의 남시南市가 집이었는데, 구원舊院에서 살았다. 그녀는 계모의 성인 마씨를 좇았다. 깨끗하고 쓸쓸한 여자의 어떤 교태가 있지는 않았으나, 음악과 재예가 뛰어나서 어느 것 하나 정통하지 않은 것이 없었다. 「문선文選」과 「당음唐音」을 숙독하였다. 해서를 잘 쓰고, 그림을 잘 그렸다. 그래서 한때는 사대부들의 놀라움을 샀다. 그리고 정여영과 친분이 두터워 의형제를 맺어서 죽어도 서로 헤어지지 못하였다. 방곡坊曲 안의 모든 창기들은 모두 그들을 이상하게 생각하였다. 서하棲霞의 창하법사蒼霞法師에게 수계한 뒤 법명을 묘혜妙慧라고 하였다. 그리고 불학佛學을 전문적으로 배워서 태화太和, 구화九華, 천축天竺 등 산을 편력하였다. 막수호莫愁湖에 초옥을 짓고 수도를 하며 지내려고 하였으나 뜻을 이루지 못하고 타계하였다. 그녀의 나이 겨우 30세였다.


모산(茅山) 가는 중에 서호의 형사군을 보내며

임이야 노를 저어 가네, 저녁 바람을 타고서,

소첩일랑 가마 타고 구름 속으로 들어가네.

한결같이 하늘가에 돋는 달인데,

물가에서 보는 달은 산에 올라 보는 달과 같지 않네.

### (9) 최언연崔嫣然

자는 중문重文이고, 어릴 때 이름은 미아媚兒라고 하였다. 언니는 누문累文이라고 했기 때문에 방곡 가운데에서는 이문二文이라고 하였다. 어려서부터 기지가 있고 시문과 역사에 능통하였다. 거소居所에는 영각影閣이 있었는데 창문으로 그림자들이 비쳐 왔다. 뜰의 버드나무, 새, 꽃 들이 벽에 그림자로 다시 나타났다. 방의 휘장이 깨끗하고, 책이 가득히 진열되어 있었다. 명인 시객들과 유연하기에 그지없이 훌륭하였다. 그리하여 북리의 여학사라고 일컬어졌다.

#### 황립룡과 이별하며

9월의 강남은 마치 이른 봄과 같은데,

정원의 버드나무 가지 한때 시들었더니.

새벽 등불 꺼지려고 하니 방을 떠나,

알지 못하는구나, 떠나는 사람 동트는 것이 두려움을.

### (10) 학문주郝文珠

자는 소문昭文이다. 용모는 볼 것이 없었으나 다재다능하였다. 뿐만 아니라 풍월을 담론하고 의협심이 강하였다.

**민남에서 돌아온 장융문(張隆文)을 보내며**

한 구비 돌아드는 봄바람에 술 한잔 드네만,

나룻가 버드나무 아직 눈을 뜨지 않네.

이제로부터 바닷길은 삼천 리,

꿈에라도 구름 되었으면, 그래도 더디련만.

### (11) 사완재沙宛在

자는 눈아嫩兒이고 스스로 도엽여랑桃葉女郎이라고 하였다. 접향집蝶香集의
규정閨情 절구絶句 100수가 있다.

"흰 제비 쌍쌍이 처마 끝에 날아들고,

배꽃은 향기 분분한데 눈처럼 날려 떨어지고.

밤이 오면 마음대로 꿈속의 신선으로 놀아 볼거나,

다만 오의항의 사람은 아니 되겠네."

### (12) 양옥향楊玉香

금릉의 15세 창기로 재색이 뛰어났다. 민남의 사람 양경청楊景淸은 시를
써서 양옥향에게 구애하였다. 마침내 그녀는 그에게 시집갈 것을 약속하였
으나 기약 없이 헤어졌다. 6년이 지난 뒤 양경청은 남쪽으로 출유하여 백사
白沙에 정박하였다. 배 안에서 양옥향을 만나니 평생을 함께할 것처럼 기뻐
하였다. 그러나 동이 틀 무렵 그녀는 다시 보이지 않았다. 양경청이 금릉으
로 찾아갔으나 그녀는 이미 죽었다고 하였다.

**임경양(林景陽)에 답하며**

금화용향 쓸쓸히 문은 닫히고,

비파 소리 가냘픈데 달은 지누나.

수심은 가득하나 꽃이 서로 웃을까 두려워,

감히 꽃 앞에서 눈물을 닦을 수 없구나.

## (13) 설소소薛素素

설소소는 오吳나라 사람으로 난과 대나무를 잘 쳤다. 한편 시도 잘 지었고 말을 타면서 연주할 정도로 뛰어났다. 어린 계집종의 이마 위에 비파를 놓고 쳐 나가도 계집종도 알지 못할 정도였다. 젊어서 연중燕中에 출유하였는데 오릉五陵[106]의 젊은이들과 비파를 들고 교외로 나가 말을 달렸다. 구경꾼들이 성곽처럼 모여들었다. 이정만李征蠻이 좋아하게 되어 그녀의 화상이 오랑캐에게 전해졌다. 팽선부彭宣府는 참으로 그녀를 깊이 사모하였다. 그런데 풍생憑生이 설소소를 초치招致해 올 수 있다고 하였다. 금전을 얼마나 썼는지 계산할 수가 없었으나 오랫동안 응답이 없자 그는 대단히 노하였다. 이에 10년 동안을 붙들어 두고 있다가 보내었다. 북리北里의 명기가 이렇게 만족에게 기울어지는 것은 거의 없는 일이었다. 후에 예불을 하였고, 몇 차례 시집을 갔으나 모두 평생을 같이하지 못하였다.

**정인을 그리워하며**

임 생각에 밤은 깊어 가고 돌아오지 않으니,

외로이 등불만 희미하네.

베개를 끌어안는다 해도 홀로인 것을,

(좌)승기(繩妓) 홍낭자(紅娘子), (우)명기(名妓) 운영회(雲映淮).

밝은 달은 뜰에 찬데 눈물이 옷깃을 적시네.

### (14) 주문周文

주문은 생김새가 곱고 우아하였다. 화장하는 것을 싫어하였다. 그녀의 행동거지와 말은 사대부들 같이 엄격하였다. 사대부, 시인, 묵객들은 항상 주문을 불러서 한자리에서 시를 지었는데 풍류의 성사로 삼았다. 그녀는 말이 적었으나 기롱을 잘하였다. 그런데 뒷날 왕태고王太古 및 일원一元 등이 그녀를 찾아갔을 때 이미 쇠잔해서 일어날 기력조차 없었다. 아침저녁으로 향을 피우며 불전에 죽기를 간구하였다. 그녀는 소사小詞를 지어서 뜻을 말하였다. 이에 일원은 5·7언시를 지어서 돌아가며 읽었으나 그녀는 다시 화답하지 못하고 그저 빙긋이 웃고는, 아무런 걱정과 근심하는 빛이 없이 죽어 갔다. "봄의 수심은 풀 길이 없더니, 살구꽃이 떨어진다 하네."라는 그녀의 시구詩句가 있듯 모든 사람들이 그녀의 죽음을 애통해 하였다.

**한밤 호수에서 원앙이 울면서 이별하며**

원앙 호에 울며 이별하다니,

눈물은 호수의 물을 더하네.

간다 해도 두 마음이야 없으련만,

하늘에도 달, 호수에도 달이니 쌍월이 아닌가.

### (15) 유여시柳如是

유여시는 본래 오강吳江 성택진盛澤鎭 출생으로, 명기名妓인 서불徐佛의 양녀였으며, 양애楊愛라 불렀다. 미색은 서불보다 뛰어났으며, 맑고 청아한 음

(좌)협기(俠妓) 장옥수(張玉秀), (우)좌선매(左羨梅).

색 또한 뛰어났다. 숭정崇禎 병자년丙子年에 누동婁東에 서상庶常 장박張溥이 성택盛澤의 귀가원歸家院으로 서불을 찾았으나 때마침 서불이 다른 곳에 나가고, 양애가 나와서 맞이했다. 장박이 한 번 보고 깍듯이 뜻을 표했다. 홍정虹亭 근처에 이르러 곡진하게 모시고 작별했다. 양애는 마음속으로 자부하는 마음이 있었다. '듣건대 우산虞山에 학사學士 전겸익錢謙益[107]이라는 자가 있었는데, 바로 지금의 이백李白과 두보杜甫라 불리는 자였으니, 한번 그 풍성한 뜻을 봐야 하지 않으리오.' 이에 우산虞山으로 와서 전겸익을 찾아뵈었다(투알投謁은 어른을 찾아가 뵙는다는 뜻). 양楊을 유柳로 바꾸고 애愛를 시是로 바꾸었다. 전겸익은 딴 곳으로 가게 되어 알렸다. 유여시柳如是는 시詩 안에 이슬의 색상까지도 표현해 냈고, 목옹牧翁 전겸익은 그 시를 읽고는 크게 놀랐다. 급히 수레에 올라 배 가운데에서 유여시를 찾으니, 아름답기가 제일이었다. 칠언근체七言近體 시詩로 질정叱正을 요청하니(취정就正은 시문詩文의 첨삭添削을 요청한다는 뜻) 전겸익은 마음속으로 큰 인상을 받았다. 그 서법書法을 보고, 우저虞褚 양가兩家의 남긴 뜻을 얻고는(유의遺意는 고인이 생전에 다 이루지 못하고 남긴 뜻) 또 마음에 큰 인상을 받았다. 서로 종일 길게 말을 나누었다(서어絮語는 너절하게 긴 말로 말을 길게 늘어 놓는 것). 전겸익이 유여시에게 말하기를 "차후에 바로 유柳 성씨가 시是의 이름으로 다시 돌아가면, 내 글자의 여如로 금일今日에 맹세하겠네." 신기년辛己年 초여름(숭정崇禎 14년) 유여시와 배에서 부용芙蓉으로 띠를 묶는 예禮를 행하였다. 가인家人들이 일컫기를 유부인柳夫人이라 하였다. 유여시에게는 저명한 시詩가 매우 많았고, 이에 목옹牧翁은 시집에 첨부하여 실었다. 여기 그중 한 편을 기록한다(이상 강운루준우絳雲樓俊遇에 의거함).

**가을날 목옹과 함께 나들이하면서**

가을 물 맑고 봄 산에 해 저무는데,

배의 창으로 웃음소리 홍루 가까이 들려오네.

해 떨어져 다정하게 노 저어 오는데,

정처 없는 뜬구름도 배 따라 흘러오네.

훤한 달빛에 난초 노래가 후미진 곳을 찾아,

풍상에 글 쓰는 것을 들어 보니 머리를 긁적거리네.

호수 물안개는 항상 이와 같은데,

솔개 쫓아가고자 하고, 급류는 넘쳐나네.


## (16) 호문여呼文如

호문여呼文如는 시를 잘하며 비파에도 능하였다. 구겸지邱謙之는 그녀와 정이 깊었다. 하지만 그의 아버지가 이를 허락하지 않아 뜻을 이룰 수가 없었다. 일찍이 한나라 때 효무제孝武帝의 왕후 진陳씨가 질투와 시기로 인해 장문궁長門宮에 갇혀 살았다. 사마상여司馬相如에게 황금 백 냥을 주고 글을 부탁하였다. 따라서 그는 장문부長門賦를 지어 황제에게 올렸다. 황제가 보고 감동하였다. 그리하여 다시 진 왕후를 총애하게 되었다. 호문여는 이 이야기를 인용하여 자기의 애처로운 심경을 시로 써서 구겸지에게 주었다.

"장문 그날에 부침을 한탄하더니,

장문부는 영을 뒤바꾸고 황제는 더욱 깊이 총애하네.

어떻게 황금으로 매객買客할 수 있는 일이겠냐,

사마상여司馬相如 일찍이 백두음을 읽었거니."

명대明代에 시를 할 줄 아는 창기들이 왜 그렇게 많았는가에 대해서는 대략 다음과 같이 두 가지의 이유를 찾아볼 수 있다.

첫째, 명대의 문단에 일어난 옛것을 되찾는 복고復古 운동의 영향이 컸다고 볼 수 있다. 원나라 이후부터는 몽골족이 중원을 지배하게 되었는데 그들은 문화에 대한 인식이 깊지 않았다. 그들은 온 국민을 열 가지 계급으로 엄격하게 나누었다.

① 관官 (벼슬아치)　　② 이吏 (아전)

③ 승僧 (승려)　　　　④ 도道 (도사)

⑤ 의醫 (의원)　　　　⑥ 공工 (기술자)

⑦ 엽獵 (사냥꾼)　　　⑧ 민民 (백성)

⑨ 유儒 (유학자)　　　⑩ 개丐 (거지)

즉 그 당시에는 학문하는 사람들을 대단히 경시하였다. 원대의 시나 산문 등의 문학 작품들은 모두 문학성에 있어서 전대보다 대단히 뒤떨어졌다. 이에 딱히 중요한 가치가 있는 것이 없었다. 명의 태조 주원장朱元璋이 들어서면서 한족들이 몽골족을 변방으로 몰아내고 문서 등의 격식과 문장을 원의 이전대로 회복하고자 노력하였다. 이른바 죽림칠현의 전칠자前七子 중에, 이몽양李夢陽, 하경명何景明 등이 "문장은 반드시 진과 한대의 고문을 본받아야 하며, 시는 반드시 성당 때의 시를 본받아야 한다."고 주장하였다. 그러나 그 학문적 분위기는 쉽게 바뀌지 않았다. 그 후 후칠자後七子의 이반룡李攀龍, 왕원미王元美 등이 계속 등장하여 복고 운동의 맥을 이었다. 따라서 그 세력은 날로 확장되었다. 원곡元曲은 특수한 문학의 장르로서, 그 나름대로의 특수한 문학적인 가치를 가지고 있다. 원대의 문인들이 남긴 여타의 작품들, 즉 곡曲들은 역시 자주 방언을 섞어 쓰고 몽골족의 사투리를 사용하였다.

명대에서 '남곡南曲'을 숭상함에 따라서 '전기傳奇'가 성행하게 되었다. 결구와 언어 등이 원곡과 크게 달랐다. 즉 명대 중엽 이후의 남곡은 완전히 고전파로 바뀌었다. 원대의 '북곡北曲'과는 그 취향이 전혀 달랐다. 일반 문인이나 학사들도 원대의 문학 작품들을 경시하였다. 그리하여 복고 운동을 크게 부르짖었다. 방곡의 창기는 본질적으로 보수적이지 않았다. 새로운 조류에 대하여 민감하게 영합하였다. 또한 알지 못하는 사이에 영향을 받았다. 따라서 시를 짓고 시를 읊으며 풍류객들과 어울렸다.

둘째, 명대에는 사대부들의 범죄 관계로 인하여 그들의 가속들이 교방에 들어가는 일이 대단히 많았다. 그들은 평소에 깊은 문학적 소양을 갖추고 있었다. 장학성章學誠의 『부학婦學』에 보면 다음과 같이 기록되어 있다.

"전조前朝의 학정虐政으로 사대부들은 몰락을 하였고, 이로 인한 영향이 처첩에게까지 자연히 파급되었다. 시례詩禮의 대가들이 대부분 북리北里로 빠져들었다. 그들은 색예色藝를 겸비할 뿐더러 시성詩聖이 뛰어나 많은 사대부들과 교류하였다. 그리하여 교방에서 시를 짓고 읊을 줄 아는 창기가 많았다.

노래를 주고받으며, 봄풀처럼 하염없는 정을 나누고, 멀리 있는 단풍을 생각하면서, 미녀에게 은근慇懃히 정을 담아 친구에게 시를 써서 보내 주었다. 시정詩情은 활달하여 혐의嫌疑는 존재하지 않고, 규방閨房의 시편詩篇이었다. 마치 종을 치는 소리가 먼 곳에도 들 수 있기 마련인 것이다."

장학성章學誠의 이 말을 통해 필자의 결론結論으로 맺을 뿐이다.

제20절

# 당대唐代 이후의 창기 화장化粧의 변천

성기聲妓가 창궐하자, 이에 창기娼妓의 화장 기술도 발달하였다. 이는 당나라 때 비롯된 것으로서, 일을 따라 많고 변화한 것이었다. 아마도 당나라 여인네들의 화장술은 모두가 궁액宮掖(궁궐)에서 창조되었다. 그 뒤 민간에서 유행하였고, 뒤를 이어서 북리北里의 창기들에게까지 유행하였다.

『서신좌설西神脞說』에 보면, "여자들의 얼굴 화장은 고대에는 단지 붉은색의 분을 바르는 것이었다. 육조 때 이르러 황색도 겸용해서 바르는 것을 좋아하기 시작하였다." 라고 하였다. 당대의 창기들의 화장도 이와 같았다. 그러나 창기가 한 입술, 눈썹, 머리 화장술 등은 비교적 혁신적이었다.

### (1) 머리髮

고대 여자들의 머리형의 아름다움과 추함의 기준은 용모의 아름다움과 대단히 밀접한 관계가 있었다. 옛 문인들이 여자들을 찬미하여 '봄 구름처럼', '빛으로 사람을 알아보네', '땅에 길게 늘어뜨려' 등이라고 한 말들은 모두 머리를 두고 지칭한 것이었다. 한나라 때 이미 가개假紒(가발), 고계高髻(높은 쪽이나 상투), 타마계墮馬髻(한쪽으로 틀어 올린 것) 등의 이름이 있었는데, 여인들의 머리 장식은 예부터 있어 왔다. 당대 기녀들의 머리 형태는 어떠했는지 그 당시 시에서 그 모습을 살펴볼 수 있다.

"화영수환전花映垂鬟轉" 저광의儲光義, 「야관기시夜觀妓詩」

"풍류과타계風流誇墮髻" 백거이白居易, 「대서시백암기미지代書詩百諳寄微之」

"왜타저환계倭墮低鬟髻" 온정균溫庭筠, 「남가자南歌子」

"고계운환궁양장高髻雲鬟宮樣粧" 유우양劉禹錫, 「증이사공기시贈李司空妓詩」

"계환아아고일척髻鬟峨峨高一尺"

원진元稹, 「이왜시李娃詩」


이상과 같이 미루어 볼 때 당나라 때 창기의 머리형은 대개 두 가지로 분류할 수 있다.

첫째는 머리를 묶어서 아래로 늘어뜨린 모양으로, 청의 말엽에 이른바 신식 여성들 가운데 이러한 머리 모양이 유행한 때가 있었다. 둘째는 머리를 아치형으로 틀어 올린 모양으로, 역시 청나라 때 북경 여자들 가운데 유행하였다. 특히 팔기八旗(청나라의 지배 계층인 만주족이 소속되었던 사회, 군사 조직) 여인들의 머리 모양은 모두 그러하였다. 바로 당나라 때 기녀들의 머리 모양이 전통으로 남아 있는 것이었다. 창기들은 매일 머리를 새롭게 단장하였다. 따라서

천추(千秋) 절색도(絶色圖).

그 머리를 빗고 매만지는 일은 물론 머리빗도 연구되었다.

당나라 말엽 최유崔瑜라고 하는, 재산이 많은 풍류객이 있었다. 그는 일찍이 창기인 옥윤자玉潤子를 위하여 오색의 붉은 상아로 빗을 만들어 주었는데 20만 량이 들었다. 당시의 바람둥이들은 창기의 머리 모양에 특별히 주의하였음을 쉽게 생각해 볼 수 있다.

### (2) 눈썹眉

눈썹은 미녀의 아름다움을 차지하는 중요한 부분으로, 한나라 때 장창張敞은 그의 부인의 눈썹을 늘 그려 주었다고 한다. 한나라 때에는 눈썹이 가늘고 길 뿐만 아니라, 달처럼 굽은 눈썹을 높이 여겼다. 이 같은 눈썹을 제미啼眉(울 때 찡그린 눈썹과 같다는 의미)라고 하였다.

당唐나라 때 창기들도 눈썹 화장에 대단한 주의를 기울였다. 그러면 당나라 시인들의 시에 묘사되고 있는 그녀들의 눈썹은 어떠하였을까?

"짙푸르게 그린 눈썹, 가늘고 기네靑黛點眉眉細長" 백거이白居易, 「상양백발인上陽白髮人」

"갸름하고 굽은 눈썹連娟細掃眉" 온정균溫庭筠, 「남가자南歌子」

"가지런하고 얇은 눈썹巧勻輕淡的殘粧" 시견오施肩吾, 「기인잔장시妓人殘粧詩」

"가벼이 빗은 머리, 넓다란 눈썹輕鬢叢梳闊掃眉" 장자張籍, 「창여사娼女詞」

"눈 화장이 때를 따라 넓어져拂黛隨時廣" 침전기沈佺期, 「이원외진원댁관기李員外秦援宅觀妓」

"성 안에서 눈썹을 넓게 그려城中畫廣黛" 조왕趙王, 「관기시觀妓詩」

(좌)명(明)나라 궁중도, (우)당(唐)나라 궁장(宮裝) 부녀(婦女).

이로 보아 당대 기녀들의 눈썹 화장은 두 종류로 나누어 볼 수 있다.

즉 가늘고 긴 모양과 넓고 굵은 것이었다. 그러나 당나라 말엽에 와서 창기들의 눈썹 화장은 더욱 혁신적이었다. 「청이록淸異錄」에 보면 다음과 같이 기술되어 있다.

"영저鶯姐는 평강의 창기였다. 옥정화명玉淨花明 하였다. 더욱이 머리를 잘 매만졌다. 눈썹을 그리는 것 또한 마찬가지였다. 당사립이 그녀를 희롱하여 '서촉에 「십미도十眉圖」가 있는데 네가 마치 그와 같구나. 더불어 「백미도百眉圖」를 만들 수도 있겠구나.' ……소실의 권속이 있었는데 그녀를 싫어하였다. '교매변상膠煤變相'이라고 하였다. 숯검정을 바른 것 같다고 하였다. 소왕과 애왕 이후로부터 푸른 눈썹 화장을 하지 않았다. 좋은 먹 그을음을 손가락에 찍어서 눈썹을 그렸는데 이를 '훈묵변상薰墨變相'이라고 하였다. 후에 일반 문인들이 창기를 일컬어 '미사眉史'라고 하는 것은 여기에서 연유하고 있다."

### (3) 입술脣

고대의 여인들은 연지로 두 볼에만 화장을 했을 뿐이었다. 그러나 당나라 때 이르러서 입술에 화장을 하기 시작하였다. 특이한 것은 까만 기름을 입술에 바르는 풍습이 생겨 이를 귀히 여겼다.

『당서唐書』오행지五行志에 보면, "원화元和의 말엽 기이한 화장이 유행하였다. 입술을 빨간색으로 바르지 않고 까만 기름으로 발라서 마치 슬피 우는 모습과 같았다." 라고 하였다. 백낙천의 「시사장時事妝」에서 "까만 기름을 입술에 바르니 입술은 마치 진흙과 같네." 라고 한 것과 마찬가지였다. 당나라 말엽부터 창기들은 점순點脣 기술을 서로 다투어 하였다. 날이 갈수록 더욱 기이해졌다. 이 입술 화장으로써 여인들의 아름다움을 분별하였다. 입술연지의 이름도 석류교石榴嬌, 대홍춘大紅春, 소홍춘小紅春, 눈오향嫩吳香, 반변교半邊嬌, 만전홍萬全紅, 성단심聖檀心, 노주아露珠兒, 내가원內家圓, 천공교天工巧, 낙아은洛兒殷, 담공심淡工心, 주용격朱龍格, 쌍당미雙唐媚 등 각양각색이었다. 이것만 보아도 당나라 말엽에 창기의 입술 화장에 대한 관심과 아름다운 입술을 표현하려는 노력이 얼마나 대단했는지를 알 수 있다. "댕기를 이마에까지 드리웠다." "두 갈래 머리 한 마음으로 묶는 것을 배우지 않아" "오직 두 갈래로 머리를 땋아" 등의 수라垂螺, 쌍라雙螺 등은 송나라 때의 창기가 16세가 되기 전에 땋는 댕기 머리의 이름이었다.

송나라 때 시인들은 아름답지 못한 창기를 일컬어 고자화鼓子花, 즉 미낭화未囊花라고 하였다. 왕원지王元之가 제안군齊安郡에 유배되었을 때였다. 문물이 황량하였으며, 영기營妓까지 아름답지 않았다. 그는 시를 읊었다.

"옛 생각이 나는구나, 서경의 모란이 피었더니.

색깔도 별로 없었지만 마음은 산란하더군.

그러나 지금의 이 적막한 산성에,

고자화 피어나니 또한 기쁘기 그지없네."

장자야張子野는 항주에서 늙어 갔다. 그가 쓴 관기에 대한 많은 사詞가 있지만 용정龍靚의 헌시獻詩에 이를 만한 것이 없었다.

"하늘은 많은 것들 가운데 여러 꽃을 주었는데,

홀로 아름답구나, 자랑을 견디지 못하네.

모란과 작약을 두루 글로 쓴다지만,

　자신은 마치 고자화 같네."

고자화<small>鼓子花</small>는 바로 양귀비꽃을 말하는데, 송대에는 자색이 아름답지 못한 여인들을 일컬어 고자화라고 하였다. 당시에 그처럼 농염한 양귀비꽃을 제쳐둔 것을 보면 화장을 함에 있어서 아주 엷게 했음을 증명하고 있다.

당나라 이후, 창기들이 한 장식에 대한 특이점을 분별하면 다음과 같다.

첫째, 일반 부녀 및 창기는 모두 궁궐의 화장을 표준으로 삼았다.

당나라의 백낙천은 「세장악부<small>世妝樂府</small>」에서 다음과 같이 쓰고 있다.

　"당시 세간의 화장은 장안으로부터 나와서 사방으로 전해졌지.

　시대의 유행이란 원근이 없다.

　뺨에 연지를 찍지 않고 얼굴에는 분을 바르지 않았지.

　까만 기름을 입술에 바르니 입술은 마치 진흙과 같고,

　두 눈썹일랑 여덟팔八 자와 같네.

　미추와 흑백은 본래의 모양을 잃어버리고,

　화장은 마치 슬퍼서 우는 모습으로 꾸며 놓았네.

　둥근 쪽으로 틀어 올린 모양, 그렇게 붉지 않은 얼굴.

　옛날 이수 가운데 머리를 풀어 늘어뜨렸다고 하였으니,

　행유는 그것을 보고 오랑캐임을 알았네.

　원화 때 화장과 머리 모양이 기록된 것과 같이,

　머리를 틀어 올리고 얼굴을 붉게 하는 화장은 중국식이 아닐세."

『동남기문<small>東南記聞</small>』에 보면, 송나라 휘종 말엽에 장안의 뭇사람들은 앞다투어 누런 색깔로 허리를 감쌌다고 한다. 이것을 일컬어 '요상황腰上黃'이라고 하였다. 부녀들은 평상복에 옷깃을 매지 않았다. 짧게 만들어 몸을 맸는데 이것을 '부제령不製衿'이라고 하였다. 이것은 궁궐로부터 시작되었다. 그리고 전국에 통용되었다. 이와 같은 것을 보더라도 여인들의 복장과 화장은 궁궐에서부터 시작되고 있었음을 증명하고 있다.

『송사宋史』 여복지輿服志에 보면, 의복의 착용에는 존비의 구별이 없을 뿐더러, 하루 빨리 그 법도를 확립해야 한다고 강조하고 있다. 즉 여염의 비와 창기들은 금과 은으로 장식하고, 남자들까지도 서옥犀玉을 차고 사치스럽기가 그지없었는데 고제古制에 합당하지 않았다고 했다. 그리고 「신당서新唐書」 여복지輿服志는, "중종 이후 궁녀들은 오랑캐의 모자를 썼다. 내외에서 그것을 본받았으며, 남자의 옷을 입고 신을 신었다."라고 하였다.

『대당신어大唐新語』에 보면, 천보天寶 때 사대부의 부인들은 남자 옷과 신을 신었다. 또 전모戰帽(군용 모자)를 쓴 것은 내외로 일관되었다. 원진元稹은 「증유채춘贈劉採春」이라는 제목의 시에서 다음과 같이 묘사하였다.

> "새롭게 화장을 한 다음 두 눈썹을 그리고,
> 항주의 얇은 비단으로 몸을 감싸네.
> 정면으로 비껴드는구나, 홀笏의 빛남이,
> 느릿느릿 가볍게 발자국을 내딛는다.
> 주름 무늬의 신을 신고서.
> 언행은 풍류에 부족함이 없지도 않은데,
> 고개를 숙인 채 배회하는 모습 아름답기가 그지없어라.
> 더욱 사람의 애를 끊게 하나니,

노래를 골라 망부가를 부른다."

그러나 당시에 예교를 지키고 있던 계층은 이른바 '시세장時世妝'을 반대하였다. 창기는 궁궐의 화장과 복식을 적극적으로 모방하였다. 원진의 시에서 '새롭게 화장을 한 다음', '느릿느릿 가볍게 발자국을 내딛는다. 주름 무늬의 신을 신고서'라는 말이나 『대당신어大唐新語』의 '사대부의 부인들은 남자 옷과 신을 신었다.' 등의 말들은 적합한 증거라고 할 수 있다. 이와 같이 궁궐의 화장과 복식을 모방했던 것은 명의 중엽에도 마찬가지였다. 양가의 부녀들이 점점 창기의 화장과 복식을 모방하는 습관이 늘었다.

담천談遷의 『조림잡조棗林雜俎』에 보면 다음과 같이 사회의 미풍양속이 파괴되고 있다며 개탄하고 있다.

"홍치 정덕 초에 양가에서 화장과 복식을 창기와 같이 하는 것을 수치로 여겼다. 유장사로부터 더욱이 쪽을 모방하게 되고, 따라서 점점 행하게 되었다. 사대부들은 제지할 수가 없었다. 최근에는 오히려 창기보다 화장을 짙게 하여 분별할 수가 없었다."

하지만 이와 같은 풍습의 변화는 상당히 주의할 가치가 있는 것이었다.

둘째, 창기나 악인樂人은 특별한 복식의 규정이 있었다.

이 같은 제도는 원, 명, 양대에 가장 성행하였다. 「원장전元章典」에 보면, 창기는 검은색의 적삼을 입고 각건角巾을 썼는가 하면, 창기의 가장인 남자들은 푸른 색깔의 두건을 둘렀다고 하였다. 「신원사新元史」 여복지輿服志에 보면, "인종 연우 원년 복식의 등급에 관한 조칙을 내렸다. 즉 창가에 출입할 때에는 다만 검정 겉옷을 입어야 하고, 수레나 말을 탈 수가 없다." 라고 하였다. 「태화정음보太和正音譜」에 보면, "조자앙趙子昻은 창부가 지은 사를 '녹건사'라고 하였다."라고 하였다. 이것은 원나라 때의 일이었다. 『명사明史』여복지輿服志에 보면 다음과 같이 기술되어 있다.

"교방사의 관복은 홍무 3년에 결정하였다. 교방사의 악예는 푸른 卍자의 두건을 붉은 실로 꿰매었다. 악기는 명각관과 검정 옷을 입었다. 일반인들의 부인과 같이 입을 수 없게 되었다. ……교방사의 종은 항상 녹색 두건을 착용하였는데, 그렇게 함으로써 사서의 복장과 구별하였다."

그리고 유진劉辰의 『국초사적國初事蹟』에는 이렇게 기술되어 있다.

"명의 태조는 악원을 건도교에 설립하였다. 남자는 녹건을 쓰고, 허리에는 붉은 띠를 맸고, 털가죽 신을 신었다. 길 가운데로 걸어 다니지 못하게 하고, 좌우의 길가로만 다니게 하였다. 창기는 검정 갓을 쓰고 검정 옷을 입었다. 출입할 때 화려한 복장을 입지 못하도록 하였다."

악호樂戶의 처와 딸은 대부분 창기였다. 그러므로 기원妓院을 개설하고 매음하는 여인을 귀龜 또는 당귀當龜라고 하였다. 또 관기는 모두 교방에 예속되어 있었다. 사람들은 뒷날 매음하는 여인을 '대록두건戴綠頭巾' 또는 '대록모자戴綠帽子'라고 일컬었다. 실제로 벽碧·녹綠·청靑색은 예부터 비천한 사람의 의복으로 여겨 왔다. 당나라 봉연封演의 『문견록聞見錄』에 보면 다음과 같이 쓰여 있다.

"이봉은 연능령의 관리로 죄가 있었다. 곤장을 가하지 않고 다만 벽두건을 씌워서 치욕을 당하게 하였다. 범죄의 경중에 따라서 그 일수를 결정하였다. 만기가 되면 이에 풀어 주었다. 오인吳人은 이 옷을 입고 고을을 드나드는 것을 큰 치욕으로 생각하였다."

셋째, 창기의 발을 감싸는 풍습은 송·원 이후에 성행하였다.

고대의 여자들은 연지를 찍고 분을 바르는 것 이외에 이마 위에 누런 색깔을 칠하였으며, 눈썹을 검게 그렸다. 대체적으로 입술, 눈, 이마, 얼굴 및 머리의 화장에 치중하였다. 전족纏足은 일반 부녀들의 장식품이었다. 즉 송나라 이후부터 확실히 그 징후가 있었다. 『후청록侯鯖錄』에 보면, "장안의 부녀들은 발에 장식을 하였는데 천하에 미치지 아니하였다." 라고 하였다. 『묵장만록墨莊漫錄』에 보면, '부녀들의 전족은 근세에 시작되었다." 라고 하였는가 하면, 『철경록輟耕錄』에는 "송 신종 이전에는 발을 싸매는 일이 드물었다. 송 말엽에 드디어 큰 발을 대단히 부끄럽게 여겼다." 라고 하였다. 그렇다면 창기의 발을 싸매는 일은 송나라 때 시작되었다고 볼 수 있다. 양가에서 옳지 못한 일을 만들어 내었고, 창기들은 그것을 모방하였다. 『예림벌산藝林伐山』에 보면, "속언에 항주의 각자脚者, 행도의 기녀는 모두 꼭 끼는 버선과 신을 신었는데 마치 양인良人과 같았다." 라고 하였다. 원元의 이세진伊世珍의 「낭환기瑯環記」에는 이렇게 쓰여 있다.

"성인이 여인을 세웠다. 그리고 그로 하여금 경거망동하지 않게 하기 위해 그 발을 싸매었다고 하였다. 이 때문에 그녀가 거처하는 곳은 규각의 안에 불과하였다. 나가고자 하면 휘장을 드리운 수레를 타야만 했다. 이로써 받는 불편은 없었다."

이를 보면 원나라 때 부녀들이 발을 싸맸던 것은 거룩하게 전해 내려오는 바꿀 수 없는 신조로 생각했음을 알 수 있다.

원元의 백정잠白珽湛의 『연정어淵靜語』에 보면 다음과 같이 기술하고 있다.

"이천伊川의 6대인 손회孫淮는 함순咸淳 때 안경安慶의 현관이 되었다. 명도明道는 54세에 세상을 떠났지만, 계승한 두 아들은 세상을 일찍 여의어 대를 이어갈 자손이 없었다. 손회의 친족은 번연蕃衍을 숭상하여 지양池陽에 거주하였다. 부인들은 전족을 하지 않았고 귀를 뚫지 않았다. 오늘에 이르기까지 그것을 지켰다.”

당시의 전족은 이미 확고한 풍속으로서 자리 잡았는데, 이천의 친족의 여인들은 그 풍속을 따르기를 원치 않았기 때문에 그와 같은 기록을 남겼다.

원나라 때 부녀들의 전족은 성행하여, 원나라 말엽에서는 '혜배鞋盃(신으로 술잔을 삼음)'의 일이 발생하게 되었다.

『철경록輟耕錄』에 보면 이렇게 쓰여 있다.

“양철애楊鐵崖는 호색한好色漢이었다. 항상 술자리에서 부녀자들의 섬세하고 작은 전족을 보면 그 신발을 벗겨서 술잔으로 삼아 술을 돌리며 마셨다. 이것을 일컬어 '금연배'라고 하였는데 나는 참으로 이를 싫어하였다.”

왕심보王深輔는 「쌍부시雙鳧詩」에서 당시의 상황을 잘 설명하고 있다.

“거리에는 비단 치마 펄럭이고,
두 손으로 다시 거문고를 잡네.
많은 사람들 모름지기 떠나갈 줄 모르고,
십분 몇 시까지 할 수 있을지.
부드러운 봄은 다해 가고 포도주는 익는데,
화사한 웃음은 사람들을 가득 끌어들이고.
낙양의 속된 것들 갑자기 아름다움 견디지 못해,
전족의 걸어가는 모습 아장아장하네.”

분명히 그 '혜배鞋盃'는 송나라 때 이미 있었다. 양철애楊鐵崖는 옛이야기의 내용대로 실행한 데 지나지 않았다. 아울러 스스로 옛것을 만들어 행한 것은 더더욱 아니었다. 송·원 때 전족의 풍속은 한때의 유행이었음을 알 수 있다.

청 말(清末)의 전족녀(纏足女).

명나라의 심덕부沈德符는 그의 『야획편野獲編』에서, '명나라 때 절강성 동쪽의 빈촌에서는 남자에게는 독서를 불허하고, 여자에게는 전족을 불허하였다.'고 언급하였다. 그렇다면 전족은 오로지 귀족의 부녀

들만 할 수 있는 것이었다. 천민 계급의 부녀들에 대해서는 전족의 착용을 법령으로 금지하였다. 이것을 미루어 보아 명대의 전족 풍속이 어떻게 유행했는가를 알 수 있다. 그러나 명나라 말엽에 이르러서 한 비극적인 참사가 발생하였다. 팽준사彭遵泗의 『촉벽蜀碧』에 보면 다음과 같이 기술되어 있다.

"장헌충이 촉燭을 점거하였다. 우연히 학질에 감염되었다. 하늘을 향하여 '학질이 나으면 마땅히 하느님께 남촉南燭 두 쟁반을 바치겠나이다.'라고 말하였다. 여러 사람들은 무슨 말인지 이해하지 못하였다. 이윽고 병이 나아서 일어났다. 그는 부녀들의 작은 발을 잘라서 두 무더기로 쌓은 뒤에 태우도록 하였다. 가장 작은 것을 맨 위쪽에 올려 놓도록 하였다. 그러나 적당한 것이 없었다. 뜻밖에도 자신의 첩의 발이 가장 작다는 것을 발견하였다. 마침내 그녀의 발을 잘라 왔다. 그 냄새가 평정문에까지 이르렀다. 즐거워하였다. ……."

이를 보면 명나라 말엽에는 부녀들의 전족이 성행했음을 알 수 있고, 아울러 죽임과 고통을 겪어야 했음을 상상할 수 있다.

명나라 때 방곡坊曲의 기녀들은 작은 발을 남자들의 환심을 사는 도구로 삼았다. 허리가 가늘고 아픈 모양으로 아장아장 걷는 것을 소각小脚이라고 하였다. 그 반대로 섬세하고 곱지 못한 것을 대각大脚이라고 일컬었다. 이렇듯 당시의 창기들은 널리 풍류객들의 환심을 얻으려고 하는 한편, 연민의 정을 가지도록 하였다. 그러므로 작은 발을 유일한 장식품으로 삼았다. 즉 창사에서는 대각大脚보다는 소각小脚을 귀중하게 여겼다. 또한 혜배鞋盃와 같은 악습이 명대에도 여전히 유행하였다. 서환徐紈의 「본사시本事詩」에는 이렇게 묘사하고 있다.

"하공목 원랑은 창문에 술통을 들고 왔다. 야연을 베풀었다. 원랑은 옷소매 안에 남원의 창기 왕사옥의 신발 한 짝을 가지고 왔다. 술에 취하자 그것을 꺼내어 돌아가며 술을 따라 마셨다. 그녀의 발은 아주 작았다. 예부의 모든 벼슬아치들은 또한 금련金蓮(여자〔女子〕의 예쁜 발을 형용〔形容〕하는 말)으로 희작戲作하였다. 왕봉주는 더욱 좋아하였다. 다음 날 부채에 시를 썼다. '신발을 잔으로 삼아 술을 돌려 마시는 것은 뺨에 연꽃이 피게 하려 함일세.' 원랑은 무릎을 치며 감탄하였다. 한때 가화佳話로 전해졌다."

당자외唐子畏의 「영섬족배가咏纖足排歌」는 다음과 같이 쓰고 있다.

"참으로 예쁘구나, 금련이 가장 아름답구나,
한 쌍의 봉의 머리 자랑하는 듯,
새로운 연꽃잎 떨어지고, 새싹이 돋아나고,
섬세하고 부드러운 비단 꽃이 가득하네.
이별한 뒤 그를 보지 못하였네.
한 쌍의 물오리, 어느 날 다시 만나리.
허리를 잡고 어깨 위에 무등 태워, 등에 업어 손으로 받쳐."

이렇게 볼 때 작은 발은 성교할 때 특별한 쾌락에 대한 용도가 있었다. 일반 방곡의 창기는 3촌寸짜리 금련金蓮, 즉 전족纏足으로써 유객遊客에 공헌한 것은 당연하였다.

제21절

# 화류병花柳病 발생의 시대와 장소

화류병 중에서 가장 심한 것은 양매창楊梅瘡(매독)으로 가장 뒤늦게 발생하였다. 이 병은 명대 중엽 이후에 발생하였으나 그 증상 등은 이미 중국 고대 의학서에 설명되어 있다. 수隋나라 때 소원방巢元方의 『병원후론이십사화루후病源候論二十四花瘻候』에서는, "피부에서 생기고 충혈되면서 살이 부풀어 올라 마치 꽃이 핀 모양과 같았다." 라고 설명하고 있다.

또 『이십오반화창후二十五反花瘡候』에 보면, "처음에는 밥알처럼 생겨나고, 이것이 터지면 피가 났다. 그 살에는 근이 있고 살이 나오면 도리어 꽃과 같았다. 모든 악창惡瘡(고치기 힘든 부스럼)은 오래 되어도 낫지를 않았다." 라고 설명하였다. 『창후瘡候』에는, "풍열風熱이 피부에 발생한다." 라고 하였다. 『무명창후無名瘡候』에는, "악창이 났거나 더욱 심하였다. 풍열이 혈기에 침투하여 발생한다." 라고 하였다.

손사막孫思邈의 『천금요방千金要方』에 이르기를 "성교로 해서 찌는 듯한 더위의 기운을 얻게 되며, 창포를 백량분과 같이 붙이면 건조하게 되며, 습통急痛(죄어들거나 켕기면서 아픔)이 생기지 않는다." 라고 하였다. 한편 "음악창을 치료하는 데는 밀전 감초를 그곳에 발랐다." 라고 하였다.

송나라 두한경竇漢卿의 『창양경험전서瘡瘍經驗全書』에는, "미창은 생감창이 있는 여인과 성교를 하면 그 독기에 감염되어 발생한다.”라고 하였다.

그것이 발생한 당시의 현상을 보면 양매창과 아주 흡사하였다. 아마도 명나라 중엽 이후의 그 양매창은 고대에도 있었을 것이다. 『신선감우전神仙感遇傳』에 보면 다음과 같이 기술하고 있다.

“최언崔言이 병을 얻었는데 눈썹과 머리털이 저절로 빠졌다. 콧날도 주저앉았다. 피부에는 개창疥瘡(옴)과 같은 부스럼이 생겼다. 모두 악질이라고 하여 치료할 수가 없다고 하였다. 어떤 이방인이 쥐엄나무 가시를 태운 재와 대황을 아홉 번 찌고 아홉 번 말린 뒤 그것을 잘 갈아서 대황탕을 끓여 먹도록 가르쳐 주었다.”

『유양잡조酉陽雜俎』에 보면 다음과 같은 이야기가 있다.

북제 때 이서李庶는 수염이 없었다. 최심崔諶이 그를 희롱하여 “바늘로 턱밑에 많은 구멍을 뚫고 좌우에 수염이 많은 사람들의 것을 뽑아 심지 않겠느냐” 하고 물었다. 이서는, “수염이 있어야 귀족 행세를 할 수 있을 테니 눈썹을 심어야 유익할 것 아닌가. 그런 다음에 수염을 심어야지.” 하고 대답하였다. 그 후 최심이 악질에 걸렸다. 그러자 이서가 마찬가지로 그를 희롱하

명기(名妓) 저기란(褚企蘭).

였다.

『당고승전唐高僧傳』에서 이르기를, "양주 설하사薛河寺의 승僧 원위遠爲는 성품이 방탕하여 수양에 힘쓰지 않았다. 엽색獵色을 즐겨 하였다. 눈가에 검은 점이 생겨서 그것을 씻으니 눈썹이 일시에 모두 빠져 버렸다."라고 하였다.

또 『소계어은총화苕溪漁隱叢話』에서는, "유공부는 만년에 악질에 걸렸다. 수염과 눈썹이 빠지고 콧대가 주저앉았다."라고 하였다. 『동파지림東坡志林』에서도 이르기를, 풍질風疾이 있었는데 입으로 말을 하지 못하였고, 그뿐만 아니라 치료할 방법을 알지 못하여 죽기를 기다릴 뿐이라고 하였는데, 이는 바로 유공부를 두고 한 말이었다.

이상의 설명들을 종합해 보면, 악질·풍질 등의 병은 모두 화류병을 지칭함을 알 수 있다. 또한 중국에는 명나라 중엽 이후로부터 확실히 화류병이 존재하였다.

유변俞辨의 『속의설續醫說』에는 이렇게 기술하고 있다.

"효종 황제 말년에 민간에서 악창이 돌았다. 광동 사람들에게서 비롯되었다. 강소성 사람들은 그것이 무엇인지 알지 못하였다. 이에 광창이라고 하였다. 또한 그것이 매화와 비슷하여 양매창이라고 하였다."

이시진李時珍의 『본초강목本草綱目』에는 토복령土茯苓의 약효에 대하여 설명하고 있다.

"토복령은 초楚나라 촉산蜀山에서 만생蔓生하고 있는데, 옛사람은 이것의 용도를 알지 못하였다. 근세近世의 홍치弘治, 정덕正德 사이에 양매창楊梅瘡이 성행하였다. 분말로 내어 먹으면 약효가 있었다. 종양이 몸에 생겨 결국 곪아 터져서 죽게 되는데 후일 이 약은 참으로 중요한 약이 되었다."

또한 다음과 같이 덧붙였다.

"양매창楊梅瘡에 대한 고대의 처방은 기록되어 있지 않다. 또한 병에 관한 기록도 없다. 최근에 영표에서 발생하여 사방에 퍼졌다. 영표의 풍토는 지대가 낮고 무덥고 공기가 혼탁하며 후덥지근하였다. 사람들이 심한 더위에 허덕이게 되었다. 남녀의 난음으로 인해 습열의 병이 축적되어 악창이 발생하였는데, 서로 전염이 되어 남쪽에서 북쪽으로 번져 드디어 전국으로 확산되었다."

중국의 의학서 중에 최초로 양매창楊梅瘡에 대한 명칭과 치료법 등을 기록한 것은 위의 두 책뿐이었다. 양매창은 효종 때 발생하여 무종 때 가장 번성하였다. 위 두 권의 책은 화류사花柳史에서 가장 중요한 책이다.

이와 같은 여러 기록들을 종합하여 보면, 양매창은 15세기에 비롯되었으며 중국 의학서들 가운데에서 그 기록을 찾아볼 수 있다. 그 병의 유행은 홍치弘治 말엽(1488~1505년)으로부터 정덕正德(1506~1511년) 때까지 유행하였다. 이는 광동廣東에서 발생했다는 것과 일치된 견해였다.

유럽 사람으로서 가장 일찍이 중국과 통상을 한 것은 포르투갈 사람이었다. 명나라 정덕 6년(1511년)에 포르투갈 사람이 영남嶺南을 점령하고 마육갑麻六甲을 설치하였다. 뒤에 총독으로서 무역과 척식拓植의 일을 관장하였다. 5년 뒤에 또 한 사람의 포르투갈 사람이 광동에 도래하였다. 이것은 첫 번째 시험 항해였다. 다음 해(1517년) 또 다른 포르투갈 사람이 다시 선박 네 척을 인솔하고 마카오 서남쪽 상천도上川島에 정박하여 통상을 요구하였다. 그러자 명나라 정부에서 배 두 척으로 광동까지 항해하는 것을 허락하였다. 이것이 현대 유럽 국가들과 중국이 최초로 직접 통상의 길을 여는 계기가 되었다.

또 콜럼버스가 미 대륙을 발견하기 이전에는 아마도 유럽 국가들에서 매독이 유행하지 않았을 것이다. 기록에 의하면, 이 병은 아이티Haiti(서인도 제도 중부 대앤틸리스 제도에 있는 섬)에서 스페인으로 전염되어 갔다. 따라서 중국의 양매창이 효종 때 발생하여 무종 때 극성한 것은 포르투갈 사람들의 동래東來와 다소 관계가 있다고 볼 수 있다.

또 중국에서 전해지고 있는 가장 오래된 화류병은 소갈消渴(갈증으로 물을 많이 마시고 음식을 많이 먹으나 몸은 여위고 오줌의 양이 많아지는 병)로 알려져 있다. 한나라 사마상여司馬相如가 이 소갈병을 앓았다. 그러나 이 소갈병은 화류병이 아닌 요즈음의 당뇨병이었다. 왕무덕王懋德의 「이유위담二酉委譚」에 다음과 같은 일이 묘사되어 있다.

"광동 지방의 참정을 지낸 왕무덕이 연평에서 돌아왔다. 그런데 갑자기 몸이 마르고 수염과 머리털이 모두 말라 버렸다. 이를 소갈병이라고 하였다. 백약이 무효였다. 이전에 연평의 향관을 지내던 이가 몰래 다른 이에게 묻기를 '왕공의 오줌을 맛본 일이 있습니까? 이런 증상이 있는 사람은 그 오줌이 매우 달며 이것은 치료할 수 없습니다.'라고 하였다. 왕무덕이 뒤에 그 이야기를 들었다. 처음에 맛을 보니 조금 달더니 점점 그 맛이 진해졌다. 나중에는 매우 달았다. 왕무덕은 자기가 일어날 수 없음을 깨닫고 말하기를, '소갈병 이야기는 들었어도 오줌이 달다는 이야기는 듣지 못했다.'고 하였다."

즉 고대에 화류병으로 알려졌던 소갈증消渴症은 사실 윗글에 나타난 증상으로 보면 분명히 현대의 당뇨병이었다.

제6장

사설私設 경영經營의
창기娼妓 시대

제1절

# 청대淸代 중엽 이전의 창기

청淸의 초기에는 명대의 제도를 답습하였다. 순치順治 황제 원년에 교방사 敎坊司를 두어 궁현宮懸으로써 대악大樂을 관장하도록 하였다. 그런 뒤 순치 8 년에 와서 성지를 받들어 교방의 여악女樂들을 폐지하였다. 그리고 내시 48 명으로 하여금 그들을 대신하도록 하였다고 『강희회전康熙會典』에 기록되어 있다. 『황조통고皇朝通考』 악고상樂考上에 보면, 순치 12년에도 여전히 여악女 樂을 두었더니 순치 16년 뒤에 내시들로 교체하였다고 쓰여 있다. 그 뒤 이 것이 제도로 정착되었다고 하였다. 이렇 게 두 차례에 걸친 개혁으로 청나라 때 의 북경 관기는 거의 없어졌다. 그러므로 『옹정회전雍正會典』에 다음과 같이 서술하 였다.

"순치 16년에 여악女樂들을 폐지시킨 후 북경의 교방사에는 여자가 없었다."

이후로 각성의 관기들도 차츰 적어졌 다. 강희 이후에는 거의 사라졌다. 강희 12년 망신토우芒神土牛(입춘[立春] 때의 제사)

청(淸)나라 말기 관표(官嫖).

를 맞아들이는 것을 다시 인준하였다. 창기를 가지는 것을 엄격하게 금지하는 칙령을 반포하였다.

청나라 초에 왕사정王士禎(1634~1711년, 남주북왕(南朱北王)이라 불렸던 중국 청나라의 시인)은 양주揚州의 추관推官을 지냈다. 그의 『향조필기香祖筆記』에 보면 그때 관기와 관련이 있는 일단의 기록이 있다.

양주의 옛 관례에 따라서 관료들은 경화관瓊花觀에서 봄맞이를 하였다. 창기로 하여금 말을 인도하게 하였다. 태수와 절추節推는 각각 4명이었다. 동지同知 이하는 두 사람이었다. 이들은 주연을 차림으로써 주석主席을 받들었다. 관아의 관리들은 간리姦利를 삼았기 때문에 태수를 파직시켰다고 하였다. 그러나 왕사정이 양주에서 추관을 지낸 것은 순치順治 16년이었고, 강희康熙 5년에 북경으로 귀임하였다. 관기는 아마도 강희 12년 이전으로 그 금지령이 제대로 실시되기 이전이었을 것이다.

진상고陳尙古의 『잠운루잡기簪雲樓雜記』에 보면, 순치 9년에 양가의 여자들

청(淸)나라 기녀 어미.

이 창기가 되는 것을 금하였다. 그러나 환난 뒤에 양가의 자녀들은 약탈을 당하여 전전하다가 기적에 오르게 되고 말았다. 그리하여 세조世祖 때 특별히 명령을 내려 잘못하여 창기로 된 자는 돌아갈 수 있도록 하였다.

『명조소사明朝小史』에 보면, 명나라 때 양가 및 귀족의 부녀들이 창기가 된 수는 헤아릴 수 없다고 언급하였다. 비록 순치 9년에 양가와 귀족의 부녀들에 대한 창기 금지령

이 발효되었음에도 불구하고 귀환할 수 없었던 숫자 또한 헤아릴 수 없이 많
았다. 그렇다면 그 금지령은 소 잃고 외양간 고치는 격에 지나지 않았던 것
이다.

상술한 바와 같이, 순치 때 교방의 여악女樂을 개혁했던 것처럼 강희 12년
에도 거듭하여 그 금지령을 반포하였다. 가장 늦게는 강희 12년 이후로 당
나라로부터 송宋·명明을 거쳐 오던 관기 제도가 없어진 것 같았다.

청淸나라 초기의 창기娼妓들이 거주하는 지역은 대부분 외성外城 내부 동서
쪽, 그리고 성외城外 남쪽에 위치해 있는데 모두 '향소香巢'라고 부른다.

『석진지析津志』는 이렇게 적고 있다.

"경사京師 황화방皇華坊에는 동원東院이 있고, 본사本司 거리에 있다고 한다.
본사本司는 교방사教坊司를 말한다. 또한 구란勾欄 거리에는 연락演樂 거리가
있고, 근처에 마고낭馬姑娘 거리도 생겨났다. 송고낭宋姑娘 거리, 분자粉子 거
리, 미루곡항迷樓曲巷, 대개 총포總舖 거리이다. 성 밖에는 남원南院이 있고, 모
두 옛날에는 북리北里을 말한다."

연燕나라 도시에 기녀妓女는 요遼에서 왔기에 사람의 이름을 말할 때, '분자
粉子' 역시 기녀妓女의 이름을 말한다. 민국民國 후에 구란勾欄 거리는 내무부
內務部 거리로 고치고, 분자粉子 골목은 농상부農商部 관청 소재지로 바뀌었다.
일반 사대부가 옛날에 일찍이 술에 취해 여색에 혹하여 방탕한 생활을 하는
곳이라는 것을 알지 못했다.

청대淸代 순치順治부터 강희康熙를 거치면서, 역대로 전승된 관기 제도를
소멸하도록 국가의 명령으로서 법률이 실시되었다.

그러나 옹정雍正, 건륭乾隆 이후에도 창기는 의연히 존재하였다. 일본인이
쓴 『당토명승도唐土名勝圖』에서 중국 고금의 풍속 변천에 관해 묘사한 부분은

참으로 볼만한 것이었다. 희루戯樓와 기관妓館은 더욱 그러하였다. 그 책에 실려 있는 『동서청루지도東西淸樓之圖』에 보면, 창기들은 긴 치마를 입었으며, 화려하게 꾸며 입었다. 거문고를 타며 주석의 시중을 들었다. 비단 휘장과 붉은 촛불을 밝혔다고 하였다. 이 책은 건륭 시대의 상황을 기술하고 있다. 당시의 창기는 여전히 매춘함으로써 생활을 유지하였다. 청나라 중엽 이전에 북방의 창기들은 많았다. 그러나 염사艶史에 전해지고 있는, 두각을 나타내는 자는 많지 않았다. 그 원인을 두 가지로 생각해 볼 수 있다.

첫째는 관리와 사대부들의 압창狎娼을 금지했기 때문이었다. 청나라는 명나라 제도를 답습하였다. 문무 관리가 유창을 할 경우엔 곤장 80대를 맞았고, 생원生員 등이 유창이나 도박을 하면 그 죄를 물어 서민으로 탈락시켰다.

둘째는 부녀들의 용모와 화장의 풍속이 남방의 여인들과 같지 않았기 때문이다. 진대성陳大聲의 『조북지창기곡嘲北地娼妓曲』에는 다음과 같이 서술하였다.

"문 앞에 일진의 노새가 이끄는 마차가 지나갔다. 먼지가 일었다. 어디에 꽃을 밟고 돌아가는 마제향이 있는가? 뚱뚱하고 부푼 솜저고리, 솜바지, 솜치마인데 어디 춘풍 초시의 박라薄羅가 있겠는가? 생파, 생마늘, 생부추를 오장에 절여 두니 어디 깊은 밤의 밀어와 구지향이 있겠는가? 입을 열면 바로 원가의 옳지 못한 노래를 부르니 어디 춘풍일곡의 두위낭杜韋娘이 있겠는가? 잔을 들어 먹기로 하였으나 고량주가 마련되지 않았으니 어디 난릉미주와 울금향이 있겠는가? 머리 위에 흐트러진 쪽, 높아서 두 자나 되는 보잘것없는 만낭蠻娘인데, 어디 높은 쪽 구름 같은 머리의 궁궐 안의 모양과 같은 것이 있겠는가? 운우의 정은 토방 어느 곳이려나, 어디 원앙금침鴛鴦衾枕의 소금장이 있겠는가? 5전 1량 등두앙은 바로 잃어버리려나, 어디 유랑에 시집 갈 승원랑이 있겠는가?"

당시 광주, 소주, 남경, 항주, 영파, 조가 등에는 창기들의 나막신 소리와 노랫소리가 높았다. 대단히 번성하였음을 짐작케 한다.

명나라 말엽과 청나라 초기에 광주의 청루를 남호南濠에 설립하였다. 당시 도시 안의 창루는 남호를 제외하고 소동영小東營이 있었다. 청나라 초기에 시기詩妓인 홍두紅豆가 이곳에 거주하였다. 건륭과 가청 때 명기였던 심수영沈秀英도 그 소동 별장에 있었다. 오늘날에는 이미 인멸되었고 그 유풍만 조금 남아 있을 뿐이었다. 청초의 기관을 사면沙面(광저우 남쪽, 주장 강에 떠 있는 인공 섬)에 세웠는데, 지금의 귀기鬼基로 그 땅은 모래가 쌓여서 이룩된 것이었다. 창기들은 판자와 대로 집을 지어서 이를 요寮라고 하였다. 단호蛋戶들은 물가에 판자로 집을 지었다. 이들을 단가요蛋家寮라고 부르게 되었다. 사면沙面에 범영각帆影閣이 있었다. 당시의 모든 창기들의 연회 장소로 쓰였으며 대단히 번창하였다. 그러나 그 뒤에 화재를 당했고, 복구가 허용되지 않았다. 대소 양방揚幫의 유창은 사면의 토기土妓와 같지 않았다. 이는 양주로부터 왔기 때문에 양주방揚州幫이라고 하였다. 즉 대양방大揚幫은 옛적 하남의 강가에 자리하고 있었다. 그 뒤에 그곳에 오는 사람이 날이 갈수록 많아졌다. 그렇게 육지로부터 이어진 수상 생활을 하게 되었는데, 이것을 소양방小揚幫이라고 하였다. 특히 남사南詞를 좋아하는 자들이 대부분 따랐다. 한 차례의 전쟁을 치르고 영국군이 입성한 뒤에 그 대소의 양방은 모두 흩어졌다.

주강珠江의 화방花舫(아름답게 장식된 작은 유람선)은 건륭 이후로부터 대단히 번성하였다. 대소의 양방이 소멸된 이후부터 유창을 바라는 자들은 모두 해주海珠(주강 가운데 있는 돌섬이 구슬이 떠 있는 것과 같다고 하여 따온 이름)로 모여들었다. 가장 번성하던 시기는 도광道光 때였다. 주강의 화방들은 해주를 빙 둘러 몇 군데로 나뉘어 스스로 일가를 이루고 있었다.

(좌)청(淸)나라 때 기원(妓院) 악기도(樂妓圖) 1.
(우)청(淸)나라 때 기원(妓院) 악기도(樂妓圖) 2.

### (1) 곡부穀埠

### (2) 영주가迎珠街

화방은 예부터 영주가에 정박하였다. 모두 10여 척이었다. 선수에는 방이 있었지만 선미에는 방이 없었다. 곡부보다는 규모가 작고 주로 상인들이 출입하였다.

### (3) 합창合昌

원래는 수요水寮라 불렸다. 화방은 20여 척으로 나란히 배열되었다. 바람둥이들이 배에 오른 다음 아름다운 창기를 선택하여 뜻이 맞으면 즉시 방으로 들어갈 수 있었다. 이곳의 창기들은 곡부나 영주에 미치지 못하였다.

### (4) 수귀담水鬼凼

췌귀담苹貴潭이라고도 하였다. 글자의 음이 같기 때문에 그렇게도 불렸다. 창기의 대부분이 단호蛋戶(만주족)이어서 주가정住家艇(돛이 없는 작은 배)으로 집을 삼았다.

곡부는 이들 화방 가운데에서 가장 고급으로, 창기들은 이 화방에 거주하였다. 화방에는 각기 방이 있었다. 백합롱白鴿籠(비둘기장)이라고 하였다. 배의 앞쪽에는 대청이 있었다. 뒤쪽에도 나름대로의 대청이 있었다. 선미에는 방이 있었는데 이를 궤저방櫃底房이라고 일컬었다. 앞뒤의 대청은 연회 손님을 위한 장소로서 화려하게 설비하였다. 따라서 한번 그 가운데 들어가면 물 위에 떠 있는 집인 줄 느끼지 못하였다. 화방은 「一」 자로 늘어서 있었는데 두 줄로 배열되어 있었다. 그 사이로 사정沙艇(작은 배)이 왕래할 수 있었

다. 화방 밖에 자동정紫洞艇이 수십 척 정박하였다. 커다란 자동정은 안팎에
대청이 있었다. 그리고 비단 휘장으로 간격을 두었다. 이는 남녀 내외를 분
별하였다. 그 시설은 화방과 같았다. 뱃머리에는 잠자는 의자와 원탁 하나
를 놓았다. 납량納凉(여름철에 더위를 피하여 서늘한 기운을 느낌)이나 달을 구경하
고자 하는 손님들을 위해 준비해 놓은 것이었다. 자동정의 선두에는 쪽배가
수없이 정박하고 있었다. 이것은 손님들이 건널 수 있게 하기 위한 것이었
다. 곡부정穀埠艇은 크고 작은 것을 합하여 3백여 척이 넘었다. 상·중·하의 3
등급三檔으로 분류하였다. 그중에 하당이 가장 아름다웠고, 상당은 그 다음
이었다. 중당은 인연정姻緣艇이었다. 유곤留髡의 창기들은 곧 이 자동정을 양
대陽臺로 하였다. 이 때문에 '인연정'이라고 하였다. 그러나 당시의 문인들은
광동 창기에 대하여 한결같이 혹평을 하였다.

원매袁枚의 『수원시화隨園詩話』에 보면, 광주 화방의 창기는 아름다운 자가
하나도 없다고 하였다. 그러므로 다음과 같은 시로 풍자하였다.

"푸른 입술로 불을 불며 신을 끌고 나온다.
모두가 마치 귀수형鬼手馨과 같아 가까이 갈 수 없네."

광주의 주단호珠蛋戶는 8천여 호가 넘었는데, 모두 창업娼業으로 생계를 유
지하였다. 하지만 광주 창기는 영남 일각에서 명성이 매우 높았다. 그 이유
를 몇 가지로 나누어 설명할 수 있다.

①주관적인 생각이 지나치게 강했기 때문에 그들의 심미안은 대단히 배
　타성이 강하였다.

②광동廣東의 모든 사물에 대하여 깊고 절실한 감정을 가지고 있지 않았기 때문에 그들과 절대로 동화될 수가 없었다.

③당시 광주廣州의 유객遊客들은 일부의 관리를 제외하고 대부분 악덕상인, 건달 들이었다. 이들은 거의가 다 무식하였기 때문에 「초사楚辭」나 「송사宋詞」와 같은 문학을 알지 못하여 미인들을 칭찬하지 못하였다. 그러므로 당시의 광주 창기는 새벽의 별과 같이 잘 알려지지 못하였다.

실제로 각 지방의 풍토와 기후가 모두 같지 않기 때문에 미인들은 각기 그 나름대로의 특징이 있었다. 예를 들면 중국의 연燕과 조趙의 미인은 건장하고 고매하였는가 하면, 오희월녀吳姬越女는 가냘프고 청초하게 아름다웠다. 광동의 만족 아가씨들은 강건하였다.

열 걸음 이내에 반드시 방초芳草(향기롭고 꽃다운 풀)가 있게 마련으로, 역사상 이름을 드날렸던 녹주綠珠는 광동에서 태어났는데, 그녀의 명성이 소소蘇小보다 못하지 않았다. 그뿐만 아니라, 심미안은 시대의 변화에 따라서 바뀌어 갔기 때문이기도 하였다. 원매袁枚는 진실로 광동 창기의 누추를 모두 시로 읊었는데, 그의 손자 원상보袁翔甫는 「호북죽지사영월기滬北竹枝詞咏粤妓」라는 제목의 시에서 다음과 같이 말하였다.

"머리의 바단 수건 나풀거리고, 맑은 향기 드날린다.
너와 나의 집이 오양인 것을 서로 아네.
옷소매 나부끼고, 신발을 끌며 어디를 가나,
둥근 얼굴의 두 발은 서리보다도 회네."

이「죽지사竹枝詞」를 보면 광동 창기에 대하여 참으로 만족해 하고 있었다. 원매가 주력으로 훼방을 하였던 것과는 같지 않았다. 아마도 원상보는 청나라 말엽에 태어났으며, 그는 여러 나라 사람이 모여 살고 있는 상해에 우거하였기 때문에 그의 심미안은 달랐을 것이다. 이와 같이 심미안은 시대에 따라서 바뀌었다. 그러므로 그의 선조의 심미안과도 크게 달랐다.

남경은 명나라 때 국도를 대신했던 곳[배도[陪都]]이자, 동시에 창기[煙花]가 창궐했던 곳이다. 하지만 청나라 때(순치[順治] 원년[元年] 12년)에 이 환락의 도시가 폐허화되었다. 건륭 말년에는 다시 부흥하였다. 당시의 본방本幫(남경의 원대의 창기들), 양방揚幫, 소방蘇幫의 창기들이 모두 이곳에 모여들었다. 사대부들의 연회는 모두 진회의 화방에서 열었다. 집집마다 꽃이며 옥으로 장식하였다. 명나라 말엽과 같이 성황을 이루었다. 주천거사珠泉居士의『속판교잡기續板橋雜記』에 다음과 같이 진회 화방의 놀이를 서술하였다.

> "남문교로부터 동수관에 이르기까지 불을 켠 유선들이 꼬리를 물고 맴돌았다. 한 치의 물결도 보이지 않았다. 정자의 위아래가 휘황하여 마치 그림과 같았다. 모든 명기들이 넓게 자리를 차지하고 있었다. 점심때부터 새벽이 되기까지 손님이 만좌하였으며, 술병이 빌 사이가 없었다. 하루 사이에 천금을 물 뿌리듯이 썼다. 정말로 풍류의 수택이었을 뿐더러 태평세월의 기방 놀음이었다."

그런가 하면, 주강珠江의 양쪽 기슭에는 아름다운 하방河房이 즐비하였는데, 속칭 본토박이를 본방本幫이라고 하였다. 고소姑蘇에서 온 자를 소방蘇幫이라 하였고, 유양維揚에서 온 자를 양방揚幫이라고 하였다. 또 산수가 수려하고 깊으며, 고요한 곳에 도시를 싫어하는 명기들은 그곳을 거주지로 삼았다. 그러나 초봄이 되어 물이 불고, 가을이 되기까지는 배들이 연락부절이었다. 강 안에는 하루河樓들이 있었다. 봄에서 여름으로 바뀔 때에는 조수가 밀려와 10여 리에 가득 차서 선유船游하기에 충분하였다. 늦가을에 물이 밀려가면 배의 왕래가 불통이었다. 그러므로 초여름에 배를 띄우면 늦가을까지 띄울 수가 있었다. 이 사이에 떠 있는 유선은 수백 척으로 노랫소리가 강 한가운데에 가득하였다.

봉화생奉花生의 『화방여담花舫餘談』(가경〔嘉慶〕 13년, 1808년 출판)에 보면, 특별한 손님을 맞았을 때에는 반드시 뱃놀이를 하여 존경尊敬을 표한다고 되어 있다. 먼저 수일 전에 작은 붉은 종이를 달고 붉은 봉투를 씌운다. 위에 배를 사러 오는 날짜를 적어 두며 주문이 들어오면 노복奴僕에게 명하여 예약을 받고 처소로 보내드리게 한다. 만약 손님이 오지 않으면, 붉은 종이에 사의謝儀를 뜻함을 적어 올린다. 또한 부탁받은 글을 봉투에 적어 넣어 드리며 붉은 종이를 다시 되돌려 달라고 부탁한다. 주인은 손님의 많고 적음에 따라 임시 손님을 함께 하도록 한다. 보통 오후에 모이는데 노비는 따로 작은 배에 탑승하도록 되어 있으며, 시중을 들도록 대기하게 한다. 반찬은 집에서 만들어 갖고 온 것이며, 주홍유硃紅油를 함에 실어 부둣가로 나른다. 배가 오면 실어 담아 올리며 편의便宜와 신순新順과 같은 명관名館에 맡겨 대신하도록 하여, 편리하게 찾아갈 수 있도록 하는 경우도 있다. 또 외부의 포인庖人(요리사)을 고용하여 칠판아七板兒 두 척의 화식선火食船이라는 배에 실어 담기도 한다. 모든 식자재를 두 부분으로 나누어 분부대로 요리를 진행한다.

건륭乾隆, 가경嘉慶 황제의 재위 동안 진회秦淮에서는 뱃놀이가 매우 번성했는데, 명明나라 때 태평한 세월이 오래되어 풍월風月로 사람을 취하게 하는 최고봉에 다다랐다. 하지만 굳이 이렇게 즐겨야만 하는 것인가?

양주揚州 창기娼妓 사업은 당唐나라 이래 번영함을 이어왔는데 청淸나라 초에 이미 '사과자私窠子' '반개문半開門' '소빈蘇浜' '양빈揚浜' 등의 명목으로 존재하였다.

오란자吳蘭茨의 『양주고취사揚州鼓吹詞』의 서序에 보면 다음과 같이 묘사되어 있다.

군중郡中 성城 안에는 기관妓館이 매우 많았고, 밤이면 수만 개에 이르는 등불이 타오르는데 창기들의 미모는 더 말할 나위 없이 아름다웠다. 내 고향은 아름다워 당唐나라부터 그러했다. 당나라 건국 초기에 관기官妓는 '악호樂戶'라고 하였는데 입춘立春 하루 전에, 태수太守가 봄을 맞아 성城 동쪽 번리관蕃釐觀에서 관기官妓 더러 민속놀이 사화社火(중국 북방 지역에서 유행하는 일종의 명절놀이), 즉 춘몽파春夢婆 1명, 춘저春姐 2명, 춘리春吏 1명, 조예皂隸 2명, 춘관春官 1명 등을 흉내하라고 명하였다. 이튿날 돈 27문을 받았고, 춘관春官의 통서通書 10본本을 상賞으로 받았다. 이것은 관전觀前 안에서 정사正司를 시킨다.

강희제康熙帝 연간에 악호樂戶를 줄이면서 관기官妓를 없앴는데, 등절燈節(원소절, 음력 정월 15일)에 하는 화고희花鼓戲(북으로 반주하는 연극)에는 색목인色目人으로 이들을 대체하였다.

양주揚州 화고희花鼓戲에서는 왕소군王昭君, 어부의 아내 등으로 분장하였고 모두 남자들로 이루어져 있다. 속담에 "착한 여자는 봄을 보지 않고 착한 남자는 등燈을 보지 않는다."라고 하였다.

관기官妓가 이미 혁파되었으나 토창土娼은 잠출潛出하였는데, 예를 들면 '사과자私窠子' '반개문半開門' 등이 모두 금지되었다.

태주泰州에 어망선漁網船이 있는데 광동廣東의 고외정高桅艇에 속한다. 군郡

에서는 이를 '망선빈網船浜', 소주蘇州의 창기는 '소빈蘇浜', 토창土娼은 '양빈揚浜'
이라 불렸다. 금지령이 내려질 때면 철수해서 생사를 걸고 도망가는데 어디
로 갔는지를 알 수 없다. 지금의 기재된 것은 마치 소고蘇高와 진주낭珍珠娘의
부류인데, 예전 기록에서 빠지거나 알려지지 않아 세상에 드러나지 않은 사
실이다.

오란자吳蘭茨가 말하기를 양주揚州에서 관기官妓를 폐지한 후, 의외로 '소빈
蘇浜''양빈揚浜'의 창기娼妓가 아울러 흥성興盛하지 않았으며 이는 청淸나라 초
기 강희제康熙帝 연간의 일이었다고 한다. 이는 상란喪亂이 평정된 지 오래지
않았고, 관사官司에서 금지령이 삼엄하기에 창기娼妓가 발을 붙이기 힘들었
기 때문이다. 건륭乾隆 황제 말년에 천하가 태평해지면서 양주揚州에서 다시
영업이 흥하게 되었다. 소진회小秦淮와 수서호瘦西湖의 번영은 금릉金陵을 초
월하였다.

광주, 양주, 남경의 창기 상황은 이로 미루어 알 수 있었다. 청나라 건륭
때의 남부 창기는 탕자蕩子의 혼을 빼앗고, 타향에 사는 사람들의 마음을 취
하게 하였다. 기타 소주, 항주, 조가潮嘉 등의 모든 지역도 마찬가지였다. 이
에 당시의 유창 풍습과 특징에 대하여 언급하기로 하겠다.

### (1) 방곡坊曲에서의 화장은 모두 소주 지방의 창기娼妓들을 모방한 것이었다. 그리고 그 변천은 대단히 신속하였다.

창사娼史 가운데에서 청대의 유행 변환은 가장 빨랐다. 아마도 이 시대는
소주가 한 전형이 되었다. 『속판교잡기續板橋雜記』에 보면, "기원의 의상과 화
장은 소주식이었고, 채색의 옷자락과 넓은 옷소매는 유양을 본받았다." 라
고 설명하였다. 또한 『화방여담花舫餘談』에 보면, "많은 소주의 사람들이 잡화

점을 열었는데, 화건수花巾袖, 장화변妝花邊, 수화변繡花邊 등을 위시하여 화려한 규중의 물건들이 열 가운데 아홉을 차지하고 있었다. 그러므로 모든 부녀들의 장식품은 여기에서 구입하였다. 진실로 무늬 모양이 달랐기 때문에 기이한 물건으로 여겼다."라고 묘사하고 있다.

그리고 『오문화방송록吳門畫舫續錄』에 보면, 그 시대의 화장은 대략 10년에 한 번은 바뀌었다고 되어 있다. 가경嘉慶 때에는 화방의 창기가 옆머리를 드리우고 높게 쪽을 틀었다. 옆머리 모양은 마치 두 날개를 펼친 듯하고, 쪽은 머리를 겹으로 땋아 놓은 갓과 같았다. 이를 앞으로 치켜 올려서 엉덩이까지 왔는데 그 사이에 비녀를 꽂았다. 이를 속칭 원보두元寶頭라고 하였다. 이는 고대의 부용계芙蓉髻를 모방하였다.

이와 같이 부녀들의 복식과 화장은 앞다투어 광동의 스타일을 숭상하였다. 실제로는 명나라 말엽에 비롯되었다. 『진궁유록爐宮遺錄』에 보면, 주후周后(숭정[崇禎]의 후비[后妃])는 소주가 본적이었다고 기록되어 있다. 그리고 전귀비田貴妃(숭정의 후비)는 양주가 본적으로 모두 강남의 복식을 익혔다. 이를 소주식[蘇樣]이라고 하였다.

여회余懷의 『판교잡기板橋雜記』에 따르면, 남곡南曲의 의상 복식은 사방에서 받아들여 하나의 새로운 스타일을 만들었다고 기술하고 있다. 이는 담담하고 소박하며 우아한 것이 주축이 되었다. 즉 창기의 복식은 소주의 것을 모범으로 삼았다. 이는 일조일석에 만들어진 것이 아니었다. 창기는 아름다움만을 주장할 뿐 보수적이지 못하였으므로 그들의 복식과 화장은 시시각각으로 변천하였다.

### (2) 방곡坊曲에서는 도박이 성행하였다.

이 시대에는 이미 창루에서 도박이 유행하였다. 이는 유객들의 소일거리였다. 창기는 이것을 핑계로 머리 손질 값을 받아 내었다. 이는 부업으로 손색이 없었다. 봉화생捧花生의 「화방여담画舫餘談」에 보면, 방곡에서는 엽자희葉子戲(투전 놀음), 성감옥成坎玉, 병십호碰十壺(투호)를 즐겨했다고 기술되어 있다. 그 후에 다시 투경投瓊(투자(骰子)라고도 함. 즉 상아나 짐승 뼈로 만든 입체 정방형의 도박 기구)을 하였는데 간양趕洋, 도후跳猴, 척팔차擲八叉, 탈장원奪狀元, 제명색諸名色 등이 있었다. 그 놀이를 한 것은 대단히 오래되었다. 그 밖에 생염生厭, 내흥압보乃興壓寶, 압보壓寶가 있었다. 돈, 즉 청부靑蚨(본래는 벌레의 이름) 한 닢을 미리 작은 네모난 상자 속에 넣어 책상 위에 올려 놓게 되면 전후좌우에서 그것을 맞추었다. 그러나 보자방寶字方을 얻은 사람이 이기는 것인데, 이것을 일컬어 보국寶局이라고 하였으며 그 상자를 보합寶盒이라고 하였다. 별도로 보자방을 만들어 종잇조각에 써서 비대比對하였는데, 이것을 보편寶篇이라고 하였다. 밤낮을 가리지 않고 놀이를 하였다. 근자에는 이른바 요탄搖攤이라고 하여 골패 네 개를 그릇에 넣고 흔들었다. 그리고 그 점수를 계산하였다. 청룡, 백호, 주작, 현무의 네 문을 결정하였다. 하루 사이에도 엎치락뒤치락하여 승패를 가늠할 수가 없었다. 민간에 도박이 유행하게 된 것은 명나라 말엽이었다.

고염무顧炎武의 『일지록日知錄』에는 사대부들 사이에서도 도박이 유행했다고 쓰고 있다. 명나라 때 비로소 마조馬弔(마작(麻雀))라는 놀음이 시작되어 강남, 산동 등지에서 그 놀이를 하지 않는 사람이 없었다. 그러나 방곡 가운데서 그와 같은 놀음을 했다는 기록은 남아 있지 않았다. 건륭과 가청 사이에 세월이 태평해짐에 따라 놀음이 자연 성행하게 되었다. 점차 청루나 화방으로 전파하게 되었다. 이는 주의할 가치가 있는 대목이었다.

### (3) 아편이 점차 방곡에서 유행하였다.

건륭 때 강과 바다에 연한 방곡 중에는 아편을 가져다가 바람둥이에게 공급하는 일이 성행하게 되었다.

『화방여담画舫餘談』에는, 유행하는 아편이 언제 중국으로 수입되어 왔는지 잘 알 수가 없다고 하였다. 그것은 값이 비싸며 귀하였다. 또한 그것을 즐기는 자들은 정신에 도움을 주며, 백병에 이롭다고 하였다. 아무리 피워도 싫지가 않았으나 2, 3년이 지나면 어깨가 튀어나오고 목이 길게 늘어지며 얼굴은 죽은 잿빛으로 변하였다. 그렇기 때문에 금지시켰다. 하지만 암암리에 아편은 계속 유통되었다. 이는 소년들을 비롯하여 청루에서 즐겨 피웠다. 그 해로움을 잘 알지 못하였다.

유가俞嘉의 『조가풍월潮嘉風月』에 보면, 아편의 색깔은 까맣고 윤기가 난다고 하였다. 광동에 오는 모든 사람들은 그 맛을 보지 않는 사람이 없었다. 다만 농부들만 그 맛을 몰랐을 뿐 사대부들까지도 즐겨 피웠다. 더구나 창루에서는 두말할 나위가 없었다. 아마도 이와 같은 아편의 수입은 명나라 때 비롯되었을 것이다.

유리초俞理初의 『계사유고癸巳類稿』에 보면, 명나라 사역관, 동문당의 『외국래문外國來文』의 8책에 섬라暹羅(태국의 옛 이름)의 글이 번역되어 있다. "정성으로 아편 1백 근을 진헌하였다. 그러나 어느 해인지 알 수 없다."라고 하였다.

명나라 성화成化 때 아편은 이미 시장에서 매매되었다. 약 1백 년이 지난 만력萬曆(서기 1573년) 때 이시진李時珍의 『본초강목本草綱目』에서 아부용阿芙蓉(양귀비〔楊貴妃〕꽃, 일명 아편)에 대하여 상세하게 기록하였다. 이『본초강목』에

서 보면, 아부용은 전에는 들어본 적도 없으
나 근자에 와서 처방에 쓸모가 있다고 하였
다. 그렇다면 당시의 아편 복용은 보편화되
지 않았음을 알 수 있다. 다만 청대에 들어
서면서부터 아편 복용이 보편화되면서 전
국으로 퍼졌다. 그 유독함은 심할 수밖에 없
었다.

　아편이 중국에 수입된 때가 언제인지는
알 수 없다고 했으나, 상고해 보면 추정해 낼
수가 있을 것이다. 청나라 강희康熙 때 이미
그 폐해가 있어서 옹정雍正 때에는 아편에 대
한 금지령이 발표되었다. 다시 건륭 때에 거

형양(衡陽) 명기(名妓) 화염방(花艶芳).

듭하여 엄령을 내렸으나 실행되지 않았다. 건륭 중엽 이전에 포르투갈 사람
이 아편 약 2백 상자를 산지로부터 중국에 수입하여 왔다. 그 수량이 많을
때에는 약 1천 상자나 되었다. 건륭 22년(서기 1757년) 영국군이 인도군을 격
파하고 캘커타를 점령한 뒤, 인도에서 그 세력을 점차 확장해 갔다. 건륭 38
년(서기 1775년) 중국의 아편 수입권을 영국이 독점하였다. 서기 1800년 이후
매년 평균 4천 상자 이상을 수입하였다. 갈수록 그 수요가 증가하였다. 그리
하여 금릉을 비롯한 여러 방곡의 창기들은 모두 이 아편을 복용하여 정신적
인 쾌락을 얻었다.

### (4) 방곡에서의 가무와 희악戱樂은 모두 곤곡昆曲(곤륜산 지역의 노래)이 위주가
되었다.

청(淸)나라 말기 기녀(妓女)와 표객(嫖客).

곤곡은 명나라 때 이미 방곡 가운데서 유행하였다. 청나라 때에도 이 곤곡의 세력이 여전하였다. 창기들은 곤곡으로 손님을 즐겁게 해주는 것을 으뜸으로 삼았다. 기타 각 지방의 소조小調(민간에서 유행하는 속된 노랫가락인 속요〔俗謠〕)는 그 다음이었다. 그러므로 당시의 곤곡을 아부雅部라고 하였다.

「오문화방속록吳門畵舫續錄」에서는 다음과 같이 서술하고 있다.

"주연이 시작되기 전에 먼저 곤곡을 한두 마당 불렀다. 현악기와 관악기, 타악기 등으로 합주하였다. 오음이 서로 잘 어울렸다. 호방한 대목에서는 사람으로 하여금 득의양양하게 하였다. 처량하고 또 부드러우며 낮게 깔리는 대목에서는 넋을 잃었다. 처음 음이 시작될 때에는 음이 매우 가지런하여 여유가 있다가 중간에 들어서면 곡조가 배회하는 듯하였다. 마지막에는 강물 위에 푸른 봉우리가 선 듯 선명하고, 강심에 흰 달빛이 비추듯이 고즈넉하였다. 정말로 온갖 기예를 다하여 연출하였다. 듣는 이들은 매 곡조에 취하여 돌아갈 것을 잊었다. 현악기와 관악기 소리가 급박해도 차분히 깊은 감흥을 일으켜 사람을 감동시켰다."

『속판교잡기續板橋雜記』에 보면 다음과 같이 기술되어 있다.

"호수 옆에 있는 정자亭子에서 연회를 하고 있다. 아이를 시켜서 노래를 부른다. 노래를 부를 때 생소笙簫로 반주를 하고 있다. 이들은 몇 년 동안 가르친 10살 이상, 15살 이하의 아이들이었다. 목소리와 얼굴이 아름다운 자는 기녀가 되었다. 각기 멋대로의 장점이 있는데 화장을 하고 등장해 신神이 네 곳으로 옮겨갔다. 전두纏頭, 즉 창기에 대한 사례비는 교방보다 10배였다. 명기名妓 선와仙蛙도 각기 법곡法曲에 익숙했다. 자신의 소리를 알아주는 자가 아니면(지음(知音)) 이런 기녀들은 노래를 부르지 않았다. 그래서 『기생초寄生草』, 『전전화剪靛花』 같은 음란한 음악으로 바로 웃음을 팔고 노래를 부르지만, 이름난 기녀는 우습게 여겨 이를 마음에 두지 않는다."

이석생二石生의 『십주춘어十洲春語』에 보면, 방곡 가운데는 소곡小曲이 유행하였고, 근래에는 쌍주雙珠의 곤강昆腔이 매우 이름을 날렸다고 하였다.

이두李斗의 『양주서방록揚州書舫錄』에 보면 다음과 같이 쓰여 있다.

"양회兩淮의 염무鹽務로 하여금 대개 화부花部와 아부雅部(건륭 연간에는 당시의 연극을 아부(雅部)와 화부(花部)로 구분하였음)를 양성하여 축제에 큰 공연을 준비했다. '아부雅部'는 즉 '곤산강崑山腔'이다. '화부花部'는 경강京腔, 진강秦腔, 익양강弋陽腔, 방자강梆子腔, 라라강羅羅腔, 이황강二簧腔, 통칭 난탄亂彈이다."

청淸나라 강희康熙, 건륭乾隆 두 황제는 몇 번 남쪽을 순행巡行할 때, 양회兩淮 염상鹽商이 연극演劇을 방울을 맞이하듯이 앞다투어 아름다움을 뽐냈다. 지금 알고 있는 강희康熙 때에는 수도首都 내취반內聚班이 공연한 「장생전長生殿」이 있고, 건륭乾隆 때에는 회淮의 염상鹽商과 하夏의 모가某家의 공연인 「도화선桃花扇」, 명대明代 말기末期에는 남도南都를 공연한 「연자전燕子箋」이 성황리 되었기에 서로 필적할 만하다 할 수 있었다. 회淮의 염상鹽商은 명류名流(이름 있는 명사들)를 공양供養하고, 전문적으로 곡曲을 만든다. 예로 장심여蔣心餘 무리는 다 발을 들여 놓지 않는다. 그래서 건륭乾隆 시대는 '곤강崑腔'의 전성 시대였고, 방곡坊曲 속에서 유행하게 되었다. 어찌 유일한 소일거리라고 할 수 있겠는가?

### (5) 전족纏足의 풍습은 여전히 유행하였다.

명나라 때에는 민간에서나 방곡에서도 모두 작은 발을 중시했다. 그러나 청나라 때 들어와서는 전족을 금지하였다. 순치順治 2년 이후부터 출생하는 여아들에게는 전족을 금지하였다. 그러나 강희 6년에는 그 금지령이 해제되었다. 그래서 한때 방곡 가운데에는 작은 발이 미추를 분별하는 표준이 되었다. 그 당시 전족을 한 미녀들을 묘사한 실례를 들어 보자.

왕소행王小荇: "연꽃잎 섬세하고, 꽃쪽이 간드러지다."

양다자楊多子: "6촌의 둥근 살쩍, 봄빛에 하얗고 아름답네."

조봉曹鳳: "품격 있고 신선한 목소리는 언제나 옥으로 만든 나무처럼 고상하며, 균형 있고 빼어난 자태는 걸음마다 금련(전족(纏足)의 미칭)일세."

왕수운王岫雲: "가는 허리 아장 걸음, 비단 양말에 먼지 이네."

장옥진蔣玉珍: "온몸의 뛰어남은, 더욱이 치마 아래 두 발에 있음이네."

(이상以上『진회화방록秦淮画舫錄』)

서이徐二: "눈 같은 피부, 꽃다운 용모, 풍만하나 남은 듯하며, 치마 아래 활처럼 고운 곡선, 작고 파리하여 한줌에도 안 들겠네."

곽심아郭心兒: "품위 있으며 교태롭고, 풍만하면서도 빼어났네. 흰 피부 작은 발, 따스하기 옥돌 같네."

시사施四: "입술 크기는 복숭아 꽃잎 같고, 두 발의 파리함은 연꽃잎보다 더하네."

김이金二: "선량한 눈썹, 지혜로운 눈동자, 작고 섬세한 발, 부드러운 허리는 그 동류들을 압도하네."(이상以上『속판교잡기續板橋雜記』)

소흥화小興化: "자색은 중상급이고, 풍만한 몸이나 약골이네. 안개 같은 귀

밑머리, 구름 같은 쪽머리, 발은 세 치도 되지 않네. 꼿꼿이 망연하게 서 있

노라면 구름 중에 있는 듯하네."(이상以上『양주화방록揚州画肪錄』)

이상에서 보듯이 작고 섬세한 전족을 으뜸으로 여겼다. 발은 작고 섬세해
야 하는데, 두 발이 크고 곱지 못한 것은 여성들에게 있어서 절대적으로 유
감스러운 일이었다. 이는 비록 얼굴이 아름답다고 하더라도 옥의 티와 같은
것이었다. 이립옹李笠翁의 『입옹우집笠翁偶集』에는 그 작은 발의 쓰임에 대하
여 다음과 같이 설명하였다.

"그 발의 쓰임은 어떤 것인가? 작고 여위어 거의 형체가 없는 듯하여 볼수록
가련한 느낌이 들었다. 이는 낮에 쓰이는 것이
었다. 부드럽기가 뼈가 없는 듯하여 가까이 할
수록 만지고 싶어졌다. 그 쓰임은 밤에 쓰이는
것이었다."

이립옹李笠翁이 말하고 있는 작은 발의 효용
은 위에서 말한 바와 같이 우둔한 사람으로서
는 생각할 수 없는 경지였다. 작은 발에 대해
깊이 연구를 한 자는 역시 방순方絢이라고 할
수 있다. 그는 『향련품조香蓮品藻』에서 다음과
같이 설명하고 있다.

이선란(李善蘭)의 초상(肖像).

"향련(전족의 또 다른 이름)에는 세 가지 귀히 여기는 것이 있다. 즉 통통한 것, 부드러운 것, 갸름한 것이었다. 향련에는 삼상, 삼중, 삼하가 있는데 삼상은 장상, 견상, 추천관상이고 삼중은 피중, 등중, 설중을 말한다. 삼하는 염하, 병하, 이하를 말한다.

향련香蓮에는 두 가지 다행한 것이 있는데, 하나는 못생긴 여자가 다행히 발이 작아서 널리 사람들에게 칭송을 얻는 것이었다. 다른 하나는 창기가 다행히 발이 작아 많은 사람들로부터 측은히 여김을 얻는 것이었다.

향련에는 네 가지의 금기가 있었다. 하나는 걸으면서 발가락을 치켜세우지 말아야 했다. 둘은 서 있을 때 발뒤꿈치를 세우지 말아야 했다. 셋은 앉아 있을 때 치마로 발을 덮지 말아야 했다. 넷은 누워서 발을 떨지 말아야 했다.

향련香蓮에는 여섯 가지의 불행한 것이 있다. 첫째, 불행히도 시골 남자에게 시집을 가서 평생을 그 거친 손에서 헤어나지 못하는 것이었다. 둘째, 창기로 전락하여 밤새도록 주정뱅이에게 시달림을 당하는 것이었다. 셋째, 세속적인 기호에 빠져서 아침 내내 분주[踵蹉]해 하는 것이었다. 넷째, 북쪽 지방에서 생장하여 해를 다할 때까지 긴 치마를 입어야 하는 것이었다. 다섯째, 남의 종이 되어 하루 종일 이리 뛰고 저리 달리는 것이었다. 여섯째, 거지의 아내가 되어 일 년 내내 그를 좇아 돌아다니는 것이었다. "

### (6) 천민 계층에서 창기 사업을 경영하였다.

청나라가 중원을 지배하게 된 이후 특히 옹정 황제는 본성이 간특하였다. 그는 의연히 종전의 명나라로부터 흘러내려온 타민惰民, 단호蛋戶, 구성어호九姓漁戶 등 대를 이어서 창기 사업을 하는 천민 계층들을 양민으로 복귀시킬 것을 명령하였다. 표면적으로는 어질고 깊은 은덕이 있는 것으로 보일 수

팽조(彭祖) 장수(長壽) 양생도(養生圖).

있었으나 실제로는 한족에 대한 희롱이었다. 인심을 농락하는 정책이었다. 『황조통지皇朝通志』가운데 식화략食貨略에 보면 이렇게 설명되어 있다.

옹정 원년에 산서에는 악적樂籍이 있었고, 절강과 소흥에는 타민惰民이 있었다. 강남 휘주에는 반당伴儅이 있었고, 영국寧國에는 세복世僕이 있었다. 소주에는 개호丐戶가 있었고, 관동에는 단호蜑戶가 있었다고 하였다. 이곳에서 천시되어 오던 계층은 갑호甲戶의 동렬에 놓을 수가 없었다. 위에서 그들을 어여삐 여기사 그 호적을 삭제해 줌으로써 일반 백성들과 동렬에 편입할 수 있었다.

태능 성덕신공비泰陵聖德神功碑에 보면 타민惰民에 대한 기록이 있다. 명나라 초기 소흥紹興 때부터 타민惰民이 있었다. 정난靖難 이후에 모든 항명의 자녀들은 대부분 산서山西의 악호가 되었다. 이는 수백 년을 내려오면서 개혁되지 않았다. 이들이 기적에서 삭제되고 양민으로 올라가는 명령이 내려지던 그날에 모두 눈물을 흘렸다고 기록되었다.

『계사유고癸巳類稿』에 『경보京報』의 문장을 인용하면 다음과 같다.

"건륭乾隆 36년 여름 6월 경진庚辰 예부禮部 측은, 비록 호적이 편성되었지만 섬서陝西 학정學政의 유준劉塆, 산협山峽 지역의 악호樂戶 및 절강浙江 지역의 거지 호적을 가진 사람들은 어디에서 왔는지 정확한 근거가 없다고 하였다. 그리고 그들이 옛 직업을 버리지 않아서 천하게 여겨져 욕되었기에, 직업을 바꿨다고 하는 사람부터 그들의 사세四世에 이르기까지 청백淸白을 지켜야 응시應試 신청을 받아줄 수 있었다. 또 광동廣東의 어부 호적을 가진 사람, 절강浙江의 타민惰民과 구성어민九姓漁民 및 각 성省의 이런 비슷한 사람이 있다면 모두 위의 것을 균등하게 참조參照해서 적용해야 한다."

이상과 같이 미루어 보면 명나라 홍무 황제 이후에 호원胡元의 종족과 정난靖難 이후의 충신 및 그 권속의 후예들은 모두 정부에 대한 죄를 지은 것으로 단정되어 악호樂戶, 타민惰民, 단민蛋民, 구성어호九姓漁戶 등이 되어서 대부분 창기 사업에 종사하였다. 위의 여러 책에서 보면 옹정으로부터 건륭에 이르기까지 표면상으로는 말끔히 개혁되었으나 실제로는 그렇지 못하였다. 도함道咸(청나라 도광[道光]과 함풍[咸豊] 시기) 이후로부터 강산 화방의 가속들이 여전히 창기 사업을 했던 것은 천하에 다 알려진 사실이었다.

대반戴槃의 『양절환유기략兩浙宦游紀略』에는 다음과 같이 서술하였다.

"엄군嚴郡 건덕建德의 어업은 명나라 홍무 때 시작되었다. 9성이라 함은 진

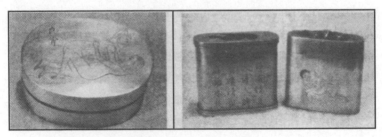

(좌)기원(妓院)에서 사용하는 동합(銅盒), (우)근대(近代)에 사용된 동춘약합(銅春藥盒).

(좌)기원(妓院)에서 사용하던 그릇.

(우)방중양생도(房中養生圖).

(좌)배 안에서의 행락(行樂)1

(우)춘궁화(春宮畵)를 감상하다.

陳, 전錢, 임林, 이李, 원袁, 손孫, 엽葉, 허許, 하何 씨 등이었는데, 진우양 등 명조에 항거하던 군사들의 후예와 신하들의 가속과 자손들로 전해지고 있다. 그들은 이곳에 유배되어 배를 저어 고기를 잡으며 비천한 일들을 하였다. 기방의 가녀들과 다를 바가 없었다. 그 가속들도 모두 배를 탔다. 그들은 모두 악기로 장단조의 노래들을 배워서 술자리의 시중을 들며 잠자리의 시중도 들었다. 이름은 권속이었으나 실제로는 관기였다. 오래될수록 그 9성의 이름은 찾아보기가 어려웠다. ……관리들은 그들에게서 세금으로 은전을 받았는데 이는 금할 수 없는 추세였다."

가청, 도함 이후의 광주의 단호는 모두 창기 사업을 위주로 생계를 유지하였다. 조가潮嘉 곡부曲部 가운데 태반은 단호의 여인이었다. 조익趙翼의『첨폭잡기簷曝雜記』에 보면, 광주에 있는 단호의 배는 적어도 7, 8척은 되었다고 전한다. 그런데 그 모두가 창기 사업으로 생계를 유지하였다고 하였다. 그런가 하면 조가의 단호의 성은 맥麥, 복濮, 소蘇, 오吳, 하何, 고顧, 조曹 씨 등 일곱 가지 성들로 주가舟家를 이루었다. 그들은 서로 짝을 지었는데 사람들은 모두 그들을 천시하였다. 딸을 낳으면 그 용모의 미추를 보고서 부양을 하거나 아니면 이웃의 배로 팔아 넘겼다. 조금 자란 뒤에는 눈썹을 그리고, 화장을 하였으며, 나중에는 노래를 배웠다. 따라서 자연히 그녀는 창기娼妓가 될 수밖에 없었다.

제2절

# 청대淸代 말엽의 창기(함풍咸豊 이후)

청淸나라 때 북경北京은 정치의 중심지였다. 벼슬아치들이 모여듦에 따라서 문화의 중심지가 되었다. 광주廣州는 당·송대에 이미 페르시아와 통상을 하였다. 아편 전쟁 이후에 상해上海와 광주가 가장 먼저 개항을 하였다. 상업으로는 전국에서 으뜸가는 도시가 되었다. 중국의 지형으로 볼 때 황하와 양자강, 월강粵江 등의 강이 전 중국을 횡단하고 있기 때문에 북경, 상해, 광주의 세 지역은 강과 바다의 요충지였다. 그러므로 청대 중엽 이후 창기를 연구함에 북경은 황하 유역을 대표하고 있다. 상해는 양자강 유역, 광주는 월강 유역을 대표하는 곳으로서 이 세 지역에서 펼쳐진 창기의 변천 등을 살펴보면 대강의 흐름을 파악할 수 있을 것이다.

건륭, 가경 황제 때 북경의 동서로 나뉘어 있던 기방들이 함풍, 동치 황제 때에는 대부분 성 밖으로 이주하였다. 광서光緖 초엽에는 거의 서성西城 밖으로 이주하였다. 『골동쇄기骨董瑣記』는 『탑서수기塔西隨記』의 내용을 인용하였는데 다음과 같다.

"곡중이항曲中里巷은 서쪽의 대시가大市街의 정자가丁字街 서쪽에부터 전탑博塔 골목까지, 전탑博塔 골목 남쪽을 구대저口袋底, 성황암城隍菴, 전곶錢串 골목이라 불렀다. 전곶錢串 골목 남쪽은 대원大院 골목이라 불렀고, 대원大院 골

목의 서쪽은 삼도三道 울타리, 남쪽은 소원小院 울타리라고 불렀다. 삼도三道
의 남쪽은 옥대玉帶 골목이라고 한다. 곡가曲家 린비鱗比처럼 집들이 빽빽하
게 늘어서 있어 20호戶쯤 있다. 초기에 3~5집이 있었는데 대부분 경기京畿 사
람이지만 지금은 반 정도가 진문津門 사람이다. 처음에 있는 것은 지금까지
도 있으면 천희天喜 삼희三喜라 할 수 있다. 처음에 있지만 지금 없는 것은 천
수天順 삼보三寶이다. 처음에 있지만 지금 이름이 바뀐 것으로 쌍성雙盛의 옛
이름은 취봉聚鳳이고, 만승萬乘의 옛 이름은 서련西連이라고 한다."

그 이후부터는 청나라가 망하기까지 거의 이동이 없었다. 그러면 북경의
창루 상황은 어떠하였을까? 『청비류초清稗類鈔』에는 다음과 같이 당시의 상
황을 설명하고 있다.

"도광 이전 북경에는 상고像姑(주석에서 우스운 이야기를 하고 손님의 비위를 맞추
는 사람)를 가장 중요시하였다. 그리하여 기방들은 매우 적었다. 금어지 등
은 신분이 낮은 자들이 군집하던 곳일 뿐이었다. 함풍 때 기녀들을 찾아오
는 풍조가 크게 치열하였다. 연지(지명), 석두호동 등에는 집집마다 청사초롱
을 내어 달았다. 문에는 붉은 종이에 쓴 글귀들을 붙여 놓았다. 매일 오후가
되면 꽃수레가 연락부절하였다. 유객들이 구름처럼 모여들었다. 술을 찾으
며 또 손님을 전송하는 소리가 밤새도록 귓가에 진동하였다. 사대부들도 이
풍조에 젖어들었다. 이를 당연하게 여겼다. 이로 인해 패가망신하여 관복을
벗게 되는 일도 있었다."

북경의 창기들은 함풍(1851~1861년) 때 크게 개방하였는데 그 원인을 두 가
지로 나누어 볼 수 있다.

첫째, 제왕들이 여색에 빠져 정사를 소홀히 했
기 때문이었다. 청나라 문종 말년에 전란의 참상
은 물론 불안과 초조가 더하였다. 따라서 자연히
시문과 술에 의지하여 걱정을 해소하려고 하였
다. 그러므로 궁중에서 행지유절行止有節하게 되었
으며, 더욱이 전원에 귀거하는 것을 좋아하였다.
그리하여 동지 때 입궁하였다가 정월이면 궁궐을
떠났다. 원명원圓明園(황제의 별장)에는 한족의 여자
인 사춘四春이 있었다. 황제는 그녀들을 가장 총애
하였다. 사춘은 즉 행화춘杏花春, 무릉춘武陵春, 목

색정(色情)을 의미하는 베개.

단춘牧丹春, 해당춘海棠春의 4명을 말하였다. 황제는 밤낮으로 술에 취해 있었
다. 마침내는 영국군이 원명원에 불을 질러 북쪽의 열하로 달아나는 참극을
겪게 되었다.

둘째, 태평세월이 오래 지속됨으로써 법령이 이완되었기 때문이었다. 당
시의 법령들은 실제로 준수되지 않았다. 그렇다면 당시의 북경 창기들의 상
황은 어떠하였을까?

① 창기는 대부분 북방의 가인이었으며 소주, 양주, 광주 등지의 창기들은
별로 없었다.

② 또한 노래를 잘하는 창기가 없었다. 『연대평춘록燕臺評春錄』에 보면 이렇
게 기록하고 있다. 비파와 거문고를 잘하며 이름을 얻었던 자는 불과 몇
명에 지나지 않았다. 그나마 그 나머지 가운데의 가인은 그저 육병풍肉屛
風(여자를 줄 세워서 병풍의 대용으로 한 것을 이르는 말)일 뿐이었다. 아마도 유객들

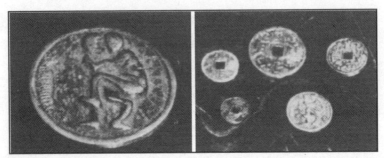

춘전(春錢).

의 실사구시實事求是의 마음가짐에 따라서 오로지 시침侍寢만 할 수밖에 없었던 것 같다. 청나라 광서 때의 창기는 대단히 추악하였다. 서가徐珂의 『청비류초淸稗類鈔』에 보면, 주연의 규모가 큰 것이 고작 한 자리에 돈 이금二金이었다고 전한다. 그 다음은 아예 잔치를 베풀지 않았다. 노래도 부르지 않고 오직 잠만 잤다. 숙박 비용은 10전 20면緡이었다. 그 돈의 적고 많음에 따라서 창기의 우열을 선택하여 배석시켰다. 노복이나 군졸들은 돈 1금만 있으면 겨우 하룻밤을 함께 보낼 수 있었다. 상대자를 잘 찾지 못하는 창기들은 또 이것마저 원하였다고 한 기록들을 보더라도 그 당시 그들의 추악한 몰골들을 상상할 수 있다. 광서 때 병란으로 북경은 폐허가 되었다. 청 황제는 서안에서 북경으로 돌아와 백방으로 개혁을 실시하였다. 따라서 창루의 기풍도 일변하였다. 정유와 무술년 사이에 남북의 창루는 모두 합하여 겨우 37곳이었다. 각 집마다 10명을 초과하지 않았다. 적을 때는 4, 5명 정도였다. 그리고 청루에 대한 규정이 어느 정도 변경되었다. 청 말에는 그 규정을 답습하기도 하였으니 대체적으로 두 가지로 그 변천을 요약할 수 있다.

### (1) 법률의 변경이었다.

강희 19년 법령에 의하면, 창루를 개설하여 부인이나 자녀를 유인해 가면 곤장은 물론 참형에 처하였다. 아니면 흑룡강 등 외지에 노예로 보냈다. 그러나 광서 31년에는 순경부巡警部와 순경청巡警廳을 설치하여 창기세를 염출하였다. 이 세를 매달 내면 관기가 되고 그렇지 않으면 노예가 되었다. 북경의 관기는 이미 법률적으로 묵인되었다. 따라서 창루의 개설 및 유창의 법령은 이미 적용되지 않았다.

### (2) 남기南妓가 창궐했기 때문이었다.

종전의 북경 창루의 창기들은 모두 천박하기가 이를 데가 없어서 주마왕손走馬王孫들이 돌보지 않았다. 하지만 광서 이후부터는 그 기풍이 일변하였다. 소대蘇臺의 창기들이 몰려들어 북방의 창기들은 그 축에 끼지 못하였다. 용모가 아름답지 못하면 남반자南班子의 무리라고 하였다. 북경의 귀인들은 말을 달리듯이 그들의 뒤를 좇았다. 그들 중 유명한 남기로서 처음으로 북경에 온 자는 새금화賽金花였다.

번번산樊樊山의 『채운곡서彩雲曲序』에 보면, 새금화賽金花의 본래 이름은 조몽란曹夢蘭이지만 부채운傅彩雲이라고도 하였다. 본래는 소주蘇州의 명기였다. 그녀는 열세 살 때 언니와 함께 상해에서 살았다. 학사였던 홍균함洪鈞銜의 눈에 들어 시첩으로 삼았다. 그 뒤 홍균함의 젊은 노예 아복阿福과 간통하여 아들 하나를 낳았다. 홍균함은 아복을 내쫓았다. 새금화와는 자연히 가까이 지내지 않게 되었다. 그러다가 우연히 소갈증으로 홍균함이 젊은 나이에 귀천하였다. 이에 그녀는 아복을 따라가 부부가 되었다. 그러나 결국에는 상해에서 매춘 생활을 하게 되었다. 이때 그녀의 이름을 새금화로 바꾸었다.

『화사花史』의 새금화전賽金花傳에 보면 다음과 같이 기록되어 있다. 광서 경자년 7월에 서병西兵이 천진으로부터 공격하여 북경을 함락시켰다. 이때 창루는 모두 불타버렸다고 하였다. 그로 인해 그녀의 소재를 알 수가 없었다. 전하는 바에 의하면 다음과 같은 이야기가 있었다. 연합군이 입성했을 때였다. 청국인들이 모욕당하는 일에 대해 당시 독일군 사령관에게 이야기하고자 하였다. 그녀는 독일어를 할 수 있었으므로 그녀에게 개입을 부탁하여 소개를 받았다. 언변이 능숙하여 그 사령관의 말에 응답을 못하는 말이 없었다. 이로 말미암아 안전을 보장받을 수 있었던 것이 대단히 많았다. 화해 협상에 나오는 사령관은 의연하였다. 이문충李文忠과 모든 신하들은 당황했으나 어떤 계교가 없었다. 그리하여 새금화를 불러서 중국옷을 입게 한 뒤 회의에 참석하도록 하였다. 그녀는 입궁하여 사령관과 대면하였다. 그리고 그에게 말을 돌려서 북방으로 순유할 것을 권유하였다. 그는 흔쾌히 승낙하였다. 그 후 그녀는 "당신의 부내部內는 이곳에 머무는 것이 좋지 않소? 모두 이끌고 나오시지요."라고 하였다. 이에 사령관은 흔쾌히 승낙하고 당일로 궁궐을 비워 주었다. 그리하여 청나라 황제는 궁궐로 복귀하게 되었다. 그로부터 그녀는 궁궐에 출입할 수 있게 되었고, 이 때문에 그녀의 위세와 명성은 널리 퍼졌다. 그녀는 창기인 동시에 훌륭한 외교관이었다.

청나라 말엽에 새금화 이외에도 북방으로 이입하여 온 남기 가운데 가장 유명한 기녀로 사산산謝珊珊과 소보보蘇寶寶를 들 수 있으며, 이름 없는 남기들 또한 수없이 많았다.

"사산산謝珊珊은 노래를 잘 불렀으며, 진패자振貝子와 친했다. 어느 날 동성東城의 여원餘園에 불려가 술시중을 드는데 버릇없이 너무 지나치게 준비

하였다. 어사御史 장원기張元奇가 특별히 참석하여 사산산謝珊珊에게 화장化
粧을 손수 해주었다. 그의 이런 행동은 대신大臣의 체통體統에 어긋나는 일이
다. 경왕혁광慶王奕劻은 이를 덮어 감추기 위해 남성南城 기관妓館을 봉쇄하고
사산산謝珊珊을 내쫓았다. 이 사건으로 인하여 창기들은 뿔뿔이 흩어져 화를
피하려 했다."(『청대성색지[清代聲色志]』)

소보보蘇寶寶는 포동浦東 사람이다. 어린 시절부터 방탕放蕩하고 뜻이 크며
기개가 있어서 남에게 얽매이거나 굽히지 않았다. 커서는 늘 무뢰한들과 어
울려 다녔으나 관리나 거상들이 거금巨金을 들여도 거들떠보지 않았다. 그
녀는 자매姉妹들에게 압객狎客(임금의 근신으로서 임금의 뜻에 부합되는 행동만을 하는
자)들은 반성할 줄 모르며 주제넘다고 하였고, 미인美人들에게 종종 추태를
보여 만인의 미움을 쌓는다고 하였다. 그녀의 이런 말을 전해들은 손님들은
모두 수치스러움에 못 이겨 돌아갔다. 머지않아 손님들이 냉담해져 점차 줄
어들어 장사가 되지 않았다. 소보보는 예전처럼 대범하게 솔직해서, 해상海
上 노기老妓 양계리우梁溪李寓를 만난 뒤 도문都門에 몸을 맡겼다. 양계리우梁
溪李寓는 소보보蘇寶寶와 부귀할 운명이라고 하며 소보보蘇寶寶와 그녀의 어머
니를 설득하여 북상하였다.

북쪽에 가서 양행洋行에 근무하는 황삼黃三이란 자를 통하여 권세자들과
사귈 수 있었다. 소보보蘇寶寶와 경단이야慶摶二爺를 엮어 주었는데 양계리우
가 말하기를, "이 귀인貴人이 당신을 농락籠絡할 수 있으니 부귀富貴를 누릴
수 있을 것이외다."고 하였다. 소보보蘇寶寶가 흔쾌히 말하기를 "지금 이후
드디어 내 처음 뜻이 이루어졌도다."라고 하였다. 이에 소보보蘇寶寶가 경단
이야慶摶二爺를 유혹하여 저녁에 비로소 사랑을 나눴다. 다음 날 황삼黃三에
게 원금 1,200금金 외 추가금을 더하여 양계梁溪으로 하여금 차를 몰아 소주

蘇州 골목 황삼黃三 네로 잠시 머무르게 하였다.

이 사건은『연보燕報』에 보도되었는데 당시의 화젯거리가 되었다. 모이야
某二爺는 황삼黃三과 소보보蘇寶寶가 두려워 다른 사람들의 눈을 피해 잠시 처
소를 천진에 있는 '중화여관中和旅館'으로 옮겼다. 하지만 소문이 고쳐지질 않
았다. 경단이야慶摶二爺의 아버지 노경老慶은 여러 번 엄하게 꾸중을 하였으
며, 저택에 들어오지 못하게 하였다. 경단이야慶摶二爺는 자신이 소문에 연루
되지 않도록 변명을 하였고 덮어 감추기에 급급했다.

노경老慶이 말하기를, "이번 일은 내가 그냥 있겠으나 만약에 다음에 또
무슨 일이 있을 경우 가만히 있지 않겠다."라고 하였다. 경단이야慶摶二爺는
겁에 질려 창기의 지처를 서하연西河沿 객잔客棧으로 옮겼다. 그러자 또 각 신
문들이 성북城北의 자택에 숨어 있다고 기사를 보도하였다. 경단이야慶摶二
爺는 형인 진대야振大爺의 잘못을 재차 범하여 아버지에게 연루되게 함이 두
려워 유십劉十과 상의하여 대신 수습하게 하였다. 유십劉十는 낙정樂亭의 거
상이며 경단이야慶摶二爺와 친한 친구로, 소보보蘇寶寶를 잠시 그의 저택에 머
무르도록 하였다. 소보보蘇寶寶는 차를 타고 악정樂亭으로 떠났으며 경단이
야慶摶二爺의 배웅을 받았다. 소보보蘇寶寶는 슬픔에 눈물을 흘려 옷깃을 적셨
다(이상의 내용은『청대성색지〔淸代聲色志〕』,『도문식소록〔都門識小錄〕』에 있음).

북으로 온 남쪽 기생은 아주 많았는데 이미 나이가 많았고 자색도 출중하
지 못하였다. 바로 상해上海의 야계野鷄, 즉 직거래 매춘 여성의 부류가 되었
다. 장지제蔣芷儕의『도문소식록都門小識錄』에서는 "북경에서 북쪽의 기생은
눈뜨고 차마 볼 수가 없으며 남쪽의 기생도 인물이 출중한 자가 없다."라고
말하였다. 이러한 말들은 청淸나라 당시 북경北京 창기娼妓의 현황을 말해주
기도 하였다.

### (3) 청조의 고급 관리들의 유창 기풍은 대단히 성행하였다.

특히 만청晩淸에 이르러서 유창의 기풍은 돌변하였다. 청나라 황제들은 유연을 좋아하였고, 그들은 검정 옷을 입기 좋아하였다. 또한 청루와 술집 여인들과 잘 어울렸으며, 그로 인해 병을 얻어 죽었다. 그병은 창독瘡毒으로 머리가 모두 빠져서 죽게 되었다. 이로 인하여 북경의 남색 유창이 여창으로 바뀌어 가는 계기가 만들어졌다. 청나라 말엽에 벼슬아치들은 거의 유창에 빠져 있었다.

청(淸)나라 말기 명기(名妓) 새금화(塞金花).

이들 창기 가운데 특히 뛰어난 창기는 삼봉三鳳을 들 수 있다. 그녀는 원래 관리의 딸이었는데 가문이 몰락하여 노예가 되었다. 그녀는 용모도 아름다울 뿐만 아니라 말도 잘하였다. 한때는 북경의 유객들이 그녀에게 매료되지 않은 자가 없었다. 이로 인해 그녀의 꽃다운 이름이 널리 퍼졌다. 천성이 지극히 풍류를 좋아하는 까닭에 사람을 가리지 않았다. 북경의 창루에서는 옛날과 마찬가지로 절기가 돌아오면 반드시 성대한 잔치를 베풀었다. 잔치에 참가하는 밀접한 관계의 객을 '회화자會靴子'라고 하였다. 어떤 절기를 맞아 예에 따라서 잔치를 거행하면 우선하여 참석하는 자가 50여 명이었다. 이로 보면 그녀의 음란함과 외람됨이 어떠했는지를 짐작할 수 있다. 경무警務를 담당하고 있는 모 부서의 어떤 이는 삼봉과 너무나 깊은 사랑을 하였다. 하지만 물의를 일으킬 것을 염려하여 그녀가 있는 곳에 가기가 불편하였다.

따라서 주연을 명목으로 그녀를 만의반장萬義版莊으로 불러서 밀회를 하였다. 이 만의반장은 동화문東華門 밖에 개설한 것으로 어떤 외국 사람이 개업한 것인데 특실이 있었다. 남녀의 화합 장소로써 사용되었다.

"육부삼사관六部三司官은 대영大榮, 소나小邪, 단노사端老四이고, 구성九城에 있는 '오대명기'인 쌍봉雙鳳, 이저二姐, 만인미萬人迷가 있다."

대영大榮은 영전榮銓, 소나小邪는 나동邪桐(청나라 말기 대학사), 단노사端老四는 단방端方(청나라 말의 정치가, 학자, 금석 서화 수장가), 쌍봉雙鳳은 대금봉大金鳳과 소금봉小金鳳이라고 한다. 이저二姐의 이름이 누구인지는 모른다.

만인미萬人迷는 처음에 어떤 한 부도통副都統의 노비였다. 만인미萬人迷와 부도통副都統의 노비가 사통私通한 일이 발견돼서, 만인미萬人迷와 노복奴僕이 함께 집 밖으로 쫓겨났다. 만인미萬人迷가 듣기에 남성南城의 구란勾欄에 백순百順이란 자가 있었는데, 그는 매우 선량하고 사업도 뛰어났다고 한다. 그래서 차를 타고 그에게 투신하려고 갔다. 그 사람에게 몸을 팔아 400금을 받아, 그중에 100금은 함께 한 노복奴僕에게 주고 "절교하자."고 말한다. 남은 300금으로 액세서리, 화장품 등을 사서 잘 꾸미고, 좋은 옷을 사고, 또 집안을 화려하게 장식하였다. 며칠 후에 만인미萬人迷의 이름이 널리 전해졌다. 내무부內務府 낭중郎中 해모海某가 만인미萬人迷를 보기 위해서 가산을 탕진하였다. 만인미萬人迷의 매력을 이로 미루어 알 수 있다.

또한 어떤 공작公爵이 쌍희반雙喜斑에 있는 창기 강보옥姜寶玉을 친압親狎한 이야기도 있었다. 쌍희반雙喜斑의 창기 강보옥姜寶玉은 '백면장비百面張飛'라고 하였다. 그녀는 어떤 한 공작의 눈에 들어 총애를 받는다. 그 공작이 3월 8일에 매시가媒市街 술집의 밀실密室에 그녀를 초대했다. 3시간의 밀담密談하여,

그 내용이 강보옥姜寶玉의 시녀한테 들리지 않게 하기 위해서 시녀를 내버렸다. 같은 술집에 술을 마시는 사람이 이 일을 들어 이야기를 만들고 널리 알렸다고 한다. 그래서 사람들이 그 공작을 '단과양호單料陽虎'라고 불렀다. 공작이 강보옥姜寶玉만 거의 훔치기 때문이다. 야만野蠻한 장비張飛가 교활한 양호陽虎를 만나는 이야기로『신고금기관新古今奇觀』에 일단 재료材料를 보태준 셈이었다(이상 내용은『도문식소록〔都門識小錄〕』,『청대성색지〔淸代聲色志〕』에 보임).

이상과 같이 만청晩淸 때의 일반 귀족과 관료들의 유창은 그 사회 속에 하나의 풍습을 이루었다. 종전의 사대부들의 괘상고掛像姑, 광하처逛下處의 습관은 바뀌었다. 종전에 여창을 사랑하는 것을 못난 시골뜨기의 행위라고 비웃던 관념도 갑자기 바뀌었다. 이때에도 북경의 남당자南堂子는 여전히 존재하였다. 단지 여창이 창궐하고 일반 바람둥이들이 낡은 것을 싫어하고 새것을 좋아하기 때문에 남창은 점차 쇠퇴하여 갔다.

북경北京 창기娼妓의 구역區域, 등제等第는 어떠하였을까?『경화춘몽록京華春夢錄』에 보면 다음과 같이 기록되어 있다.

"경사京師 교방敎坊은 대개 네 등급으로 나누었는데, 일등급을 소반小班, 이등급을 다실茶室, 삼등급은 하처下處, 사등급은 노마당老媽堂이라고 하였다. 소반小班을 고찰하면, 그 이름이 청나라 광서제光緖帝(1871~1908년) 때 중엽에 생기기 시작했다. 이때 노래하는 사내는 옛날의 풍습을 닮은 것이 더욱 성했고, 조정의 사대부는 모두 기생을 함부로 한 것을 부끄럽게 여겼다. 내성內城의 구대저□袋底, 전탑塼塔 골목 등의 장소에서는 모두 노래하는 기생이 있었는데, 이들을 이름 하여 소반小班이라 하였다. 더불어 외성外城 가랑극원歌郎劇園 모반某班은 구별됨을 간략히 알 수 있다. ……오늘에 이르러서는 소반의 상관은 '청음淸吟(시문을 읊는 것)' 두 자로써인데 그 뜻을 헤아리면 마치 성가聲價(사람이나 물건 따위에 대하여 세상에 드러난 좋은 평판이나 소문)가 또래보다 높았다. 청음은 예술을 파는 것이니 오로지 밤에 아가씨들이 넓게 두건을 쓰고 노래를 밑천으로 삼는 자는 아니다. 그 실의 핵심은 각각 농염한 아가씨가 손으로는 연주를 못하고, 입으로는 창唱을 못하여, 육체를 버리고 살고, 밖으로는 한 가지 기술이라도 만족스럽게 드러낼 만한 것이 없으니, 곳곳이 그러하였다. 이 때문에 청음이라 이름 하였으니 무리를 짓지 아니할 수 없다. 그러나 천하사가 때때로 이름이 실제와 부합하지 않으니 내가 이런 무리에 대해 무엇을 탓하리오?

다실茶室이 그 다음인데, 아랫사람을 끊은 것으로부터이니 고인 군자는 말하기를 달가워하지 않아서이다. 다만 이 가운데 역시 큰사람들이 있더라도 모모媒母(현명하나 추녀로 유명했던 고대 전설상 황제〔黃帝〕의 넷째 부인)나 무염無鹽(왕비가 된 천하 박색 무염) 같은 자와는 교류를 다하지 않는다. 사이에 또 작약綽約(몸이 가냘프고 아리따움)이나 예쁘고 멋진 이는 상림上林(중국 장안〔長安〕의 서쪽에 있었던 궁원)에 뭇 꽃 중에서 빠지지 않아 다만 멋대로 해도 단속하지 않고 습관처럼 미색을 다른 사람에게 보인다. 재물을 취함이 저렴해도 유행하는 물품이 지극히 잡스러워 조그만 지역이라도 감당 못할 정도로 생각을 하는 자가 있었다.

네 번째 노마당은 품격이 더욱 비천하여 노는 자가 대부분 수레 끄는 종이나 심부름꾼들이다. 나찰羅刹(악귀의 이름)[108]과 군옥산群玉山(절세미인〔絶世美人〕 서왕모가 살고 있었다는 중국 전설상의 산)을 만든 것을 보니 일찍이 고력苦力(제2차 세계대전 전의 중국과 인도의 노동자)의 소혼消魂(몹시 근심하여 넋이 빠짐) 굴 아님이 없어 개개인의 인물의 미추美醜를 논한다면 노마 두 글자는 이름을 고려해 보건대 뜻을 얻을 수 있다.”

다실로부터 다음 창기를 살펴보면, 실행에 중점을 두고, 전문적으로 사람들을 갖추어 성적 욕망을 배설하는 곳으로 베푼다. 그리고 북방의 일반적인 유객은 한나라 유자들의 실사구시實事求是의 학문을 강론하였다. 이런 지방은 비용이 많지 않지만 눈 깜짝할 사이(돌차간[咄嗟間]. 눈 깜짝할 사이를 말함)에 곧 소혼해질 만하다. 그러므로 다실 등의 장소는 온 집에 등불이 켜질 때에 이르러 생애가 정성鼎盛(한창 나이라서 혈기가 매우 왕성함)하여 차를 마시고 손님을 부르는 소리가 귀에 끊이지 않으니 바로 이치이다.

또 청나라 말년에 관청의 남강북조南腔北調(남쪽 발음과 북쪽 악센트)를 쓰는 사람으로부터 장난삼아 「북경청음소반죽지사北京淸吟小班竹枝詞」를 지었는데, 이십수 시에 이르기를 다음과 같다.

> 장림, 부귀, 송영별장이(모두 반의 이름),
>
> 명기名妓를 방문하여 종일 보내는 곳이 되었네.
>
> 개개의 대인들이 가득차서 자리도 적고
>
> 한가담韓家潭[109] 가에 마차가 많아지네.
>
> 시간은 훌륭한 새해이고,
>
> 고객이 왔으니 주안상을 차리네.
>
> 이모(여인)들이 턱에 대고 속삭이는 말을 즐겨 들으니
>
> 과연 달콤하고도 달콤하네.
>
> 참외를 따서 접시에 장식하여 내오니
>
> 향기로운 연기 세 대 피워 손님을 공경하네.
>
> 홀로 비파를 옮겨 스스로 노래하니
>
> 소리마다 곧 탄성 지르며 몸을 기울인다.

창기 상대로 차를 마시는 일에 날마다 친구를 데려오니

가고 옴이 모두 한 번에 씻은 듯하네.

문을 나설 때 잘 가세요 하니

정녕코 내일 서로 만나세.

사랑을 나누는 밤 일각은 값을 매길 수 없으니

거하게 쓴 천금도 싸구나.

넋이 나가기만 하면 과연 참으로 그러하니

은화 한 덩이 무엇이 이상하리오.

악귀 하늘에서 오는데 특이한 향을 발하고

꿈에서 놀라 깨니 아름다운 원앙이라.

명주 저고리 옷섶을 헤치니 그윽한 향기

머리 위로 좋은 이웃처럼 말구유 방이 있네.

귀빈을 영접하러 문을 열고 금대를 대하니

더욱 중서여관 열려 있네.

동양거 한 대 타기 위해 외치니

네가 자기 집에 오니 좋네.

몇 개의 꽃은 집에 모두 양식으로 갖춰 있으니

방에 기녀 새로운 얼굴로 받쳐주는 게 마땅하네.

지분거리는 것은 사양하고 술 마시는 것은 허락하니

문 열고 와서 차림표대로 밥 먹으니 더욱 기쁘네.

짧은 옷에 저고리를 입으니 호걸의 자세이고

전족이 휘돌며 춤추니 먼지처럼 가볍네.

지금 나가면 기회를 버리는 것이고

숲은 봄이 으뜸이니 내원보다 낫다.

정숙한 작부는 보통 이름인데

정말로 극락에 간 적이 있었던가?

돌림병 막으려고 떳떳한 마음을 요구하지 말고,

대인은 본래 염병에서 나온다. (이상以上 『남반南班』)


미녀는 연과 조나라에 예부터 많았으니

여운과 풍류 이제 얼마인가.

여덟 개 큰 골목 두루 달려가니

몇 번을 한탄하며 슬픈 노래를 불렀던가.

조끼, 마고자에 웃옷을 걸치니

삼척三尺 가로 놓고 흰 서류 같은 허리를 비트네

작디작은 버선 끝이 또한 파리해지니,

가고 오는 한걸음에 넋이 빠져 있네.

하늘 같은 처자에 큰 시녀에 또 처자가 시중드니

여위었다가 살찌고, 멍해졌다가 마비되네.

푸른 잎이 없이 지지함을 한탄하고 감내하며

가지마다 모란꽃을 부지하지 못하는 듯하네.

대청을 후비듯 몇 번 신이 왔다고 말하니

정성스런 걸음으로 맞이하며 보조개 패인다네.

거칠게 다루니 진실로 예물을 받은 듯하고,

어둠 속에 뻗친 힘줄 남이 시샘한 듯하네.

팔원과 가까이 살아도 가치는 하나이고

북양은 배우를 세우되 미치지 못하네.

물목패를 몸소 조사해도 넘을 것 같으니

합산 결과 다음 날 외상장부 첫머리네.

비록 소백(춘추시대 제나라의 제후. 뒷날 환공이 됨)이 아니라도 다정하니

덕은 부족해도 이미 못을 박았으니 무슨 상관이랴.

언짢은 일은 예로써 마칠 것을 생각하고

나긋나긋한 목소리 동산의 꾀꼬리처럼 지저귀네.

처자가 요리를 하니 나그네 마음은 기쁨이

편지에 뜻밖에 자리에 오라는 것이라네.

창은 이황(二簧)에서 끝났지만 도로 북을 두드리니.

악공은 많이 버는 것을 두 번째, 첫 번째는 돈이라네.

몇 무리의 다관의 손님들이 뿔뿔이 떠나고

한 번 종치는 소리에 한밤중이 되었네.

최고의 자리가 바뀌어 등불이 안전하게 사그라지고

원만하게 접대를 요하는 좋은 일이 이루어졌네.

도처에 쏨쏨이에 은화가 필요했고

단오 중추도 해를 지나가네.

낯선 손님 많은데 단골손님이 적었고

수레에서 내리기는 쉬우나 오르기는 어렵네.

남조에 금가루가 창기집으로 향하고,

북녘에 연지는 '어떻소'라고 외치네.

안개 속에서 꽃을 보듯 구름 속에서

장사하는 집에는 여동생이 오빠보다 낫다 하네. (이상 以上 『북반北班』)

민국(民國) 초기 명기(名妓) 이길자(二桔子)의 패션 사진.

(모두 『도문식소록都門識小錄』에 근거함)

　위의 시 두 수를 보면 청대淸代의 광제光帝와 선제宣帝 사이에 있던 남북 극
단劇團 상황과, 기생의 치장의 사례 등으로써 대개의 상황을 고루 알 수 있다.

　상해上海에는 청루靑樓 집이 번성하여 천하에 으뜸이었다. 십 리十里나 되
는 넓은 장소에 비녀의 광채와 귀밑머리 그림자가 거의 강을 건너는 고래처
럼 허다했다. 나라에 변고가 있을 때마다 상해 북녘에서 번성하는 속도는
종전보다 배로 증가했다. 유람하는 호탕한 귀인들이 기녀를 쫓는 장소에는
항시 사람과 수레로 붐비니, 일 년에 소비하는 금전은 거의 셀 수도 없다.

　도광道光 22년 말에서 외국과 통상하기 이전부터 상해上海에 가까운 해변
의 아홉 개 소읍小邑이 악기를 타는 곳이었다. 1824년 후 아마도 창기 사업娼
妓事業과 상공업商工業이 나란히 커지는 추세였을 것이다. 이제 그 개항開港 전
후前後의 변천變遷을 여기에 서술한다. 도함道鹹의 교류와 왕래에 있어 창기
와 관리가 모두 성안에 있었다. 홍교虹橋가 왼쪽에 있었고, 비늘처럼 줄지어
사는 곳이다. 그중 미녀가 섞여 있어 미추가 완전히 구비되어 있다. 여러 가
지로 관문을 나누지 않은 자가 없었는데, 소상蘇常이 최상이었고, 본토박이
가 그 다음이고, 유양維揚의 강북이 또 그 다음이다. 당가항唐家衖에 있어 당
유唐瑜의 고택이 되는 2곳이 있다. 어행교魚行橋 남쪽에 동항東衖이 있고, 탑수
교闒水橋에 서항西衖이 있는데 모두 미인이 사는 곳이다. 매번 울타리에 이를
때 더욱 사람들은 조용했고, 거문고 곡조와 퉁소 소리가 담장을 뚫고 나오는
듯했다. 민閩과 월粵의 거상들은 두둑한 자금을 얻은 자들로, 그 사이에 한
가로이 노닐면서 생각은 속하는 곳이 있지만, 곧 밤의 잔치를 베풀어 술을
다투니 즐거움이 이보다 나을 수 없다.

매가항梅家衖은 매화 때문에 명성을 얻게 되었는데, 지역이 꽤 으슥하고 외졌다. 시끄러운 곳을 피하고 고요한 곳을 가까이 하기 위해 미인들이 모두 모여 있었다. 그중에는 세내어 사는 자가 있는데, 아름답게 단장하고 우아한 복장을 갖춘 사람들이 이미 높은 곳에 위치하여 기방의 무리를 이룬다. 때때로 찾아오는 불량한 손님을 막아 모든 불씨를 제거하지만, 애석하게도 한 달에 몇 번씩 옮겨도 편안할 겨를이 없다.

원앙청鴛鴦廳 곁에도 지역이 그윽하고 깊은 곳이다. 열 집 가량이 서로 잇대어 있고, 늘 거리에는 호가豪家(잘살거나 이름 있는 집안)가 있어 한 달에 수십 량이 미인美人에게 낭비되는 데 제공되었다. 여기서 규방閨房이 폐쇄되면 다른 손님은 볼 수 없다. 그러나 그 사이에 많은 약삭빠른 여자 종들이 바로 타지로 떠나기를 기다린다. 몰래 연인을 불러내어 큰돈을 탐내고 진기한 것을 달갑게 여기지만, 일상의 흔한 것이 되는 것을 부끄럽게 여기는 것이 기녀의 본질이니 왕왕 그러했다.

함풍咸豊 3년(1853년) 이후부터 창루는 점차 성 밖으로 이주하였다. 환마장環馬場은 이미 건설되었고 저잣거리는 날마다 흥청거렸다. 고층 누각이 금빛으로 휘황하였다. 그 사이에는 이름 있는 꽃들로 점철되었다. 그러므로 그것을 좇는 자들이 말 달리듯 하였다. 경신庚辛(함풍 10~11년, 1860~1861년) 전란 때 강절江浙이 함락되고, 여인들은 사방에서 구름 같이 모여들어 북리北里의 장관을 형성하였다.

동광同光 시대 상해의 창기는 대부분 북문 일대 침향각沈香閣 동쪽에 기거하였는데, 가장 유명한 것으로는 주가장朱家莊이었다. 소석교小石橋를 지나면 계가홍季家衖, 주금방畫錦坊이 있고, 골목 깊이 들어가면 별도로 선경이 있었다. 얼핏 보면 쓸쓸하고 한가해 보이지만, 저녁이 되면 울긋불긋 차려 입은 창기들이 몰려나와서 사람들의 눈을 혼란하게 하였다. 이때 조차지역租借地域의 큰길은 창루로 가득하였다. 그러나 대부분 누추하여 고급 손님들이 찾아오기에는 적당하지 못하였다.

광서光緖 초기에는 조차지에 상공업이 날로 발전함에 따라서 번영을 누리게 되었다. 따라서 각종 창기들이 그 조차지역으로 몰려들었다.

동치同治 초년에는 태평천국의 병란으로 말미암아 이주자가 많았고, 무역도 번성하였다. 부호들이 유창함에는 천금을 아끼지 않았다. 그러나 병란이 끝난 뒤에 부상자들이 각기 귀향하게 되자 자연히 창기 영업은 쇠퇴하였다.

상해의 창기는 차등이 있었다. 서우書寓, 장삼長三, 요이幺二라고 하였다. 서우의 신분은 장삼보다 한 수 위였는데, 그 후 양자는 하나가 되었다. 장삼은 모두 서우라고도 하였으며, 장삼의 창기들은 이미 보통의 창기로 바뀌었다.

기원(妓院) 쌍복반(雙福班).

장삼에서 최상급 명기로서 부름을 받아 시주侍酒를 하면 은전 3원을 받았다. 그리하여 장삼이라 불렸으며, 일반적으로 선생先生이라고 하였다.

청루에서 서로 아는 사이가 아니면 반드시 그녀를 위하여 주객酒客이 장삼에게 자신을 소개하였다. 그리고 그 집에 가서 다회茶會를 여는데 이것을 타차위打茶圍라고 하였다. 돈을 줄 필요가 없었다. 그녀는 과일이나 호박씨, 아편 등으로 대접을 하였다. 새해 첫 번째 손님으로 창기 집에 가면, 그 창기는 과일로 대접을 하였는데 이것을 개과반開菓盤이라고 하였다. 이때 손님은 20원이나 16원을 내놓았고 가장 적게는 10원도 냈다.

창기 집에 술자리를 마련하면 한자리에 은전 10원이었다. 하각下脚으로는 5원이었다. 새해의 보름 이전이나 동짓날 밤에 술은 하각下脚의 두 배였고, 술 자릿세는 뒤에 숫자를 계산하였다. 하각은 술을 다 마신 뒤에 술값을 계산하였다. 회갑 및 가절佳節에는 노래를 하였다. 매 자리마다 세 마당의 노래를 불렀다. 청명, 입하, 단오, 칠석, 중구重九에는 재신財神을 접대하며 선권宣卷(도사의 송경, 불교 사적〔事跡〕을 강석하는 것)을 하였다. 생일에는 화주和酒(정종)함으로써 보답하였다. 한 상의 술자리를 일대一擡, 두 상의 술자리는 쌍대雙擡라고 하였으며, 4상의 자리를 쌍쌍대雙雙擡라고 하였다. 만일 창루에 친구를 초대하여 마작을 한다면 이를 팽화硾和라고 하였다. 마작을 하는 날에는 네 쟁반, 네 그릇의 요리로 손님을 접대하였다. 손님들은 또한 요리를 주문할 수도 있었다.

광서 초기에 청루는 모두 공동 조차지역에 몰려 있었다. 24간루卄四間樓도 청루로서 가장 일찍 개관을 하였고, 기녀들은 공연장에 거주하였는데 속칭으로 '이삼국二三局'이라고 하였다. 요이么二라고 하거나 당명堂名 또는 당자堂子라고 하였다. 동치同治 때 성내에는 창루가 열 집도 되지 않았으나, 시주侍酒로 불려 나가면 반드시 은전 2원을 냈으므로 요이么二라고 불렀다. 본래 그 값을 깎지 않았다. 장삼이 불려 나갈 때 은전 3원을 2원으로 주던 것과는 달랐다. 요이는 사람의 소개 없이도 찾아가서 타차위打茶圍를 할 수도 있었다. 1820년경에는 요이么二가 점차 줄어들어 불려 나가는 값이 장삼보다도 오히려 비쌌다. 육질도六跌倒가 있었다고 전해지고 있는데, 은전 6원만 내면 유숙을 할 수가 있었다. 이처럼 서 있게 하지 않고 넘어지게 하였다고 하여 육질도六跌倒라고 하였다.

초대草臺라고 하는 것이 있었는데 방은 깊고 그윽하였다. 입고 있는 옷은 모두 아름다웠다. 객이 이르면 노래와 과일을 제공하였다. 차를 내오며 그 앞에서 화장을 하였고, 객이 마음에 들면 곧바로 잠자리에 들 수도 있었다. 그 야합夜合의 자금은 당명堂名보다 쌌다. 유창의 돈을 아끼는 자는 그 당명을 버리고 왕왕 초대를 찾았다. 당시의 사국私局은 비록 당명이나 초대와는 비견할 수 없었지만, 한가하며 그윽하기는 그보다 훨씬 나았다. 집에는 주방 아주머니가 없어서 주연을 베풀게 되면 집 밖에서 하였다. 그 집들은 휘장과 옷이 청결하였다. 많았을 때에는 3백여 집이 넘었다.

상해의 여저旅邸에는 아름다운 창기를 숨겨두고 있었다. 만약에 객들과 마음이 맞으면 야합할 수 있었다. 그러므로 객은 집에 돌아간 것처럼 마음 편한 대접을 받고 밤을 보내었다. 이것을 일컬어 '화우花寓'라고 하였다. 상해上海 상업 중에 무허가로 영업하는 여자를 '야계野鷄'라고 불렀다. 오랜 시일이 지나면 창기 중에 그런 명칭을 받은 자가 있었다. 이들은 장삼이나 요이보다도 비열했기 때문이었다.

광서光緒 황제의 중엽中葉 후기에는 사람이 점점 많아졌다. 한구로, 남경로, 복주로의 서쪽에 제일 많았다. 새벽에 여자들이 시끄럽게[110] 길 옆에서 천천히 걷거나[111] 갈림길에서 배회했다. 『도암몽억 陶庵夢億』에서 말하는 양주揚州의 '왜기歪妓'의 상황과 비슷했다.

상해의 아름다운 규수가 외딴 곳에 집을 빌려 살았는데 자칭 주가住家라고 하였다. 속칭 주가야계住家野鷄라고도 하였다. 광서 갑진 30년경에는 사람의 소개에 의해 그 문 안에 들어갈 수 있었다. 그 규칙은 보통 야계와 대동소이

하였다. 다른 것이 있다면 다루茶樓에 올라가지 않아도 되었다.

또 당시에는 연관烟館이 있었는데 아편을 팔았기 때문에 얻어진 이름이었다. 속칭 과야연관過夜烟館이라고도 하였다. 이는 등燈 한 등을 켜는 데 은전 3각三角에 돈 20문二十文을 내야 했기 때문이었다.

'화연간花烟間'은 공동 조차지역 안에는 없는 곳이 없었다. 산동로山東路 등에 밀집하고 있었는데, 해가 지면 손객을 부르는 소리가 여기저기에서 들려 왔다. 등불을 켜고 한 차례의 아편을 피우는 데는 은전 1각角과 돈 60문을 내야 했다. 이때 차와 호박씨도 한 접시 곁들여 내었다. 청나라 말엽에 이르러서 아편이 법률로 금지됨에 따라 차와 호박씨밖에 없었는데, 하룻밤을 보내는 데는 1원 3각이었다.

상해의 창기 가운데 가장 저급한 것은 정붕釘棚으로 은전 3각만 내면 밝은 낮이라고 해도 환락을 구할 수 있었다. 속칭으로 타정打釘이라고 하였다. 객이 많을 경우에는 하루에 10여 차례도 받을 수 있었다.

광주의 창기로서 상해에서 창업을 하고 있는 자들이 있었는데 중국 사람을 받는 것을 노거老擧라고 하였다. 그 집에 이르러 차를 마시는 것은 타수위打茶圍나 마찬가지여서 돈을 내지 않았다. 잘 모르는 사람은 갈 수가 없었고, 반드시 먼저 불러 술을 마시며 서로 안 다음 비로소 그 집의 문에 들어설 수 있었다. 그래서 그 집에서

가혹스러운 기녀(妓女)의 비참한 풍문.

잔치를 베푸는 것을 개청開廳이라고 하였다. 밤중에 간단히 요기하는 것을 소야消夜라고 하였다.

서양의 수병水兵들을 불러들이는 창기를 함수매鹹水妹라고 하였다. 이들은 나무로 울타리를 하고 비밀의 창문을 통하여 드나들었다.

이상에서 미루어 보면, 우리가 알 수 있는 것은 첫째, 창기들은 홍교虹橋로부터 사마로四馬路 등지로 옮겨갔다는 것이었다. 실제로 성내에서 점차 공동 조차지로 이주하였다. 둘째, 청나라 말엽의 창기 등급은 장삼長三, 요이幺二, 이삼二三, 당명堂名, 초대草臺, 사국私局, 야계野鷄, 화연간花烟間, 정붕釘棚, 함수 매鹹水妹 등인 것을 알 수 있다.

광주廣州에서는 청의 함동咸同 이후부터 광서光緖 중엽에 이르기까지 곡부 穀埠의 창기 사업이 옛날처럼 번성하였다. 광서 31년(1905년)에 광동 총독의 제방 축조 사업으로 곡부, 영주迎珠 등의 모든 크고 작은 화방花舫들은 모두 해주海珠의 하류인 대사두大沙頭 가까이로 이주하였다. 이로부터 대사두大沙頭라는 이름이 출현하였다. 곡부의 하나의 변신이었다. 당시 5년 동안 영업의 번창함은 옛날과 다를 것이 없었다. 광서 33년(1907)에 화방花榜을 개설하

청(淸)나라 말기, 경기(京妓) 옥화(玉花).

였는데 색色과 예藝로 나누어서 두 방榜을 두었다. 주강의 화방은 이로부터 비롯되었다. 광서 34년(1908)에 태풍이 대사두를 휩쓸어가서 화방은 거의 파괴되었다. 태풍이 평정된 뒤에 창기들은 진당陳塘에 의지하였다. 그런 뒤 화방을 복구하였는데 대사두로 돌

청음소반(淸陰小班).

아온 창기는 열 중에 예닐곱이었다. 선통宣統 원년(1909) 정월에 재기정財記艇의 대화재로 순식간에 이웃의 화방으로 불이 옮겨 붙어 크고 작은 것 수백 척이 일시에 잿더미로 변하였다. 요행히 화재를 면한 것은 열 가운데 두 서 넛뿐이었다. 그리하여 곡부정은 역사상의 이름으로만 남아 있게 되었다. 이를 대신하여 번성하게 된 곳은 진당陳塘과 동제東堤였다.

청淸나라 광서光緒 시기(1875~1908년)는 진당陳塘의 세력이 한창 왕성한 시대 였다. 여러 곳으로 구분한다. ① 대항구大巷口, ② 신전지新塡地, ③ 진당남陳塘南, ④ 융길리隆吉里 등이었다. 신전지新塡地와 대항구大巷口의 모든 장소는 반값 이었다. 진당남陳塘南은 서로 시냇물을 사이로 떨어져 있어, 기녀妓女들은 작 은 배로 왕래往來하여 건너 다녔다. 안에는 대채大寨가 대여섯 개나 있었고, 대 국大局은 1량一兩, 주국酒局은 5전錢이었다. 진당陳塘에서 많은 손님들을 영입迎入하기[112] 위해서 모든 장소는 반값이었고, 진당陳塘에서 왕래하는 손님들의 대부분은 상인商人이었다.

광서光緒 갑진甲辰(31년) 시기 이후, 영남제일루嶺南第一樓 등 대주루大酒樓들 이 일어나기 때문에 각 기녀妓女의 주국酒局의 가격은 1원一元이 올랐다. 곡부 穀埠 등도 덩달아 가격이 올랐다.

무신戊申년에 바람이 크게 일어, 대사두에 큰 화재가 일어나 그곳의 모든 창기들이 진당으로 이사하였다. 창기들은 무려 2천여 명이 넘어서 진당의 전성시대를 맞이하였다. 한 차례의 다른 화재를 겪기도 했지만 그 성황은 마찬가지였다. 신해혁명 때 민군民軍이 주둔하였으나 진당의 창업은 여전히 창궐하였다. 그 뒤 얼마 되지 않아서 영업 금지령이 내려져 진당은 황폐하 게 되었다.

동제東堤에는 서양식으로 집을 건축하고 술집을 개설하였다. 기원妓院이

12곳으로 창기들은 1천여 명이 넘었다. 바로 진당과 맞섰다. 하지만 신해혁명으로 민군이 입성하여 그곳의 기원은 모두 사라지고 창업의 금지령으로 동제 역시 황폐해졌다. 그 뒤 창기 사업은 육지보다 수상이 더욱 번성하였기 때문에 모든 창기들은 육지로부터 다시 배로 옮겨 가게 되었다. 이 밖에 유창游娼 또한 두 종류가 있었다.

홍콩 기녀(妓女) 왕봉교(王鳳妓).

### (1) 남사반南詞班

대소 양방大小 兩幫에서 갈라진 형태로, 청나라 광서 중엽 이후부터 성행하였다. 강서, 복건 지방에서 주로 노래를 불러 생계를 유지하고자 하였다. 이들은 매가賣歌할 뿐 매신賣身하지 않는다고 하였다. 그러나 실제로 돈만 주면 별관으로 옮겨 뜻대로 되지 않는 것이 없었다. 남사기南詞妓의 시주 한 차례에 돈 5금이었고, 차회茶會는 돈 1금을 주어야만 했다.

### (2) 당자반檔子班

당자반은 어떤 반班에 들어가지 않고 몇 사람씩 어울려서 밤이면 소개꾼, 즉 오사烏師를 끼고서 주루에 올라 노래를 팔아서 생활했는데, 돈 1금에 3곡을 불렀다.

광주의 창기로서 육지에 살고 있으면 채寨라고 하고, 요寮라고도 하였다. 수상에 거주하면 정艇이라고 하였다. 채寨에는 대소가 있었으며, 우두머리 창기를 대채大寨라고 하였다. 중급의 창기는 세채細寨 또는 이사채二四寨라고 하였다. 하등급의 창기를 포료炮寮라고 하였다. 대채大寨를 세 가지 종류로 분류하였다.

① 계자鷄仔는 주로 비파를 타는 슬파자瑟琶仔였다.

② 반암문半掩門은 첨선생尖先生이었다. 크거나 작고 또한 크지도 작지도 않은 중간 것이 있었다.

③ 대노거大老擧는 속칭 우백남牛白腩이라고 하였다. 계자鷄仔가 장성하여 객을 찾아가 그를 위하여 개포開苞하는 것을 파방擺房이라고 하였다. 그 대가로 많을 경우에는 4, 5백 금을 받았다. 적을 경우에는 1, 2백 금이 되었다. 이사채二四寨 또한 파방이 있었는데 그 대가는 불과 2, 30금에 지나지 않았다. 파방을 한 뒤에는 반암문으로 충당하였다. 손님을 맞이함에는 반드시 팁이 있었는데 이를 백수白水라고 하였다. 팁이 많을 경우에는 백의 열을 주었으나 적을 수도 있었다.

슬파자瑟琶仔와 밤을 보낼 것을 의논하는 것을 차방借房이라고 하였다. 방을 빌리고 차인借人을 하지 않는 것을 차건포借乾鋪라고 하였다. 그러므로 그 차방借房의 일은 종종 문제를 일으켰다.

객이 소원하는 창기가 아니면 기생어미를 추궁하기도 하였다. 밤에는 자주 '미미米米' 하는 소리가 들렸는데, '米' 자는 '勿' 자의 바뀐 음으로 객에게 손발을 움직이지 말라고 하는 뜻이었다. 이와 같은 것을 타사미打瀉米 또는 탁미托未라고 하였는데, 객에게는 기쁜 일이 아니므로 가끔 말다툼을 하

였다. 이런 일을 초미자차炒米仔茶라고 하
였다.

이사채二四寨는 청나라에서 당시 은전을
사용할 때 은전으로 인하여 얻은 이름이
다. 창기가 밤에 손님을 맞이할 때에는 4
전을 받았다. 낮에는 2전을 받았다. 그러
므로 이사채二四寨라고 하였다. 창기가 일
단 입채入寨하면 거리로 나오는 것을 허락
하지 않았다. 간계노看雞佬(기원에서 심부름하
는 아이)가 있어서 아주 엄하게 감시하였다.
창기가 이사채에서 다시 포채砲寨로 떨어

기녀를 부르는 데 쓰는 국표(局票).

져 늙게 되면 맹매盲妹의 집에 고용되었다. 밤이 되면 방울을 흔들며 비파를
등에 지고 장님을 인도하여 거리로 나갔다. 창기들의 말로는 이와 같이 비
참하였다.

유객이 화방畵舫에서 술을 마시는 것을 정국艇局이라고 하였다. 배 위의 대
청에서 창기 20명을 안으로 불러들여 음주하는 것을 청돈廳躉이라고 하였
다. 밤의 주연은 전후 두 차례에 걸쳐서 자리를 마련하였다. 이것을 두미도
頭尾度라고 하였다. 두도頭度에서 아주 잘 차렸기 때문에 미도尾度에서는 다시
젓가락을 들 생각이 나지 않았다. 주연을 두 차례로 나누어서 하는 까닭에
노래 역시 두 차례로 나누어서 연주하였다. 노래가 끝나면 술을 마시고 술
마시는 게 끝나면 노래를 들었다. 이렇게 4차례나 돌아가며 날이 밝는 줄도
모르고 술을 마셨다. 창기가 객의 부름으로 시주를 하게 되는 것을 출음出飮
이라고 하였다. 젓가락으로 안주를 권하는 것을 협시挾翅라고 하였다. 팁을

명기(名妓) 출신으로 세계적인 저명 화가가 된 반옥량(潘玉良).

받고 수건을 손님에게 제공하는 것을 출모건出毛巾이라고 하였다. 객이 타수위打水圍를 몇 군데 돌아다니면서 하는 것을 통천수위通天水圍라고 하였다.

객과 창기가 방에서 밀어를 나누는 것을 굴방屈房이라고 하였다. 창기가 시집가면 탈각脫殼이라고 하였는가 하면, 상가上街라고도 하였다. 창기가 배에 거주하였기 때문에 하하河下라고도 하였는데, 그녀가 기적에서 벗어나면 흘정수吃井水라고 하였다. 시집갔던 창기가 다시 돌아오면 번엄番閹이라 하였다. 창기가 간계노看雞佬를 어여쁘게 여기는 것을 개두분수開豆粉水라고 하였다.

이상에서 보면 다음의 몇 가지 사항을 알아볼 수 있다.

① 광주의 창기는 그 주거지가 육지와 물의 분별이 있어서 육지에 거주하는 자를 채寨, 요寮라고 하였고, 수상에서 거주하는 것을 정艇이라고 하였다.

② 광주의 고급 기원의 유객은 대단히 호방해서 돈 쓰기를 물과 같이 하였다. 밤새도록 술을 마시며 놀았고, 팁 또한 인색하지 않아서 어떤 곳의 유객들도 이에 미치지 못하였다.

③ 정艇은 배의 통칭으로, 주가정住家艇, 인연정姻緣艇, 자동정紫洞艇이라는 이름의 '정'은 배로 인하여 얻어진 이름이었다. 배의 단청의 화려함은 오

타다도(打茶圖).

히려 진회나 오문의 화방보다도 더욱 호화로웠다.

④ 이사채二四寨의 창기들이 도망가지 못하도록 감시가 엄격하였다. 거리에
나가는 것조차도 허용하지 않았는데 각 성에는 이 같은 일이 없었다.

이상과 같이 북경, 상해, 광주 등지의 기방의 모습들을 살펴보았다. 이제
다시 상해를 중심으로 하여 강과 바다에 잇닿아 있는 기원에 대하여 함릉과
동치 이후의 변천 상황을 몇 가지로 나누어 알아보는 것도 의의가 있을 것
같다.

① 19세기 이후부터 영국과 중국의 무역에서 주종을 이루는 것은 아편이
었다. 영국이 광동으로 화물을 수입한 것은 그 총액이 2천만 원이었는
데 그 가운데 아편 값은 1천 1백만 원이었다. 1835년 이후에는 더욱 많
아져서 무려 3만 상자가 되었다. 이로 인하여 마침내 아편 전쟁이 일어
나게 되었다.

② 도박이 매우 성행하였다. 청나라 동치 이래 북리北里의 창기들 사이에
서는 소일거리로 도박이 성행했다. 유객들은 유창의 자금 조달을 위하
여 도박판을 벌였다. 이 때문에 창루에서의 도박 행위는 더욱 치열하
였고 대단히 대담하였다. 주생周生의 「양주몽揚州夢」에 보면, "함께 모
이면 대부분 도박을 하였다. 나는 그것을 이해하지 못하였다. 그래서
그냥 조용하게 앉아 있을 뿐이었다." 라고 하였다. 빈경蘋梗의 『진회감
구집秦淮感舊集』에 보면 다음과 같이 서술하였다. "근래 와서 엽자葉子(도
박의 기구로 종이에 그림과 글씨를 넣어 짝을 맞추는 화투와 비슷한 것)를 가지고 노
름하는 풍조가 성행하였다. 성 안의 사람들이 진회의 강에서 배를 타

고 놀이를 할 때마다 매번 이 엽자를 가지고 소일거리로 삼았다. 특히 기방의 기녀들이 더욱 잘하였다. 육금선이나 육형방은 특히 이것을 좋아하였다. 모든 도박을 좋아하는 창기들은 저포라는 놀음판에 둘러앉았다. 교성이 난무하고 향냄새가 은은하였다. 옥 같은 팔이 가벼웠고 추파가 애교스러웠다. 낮은 소리로 노래를 흥얼거리면 색다른 정취가 있었다." 이와 같은 기록을 보아도 강가에 연한 기원의 도박이 얼마나 치열한 모습이었나를 쉽게 이해할 수 있다.

③ 화장과 복식이 변화하였다. 전기에는 더욱이 강소식으로 바뀌었다. 청나라 말엽 선통(1909~1911년) 때「진회감구집秦淮感舊集」에 보면 다음과 같이 쓰고 있다. "35년 이래로……매번 진회의 명기들을 보면 제일 두드러지는 것은 화장을 하지 않는 것이었다. 눈썹을 엷게 그렸고, 여학생의 복장을 흉내 내어 입었다." 상해의 기녀들의 복장은 매우 유별났다. 뭇사람들의 이목을 놀라게 하였다. 청나라 말엽 추새秋賽(가을을 맞이하여 지내는 제사의 일종으로 짐승을 잡고 술을 마심) 때가 되면 풍류객들이 구름같이 모여들었다. 제각기 아름다움을 자랑하고자 모두 아름답게 꾸며 그 현란함을 다투었다. 아름다운 모습들은 십여 리를 가득 메웠다. 이렇게 청나라 말엽 기원의 화장과 복식은 날로 새로워졌다.

④ 고급 관리들의 유창 행각이 날로 늘어났다. 청대 관리들의 유창 행위는 하나의 기풍을 형성하였다. 봉封함을 받은 대관료들은 저녁이면 창루에서 환락을 찾았다. 심지어는 얕은 물에서도 뜰 수 있는 작은 배를 만들어서 진회강에 띄웠다. 그리고 창기들을 대동하여 물놀이를 하였다.『이원총화履園叢話』에 이르기를 "당송 시에 관기가 있었으나 요즘에는 관기가 없다. 그러나 태수나 감사는 모두 숙창宿娼을 하였다." 라고

한 것을 보더라도 청나라 때 창업의 금지령은 관리들에게는 하나의 문구에 지나지 않았다.

⑤ 해상海上의 서우書寓와 장삼長三의 분합이었다. 종전 서우의 몸값은 장삼보다 높았다. 장삼기를 교서校書라고 불렀다. 이것을 사사詞史라고 하는가 하면 일반적으로 선생先生이라고도 하였다. 술자리에서 교서와 선생은 나란히 앉았다. 후에 서우와 장삼을 혼합하여 서우장삼書寓長三이라는 하나의 명사가 되었다.

⑥ 화방花榜이 흥기하였다. 순치順治 13년 가을에 운간雲間의 심휴문沈休文은 방탕하기가 그지없었다. 송군松郡에는 소문이 자자한 명주名姝가 없어서 소주로 내왕함에 영일이 없었다. 재색과 기예를 평가하여 화안花案으로 삼았으며, 매화루를 화장花場으로 하여 그 높고 낮음을 평가하였다. 따라서 주운朱云이 장원이 되었고, 전서錢瑞는 방안榜眼이 되었다. 또한 여화余華는 탐화探花가 되었다. 28숙을 가려서 장원을 영접하였는데 온 군이 미친 듯하였다. 이것이 청대 화방淸代花榜의 시초였다. 특히 청나라 말에는 이와 같은 기풍이 매우 유행하였다. 광서 23~25년(1897~1899년) 상해 유희보游戲報의 주간 이백원李伯元은 다시 염방삼과艶榜三科를 선정하였다. 그 삼과三科 가운데 첫째가 화방花榜이었다. 1갑一甲 3명, 2갑二甲 30명을 선정하였다. 나머지는 모두 3갑三甲이었다. 두 번째가 무방武榜으로 1갑 3명, 2갑 18명, 3갑 18명을 선정하였다. 이들은 모두 노래를 잘하였다. 그 뒤 다시 엽방葉榜을 선정하였다. 1갑 3명, 2갑 36명, 그 나머지는 모두 3갑이었다. 모두가 해상의 서우와 장삼 가운데서 엽방 삼과艶榜三科가 되었다. 이와 같은 양상의 화방이 당시에 성행하였음을 짐작할 수 있다.

⑦ 창루에서 작은 발을 좋아하던 미적 관념의 변천이었다. 종전에는 작은

명기(名妓) 요야성(姚冶誠).

발을 숭상하였다. 『화극극담花
國劇談』에 보면, '두 발이 섬세
하고, 작기가 저울추와 같아'
'두 발은 파리하고 섬세하여
한 주먹에 차지 않아', '풍치가
곱고, 두 발은 마치 가는 대나
무 순과 같아' 라고 전족을 묘
사한 것은 바로 작은 발을 숭상
한 예증으로 볼 수 있다. 당시
의 일반 문인들도 작은 발을 좋
아하였다. 그 후 광서 24년(1898
년)을 전후하여 일반 지사들이

근대(近代)의 파티 초대장을 발송하다.

전족을 반대하는 모임을 가졌다. 이는 여자들의 전족으로부터의 해방
운동을 제창하기 시작하는 움직임이었다. 이러한 일들은 기방에까지
영향을 주었다. 『진회감구집秦淮感舊集』에서 청 말淸末의 기방들의 전족
에 대한 반응들을 잘 설명하고 있다.

"서구의 풍조가 동쪽으로 밀려온 후 진회의 명기들이 서구의 풍조를 가장
먼저 받아들였다. 그들은 전족을 하지 않는 것을 가장 유행에 앞선 것으로
여겼다. 풍류객들 또한 기녀들을 평가할 때 가는 허리에 주안점을 두었다.
전족은 그리 중요하게 여기지 않았다. 미의 관념의 진보라고 하지 않을 수
가 없다."

또 『진회잡시秦淮雜詩』에는 당시의 상황을 잘 표현하고 있다.

"기방 기녀 저마다 가장 아름답게 여기기는,

연꽃 같은 전족보다 가는 허리 좋아하네.

이전에 전족 금해 내린 조서 있었으니,

마땅히 그것은 창루로 돌아와야지."

이렇게 역대의 전족 풍습은 청 말에 들어와서 거의 자취를 감추게 되었다. 청 말에는 이러한 일반적인 기녀들 외에 몇 가지 특별한 기녀들이 있었다. 하나는 소주의 선랑船娘이며, 다른 하나는 양주의 황어黃魚였다. 그들은 가까운 물가에 누대를 구축하였다. 책상과 탁자가 정결하였다. 필묵을 갖추어 글을 썼다. 춘추 가절에는 화장을 하고 배에 올랐다. 저녁이 되면 배를 매어 놓고 누대에 올랐다. 등불을 돌며 술을 따랐다. 우아하기가 마치 규방과 같았다. 비바람이 불거나 추운 날이면 비록 불러내려고 해도 끝내 나오지 않았다. 황어는 대부분 농촌 여성으로 옷을 가다듬어 입고 얼굴을 꾸민 뒤 성내에서 살았다. 조그마한 죽사竹舍에서 유객을 맞아 밤을 지새웠다. 그 사이에는 아름다운 자도 없지 않았다.

또한 그 당시 소주와 절강 지방의 비구니女尼를 들 수 있다. 그들은 널리 빈객과 친구를 맞이하였다. 그 행위는 창기와 다를 바가 없었다. 원래 당나라와 송나라 때에도 있었던 일로, 청나라 때까지 아직도 그 풍습이 사라지지 않았

월분패(月分牌) 옛날 달력의 기녀(妓女).

기원(妓院).

다. 『양주몽揚州夢』에는 다음과 같이 서술하였다.

"경강(소주의 지명) 지방에는 원래 창기가 없었다. 비구니의 반수가 기녀 노릇을 하였다. 회자(비구니의 이름)가 처음 소주에 살았을 때 칠계(불교의 계율)라는 것이 무엇인지 도 몰랐다. 낮에는 승복을 입고, 저녁에는 누런 천으로 된 비구니의 신발을 벗었다. 양말도 벗어 던졌다. 그리고 세 촌짜리 수가 놓인 전족의 신발을 신고, 머리에는 가발로 된 쪽머리를 얹었다. 그런 뒤 망건으로 덮었다. 그래도 표가 나는 곳에는 꽃을 꽂아서 가렸다. 그 뒤 그녀는 양주로 도망을 가서 머리를 기른 뒤 기녀가 되었다."

저자 불명의 『범문기어록梵門綺語錄』에 보면, 동정산洞庭山, 상공암湘公庵 등의 암자의 규칙은 다른 곳과 크게 달랐다고 되어 있다. 그곳에는 비구니나 마을의 어린 계집아이들이 있었다. 아이들은 가난했기 때문에 의탁하여 양육되었다. 또 비구니들은 이혼녀로서 수도함을 핑계로 하여 은거하였다. 혹은 부부지간의 불화로 말미암아 피신하여 들어와 있었다. 이 때문에 이들은 모두 계율을 지키지 않고 매춘 행위를 하였다. 『무석정연산장승하無錫淨緣山莊勝荷』에 보면 다음과 같은 기록이 남아 있다.

"무석無錫(강소성[江蘇省] 남부[南部]의 지역)은 산자수명山紫水明(산은 자줏빛이고 물은 맑다는 뜻으로, 경치가 아름다움을 이르는 말)하였다. 혜천산은 절경이었다. 그 산록에는 암자가 많았다. 문과 담장에 회를 바르고 칠을 하여 화려하며 광택이 났다. 문틀은 있거나 없거나 하였다. 문틀 위에는 당호堂號가 있었다. 사람들이 놀러 와서 보면 유명한 별장으로 오인하였다. 그러므로 혜산惠山 비구니들의 염문艷聞은 멀고 가까운 곳까지 퍼졌다. 먼저 허락을 받고 그 문에 들어서는 사람은 드물었다. 만약 그 문에 들어서게 되면 불가의 계율은 아랑곳하지 않았으므로 환희歡喜는 청루와 마찬가지였다."

이상에서 보면 소주와 절강의 비구니는 바로 창기였음을 알 수가 있다. 그 『범문기어록梵門綺語錄』에는 당시의 비구니 40여 명의 행적을 서술하고 있는데, 그녀들의 낭만적인 행위는 십중팔구는 창기들의 행위와 같았다.

마지막으로 외국의 창기였다. 『해취야유록海陬冶游錄』에 보면, 상해와 가까운 곳에 서양 창기의 배가 있었는데, 영어를 할 줄 아는 중국 사람들은 분장을 하고 출입하였다. 상해에는 일찍부터 서양의 창기가 있었으나, 북경에는 청 말에 와서야 비로소 서양 창기가 있었다. 동서의 창기들이 잡거하였는데, 청나라 광서 28~29년(1902~1903년)부터였다. 처음에는 일본 창기들의 창루였으나 뒤에는 서양 창기들이 거주함으로써 일본 창기들은 새로운 창루로 옮겨갔다. 『연경잡영燕京雜詠』에는 다음과 같이 서술하였다.

"금분이 날리는데 제비의 오물이려니,
단청한 대들보에서 낡고 까만 옷에 떨어지다니.
어찌하여 바다 건너 비익조[113]는 중국의 숲 속으로 날아와 구름 위를 나는가?"

그 후 광서 선통 때에는 교역이 활발해지며 동·서양의 창기들 또한 그 수를 헤아릴 수 없을 정도로 가득히 모여들었다. 청나라 말엽 아편 전쟁 이후 외국과의 조약에 의해서 개방된 상업 지역이 76곳이었다. 중국 스스로 개방

① 기원(妓院) 기녀(妓女)의 가족 사진.
② 연포(烟泡) 기녀(妓女).
③ 1904년 한(漢) 복장의 기녀(妓女).
④ 살구꽃 소영도(疏影圖).
⑤ 청(淸)나라 말기 경기(京妓) 옥선(玉仙).
⑥ 청(淸)나라 말기 경기(京妓) 향국치인(香國癡人).

① 청(淸)나라 말기 경기(京妓) 이평향(李苹香).
② 청(淸)나라 말기 북경(北京) 명기(名妓) 봉선(鳳仙).
③ 청(淸)나라 말기 기장(旗裝)한 경기(京妓) 계봉(桂鳳).
④ 광서(光緖) 말년 남장(男裝)한 기녀(妓女).
⑤ 1909년 기장(旗裝)한 경기(京妓).

한 곳만도 15곳으로 모두 91곳이었다. 따라서 상업과 무역의 발전에 따라 창기들도 크게 많아졌다. 창업도 성행하게 되었다.

청淸나라 말, 경사京師 지역에 경청警廳을 설립하여 공식으로 창기에게 면허를 발급해 주고 세금을 거두기 시작하였는데, 이것이 청나라 각 성(省)에서 널리 퍼졌다. 따라서 관청官廳이 창기들을 보호해야 할 책임이 생긴 것이다. 이것은 당唐나라와 송宋나라 시대의 관기제도官妓制度의 부활復活이었다. 그러므로 그때 일반 가정의 출신인 여자들도 정결을 희생犧牲하여 금전으로 바꾸는 것도 보편적인 일이었다. 이것이 대체적으로 청淸나라 말년의 창기娼妓가 특별하게 발달한 이유이다.

제3절

# 청대淸代의 남색男色

명대明代에 창궐했던 남색 풍조를 이어받은 청대淸代는 태조인 순치 때부터 남창이 크게 번성하였다. 건륭 때 이르러 더욱 크게 번성하였다.

서환徐釻의 『본사시本事詩』에 따르면 다음과 같은 내용이 있다.

"서랑徐郎의 이름은 자운紫雲이고, 광릉廣陵 사람이다. 모소민冒巢民의 집의 청동靑童이었다. 예쁘고 노래를 잘했으며, 진기년陳其年이 사랑했다. 진기년陳其年이 일찍이 「운랑소상雲郎小像」을 그렸는데 두루 제구題句를 찾았다. 왕서초王西樵 사훈司勛이 말하기를, '꿈에 깨어 남은 술이 아깝게 생각하다가 단청丹靑을 상상해서 보았느냐고 공경히 물어보았다. 후일後日 주연酒筵을 당하여 하나 찾기도 어려웠다. 임금을 찾아가니 미친 듯이 두분사杜分司를 줄였다.' "

또 공지록龔之麓 역시 일찍이 장랑조張郎詔를 주었는데 구절구九絶句 시詩를 노래하였다.

푸른 서리 긴 날씨, 달 밝은 때
춘풍에 버드나무 한 가지를 자주 흔들리네.
화장 거울 가장자리에 새겨진 부용芙蓉은

그림 안의 먼 산에 있는 눈썹이네.

빼어난 대나무로 비장한 소리에 밤은 깊어가니

늦게 핀 꽃향기가 비단 등 주위에 머무네.

지금 누가 시험하는지, 초궁楚宮에 떠오르는 기운

벌린 소매가 비어 두 줄기 눈물로 흐르네.


장랑조張郞詔는 운간雲間 사람으로 송원문宋轅文과 친했다. 송원문宋轅文이 죽은 후, 공지록龔之麓이 일찍이 마가암摩軻庵 향수香樹 아래에서 장랑조張郞詔를 위하여 「감구사感舊詞」를 지었다.

주이존朱彝尊 역시 예수 사시史詩를 주었는데 엽성기葉星期를 위해 지었다. 『주시朱詩』 서序에 말하기를, "성기星期가 너무나 지나치게 어리고 예쁜 영인伶人을 모某 사내가 사랑하자 그 친구가 그에 이르러, 저녁 이미 정돈된 단장으로 장차 돌아가려 했다. 하지만 손을 잡고 차마 이별하지 못하여, 부賦와 절구絶句를 그에게 주었다."

광서 말엽에 이르러서는 일세를 풍미하였는데 이는 청조와 더불어 흥망성쇠를 같이하였다. 그러면 청대의 남색들이 종전의 남색들과 다른 특이한 몇 가지를 나누어 설명할 수 있다.


첫째, 청대의 사대부들은 남색을 좋아하였다. 대부분 그 대상이 광대나 배우들이었다.

①특히 고급 관료들이 남색을 좋아하였다. 백국계白菊溪라고 하는 절강의 총독이 있었다. 하루는 주연을 열어 배우들을 불러서 연주를 하도록 하였다. 하관荷官이라는 배우가 있었는데 북경에서 으뜸이었다. 백국

계는 그를 좋아하였다. 마침 그날 그곳에 하관이 등장하였다. 그를 보자 백국계는 색정이 발동하였다. 그를 돌아보며 "이거 하관이 아닌가? 어찌하여 여기까지 왔는가? 나이가 드니 귀밑머리가 하얗게 되는 것은 어쩔 수 없군."라고 말을 하였다. 하관은 무릎을 꿇고 "나으리, 늙지 않았습니다."라고 하며 그 수염을 쓰다듬었다. 그는 크게 기뻐하며 하관을 위하여 술 세 잔을 건배하였다. 그리고 "연잎(하관[荷官])은 시들어도 우산으로 들 수 있고, 국화(백국계)는 쇠잔해도 오히려 서리를 견디어 낸다."라고 하였다.

② 배우와 광대를 장원부인狀元夫人이라고 하였다.

③ 배우와의 사랑으로 죽는 경우도 없지 않았다. 심지추沈芷秋는 행동거지가 아주 우아하였다. 반면 용모도 수려하였다. 특히 곤곡崑曲에 뛰어났다. 그의 곤곡을 듣고 감탄하지 않는 사람이 없었다. 그의 나이가 어렸을 때 오사인吳舍人은 심지추를 좋아하였다. 그래서 그를 돈으로 사서 시아侍兒(시중드는 아이)를 삼으려고 하였으나 능력이 미치지 못함을 비관하여 생아편을 먹고 자살하였다.

④ 막료幕僚들이 남색에 빠졌다.

⑤ 약을 달여서 그들의 연동孌童을 극진히 봉양하기도 하였다. 만약 연동이 죽으면 슬퍼하기를 부모와 같이 하였다. 어떤 이름난 사대부는 여색을 가까이 하지 않았다. 오로지 연동만을 총애하였다. 그가 병이 나자 친히 약을 달였다. 연동이 병으로 일어나지 못하자 다시는 남녀를 가까이 하지 않을 것을 맹세하였다. 연동이 그의 말을 믿으려 하지 않자, 차고 있던 칼로 남근을 끊으려고 하였다. 그러나 곁에서 붙잡아 무사하였다.

민초(民初) 명기(名妓) 초상(肖像).

둘째, 북경에 남색이 있는 곳은 비밀에 가려져 있었다. 여종옥呂種玉의『언청言鯖』에 보면, 낙양이 번성하였을 때 소년들이 남색의 행각으로 생업을 도모했다고 쓰여 있다. 정화政和 때 비로소 금지령을 선포하였다. 그 법을 어기는 자에게는 곤장 1백 대를 쳤다. 그리고 그런 것을 고발하면 전錢 50관을 상으로 주었다. 명나라 때에도 계간雞姦의 법령이 있었으나 오히려 그 풍습은 더욱 치열하였다. 남색 창루를 개설하는 자들이 있었는데 북경에서는 소창이라고 하였다. 소창小唱의 뜻이었다. 소주 지방에서는 소수小手라고 하였다. 이렇게 남색이 천하에 창궐하였으니 법령으로 금지할 수가 없었다.

청나라 때 남색 창루에서의 유창의 면모 또한 대략 살펴볼 수 있다. 창루에 들어가 한담하고 노는 것을 타차위打茶圍라 하였다. 빈객이 정자에 나아가 남색을 불러 시주侍酒하게 하는 것을 규조자叫條子라고 하였다. 그들의 부름에 응하는 것을 간조자趕條子라고 하였다. 광서廣西 중엽의 예를 들면, 당시 돈으로 만 문萬文이었다. 그 가운데 2천 4백 문을 먼저 냈는데 이것을 차비[車資]라고 하였다. 8천 문은 사후事後에 지불하였다. 남색이 이르면 먼저 손님에게 머리를 끄덕하고 술병을 가져와서 손님의 맞은편에 앉았다. 그 다음 술을 따르고, 술을 따른 뒤에 노두老斗를 의지하며 앉았다. 그 가운데에 있는 유객을 바로 노두老斗라고 호칭하였다. 노래 한 가락을 불렀으며, 노래를 부르지 않는 자는 시권猜拳(가위, 바위, 보 등)하며 술을 마셨다. 노두는 그를 대신하여 술을 마셨다. 노두가 창루에서 술을 마시는 것을 허주[喝酒]라고 하였다. 술을 방자하게 마셨다.

익힌 안주가 없었고, 탁자 위에는 접시가 널려 있었다. 담겨 있는 것은 과일이
나 마른 과일이었고, 술을 마신 뒤에는 죽雙弓米으로 배를 채웠다. 광서廣西 중
엽에는 술값이 자리당 10전 40면錯이었고, 놀이 값은 18면이었다. 노두가 밥을
먹는 것을 파반擺飯이라 하였다. 여러女閭에서의 흘주吃酒나 규국叫局 등과 하등
다를 것이 없었다.

『청비류초淸稗類鈔』에는 남색들에 대해 다음과 같이 설명하고 있다.

"등치, 광서 때 북경의 기방마다 각기 십여 명의 어린 동자들이 있었다.
그들은 노래 두세 곡을 익혔다. 또한 말하는 연습을 하였다. 그들은 이목구
비가 아름다웠고, 피부가 깨끗하였다. 그것은 그들대로의 특별한 비결이 있
었기 때문이었다. 대부분의 동자들은 다른 지역에서 사 왔다. 특히 소주, 항
주, 안휘성, 호북성 등에서 사온 동자들이 가장 많았다. 특히 오관五官이 단
정한 자를 선택하여 그들에게 말씨, 걸음걸이, 시선 등을 배우게 하였다. 새
벽에 일어나서 묽은 고기즙으로 얼굴을 씻었다. 생달걀을 먹어 목소리를 맑
게 하였다. 먹는 국과 반찬도 지극히 농밀하였다. 밤에는 온몸에 약을 발랐
으나 오직 팔과 다리에는 바르지 않았다. 이는 화독火毒을 빼버리기 위한 것
으로 3~4개월이 지나면 아름답기가 처녀와 같았다. 눈동자를 한번 치켜뜨
면 아름답기가 그지없었다. 단지 용모의 곱고 곱지 못함과, 목소리의 맑고

청(淸)나라 때 코담배 병 계열.

탁함은 천부적으로 같지 못하기 때문에 각기 서로 비슷한 자들끼리 하나를 예로 배웠다."

셋째, 북경은 남창의 중심이 되었는데 몇 가지의 이유가 있었다.

① 종전의 북경 창기들은 대단히 저속하였다.

② 법령으로 관리들이 여창 출입을 금하였다.

도광道光과 함풍咸豊 이후 남색의 변화를 몇 가지로 요약할 수 있다.

① 남색으로 어린 것을 중시하였다. 『연란소보燕蘭小譜』에 기록되어 있는 모든 남색[伶]은 대부분 서북 지방에서 온 자로, 나이 30이 들어야 명색名色이 되었다. 나머지는 약관을 위아래로 하였으며, 동자는 드물었다. 청나라 말엽에 와서 대부분 소주, 양주 등 남쪽 지방에서 온 미동자들로, 『연대화사록燕臺花事錄』에 보면 남색[伶] 23명이 있었다고 한다. 그중 20세가 2명, 19세 1명, 18세 2명이었고, 그 나머지는 13세부터 17세로 사람들은 모두 어린 동자를 좋아하였다.

② 남색[伶]의 대부분은 북방인이었다. 도광 30년 태평천국의 난이 일어나서 소주 등지가 함락됨에 따라 북경으로 이입되어 오는 자가 매우 드물었다. 북경에서는 소주의 남색에 편향했기 때문에 남방 사람이 다수를 차지하였다. 남북

자기 필통(筆筒), 자기 그릇.

이 격리됨에 따라서 옛사람은 늙어서 죽고 뒤를 이어 오는 사람이 없었다. 북방 사람이 노래함에 있어서 더욱 그 박자를 맞추기가 어렵고, 곤곡崑曲은 쇠퇴하여 안휘의 노래가 대신하여 일어났다. 강남이 어지럽게 되고 곤곡이 쇠퇴하게 된 것은 모두 북경의 남방 남색[伶人]이 적어지는 중요한 원인이 되었다.

③ 남색이 여색을 사랑하였다. 상고像姑 전성시대에는 본래 남색은 감히 여창들과 사랑을 할 수 없었다. 그러나 점점 방자해져서 심지어 주연을 같이하기도 하며 숙창을 하기도 하였다. 청나라 때 북경의 관리들은 여창을 기피하였다. 그래서 주연에 노래하는 남색이 없으면 즐거워하지 않았다. 『청비류초清稗類鈔』에 보면, "광서 중엽 사대부들이 남색을 좋아함이 매우 심하였다. 달이 뜨면 집집마다 남기들이 부르는 노랫소리가 맑았다. 실로 태평을 점철하기에 족하였다."라고 하였다.

신해혁명 이후에 관의 개혁으로 남기의 이름은 없어지게 되었다. 마침내는 역사 속에 존재하는 하나의 명사로 남게 되었다.

근대(近代)에 자기로 만든 나체 여인.

음부(淫婦)의 지옥 고생도.

제4절

# 민국民國 이후의 창기

민국民國 이후에 북경北京은 여전히 정치의 중심이었다(민국民國 16년까지).
상해上海와 광주廣州는 공상업의 중심이었다. 이 때문에 창기娼妓의 사업事業
을 연구할 때 여전히 북평北平(북경(北京)), 광주廣州, 상해上海를 대표적으로 거
론한다. 민국民國 이후 창기娼妓 사업은 청淸나라 전기보다 오히려 더 발달하
고 보편적이었다. 북경北京, 상해上海, 광주廣州 등의 상황을 보면 전국의 다른
지역의 상황을 유추할 수 있다.

『경화춘몽록京華春夢錄』에 보면 다음과 같이 기록되어 있다.

"도성都城의 춘색春色처럼 남자들이 창기娼妓를 좋아한다. 특히 말엽末葉에
는 창기娼妓 산업이 온 나라에 번성했다. 지금의 한가담寒葭潭, 섬서항陝西巷
등의 지역에서 창기 집이 많이 있다. 나라의 정권이 바뀐 후 국가의 정세가
좋아짐에 따라, 창기娼妓 산업도 활발해져 곳곳에서 창기들이 즐비하였다.
남국南國(남방)에서 온 가인佳人들이 수도首都의 번영을 동경하여 도성으로 모
였다. 남방에 온 창기들은 장안長安에서 인기가 많았다. 그의 원인은 20년 전
의 새금화賽金花라는 사람과 관련이 있었다. 그때에는 남방에서 온 창기娼妓
들이 장안長安에서 그렇게 인기가 있는 편이 아니었다. 그들이 여는 대다수
의 창기娼妓 집은 사람들이 잘 모르는 편벽한 곳에 서 있었다. 한가담寒葭潭과

(좌)명기(名妓) 소봉선(小鳳仙), (우)명기(名妓) 화소금(花小琴).

백순百順 골목을 한계로 동쪽은 북방北方 창기娼妓의 세력 근거지였다. 그때 북방 창기娼妓의 세력이 강하여 다른 창기娼妓는 그들을 무서워했다. 하지만 이미 그때 잠재된 세력이 숨어 있었다. 뒤에 온 창기娼妓 세력이 더 강했다. 소박한 북방 창기에 비해 차이가 많이 날 정도로 부드럽고 아름다운 남방 창기를 북방 사람들이 더 좋아하였다. 그 후에 남방의 세력은 동쪽으로 침략하고, 북방의 세력은 점점 가라앉았다. 시간이 흘러 점차 변화하여 한가담寒葭潭에서 북방 창기의 세력이 이미 소멸되었다. 백순百順 골목과 섬서항陝西巷에서 남방 창기의 세력이 더 우세했다. 왕광복王廣福 거리에서만 남방의 창기娼妓 집이 원래 북방의 창기娼妓 집처럼 번성했다. 곳곳에서 손님이 잠을 자는 모습을 볼 수 있었다. 남방의 기생은 장안의 주된 창기娼妓 세력이라고 해도 과언이 아니었다."

위에서 인용한 단락을 보면 북경北京은 청淸나라 때 남창男娼들이 흥행한 후에 쇠락해서 여창女娼들이 그들을 대체했음을 보여주고 있다. 또한 남쪽의 창기娼妓들이 북쪽에서 와서 북쪽 창기娼妓의 부족함을 보여 주었다.

북경北京 창기娼妓의 상황은 어떻게 되었는지를 아래 민국民國 18년(1929년)의 조사와 같이 확인할 수 있다.

최상급 기원妓院(청음소반(淸吟小班))은 45개가 있었다. 한가담韓家潭에 제일 많았고 다음에는 백순百順 골목이었다.

이등 기원妓院(차실(茶室))은 60개가 있었다. 돌골목에 제일 많았고 다음에는 주모朱茅 골목이었다.

삼등 기원妓院(하처(下處))은 190개가 있었다. 하리河里에 제일 많고 사성묘四聖廟가 그 다음이었다.

(좌)명기(名妓) 도정영(陶晶榮), (우)명기(名妓) 박정옥(朴貞玉).

사등 기원妓院(즉 소하처(小下處))은 총 30개가 있었다. 낙배원樂培元에 가장 많고 황하연黃河沿이 그 다음이었다(총 332군데).

최상급 기생이 328명, 이등 기생이 528명, 삼등 기생이 1,895명, 사등 기생이 301명(총 3,752명).

개인 창기娼妓가 제일 많은 곳은 동성선반東城船板 골목, 진강鎭江 골목, 소주蘇州 골목, 양육羊肉 골목, 팔보八寶 골목이었다. 개인 창기관娼妓館은 대부분 외국 병사를 대상으로 영업했다. 외국인의 세력이 있어서 경찰은 간섭하지 못했다. 따라서 창기관娼妓館의 개수와 창기娼妓의 인구수는 통계를 내지 못할 정도였다. 그리고 제화문齊化門과 삼원암三元庵 근처에 있었던 토창土娼은 몇 개가 있었는지 조사할 길이 없었다.

하지만 북경北京에서 창기娼妓가 가장 흥성했던 시기는 민국民國 6,7년 (1917~1918년)간이었다. 민국 7년(1918년)에 기원妓院은 406군데가 있었고 창기娼妓는 3,880명이 있었다. 이 시기에 창기가 가장 많았다. 민국 6년(1917년) 북경에 기원은 391군데가 있었고 창기는 3,500명이 있었다. 또 서인감도西人甘都의 『북경사회조사北京社會調査』에 의하면, 민국 6년 북경에 있었던 개인 창기는 7,000명이 넘었다. 이렇게 보면 민국 6,7년 북경에 있었던 공사公私 창기娼妓가 만 명은 넘었다고 볼 수 있다. 그때 북경은 정치의 중심지여서 정객들이 다 거기에 모였기 때문에 창기업娼妓業은 함께 발달하였다. 그러나 16년 후에 수도首都가 남쪽으로 옮겨져서 북경에 있던 많은 사업들이 쇠퇴했고, 창기업도 급속하게 몰락했는데, 이처럼 북경의 창기업娼妓業은 정치적인 추세와 밀접한 관계가 있었다(이상 『북경창기조사[北京娼妓調査]』를 참조).

상해上海 창기娼妓의 상황이 어떻게 되었는지는 공부국工部局 1920년의 조사에서 확인할 수 있다. 상해의 창기 총수는 60,141명 (화계〔华界〕와 홍구〔虹口〕의 광동 창기를 제외함)이었다. 그들은 4계급으로 나눌 수가 있었다.

| 갑甲 | 장삼長三 | 1,200명 |
| 을乙 | 마이소二 | 490명 |
| 병丙 | 야계野鶏 | A 공공 조계 24,850명 |
| | | B 출입 영국과 프랑스 조계 12,311명 |
| 정丁 | 화연간정붕花烟間釘棚 | |
| | | 영국과 프랑스 조계 21,315명 |

이것은 10여 년 전인 1920년의 수치로, 지금 상해의 창기에 대한 확실한 통계는 아직도 없다. 필자가 살펴볼 때 1920년대 후반에는 10여 년 전보다 많이 증가했다. 그 이유는 4가지로 정리할 수 있다.

① 민국 17년(1928년) 이후 남경南京 정부는 창기 폐지 정책을 실행했다. 안휘安徽, 강소江蘇, 절강浙江 3개 성의 대도회大都會도 따라서 실행하였다. 쫓겨난 창기娼妓들은 북쪽의 천진天津, 영구營口, 청도靑島, 심양沈陽 등 지방 외에 대개 상해上海로 도주하였다. 상해上海 도로에 있는 야계野鶏가 2년 전보다 더 많아진 것이 바로 그 증거이다.

② 1927년에 수도를 남쪽으로 옮겼을 때부터 상해上海의 물질적인 공급 체계가 남경보다 더 완비되었다. 일반 당국 요인들의 별장이 여기에 다 있었다. 또 여기는 강과 바다의 중요한 요충지이고, 전국적인 경제 중추이

므로 위인정객偉人政客, 협상대정協商大政, 조제금융調劑金融 등 관리들이 다 상해에 모였다. 지금의 상해는 공상업의 중심일 뿐만 아니라 정치 중심이 되었다. 노래를 듣고 색色을 뽑는 사람이 이전보다 많은 것은 물론이다. 최근 상해 인구의 증가[114], 집세와 땅값이 계속 상승하는 것은 상해가 번창할 증거로 볼 수 있다.

③ 유럽의 통계 전문가의 말을 인용해 보면, 인구가 100만 명 이상의 도시에는 3천 명의 공창公娼이 있고, 사창私娼이 공창보다 십수배가 된다고 한다. 이 비례로 추정하면 상해의 창기는 1927년의 10년 전에도 방대한 숫자였다. 지금은 더 말할 나위도 없다.

④ 상해上海에는 다양한 형태로 변형된 창기娼妓가 너무 많았다. 예를 들면 커피숍의 다방 여자, 오락장의 여자 초대원, 안마원의 여성 직원들이 모두 몸을 파는 것을 부업으로 한다. 여성 연극배우, 여창서女唱書, 여상사女相士, 영화배우, 댄서들도 금전이 어느 정도 있으면 다 창기 업무를 할 것이다. 상해에서 오랫동안 산 사람은 이런 말을 했다. "상해의 공창公娼과 사창私娼과 변상창變相娼이 총 12만 명이 있다." 이 수치는 정확하지 않지만 그래도 얼추 맞는 듯 싶다.

광주廣州의 창기 구역이 민국 이후에는 진당陳塘, 동제東堤 2군데만 상대해서 남았다. 「〈대만보기자조사보고〉」에서는 이렇게 밝혔다.

"광주廣州 진당陳塘은 홍콩의 석탕石湯과 같다. 고등高等 창기가 여기에 모인다. 통속적으로 그곳을 대채大寨라고 부른다. 여기에는 술집과 온돌이 많았다. 술집은 군략, 연춘, 경화, 영춘, 류촉, 음천 등 6개였다. 온돌은 천득, 환득, 만하, 득심, 기화, 만화, 봉화, 재화, 천화, 천연, 완화, 천일, 소요, 취화, 장락, 기향, 의춘, 만홍, 능화 등 19개였다. 19개 대형 온돌에서 창기가 합계 360여명이다."

"대채과大寨科도 2가지 종류로 나눌 수 있다. 즉 피파자琵琶仔와 노거老擧이다. 피파자는 청가淸歌 한 곡으로 노인을 모신다. 노거는 노소가 두 가지이기에 유곤留髡(승대한 조대)도 있다. 그래서 대채의 영업이 두 가지가 있다. 주국은 술자리에 배석하는 것이다. 대국은 같이 자는 것이다……."

"술자리 한 번 있고, 화연花捐은 1.4원, 그리고 공로 교육 공예 등 비용은 총 8각이고, 군비는 6.5각[115] 등 몇 개의 통계 수치로 보면 채의 임대료 1원, 창기 1원 등을 합치면 4.8원이다. 그리고 창기를 찾은 사람들이 대부분 인색하지 않아서 거의 다 5원을 준다. 그래서 한 번으로 하면 창기들이 얻을 수 있는 것은 1.15원밖에 없다. 창기들은 누구를 위해서 수고하는가. 인간은 꿀벌과 같다. 술자리가 크면 비용은 수량에 따라서 몇 배로 추가된다……."

민국 15년(1926년)에 광주시 사회국의 조사를 보면 창기채가 131개가 있고, 기정妓艇가 69개가 있고, 창기가 총 1,362명이 있었다.

상급채 70개 창기 761명

중급채 42개 창기 486명

하급채 16개 창기 115명

위에는 등록한 자료여서 그 밖에도 등록하지 않은 사창은 약 2,600명이 있었다. 창기의 매춘 가격은 창기채에 따라서 다르다.

① 대채大寨는 대소국으로 구별된다. 대국은 유곤留髡이고, 소국은 유주侑
酒이다. 소국은 매번 2.9원이고 대국은 이것의 2배이다.

② 24채가 주간·야간으로 구별된다. 야간은 매번 3.9원이고 주간은 매번
1.6원이다.

③ 포채는 낮에 0.6원이나 0.8원이고, 야간 11시 이후는 야국으로 전환해
서 2.2원을 받는다.

창기는 대부분의 수입을 헌납한다. 즉 화연花捐과 시정비市政費와 교육비敎
育費와 공예비工藝費 등이다. 남은 부분은 채주寨主와 나누어서 배분하기 때문
에 그들의 소득은 매우 적다.

북경, 상해, 광주가 이러한 상황이면 곧 전국적인 상황으로 여길 수 있다.
민국 이후 창기 '사업'이 이렇게 번성한 이유에는 몇 가지가 있다.

### (1) 혁명 위인들의 방탕

프랑스인 푸로아가 "한 나라에서 국세가 기울어 국민들이 혁명할 때, 사
회에서는 사치 음란이 평소보다 더 심했다. 프랑스 대혁명이 공포된 시기에
파리의 가무와 관현이 번성한 정도는 과거보다 더 심했다."라고 했다. 민국
초의 현상을 보면 푸로아의 언급이 정확함을 알 수 있다. 어느 나라에도 혁
명이 일어나면 사회의 계층은 이에 따라 바뀔 것이다. 옛날의 고관 귀족이
노예가 되고, 현재 권력을 소유한 자는 다 먼저 반항한 혁명 위인들이다. 그
들의 대부분은 원래가 서민이고 시골에서 왔기에 금의옥식錦衣玉食과 교처미
첩嬌妻美妾의 생활을 해본 적이 없었다. 그들이 높은 벼슬과 많은 녹봉을 얻
은 후에 금의환향할 수 있었지만, 혁명 시절에 고생을 많이 했기에 창기를

찾는 것이 제일 간편한 위로법이었다. 일반적인 혁명 위인들이 그 전에 귀족 고관의 사치스러운 생활을 비판했지만 자기가 부귀하게 되자 그들도 거의 같았다. "옷을 잘 입고 밥을 잘 먹을 수 있는 사람은 삼세三世의 관료이어야 된다."라는 속어도 있다. 이런 혁명 위인들이 혁명을 잘 했지만 창기와 즐기는 것에 대해서는 아직 문외한이었다. 그들이 흥청망청 돈을 헤프게 쓸 때 공자와 왕손들도 그들을 따라잡지 못했다. 하지만 이런 상황은 민국 1, 2년간 소수의 위인들이 벌였다. (1914년) 이후에 이런 기풍이 거의 다 없어졌다.

### (2) 군벌들이 재물을 탐하고 색을 밝혔다

청나라 광서光緖 을미년(21년)에 이문전 시랑의 상소에 이러한 말이 있었다.

"우리나라에 천만 원 부자는 한 명도 없다. 있어도 이홍장李鴻章만 있다. 백 만 부자는 각각 성마다 한 세 명이 있고, 몇 십만 원 부자들이 몇 십 명이 있다. 이런 상황이 연강성 연해성에만 있다. 내륙 지역에는 최상의 부자가 십만 원에 불과하고, 중등 부자는 일만, 이만 원만 있다. 이런 사람들이 이미 거부이다."

청나라 말 국가의 부유 정도는 위에 나온 것과 같다. 하지만 민국 때부터 이홍장李鴻章처럼 부자들을 손가락으로 헤아릴 수가 없어졌다. 민국 2년 제2차 혁명 이후 원세개袁世凱가 강남을 다 병탄해서 강과 바다의 중요 구역에 모두 북양수군을 설치했는데 이것은 청나라 때의 '주방駐防(지방의 요소에 배치된 부대)'과 같았다. 독군督軍이 된 사람도 소장에서 군인 훈련 했을 때의 장병이었다. 사단장, 여단장들은 더 말할 나위도 없다. 그 이후 각각 성의 독군督軍들이 토지 군대 과세의 권력을 소요했다. 각각 성에서 성장이 다 있고, 명

(좌)명기(名妓) 양수정(楊秀貞), (우)명기(名妓) 허염화(許艷華).

의상으로 군과 민을 분리하는 군민분치를 한다고 했지만 실제로 독군督軍
은 권력을 다 가지고 있었다. 그 결과 군벌 할거 상황이 형성되었다. 또 내전
이 끝나지 않아서 서민들은 과세에 고생하고, 군인들은 개인 호주머니만 채
웠다. 민국 이내 북양파 무인 중 독군督軍을 해본 사람들은 개인 재산이 다
천만 원 이상이다. 2, 3만 원 이상인 자도 많았다. 이런 사람들이 원래는 배
운 것도 없고 재주도 없는 사람이었다. 심지어 글자를 모르는 사람도 있었
다. 이제 갑자기 득의해서 야만적인 성욕을 쏟아내는 것을 쾌락으로 생각했
다. 독군督軍마다 처첩이 다 열 명 이상이었다. 장퇴장군長腿將軍이라고 불리
는 사람이 있었다. 그의 처첩은 총 30여 명이 있었다. 수가 많지만 그래도 항
상 바꿨다. 그 외에 사창, 여배우, 북치는 자, 양가의 여자들이 거의 모두 놀
아났다. 그들의 행위는 몹시 황당하였다. 장퇴장군長腿將軍의 북경 주택이 서
성 석노랑石老娘 골목에 있었다. 장군이 북경에 올 때마다 8대 골목에서 자색
이 좀 있는 창기들이나 그가 감상했던 창기들이 소식을 듣고 그의 부름을 기
다리지 않은 채 모두 장군 공관에 갔다. 그때는 장군이 시단점장詩壇點將처
럼 사람들의 왕래가 끊이지 않았다. 석노랑石老娘 골목은 소랑小娘 골목으로
바뀌었다. 이런 일은 상당히 어처구니없는 일이었다. 북양파北洋派 독군督軍,
사단장, 여단장들이 대부분 이렇게 했으며, 지금 장퇴장군長腿將軍을 예를 든
것은 대표적이다.


### (3) 대의사의 유랑

수천 년간의 군주제 국가가 신해辛亥혁명을 통해서 민국으로 바뀌었다.
민국 2년(1912년)에 참의원과 중의원이 설립되고 북경에서 회의를 했다. 인
민들이 의사를 선거했다. 이것은 파천황破天荒이라 할 수 있다. 국가의 모든

(좌)명기(名妓) 양옥수(楊玉秀), (우)무녀(舞女) 서옥봉(徐玉鳳).

내정 외교가 국회의원의 의결을 필요로 했다. 특임 관원의 임명도 국회의 동의를 필요로 했다. 그들의 권력과 지위의 높은 정도를 알아볼 수 있다. 의 원들 중에는 관료, 학자, 연구자, 혁명 위인, 어부, 농민 등이 다 있었다. 다양 한 사람들이 다 한자리에 모였다. 그들이 일단 의원에 돌아가면 몸값이 몇 배 증가했다. 그리고 정치 단체가 임립해서 거기에 모이는 대소 정객政客들 이 매우 많았다. 당시에 국무원 동의와 예산 방안의 통과와 정치 단체 간의 상관 사건이 있을 때마다 모두 8대 골목에 모여서 상의했다. 북경北京을 예 로 들면, 차비는 매번 1원이고 '개반자開盤子'라고 불렀다. 어떤 의원들은 매 일 그들의 정부情婦가 사는 곳에 여러 번 가야 하고, 매번 1위안을 내야 하면 매우 비경제적이기 때문에 매달 30위안을 주고 '보판자包盤子'를 하는 사람 도 있었다. 한 판에 10위안이나 15위안을 준 사람도 있었다. 창기의 집에서 술을 먹으면 상등 술자리에 25량 은을 써야 했다. 그리고 그 당시에 의원議 員들이 매우 바쁘기 때문에 창기들을 위해 도와줄 때 항상 친구를 부탁해서 손님을 초대했다. 아니면 자기와 친구가 다 안 가지만 술자리 돈도 냈다. 이 것을 '괘석挂席'이라고 불렀다. 마작을 하면 항상 6, 8개 탁자가 있었다. 마 작을 했을 때에는 개평(노름이나 내기 따위에서 남이 가지게 된 몫에서 조금 얻어 가지는 공짓)을 떼는 방식으로 했다. 한 번에 천금을 거는 경우도 많았다. 그 당시에 팔백 나한八百羅漢들이 대부분 주색에 빠진 방탕한 생활을 했다. 거기는 그들 이 정치를 토론할 때의 안식처가 되었다. 그래서 민국 2년간 8대 골목에서 거마 또는 차량의 왕래가 끊이지 않았다. 그 당시는 북경에 창기가 있은 뒤 로 제일 번성한 때였다. 민국 7년 이후에는 영업이 급강하했다. 정치가 불안 해 의원들이 남북 간에 왕래해서 편히 잠을 들 수 없었다. 민국 7년(1918년)의 새로운 국회의원들과, 민국 12년(1923년)의 뇌물을 주어서 당선된 의원들이

서로 다 비슷했다. 선거 때에는 다른 사람에게 부탁해서 투표를 했고, 선거
가 끝난 후에도 거의 다 주색에 빠졌다. 따라서 민국 이후 창기업의 번창 상
황이 의원들과 관계 있는 것은 확실하다.

### (4) 관료들의 남녀 야유

옛날의 청나라 관료들은 자격을 제일 중시했다. 인재를 평가할 때 제일
귀한 인재가 바로 한림원 출신의 사람이었다. 하지만 한림원에 들어가고 싶
으면 대고한첨大考翰詹에 특례 진급해야 하며, 개방開坊도 20년의 노력이 필
요하다. 진사로 분부 주관을 해서 20년이 걸려야 한림원의 정원을 보충할
수 있었다. 그래서 항상 '주백두主白頭'라는 말이 있었다. 청나라 때 한림원
출신의 사람들이 시랑상사가 된 다음에 대학사나 군기대신이 되고 싶으면
거의 백발이 될 때까지 기다려야 했다. 젊은 재상이 거의 없었기에 관료의
승진이 곤란할 정도였다. 그리고 청나라 관료들의 녹봉도 매우 적었다. 경
성의 1품 문관들의 일 년 연봉이 180량 은과 180곡 만이었다. 청나라 초기에
은값이 매양의 은이 제돈 700문에서 800문까지만 바뀔 수 있었다. 함봉咸奉
황제 이후 매양의 은이 제돈 2,000문과 상당했다. 그래서 경성 관료가 된 사
람들은, 모두 외성의 관료들이 그들한테 '빙경冰敬(객지의 관리들이 여름철에 북
경의 관리들에게 올린 예물로, 무더운 여름에 피서 비용으로 사용하라는 뜻)''탕경炭敬'을
주는 것에 의해서 생활을 유지했다. 청나라 말기에 과세가 많이 증가했고,
경성의 관원들이 '인결비印結費'를 통해서 주요 수입을 얻었다. 부조部曹(중앙
관서의 각 부서 분과에서 일을 맡은 관리)의 봉급俸給을 통계하면 매년 약 400~500
금이 있었다. 또 부족하면 그들은 '경채京債(시골 사람이 서울에 살고 있는 사람에게
진 빚)'를 빌렸다. 이렇게 봉록이 적은 생활 때문에 그들은 많은 고초를 겪었

다. 민국 이후에는 많이 바뀌었다. 민국 원년 남북 평화 담판 이후 정부가 북쪽으로 옮겨졌다. 혁명 위인들이 민국을 만들었다. 공로가 많은 사람이 먼저 총차장이 되었다. 권세자에게 아첨한 이들도 다 주사主事가 되었다. 이런 사람들에겐 청나라 때 자격이 있어도 오랫동안 기다려서 정원을 보충해야 하는 고통이 없었다. 그들의 봉록도 옛날의 관료들보다 10배 이상 높았다. 예를 들면 천임관 각각 부문의 감사의 월급은 200위안이었다. 과장을 겸임한 사람들은 250에서 300위안까지였다. 위임의 주사主事 중 최고급자도 180위안이 있었다. 그리고 청나라 관료들이 창기법도 최소로 하여 제한이 거의 없었다. "배부르고 따뜻하면 음탕한 생각이 들며"라는 말도 있다. 그들이 주색에 빠지지 않으면 무엇을 할 것인가?

### (5) 천재지변과 인간에 의한 화禍가 부녀가 타락하도록 강압했다

민국 20년 이래 전쟁이 끝나지 않았다. 특히 '내전'이 더 심했다. 예를 들면 민국 2년(1912년)의 제2차 혁명과 민국 4년(1915년)의 호국전쟁과 민국 6년(1917년)의 정국定國전쟁과 민국 6년(1917년) 이후의 호법護法전쟁들로 모두 가치가 있었던 것이었다. 다른 권리를 투쟁한 것은 거의 다 의식이 없었다. 예를 들면 직봉直奉전쟁, 직환直皖전쟁, 강절제호江浙齊戶전쟁 등이 있었다. 사천四川에 무인들이 할거割據한 상황이었다. 민국 이래 전쟁이 하루도 쉬지 않고 일어났다. 전쟁을 할 때마다 무고하게 희생된 서민들의 생명과 재산이 엄청났다. 그리고 손실되어도 서민들이 소구할 수 있는 기회도 없었다.

또 한재, 홍수, 흉작 등의 천재지변도 많았다. 예를 들면 전년 흉작과 강북 각 성들의 홍수 재해가 있었다. 서민들이 집을 잃어버리고 죽거나 처와 딸을 판 사람도 많았다. 지척거리며 타락한 사람이 셀 수 없었다. 여자들은 원래 살아갈 수 있는 수단이 두 가지만 있었다. 하나는 노동을 파는 것, 하나는 몸을 파는 것이었다. 노동을 파는 것을 할 수 없어서 몸을 파는 수밖에 없었다. 참으로 비참한 인생이었다.

제5절

# 창기娼妓의 폐지 문제

10년 이래 창기를 폐지하자는 목소리가 점점 커지고 있다. 지금은 삼척동자도 폐창廢娼이라고 부른다. 폐창은 벌써 당연한 도리가 되었다. 하지만 지금의 상황에서도 '창기娼妓 보류保留'를 주장하는 사람도 있다. 그들의 관점을 종합하면 두 개의 파로 나눌 수 있다.

### (1) 갑파甲派

이 파는 중국 몇 천 년의 전통사상과 언론이다. 현대인이 만든 것이 아니다. 전영錢泳의 『이원총화履園叢話』에서는 이렇게 쓰고 있다.

"옹정擁正 연간 이민달李敏達 공公이 항주에 갔다. 창기를 금하지 않았고, 저포摴捕를 방하지 않았고, 창방 술집을 폐하지 않았다. 그는 이것이 도둑과 강도의 단서이므로 폐하면 도둑과 강도를 찾기가 어렵다고 했다."

"국가를 다스리는 도리는 먼저 빈곤한 사람을 안착해야 한다는 것이다. 과거에 진문공陳文恭이 업무를 위해 거대한 계획을 세웠다. 그는 부녀들이 절에 가서 분향하는 것을 금지했다. 춘계에도 여객이 적고, 배와 가마를 업으로 삼는 사람들이 생계를 도모하지 못했다. 큰소리로 말하는 것도 금지했다. 후문박이 소주의 번주藩主를 했을 때 극장을 금지해서 원성이 거리에 가득했다. 소주에 상인들이 많이 모이고 술자리가 많이 생겼다. 극장 술집이 몇 십 군데가 있었다. 매일매일 연극해서 가족을 부양하는 서민들이 적어도 몇 만 명이 있었다. 이것은 원래 법률을 위반한 것이 아니다. 과거의 소동파가 항주를 관리했을 때 이재민을 국가의 공사에 참여시켜서 보수를 지급함으로써 재난을 이겼다. 현재에는 풍속의 변화로 편리가 많이 생겼다. 하지만 그것을 금지하면 손해를 받는 사람이 셀 수도 없다. 그래서 소주의 극장, 유람선, 청루, 귀뚜라미, 메추라기 등의 자질구레한 곳은 모두 가난한 사람을 부양할 수 있는 구제원이었다. 전체를 바꾸면 서민들이 다 유랑자, 거지, 도둑 등이 될 것이다. 그 손해를 메우지 못해서 그대로 유지하는 것이 더 낫다."

이 언급은 갑파를 대표한다고 볼 수 있다. 전 씨는 청나라 가도嘉道 연간에 이러한 언급을 했다. 지금도 많은 사람들이 창기를 갑자기 폐지하면 안 된다고 여기고, 그렇게 하면 사회에서 바로 공황 상태가 생길 수 있다고 생각한다. 그들은 항상 전 씨의 말을 인용하며, 전 씨의 말을 진리로 생각하였다. 하지만 현재 사회에서 사람들이 타락한 데에는 원인이 많지만, 대부분 창기로 인한 폐해 때문에 사회 죄악의 요인이 생긴다고 보고 있다. 필자의 견해는 전 씨와 반대 입장이다.

조림소趙林少『폐창廢娼과 영육靈肉』에서는 이렇게 지적하고 있다.

"희망이 있는 소년들이 곳곳에 있는 매

귀주(貴州) 명기(名妓) 단옥란(段玉蘭).

음굴賣淫窟 때문에 항상 쉽게 거기에 가서 타락하여 놀았다. 남자들이 항상 창기와 놀기 위해서 재산을 다 탕진해버렸다. 막다른 처지에 몰려 모험해서 명성을 손해 본 경우도 있었다. 영국 런던과 프랑스 파리에서 잡힌 강도 중 일부는 항상 과도하게 창기와 놀면서 경제적인 부족 때문에 위험을 무릅쓴 행동을 한다고 했다. 이를 보면 창기의 존재는 사회의 불안을 초래할 수 있다는 것을 알 수 있다. 동시에 창기 제도가 존재함으로써 불량적인 흡연과 도박의 번식을 촉진하였다."

조 씨의 언급은 매우 올바른 지적이었다. 상해를 예로 들면, 조계의 경찰이 잡았던 도둑, 강도들은 대부분 떠돌이들이었다. 그들은 부자를 납치를 통해서 물어줄 돈을 얻었으나 대상호를 납치하여 대량 부정한 재물을 얻었다. 그들은 재물을 나눈 후에 주색에 빠지고 심지어 양가의 부녀를 사통하고 농락하였다. 재물을 다 써버린 후에 다시 옛날 직업으로 돌아갔다. 그들이 잘 될 때에는 성욕을 쏟아내고, 체력이 떨어졌을 때에는 아편을 먹었다.

민초(民初) 기녀(妓女) 화사보(花四寶).

아니면 경제 상황이 곤란할 때 요행을 얻으려는 심리로 도박을 해서 금전을 얻으면 다시 헤프게 썼다. 그래서 아편, 도박, 기생 놀음(표〔嫖〕, 기생〔妓生〕에게 빠짐)에는 연대적 관계가 있다. 만약 그들이 운이 안 좋으면 경찰들에게 잡혀가 법정 판결로 빨리 사형을 받게 될 것이다. 이런 슬픔은 창기 때문에 벌어진 것이 아닌가? 전 씨는 "창기를 폐지하면 도둑과 강도를 잡을 단서를 찾을 수 없어질 것이다."라고 했다. 하지만 필자가 보건대, 창기가 많으면 단서가 더 복잡해져서 강도를 잡기가 더 어려워질 수 있다. 그리고 사회에서 도적들이 가져온 위해危害도 끝날 수 없을 것이다. 또한 전 씨는 "창기를 폐지하면 서민들이 실업자가 될 것이다."라고 했다. 그러나 창기가 많을수록 생업을 잃는 서민도 많을 것이다. 그리고 사회에서 그런 슬픔이 계속나올 것이다. 창기업이 발전함에 따라서 공상업에도 유리하고, 일반 서민도그것에 반사 이익을 얻는 것도 사실이었다. 하지만 이런 현상은 장양약壯陽藥(양기를 보강해 성기능을 강하게 하는 최음제)을 먹어서 여자와 성교하는 것과 같다. 처음에는 지극히 쾌락을 느끼지만, 그 짧은 쾌락 이후에는 신체가 쇠약해지고 얼마 지나지 않아 죽을 것이다. 따라서 서민들을 인도해 그들 자신이 가진 기술과 지식을 통해서 생활을 유지하는 것을 알려주는 것이 필요하다. 창기를 통해서 서민 대중의 생활을 유지하는 것은 자살과 같다. 이런 수단은 절대 허용될 수 없으며, 그래서 갑파甲派가 주장한 창기 폐지의 반대 주장에는 어떠한 이유도 성립될 수 없다.

### (2) 을파乙派

을파 사람들의 창기를 보호해야 한다는 주장은 서양 학설에 대한 오해 때문이었다. 영국 러셀(Russell)의 『혼인婚姻과 도덕道德』에서는 이렇게 쓰고 있다.

"내가 루키(Looky)의 명언을 들어봤다. 즉 창기는 가정의 성결과 첩녀의정결의 보장이라고 했다.……창기의 필요성은 결혼하지 못한 남자 때문이다. 그들이 먼 곳에 가서 여행하면 고독을 참을 수 없고, 도덕적인 부녀와 친근할 수 없으므로, 여러 창기를 모아 그들의 외로움을 해결해야 한다. ……그리고 창기들의 이익도 많다. 일시적으로 결합하는 것이기 때문에 매개자

민초(民初) 북경(北京) 명기(名妓) 왕희봉(王喜鳳).

도 필요 없다. 그리고 창기에게는 편리가 있어서 사회에서 여러 여자를 유혹하는 사건도 많이 감소할 수 있다. 이것을 통해 선한 부녀의 정결도 보장된다. 이런 가난한 여자들이 다른 여자의 정결을 위해서 자기가 봉사하는 것을 다른 사람은 잘 모른다. 오히려 그들을 경시하고 사람으로 보지 않다……."

창기 제도를 유지하게끔 하고 싶은 사람들은 일반적으로 러셀(Russell)의 말을 인용한다. 그들은 이런 것이 일종의 사회 현상으로, 나태한 계층의 육체적 쾌락의 수요라고 생각한다. 창기를 일단 폐지하면 사회에서의 성욕이 선한 부녀에게 파급될 수 있고, 그들도 창녀와 함께 못된 짓을 해서 결과적으로는 어떻게 해도 미추美醜를 구분할 수 없게 될 것이라고 주장한다. 이것은 러셀의 언급에 대해 오해한 결과이다. 러셀이 말하고 싶은 것은 세계가 일반적으로 불평등의 시각으로 창기를 본 것이다. 그는 과거 역사에서 창기들이 장기적으로 발전할 수 있는 이유를 설명했지만, 창기 제도를 절대 폐지해서는 안 된다고 하지 않았다.

또한 어떤 일본인은 『부녀婦女의 과거過去와 장래將來』에서 이렇게 지적하고 있다.

"여자의 상업화 중에서 제일 명백한 것이 바로 창기 제도이다. 창기 제도는 여자의 정결에 대한 강박과 같이 시작하고 같이 성쇠하였다. 이것은 모두 남자 지배의 필연적 결과이다. 여자들이 자신의 지배력을 잃어버려서 자기의 심신을 통해 경제 독립할 때 그녀는 두 가지 길만 갈 수 있다. 즉 몸을 파는 것과 노동을 파는 것이다. 하지만 여성의 노동력이 지금처럼 중대한 의의가 없고 수요가 많지 않았을 때, 대부분의 여자들은 몸을 팔 수밖에 없었다. 결과적으로 대부분의 여자들은 영구적이나 일시적으로 몸을 팔아야 살 수 있었다."

또한 이렇게 말했다.

"여자의 정결에 대해 강박한 결과, 남녀 간의 자유로운 교류와 자유연애는 선한 부녀에게서 구할 수 없다. 그래서 남자들이 배우자나 육친부녀 외에는 이성과 연접하는 욕구가 없어서 창기 제도의 번성을 일으킬 수밖에 없다."

이 말도 설명한 이유가 있고 일리가 있지만, 그가 설명한 것은 여기 사회가 모통母統 시대에서 부통父統 시대로 전환한 후의 현상이다. 그것이 장기적인 부통父統 시대에 창기 제도가 발생하고 발전하는 이유이다. 하지만 『인권선언人權宣言』을 발표한 후에 여성의 상황이 전체적으로 바뀌었고, 산업혁명 이후 또 변화했다. 옛날 집에서만 있던 가정의 여성들은 집을 떠나 공장에서 노동하고 사회 복무를 하였다. 옛날 부녀들은 삼종三從 사덕四德을 지켜야 하고, 부모의 명령과 매개자를 통해야 결혼할 수 있었다. 안 그러면 다른 사람들은 그녀를 천하게 봤다. 지금은 완전한 자유연애로 남녀가 애정으로 결합하고, 부모는 그냥 객관적 지위에 있을 뿐이다.

러셀(Russell)은 『혼인婚姻과 도덕道德』에서 이렇게 기록하고 있다.

"관찰한 바에 의하면, 부녀들의 감

민초(民初) 경기(京妓) 이문운(李文韻).

정에서 혼인의 만족도가 실제로 빅토리아 시대보다 더 높았다. 구도덕舊道德이 파괴된 구역에서 창기 제도도 쇠퇴하였다. 과거에는 창기와 놀았지만 현재에는 성격이 맞는 여자를 찾아 자유롭게 교류해서 심리와 신체에 모두 긍정적이다. 남녀 쌍방이 애정의 발전도 도덕진체道德眞諦를 가늠하여 사실은 큰 진보이다. 도덕가들은 이런 것에 대해 말하는 것을 그만두지만, 나는 도덕가들이 입을 떼기 전에 먼저 말하는 것을 피하지 않았다."

이렇게 보면 몸을 파는 것을 전문직으로 삼는 창기들은 오늘날에 존재할 가능성이 없다. 덧붙여 말하면 우리는 창기들에게 대부분 선한 부녀의 정결을 보호하는 기능이 있는 것에 동의하지만, 창기를 폐지廢止하는 것이 더 유리하였다. 왜냐하면 인류에게는 자유평등自由平等의 원칙이 있었다. 일부 무고한 여자들은 몸을 파괴하고, 인격이 타락하는 것을 통해서 다른 여자의 정결을 보호하는 것을 할 수 없다. 우리는 항상 일부의 천한 여자가 우리의 희생자가 되는 것을 요구하지만 양심에서는 말할 수 없다. 그래서 우리는 즉시적인 행동을 통해서 창기 제도를 폐지해서 지옥에서 살고 있는 여자를 구해야 한다. 그것을 통해서 함께 양호한 환경을 만드는 것이 도리道理이다. 그래서 을파乙派가 주장하는 창기의 폐지 불가에 대한 이유는 성립될 수 없다.

하지만 또 한 부류의 사람이 있다. 그들은 '현대 사회의 개조改造'를 해야 창기를 폐지할 수 있다고 주장한다.

이삼무李三無는『폐창운동관견廢娼運動管見』에서 이렇게 말하고 있다.

"……다른 말로 하면 창기는 현재의 토지 사유 제도와 자본주의의 경제 상황 때문에 형성되었다. 그래서 창기 제도를 폐지하고 싶으면 현재의 토지 사유 제도와 자본주의의 경제 사회 제도를 개조해야 한다."

또한 다음과 같이 덧붙였다.

"세계의 문명이 창기 발생의 원인이 될 수 없다. 그 원인은 세계 문명과 같이 온 경제 조직이다. 그것은 말썽을 일으켜서 창기 현상이 발생하였다. 공산 조직의 민족 사회나 혈족 단체에서 창기가 발생하는 여지가 없다. 유독 경제 사회의 조건, 즉 토지 사유제와 자본의 발호跋扈 등이 있어서 창기업은 발전할 수 있었다. 그래서 여기부터 개조할 수밖에 없다……."

이삼무李三無의 관점과 대응할 수 있는, 서양인 스커내질의 『소련매음문제』에서는 이렇게 기록하고 있다.

"……실제로 연방聯邦이 성립하기 초년에, 즉 그 당시의 군사 시대에 매춘의 규모는 많이 축소됐다. 심지어는 완전히 없어진 것으로 볼 수 있었다. 10월 이후 수년 동안의 전쟁과 노동 긴장 때문에 1917년 10월에도 존재했던 매춘 제도가 한 번에 제거되었다. 부녀의 해방과 공동의 노동 의무와 실업의 소멸은 매춘녀들을 일반 주민과 섞어버렸다. 창기원, 카페, 식당과 술집 등이 완전히 없어졌다. 매춘을 하기 위해서 길에서 거닐 수가 없어졌다. ……하지만 새로운 경제 정책으로 인해서 매춘 문제도 다시 긴급하고 심각한 문제가 되었다. 소자산 계층과 자본주의 부활은 창기한테 다시 일을 할 수 있는 조건을 주었다. 여성의 육체를 욕망하는 사람들 중에는 먼저 도회지에서 온 부농과 신식 소련 관료와 기술 전문가가 있었다. 다음에는 도시의 무산 계층과 학생 등이 있었다. ……그래서 새로운 매춘녀가 생기고 옛날의 창기들과 섞여서 몸을 팔았다. 1922년 레닌그라드Leningrad에 32,000명의 창기가 있었다. 경제 근거와 사회의 요인(술집, 주점 등의 발생)이 모두 매춘의 발전을 촉진했다."(이의李誼의 번역문에 의거)

이렇게 보면 토지의 사유제와 자본주의의 발전은 창기의 발전과 연대 관계가 있다. 우리는 다시 토지 자본 문제를 살펴보아야 한다. 토지 국유는 농민들이 회의하는 큰 문제 중 하나였다. 소련 혁명의 초기에는 이렇게 하려고 했지만 사실 할 수 없어서 장기 세금 종류로 바꿨다. 농민들은 계속 불만을 토로했다. 중산 선생의 『평균지권방법』은 바로 '지가수세'와 '지가수매'에 의해서 설립됐다. 지가를 위한 과세는 명백한 '토지사유제'를 폐지하지 않은 것이었다. 지가 매매는 완전한 국유國有가 아니고 지주들이 과세를 피하기 위해 토지세를 예방하기 위한 여러 방법 중의 하나였다. 『국민당정강』에서 보면 '토지국유'의 의미는 포함되지 않았다. 소련이 1922년 신경제정책을 실행했을 때부터 상황도 바뀌었다. 신경제정책은 어떤 것인가?

① 국가가 곡물을 독점한 제도를 폐지한다.

② 농민들은 과세 밖에 남은 물품을 시장에서 자유롭게 매매할 수 있다.

③ 자본가는 국가와 같이 기업을 세울 수 있다.

④ 외국 자본을 빌려서 천연자원을 개발한다.

⑤ 국가 은행을 설립한다.

⑥ 기타

이렇게 보면 신경제정책은 거의 혁명 전의 자본주의를 회복한 것과 같다. 소련은 토지의 공유제와 자본주의의 문제를 장기적으로 해결하지 못했다. 인간의 수명이 얼마 되지 않으므로 자본주의를 타도하는 것과 토지공유제를 기다리면, 바닷물이 마르고 돌이 썩을 때까지 창기를 폐지하지 못할 것이다.

또한 『소련매음문제』에서는 이렇게 기록하고 있다.

"현재 소련은 매춘을 폐지할 계획을 하고 있다. ……로스의 조사에 의거

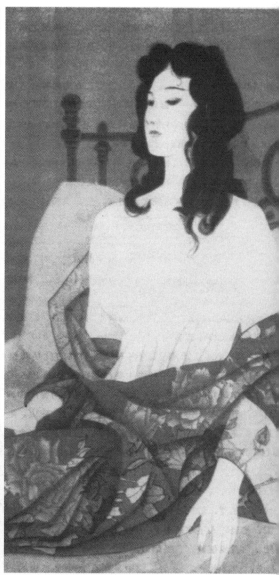

(좌)명기(名妓) 원효사(袁曉泗), (우)명기(名妓) 화문각(華文珏).

하면, 매춘으로 성교를 시작한 학생이 최초 55.6%가 있었고, 1914년 모스크바 조사에서는 42%, 1922년 조사에서는 28.4%, 1927년의 조사에서는 13.8%였다."

매춘으로 인해 걸린 성병이 많이 감소하고(혁명 기간에 12.7%에서 1.5%로 감소했음) 여관 특별실 전염성이 감소한 것은 모두 사실이었다.

이런 사실을 보면 소련은 매춘 제도를 점점 없애고 있는 것을 알 수 있다. 경제 상황의 개선은 매춘 제도를 근본적으로 소멸하기에 충분하였다.

이상 인용한 것에서 보았듯, 소련의 다양하고 근본적인 제거 방법을 통해 창기가 점점 없어졌다. 창기를 폐지하는 것에 가능성은 충분히 있다. 이삼무의 언급도 있었지만 헤겔(Dr. F. S. Hugel) 박사가 말한, 창기 제도는 세계 종말까지 기다려야 지구와 같이 소멸한다고 하는 언급이 성립할 수 있을까?

오늘날 사회에서는 창기 자신에게도 창기의 존재 이유가 없었다. 창기가 미치는 가장 큰 두 가지 영향이 있었다.

**(1) 사회 건강에 지장을 줄 위험성이 있다.**

제일 무서운 것이 성병이다. 1927년 파리의 경찰청 위생검증국 주임의사 비자드(Dr. Leon. Bizard)는 프랑스 도덕정치과학연구원에 제출한 〈보고서〉에서 이렇게 밝혔다.

"파리의 경찰청에게 영업증을 신청해서 영업한 창기는 약 5,000명이 있다. 20년 이래 이 숫자는 크게 변하지 않았다. 물론 창기들의 생활은 매우 비참하다. 그녀들은 악한 사회의 희생자이다. 매춘을 시작하고 5년 후에 그들 중 75%(즉 3/4)는 양매병독에 감염되고, 1/4는 임질을 걸리고, 5%는 폐결핵에 걸리고, 60%는 알코올의 독에 감염되거나 모르핀이나 코카인 등 마취제

명기(名妓) 초려(肖麗).

에 중독된다. 그리고 40%는 40살 전에 죽었다."

현대의 창기 제도가 현대 사회에 미치는 독해는 성병 감염만 봐도 충분히 두렵다. 다른 지역의 비참한 상황은 아마 파리보다 더 심한 것 같다.

또 매천증麥倩曾의 『북경창기조사』(민국 19년, 즉 1930년 발표)에서는 이렇게 적고 있다.

"등록한 2,725명 창기 중에도 20%는 질병이 있다. 특히 성병과 매독의 감염자는 6월부터 11월까지 반년 동안(민국 18년, 즉 1929년) 총 922군데에서 발견되었다. 검사하니 이런 질병이 있는 창기가 12,495명이 있었다. 전체 질병에서의 비중은 7.2%였다. 하감下疳(매독의 초기 궤양潰瘍으로서 무통·경화성硬化性·부식성 구진이 감염感染 부위에 발생하는 것)은 6개월 동안 총 294군데에서 발견되었다. 이 6개월 동안 각종 질병이 있는 창기는 12,495명으로, 전체 질병에 걸린 창기 중 하감된 창기의 비중은 2.3%였다. 임질淋疾은 창기들 사이에서 제일 보편화된 질병이다. 질병에 걸린 12,495명의 창기 중에 임질이 있는 창기는 9,855명이 있었다. 총 환자 수에서 임질 환자의 비중은 82.8%였다. 6개월 동안 검사를 받던 창기는 20,950명이 있었다. 그중에 임질 환자는 9,855명이 있었다. 총 창기의 수에서 임질 환자의 비중은 33.9%였다."

이상에서 인용한 문장을 보면 북경 도성에서의 성병 상황은 파리와 상당히 비교할 만하다. 각각의 대도회에서는 제거할 수 있겠지만 실제로 검사하면 그 검사는 과연 얼마나 파악할 수 있는가?

의학 전문가 유봉빈兪鳳賓는 『50년 중국의 위생』이라는 책에서 이렇게 말했다.

"……정기적인 검사는 표면적으로 보면 검사하지 않은 것보다 더 낫지만 실제로 전염되는 확률이 더 높아졌다. 왜냐하면 성병을 검사하는 것은 단기적으로 판단할 수 있는 것이 아니고, 혈청 반응 실험만도 몇 시간이 걸린다. 현미경으로 실험해서 바이러스를 발견하면 성병이 있는 것을 판단할 수 있다. 발견하지 못하면 검사 결과를 내지 못한다. 또 검사원들 중에서 위에 있는 두 가지 방법을 제대로 사용하는 사람을 보지 못했다. 그들 겉모습만 검사하는 것이 유치한 자와 어리석은 자만 기만할 수 있었다. 성병의 위해를 방지하지 못했다. ……검사원은 상등의 도덕이 있는 의사가 하고 싶지 않은 직업이었다. 단기간 내 창기에게 성병이 있는지를 판단하는 것은 지식이 아무리 풍부할지라도 잘 할 수 없었다. 어느 창기에게는 검사원이 눈으로 봐서 성병이 없다고 검증했다. 하지만 이 창기는 5일 안에 성병 바이러스를 감염시킬 수 있었다. 그 이후 거짓된 증명서를 보고 그 창기와 놀았던 사람들은 독해를 많이 받을 것이다."

인용한 문장을 봐서 검사한 의사들이 창기의 질병을 검사했다는 것을 모두 믿을 수 있는 것은 아니다. 국가에 이런 검사 제도가 있어도 정부 당국의 형식적인 절차일 뿐일 수도 있다. 겉모습만 존재한다. 그래서 성병의 전염이 매우 심하고 그 범위가 매우 넓다. 이러한 결과, 이 사회에서 반신불수 등 심각한 질병으로 목숨을 잃는 사람이 많이 증가한 것은 불가피한 일이었다.

또 『50년 중국의 위생』에서는 이렇게 밝혔다.

"이 세상 치안을 파괴하는 사람과 범죄자의 대부분은 저능자이다. 이런 저능자는 항상 성병이 있는 가정에서 태어난다. 그래서 성병의 위해는 신체와 심리에 악영향을 미칠 뿐만 아니라 국가 사회와도 관계가 있다. 평범한 일상에서 발생하는 고통은 거의 이런 자아를 통제할 수 없는 저능자들 때문이다. 저능자의 가족을 일일히 검사해 보면 모두 성병에 걸린 것을 발견할 수 있다……"

이렇게 보면 인류의 신체를 훼손하고, 사회의 치안을 파괴하고, 국가와 종족을 위해한 것이 다 성병 때문이다. 성병을 홍수와 맹수로 비유해도 과언이 아니다.

### (2) 창기들의 어두운 생활과 타락한 인격

이전에 부녀들은 원래 천하디천한 기생충이었다. 그녀들은 사회에서 지위가 없었다. 창기가 된 부녀들은 더 말할 나위도 없었다. 창기를 좋아하는 사람이 그녀들을 장난감으로 보고, 창기를 싫어하는 사람은 그녀들을 천한 사람으로 봐서 그녀들의 인격은 존재하지 않았다. 청나라 초에 교방 창기 제도가 폐지된 후에 개인이 영업하는 창기의 시대가 왔다. 창기원에 있는 창기는 대개 두 가지로 나눌 수 있다. 갑종창기는 자유롭고 창기원 주인과 협의해서 수입은 비례하여 나누었다. 을종창기는 신체를 창기원에 팔거나 전당 잡아서 신체를 완전 기생 어미가 지배한다. 수입은 다 기생 어미가 소유한다. 갑종창기는 매우 적어서 일반적인 창기는 모두 을종창기이다. 을

기녀 어미가 기녀를 훈련하는 그림.

종창기는 기원에 돌아간 후에 인형이 되고 기생 어미의 지휘를 다 들어야 한다. "기녀 어미는 돈을 사랑하고, 기녀는 님의 외모를 사랑한다."는 속어도 있었다. 이 속어는 갑종창기에만 적용되었다. 을종창기는 정신의지精神意志를 다 없애서 곱게 하고 싶어도 할 수 없었다. 그녀들은 기생 어미에 따라서 돈을 위한 거래를 할 수밖에 없었다. 한쪽에는 놀러온 고객이 성욕을 쏟아내는 대상이 되고, 또 한쪽에서는 기생 어미의 돈벌이 도구가 되었다. 그녀들은 비인간적인 생활을 살고 있다. 매우 어둡고 비참하다. 글로만 기재할 수 없는 것도 있었다.

『북경창기조사』에서는 이렇게 말하였다.

"반주나 영가에 의지해서 사는 창기는 몸을 팔아서 얻은 돈을 자기가 하나도 쓸 수 없다. 창기원에서는 보통 창기 영업의 소득을 반주와 창기가 균등하게 분할한다. 하지만 반주나 영가가 있는 경우 5일마다 청산할 때 창기들이 얻어야 하는 부분도 반주나 영가들이 직접 가져갔다. 어느 창기는 10년 동안 일해도 자기가 번 월수입도 모르는 경우가 있었다. 그들이 창기의 이익을 착취한 것으로 볼 수 있다. 이런 창기들은 매우 자유롭지 못하다. 어디에 가도 영가나 그들이 신임하는 자가 따라간다. 밤에 고객들이 묵어도 몰래 감시하는 사람이 있다."

또 이렇게 쓰고 있다.

"창기들이 웃음을 파는 것이 다 자원해서 하는 것이 아니다. 그녀들 중 억압을 받아서 창기가 된 사람은 다른 보통 사람이 상상할 수 없는 형벌을 감당하는 것이다. 창기원의 창기들은 반주와 영가의 욕을 먹는 것이 신체의 고통을 받는 게 아니라서 습관이 되어 별로 신경쓰지 않는다. 오히려 때리는 것이 매우 다양하였다. 평소 밤에 고객이 떠나간 후에는, 창기들이 고객을 접대했을 때 세심하지 못한 것이 있거나, 고객을 너무 과도하게 잘 접대했거나 혹은 그날 장사가 잘 안 됐으면 꾸짖고 때리는 것을 피할 수 없다. 때릴 때 막대기나 쇠막대를 쓴다. 제일 잔인한 것은 불에 새빨갛게 태운 쇠막대로 때리는 것과 고양이를 창기의 바짓가랑이에 넣어 때리는 것이다. 이런 방법은 진정 조금의 인간성도 없었다. 다른 것을 예로 들면, 밥을 먹도록 허락하지 않는 것, 꿇어앉는 것, 어두운 방에 갇히는 것, 팔과 발을 묶고 심문하는 것 등 이러한 것들이 다 창기들이 항상 받는 체벌이었다."

또 이렇게 적고 있다.

"몸이 심하게 유린당한 창기들은 더 불쌍하였다. 이중에 인간이 상상할 수 없는 잔혹한 것도 있었다. 많은 창기들 중에서도 특히 3, 4등 창기들은 매일 한 고객의 숙박을 대접하는 것이 필수적이었다. 또 낮에 서너 명 고객을 대접해서 유린당하는 것은 3,4등 창기들에게는 매우 일상적이었다. 신체가 건강한 창기들은 일시적으로 생명을 부지할 수 있지만, 어느 창기들은 월경 기간에도 고객을 대접해야 해서 혈붕血崩(월경 주기가 아닌데도 갑자기 외음부에서 출혈이 있는 병증임)에 걸린 사람도 있었다. 또 임신한 지 5, 6개월째인데도 고객을 대접해야 해서 유산하고, 자신도 병에 걸려서 침대에서 일어날 수 없는 경우도 있었다. 그리고 아기를 낳아 30일도 안 지나서 고객을 대접하기도 했다. 13세의 어린 기녀로도 부족해서 강제로 고객을 대접하게 하는 것처럼 이렇듯 매우 잔인한 행위들이 모두 무엇 때문인가?"

이러한 일들은 우리의 심한 분노를 야기憤起한다. 이런 비인간적인 어두운 생활을 해야 하는 광주, 홍콩, 상해 등 대도시 창기들의 고통은 북경보다 더 심했다. 대명천지에도 이런 비참하고 고통스럽고 어두운 사회가 존재하였다. 이것이 바로 진정한 여성과 인류의 수준이다. 과연 우리는 이런 요괴

妖怪 같은 '창기 제도'와 투쟁하는 것을 더 이상 앉아서 기다릴 수 있을까?

가족 조직을 파괴하는 것과 비열한 사회 도덕 등이 모두 다 '창기 제도'에서 비롯되었다. 이런 예는 너무 많아서 책 몇 권으로도 다 쓸 수 없을 정도이다. 지금 우리는 창기 제도를 폐지하는 것을 제창한다. 그 외에 다른 방법이 없다는 사실이다.

제네바 국제부녀 청년보장 참의회 각국 창기 제도의 보고(1929년 2월 발표)를 보면 48개국은 두 가지 방법을 시행하고 있다.

① 법률로 완전 '폐지'한 국가는 독일, 볼리비아, 쿠바, 미국, 핀란드, 영국, 노르웨이, 네덜란드, 폴란드, 도미니카공화국, 스위스, 체코 등 28개국이 있다.

② 법률로 제한해서 '절제창기 제도'를 실행한 국가는 프랑스, 이탈리아, 벨기에, 오스트레일리아, 스페인, 그리스, 루마니아, 유고슬라비아, 일본, 파나마, 세르비아와 남미 각국 등 총 19개국이 있다.

세계 각 국가의 창기 제도는 분명히 두 개의 파로 나뉜다. 창기 제도 문제를 해결하려면 '폐지' 제도나 '절제' 주의를 어떻게 실행해야 할까?

각 도회에서의 창기 현상을 보면 고해에 타락한 부녀들이 셀 수 없었다. 청년들 중에서도 성병에 걸린 자가 끝없이 이어졌다. 국가 정부가 화연花捐을 수취해서 매춘을 특허해 인구를 매매하는 것을 평범한 일로 보았다. 그것은 인도주의와 일치하지 못하고, 특히 민치民治 조류潮流에 반대되는 일이었다. 지금 바로 폐지해도 벌써 말기인데, 만약 좀 더 망설이면 그것은 흉용한 바닷물처럼 위해가 더 커질 것이다. 세계 선진 국가의 대부분이 창기를

'폐지' 하였다.

그런데 민국 17년(1928년) 이후 강소성, 절가성, 안회성 등의 지역에서는 창기들을 이미 절차상 폐지했다. 특히 남경에서는 민국 17년 하민혼何民魂이 남경 시장에 취임했을 때 무장해제 수단으로 즉시 남경 성내에 있는 3,000여 명의 창기를 몰아냈다. 그것을 다 실행하지 못한 시기에 그가 사직했다. 유기문劉紀文이 남경 시장직을 이어받아서 17년 9월에 방법을 결정했다. 즉 ① 화연을 금지한다, ② 창기들의 직업을 즉시 바꾼다, ③ 창기를 남경시에서 몰아낸다, ④ 구제원과 서민 공장을 확대함으로써 사후 처리를 한다.

이러한 방법을 결연히 실행해서 '진회풍월秦淮風月 판교연우板橋烟雨'는 다 역사적인 명사가 되어 후대 시인들이 음시할 때 쓸 소재뿐이다. 남경의 창기는 이미 죽은 것 같지만 사실의 상황은 어떠한가? 남경은 현재의 수도여서 관리들이 매우 많다. 폐창廢娼 후의 현상을 사람들이 똑똑히 보고 있는 것이다. 남경에서 오랫동안 산 친구가 필자에게 남경의 금창禁娼 이후 2년 이래 개인 창기가 매우 활동적이었다고 하였다. 여관에서는 아직도 다방에서 창기를 불러내어 같이 잘 수 있었다. 대형 식당에서는 아직도 호스티스를 부를 수 있었다. 하지만 다른 사람들의 이목을 가리기 위해서 노래는 잘 부르지 못했다. 여관에서 여자를 불러서 같이 자면 다방은 큰 팁을 받았다. 여자를 부르는 것은 한밤에 총 16원에서 20원까지였다. 그녀들의 용모는 상해 도로에서의 창기들과 비슷하였다. 상해에서는 이런 창기의 몸값은 3, 5원이면 충분하였다. 또 최고급 여관이 있는 것이 더 이상하였다.

동북에서 온 고급 관료 어느 군장의 전권대표가 남경에 와서 중요한 사건을 상의하거나 공공 사무를 처리할 때마다 최고급 여관에 묵어 마작을 하고, 술과 아편을 먹으며, 여러 여자와 같이 놀았다. 방에 여객 여자들이 야간이

나 낮에도 왕래해서 창기를 금지하기 전
과 다른 것이 없었다. 제일 신기한 것이
공안국 경찰들이 여관을 검사할 때 이미
고급 관료의 지시를 받았던 것처럼 그냥
지나갈 뿐이다. 그들은 관료들의 미몽을
감히 큰소리로 입밖에 내지 못하였다. 세
력이 없는 상민들이 제일 고통스러웠다.
그들은 우연히 성욕을 해결하기 위해서
여자와 만나지만, 공안公安은 그들만 잡았
다. 돈을 쓴 것뿐만 아니라 감옥에 들어가
야 했다. 그래서 남경의 금창禁娼은 매춘
고객한테 부담을 추가하고, 공안公安들이
단속 흉내만 내게끔 할 뿐이었다. 이 말
을 듣고 남경의 이른바 폐창廢娼이 이러한
것임을 알게 되었다.

청(淸)나라 말기 북경(北京) 만족(滿族) 무명
기(無名妓).

　폐창廢娼이 쉽지 않은 것임을 인지해야
한다. 먼저 창기의 내원來源을 연구해야 하고, 폐창 이후 창기들의 출로도 찾
아야 한다. 준비를 매우 치밀하게 하면 물론 성공을 일찍 얻을 수 있지만 속
도만 촉구하면 길게 갈 수 없다. 예컨대 유기문劉紀文이 했던 폐창은 이런 결
과로 나온 것이다. 그래서 우리는 이런 '격계식緻械式의 폐창廢娼'과 '초영
인명식草營人命式의 폐창廢娼'을 찬성하지 않는다. 근대 창기의 발달은 사실
경제 제도의 불량 때문에 발생했다. 창기가 된 사람은 소수의 음녀인데 대
부분은 경제적 압박 때문에 창기가 되었다. 창기도 인간이다. 그녀들은 나

쁜 환경에 처하면서 타락했다. 우리는 그녀들을 환과고독鰥寡孤獨(홀아비와 과부와 고아와 늙어서 자식이 없는 사람, 즉 외롭고 의지할 데 없는 사람)으로 보면 된다. 그녀들을 강도와 같이 보지 말고 그저 신분이 낮은 한 인간으로라도 보면 된다. 중산中山 선생은 "우리는 사람을 사랑하기 위해 혁명하고, 사람을 원망해서 혁명을 하는 것이 아니다." 라고 말하였다. 지금 중산 선생의 말씀을 다른 형식으로 말하면, 우리는 창기를 원망해서 창기를 폐하는 것이 아니라 창기들을 구하기 위해서 폐창廢娼하는 것이다. 그럼 창기들을 구하기 위해서는 어떤 방법이 있을까?

여기서 '치표治標'와 '치본治本' 두 가지 방법으로 나눴다.

① 정부가 일정 기간 내 폐장 명령을 전국으로 공포해야 한다. 수도에서 각 대도회까지 3기나 4기로 나눠서 추첨에 의하여 점차 폐지하는 것이다. 대단히 거칠고 경솔하지 말고 남경시 정부의 폐창 정책을 번복하지 말아야 한다.

② 정부는 제국주의 조계를 특히 주의해야 한다. 조계 당국의 협조를 요구해서, 1920년 상해 도덕 촉진 위원회 폐창 방안을 제시했다. 그 당시에 제시한 방안에 의해서 매년마다 추첨을 한 번 하면 1924년까지 창기를 다 소멸할 수 있었다. 하지만 그 이후 창기를 폐지하지 못할 뿐만 아니라 점점 증가했다. 게다가 공공 조계에서 추첨해서 폐창했지만 프랑스 조계에서는 창기를 임의적으로 흡수하고 개방했다. 그래서 정부가 사전에 조계의 주관과 교섭하고 같이 진행해야 한다. 아니면 창기를 폐지할 때 모든 창기들이 다 조계에 떠나가서 매춘할 것이다.

③ 창기들의 불법 계약을 폐지해야 한다. 예를 들면, 이전에 창기들의 매

매전당에 관한 계약들을 폐창을 공포할 때부터 다 폐지한다. 판매를 통해서 창기원에 들어온 창기들은 자유롭게 집에 갈 수 있다. 기생 어미들은 간섭하면 안 된다. 최근에 광주시 사회국은 이미 이 정책을 실행하고 있다.

청(淸)나라 말기 북경(北京) 한족(漢族) 무명기(無名妓).

④ 부녀의 직업과 간단한 공예工藝의 전습소를 많이 설립해서 그녀들에게 생활에서의 기능을 가르쳐 주고 살길을 지도해 주어야 한다.

⑤ 추첨 기간에 일부의 창기들은 아직도 영업한다. 그녀들을 검사해야 하고 매춘 고객의 위해를 방지해야 한다.

⑥ 사람을 매매하거나 전당하는 사람들은 모두 사형으로 심판해야 한다. 따라서 창기나 변상 창기들이 다시는 회복하지 못해 없어졌다.

이것은 '치표治標'의 방법이다. 철저히 문제를 해결하고 싶으면, 현대 사회의 경제 조직을 근본적으로 바꿔야 한다. 그때 전국 인민은 모두 물품을 소비消費하고 사회의 일면에서 기능한다. 사람들은 모두 교육을 받을 기회가 있고, 오락의 장소도 있다. 남녀 모두 노동을 통해서 밥을 먹을 수 있고, 성생활도 매우 자유롭다. 이른바 "집집마다 살림이 넉넉해서 사람마다 부족함이 없어 이런 집에 봉할 수 있다", 또한 "안으로는 홀몸으로 불만을 가지고 지내는 여자가 없으며, 밖으로는 홀로 사는 지아비가 없었으니" 그때에는 창기를 보고 싶어도 볼 수 없다.

마지막으로 필자는 덧붙인다. 남경 정부가 다시 창기를 해금할 것이라고 한다. 모계에서 부계로 변화해 가고, 사유재산제가 발전함에 따라서 창기도 한동안 번영했다. 공상업이 발달하여 자본주의의 주도로 창기 또한 한동안 번영했다. 여자를 희생물로 거래하는 인육 시장은 이미 전국 도회에서 보편화되었다. 그녀들의 비인간적이고 비참한 생활을 글로 형용할 수 없다. 그래서 국내 맬더스 운동, 즉 부녀婦女 운동을 하는 사람들이 창기 폐지를 거의 찬성한다. 하지만 일반 자본가들은 창기를 필요한 장난감으로 보기 때문에 창기를 보존하면 도시가 번창하기 위한 매개물이 될 수 있다고 주장한다(남경 정부가 폐창을 해금하는 것은 남경시 공상 단체의 의견이라는 사실이 있음).

이런 모순된 사회 제도 속에서 자본가와 무산 계층의 투쟁의 비극이 진정 전개되고 있다는 점이다. 이것은 바로 사회가 쇠퇴하여 붕괴해 가는 경향을 보이는 위기인 것이다. 창기는 사회 경제 조직의 불량 산물이다. 현재의 사회 경제 조직이 이미 부패하는 시기에 왔다. 창기가 번창하는 것은 바로 사회의 반응이기에 당국이 다시 개방하면 불에 기름을 끼얹는 것과 같은 형국이 될 것이다. 사회와 부녀의 지위는 영원히 회복될 수 없는 지경에 빠지게 되었다. 따라서 남경 정부가 창기娼妓를 해금解禁하는 것을 전적으로 반대한다.

역자의 말

# 역자의 말

나에게 기생에 대한 연구가 가지는 의미는 이제 절반쯤은 운명이 아닐까 싶다. 어느새 다섯 권의 단행본과 아홉 편의 논문이 모이게 되었다. 『한국기생사』는 앞으로 남은 기생 연구의 궁극窮極이기에 선행 작업들은 이를 위한 미더운 디딤돌이 되리라 굳게 믿는다. 중국과 일본의 기녀사妓女史는 한국의 기생사에 중요한 징검다리의 역할을 하게 될 역사적 자료이기도 하다. 그래서 『중국창기사中國娼妓史』를 만나게 된 후로 내내 절반은 설렘으로, 절반은 두려움으로 잠 못 이루는 날들이 지나갔다. 물 흐르는 듯 유장한 문체로 빼곡한 중국어 문장을 풀어낼 자신은 없었지만, 누구보다도 공을 들여 이 책만은 번역을 완성하고 싶었다. 낙숫물이 댓돌을 뚫는다던가, 그렇게 거칠고 더딘 작업을 시작한 지 어느새 오륙년이 훌쩍 지나 버리고 말았다.

『중국창기사』는 중국 창기娼妓의 역사를 서술한 거의 유일의 학술서이다. 시대 구분에 있어서는 제1기 은대殷代, 제2기 주대周代에서 동한東漢까지, 제3기 삼국三國에서 수대隋代까지, 제4기 당송원명唐宋元明, 제5기 청淸에서 근대近代까지로 나누었다. 창기의 기원을 무창巫娼에서 찾아 제1기를 소략하게 정리하였다. 이어서 노예 창기와 관창官娼의 발생 시대를 제2기로 보았다. 이때부터 우리나라에 밀접한 영향을 미치면서 기녀의 역사가 시작된다. 예를 들어 영기營妓의 존재는 시사하는 바가 크다. 가기家妓와 노예 창기가 병존하는 시대가 바로 제3기이고, 관기官妓의 전성 시대가 제4기인 셈이다. 근대에 들어와서는 개인들이 경영하는 창기 시대를 제5기로 간주한다.

왕서노王書奴의 『중국창기사』(단결출판사, 2004)는 『중국학술총서中國學術叢書』(상해서점, 1989) 제3편 중에 15번째로 영인된 『중국창기사』(생활서점, 1934)라는 같은 이름으로 이미 발간된 바 있다. 이것이 국내에서는 1987년에 『중국창기문화사』라는 제목으로 번역되었다. 저자를 확인하지 못해 밝히지 않았고, 『필기소설대관筆記小說大觀』 중에 『중국역대창기사中國歷代娼妓史』 복사본을 뽑아 번역한 것이다. 그 번역서에는 1934년판의 '제6장'에서 '제4절 민국民國 이후의 창기娼妓'와 '제5절 폐창廢娼 문제' 부분이 누락되어 있다. 그리고 2004년판의 서문 역할을 하는 임어당林語堂의 '기녀妓女와 첩妾' 부분도 빠져 있다.

『중국창기사』 2004년판을 중심으로 1934년판, 1987년에 번역된 『중국창기문화사』 등의 원문과 번역문을 면밀하게 대조 작업을 진행해왔다. 『중국창기사』는 국내에 소개된 것이 네 종류가 있고, 그중 번역서는 한 종류라는 것을 확인할 수 있었다. 2004년판의 원문이 1934년판보다 정확도가 높고 오탈자 교정이 이루어져 있어 번역의 근간이 되는 텍스트로 삼았다. 물론 이미 번역된 『중국창기문화사』도 함께 검토하였다.

『중국창기사』는 '삽도진장본揷圖珍藏本'이면서 '민국진본民國珍本 총간叢刊' 중에 하나이다. '민국民國'은 중국 현대 학술적 창립기로 대략 1912~1948년 시절로 볼 수 있다. '진본 총간'은 그 시기에 발간된 주요한 성과 중 뛰어난 연구서를 선별해서 시리즈 10권으로 2004년에 재발간한 것이다. 이외에 발간된 다른 총간은 유연가劉聯珂의 『중국방회사中國幇會史』, 장량채張亮采의 『중국풍속사中國風俗史』, 고힐강顧頡剛·사념해史念海의 『중국강역사中國疆域史』, 황참년黃懺年·장유교蔣維喬의『중국불교사中國佛教史』, 허지산許地山의『중국도교사中國道教史』, 양사성梁思成의『중국건축사中國建築史』, 노신魯迅의『중국소설사中國小說史』, 왕역王易의『중국사사中國詞史』, 육간여陸侃如의『중국시사中國詩史』등이 있다. 왕서노王書奴의『중국창기사』는 이 10개 중에 첫 번째로 출간된 것이다.

끝으로 이 책을 번역하는 데 많은 도움을 준 여러 지인들과 제자들에게 고마움을 전하며, 특히 어문학사의 임직원 분들께 감사할 따름이다.『중국창기사中國娼妓史』의 역자로서 부족한 감각과 자질을 겸허히 돌아보며, 우선 다급한 마음으로 세상에 내어 놓는다. 부족하고 다듬어져야 할 부분들은 개정판에서 좀 더 세련된 모습을 갖추게 되리라 기약해 본다.

2012년 1월
임진년 새봄의 찬란한 개화開花를 기다리며
흑석동 연구실에서 신현규

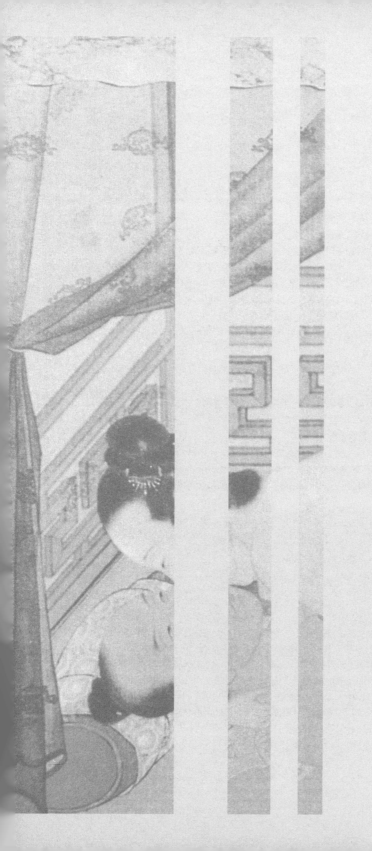

미주

1 이 글은 『임어당선집(林語堂選集)』에 실려 있는데 원제는 「설청루(說靑樓)」 이다.

2 엘리스(Havelock Ellis, 1859~1939년)는 영국의 의사이자 심리학자다. 문학적 저술을 내면서 천체, 범죄, 꿈에 관해 연구했다. 특히 성욕심리 연구로 유명하다.

3 소소매는 중국 문학 고사에 보이는 전설적 인물로 송나라 때 사람이며, 서호 가에 무덤도 없다. 역사적 인물로 소소매라는 인물은 둘이 있는데, 한 사람은 사(詞)를 잘했던 남제(南齊, 479~502년) 때 사람이며, 또 한 사람은 시를 잘했던 송나라 때 사람이다. 두 사람은 모두 전당(錢塘) 지방의 명기였다. 남제 때 소소매의 무덤이 서호 가에 있는데, 남제 영명(永明) 연간(483~493년)에 세워졌고 청대에 수리되어 서호의 명승지가 되었다.

4 오삼계(吳三桂, 1612~1678년)는 중국 명말 청초의 무장(武將)으로 유적(流賊) 이자성이 북경을 함락하고 귀순을 권하자 청나라가 중국 본토에 진출하는 것을 도왔다. 중국 전토 평정에도 앞장서 삼번(三藩) 중 하나가 되었고, 후에 '삼번의 난'을 일으켰으나 실패했다.

5 청루(靑樓)란 원래 푸른색의 높은 누각을 뜻했고, 부귀한 사람의 집을 가리키는 단어였다. 그러던 것이 미녀가 사는 집을 가리키는 뜻으로도 쓰이다가 기녀 집을 가리키는 다른 말이 되었다.

6 토머스 칼라일(Thomas Carlyle, 1795~1881년)은 영국의 평론가이자 역사가이다. 이상주의적인 사회 개혁을 제창하여 19세기 사상계에 큰 영향을 끼쳤다. 저서로는 『의상철학』, 『프랑스 혁명사』, 『영웅 숭배론』, 『과거와 현재』 등이 있다.

7 매튜 아놀드(1822~1888년)는 영국의 시인·비평가·교육자이다.

8 『전당문(全唐文)』 P. 767 참고

9 『신당서(新唐書)』 전신공전(田神功傳)

10 장태염(章太炎)의 『오조학(五朝學)』

11 『설문해자(說文解字)』는 중국 후한(後漢) 시대에 허신(許愼)이 편찬한 자전(字典)이다. 총 15편으로, 그중 말미의 서(敍) 1편은 진한(秦漢) 이래 문자 정리의 연혁을 밝힌 것으로 100년에 완성되었다. 그 당시 통용된 모든 한자 9,353자를 540부(部)로 분류하고, 친자(親字)에는 소전(小篆)의 자체(字體)를 싣고, 그 각 자(字)에 자의(字義)와 자형(字形)을 설해(說解; 訓詁解釋)하였다. 소전과 자체가 다른 혹체자(或體字; 古文·籒文)는 중문(重文)으로서 1,163자를 수록하였다. 부수(部首)와 친자의 배열에서는 자형 및 자의와의 연관에 따라 그 순서를 정하였으며, 자형 구성의 설명에는 육서(六書; 指事·象形·形聲·會意·轉注·假借)의 원칙이 적용되었다. 또 본서의 설해는 은(殷)·주(周) 시대의 갑골문자(甲骨文字)·금문(金文, 청동기 銘文)을 해독하는 귀중한 근거가 되었으며, 청대

(清代)의 소학(小學, 주로 고대 언어학)은 이 책을 연구·응용한 것이다.

12 『옥편(玉篇)』은 육조시대(六朝時代) 양(梁)나라의 고야왕(顧野王, 519~581년)이 편찬한 저술이다. 30권으로 543년에 만들어졌다고 하며, 곧이어 소개(蕭愷)가 개수(改修)하였다. 『설문해자(說文解字)』 계통의 자서이지만, 이와 체재를 달리한 분류로 문자를 배열하고(부수 542, 수록자수 1만 6,917자), 문자마다 반절(反切, 음)을 달았으며, 널리 경전사자(經傳史子)의 훈주(訓注)·음의(音義)를 취하여 유서(類書)식의 상세한 설해(說解)를 가하였다. 그 후 당대(唐代)의 손강(孫强), 송대(宋代)의 진팽년(陳彭年) 등이 친자(親字)를 증보하고 설해를 삭감하였다. 현행 간본(刊本)인 『대광익회(大廣益會) 옥편』은 송대 1013년에 증수(增修)한 것이다. 『옥편』은 한국에 일찍부터 전해져 광범위하게 이용되었으며, 자서·자전의 대명사로 사용되었다.

13 『집운(集韻)』은 10권으로 1039년(北宋 寶元 2) 정도(丁度) 등이 왕명을 받들어 찬(撰)한 것이다. 『예부운략(禮部韻略)』과는 반대로 절운계(切韻系) 운서의 체재에 따르면서 다시 그것을 해박(該博)하게 하였다. 『광운(廣韻)』과 같이 206운(韻)으로 나누는데 글자의 소속에는 약간의 이동이 있다. 수록된 글자는 5만여 자로 『광운』의 약 2배이며 이체자(異體字)와 이독(異讀)을 널리 수록하였다. 반절(反切, 한자 2자를 맞추어 한 글자의 소리를 나타내는 방법) 용자(用字)나 소운(小韻)의 배열 순서에도 대폭적인 변경이 있고, 당시의 발음 상태나 음운학의 발전을 엿볼 수 있다.

14 『정자통(正字通)』은 명나라 말의 장자열(張自烈)의 저서이다. 12집(輯)으로 되어 있는데 청나라 초 요문영(廖文英)이 이 원고를 입수하여 새로 편집, 간행하였다. 체재는 『자휘(字彙)』의 형식을 따랐으며 일(一)'부에서 약(龠)'부까지 214부를 부수 배열로 하였고, 한자는 획으로 찾게 하였다. 해설, 즉 훈고해석(訓詁解釋)은 『자휘』를 구본(舊本) 또는 구주(舊注)로 삼고 인용하나, 이것은 다시 그것을 크게 보완하여 출전(出典)을 명시하였다. 불전과 도교의 서적까지 이용하였으며, 거기에 관한 용어 해석도 자주 볼 수 있다. 이 체재는 『강희자전(康熙字典)』에 계승되었으나 반절(反切, 자음 표기)은 당시의 음을 그대로 따랐다. 부수에 대한 해석은 문자연구사의 한 자료가 된다.

15 『삼국지(三國志)』는 진(晉)나라의 학자 진수(陳壽, 233~297년)가 편찬한 것으로, 『사기(史記)』 『한서(漢書)』 『후한서(後漢書)』와 함께 중국 전사사(前四史)로 불린다. 위서(魏書) 30권, 촉서(蜀書) 15권, 오서(吳書) 20권, 합계 65권으로 되어 있으나 표(表)나 지(志)는 포함되지 않았다. 위나라를 정통 왕조로 보고 위서에만 〈제기(帝紀)〉를 세우고, 촉서와 오서는 〈열전(列傳)〉의 체제를 취했으므로 후세의 사가(史家)들로부터 많은 비판의 대상이 되었다. 그러나 저자는 촉한(蜀漢)에서 벼슬을 하다가 촉한이 멸망한 뒤 위나라의 조(祚)를 이은 진나라로 가서 저작랑(著作郎)이 되었으므로 자연 위나라의 역사를 중시한 것으로 여겨진다. 그 때문에 후에 촉한을 정통으로 한 사서(史書)도 나타났다. 그

러나 찬술한 내용은 매우 근엄하고 간결하여 정사 중의 명저(名著)라 일컬어
진다. 다만 기사(記事)가 간략하고 인용한 사료(史料)도 지나치게 절략(節略)하
여 누락된 것이 많았으므로 남북조(南北朝) 시대 남조(南朝) 송(宋)의 문제(文
帝, 407~453년)는 429년에 배송지(裴松之, 372~451년)에게 명하여 주(註)를 달게
하였다.

16  『사기(史記)』는 사마천(司馬遷)에 의해 한(漢)나라 무제 때 쓰여진 역사서로 본
격적인 저술은 B.C 108~B.C 91년 사이에 이루어진 것으로 보고 있다. 사마
천은 저술의 동기를 '가문의 전통인 사관의 소명의식에 따라 『춘추』를 계승
하고 아울러 궁형의 치욕에 발분하여 입신양명으로 대효를 이루기 위한 것'
으로, 저술의 목표는 '인간과 하늘의 관계를 구명하고 고금의 변화에 통관하
여 일가의 주장을 이루려는 것'으로 각각 설명하는데, 전체적 구성과 서술에
이 입장이 잘 견지되었다. 이 책의 가장 큰 특색은 역대 중국 정사의 모범이
된 기전체(紀傳體)의 효시로서, 제왕의 연대기인 본기(本紀) 12편, 제후왕을
중심으로 한 세가(世家) 30편, 역대 제도 문물의 연혁에 관한 서(書) 8편, 연표
인 표(表) 10편, 시대를 상징하는 뛰어난 개인의 활동을 다룬 전기 열전(列傳)
70편, 총 130편으로 구성되어 있다는 것이다.

17  『한서(漢書)』는 12제기(帝紀)·8표(表)·10지(志), 70열전(列傳)으로 전 100권으
로 이루어졌다. 『전한서(前漢書)』 또는 『서한서(西漢書)』라고도 한다. 『사기(史
記)』와 더불어 중국 사학사상(史學史上)의 대표적인 저작이다. 한 무제에서 끊
긴 사마천의 『사기(史記)』의 뒤를 이은 정사(正史)로 여겨지므로 두 번째의
정사(正史)'라 하기도 한다. 『사기』가 상고 시대부터 무제까지의 통사(通史)인
데 비하여 『한서』는 전한(前漢)만을 다룬 단대사(斷代史)로, 한고조(漢高祖) 유
방(劉邦)부터 왕망(王莽)의 난(亂)까지 12대(代) 230년간의 기록이라는 점에 특
징이 있다. 12제기(帝紀)·8표(表)·10지(志), 70열전(列傳)으로 그 체재(體裁)는
중국 정사 편집의 전형(典型)으로서 답습되었다

18  범려(范蠡, ?~?년)는 자 소백(少伯), 초(楚)나라 완(宛)에서 태어났다. B.C 494년
월(越)나라 왕 구천(句踐)이 오(吳)나라 왕 부차(夫差)에게 패하였을 때, 구천을
따라 오나라에 노부로 종사하였다가 그의 지략으로 목숨을 건져 구천과 함
께 월나라로 귀국하였다. 당시 오나라 부차에게 미인을 보내 부차를 주색에
빠지게 했던 절세미인 서시와 범려의 사랑 이야기는 유명한 일화로 남아 있
다. 이후 범려는 구천을 상담(嘗膽)하게 하고 월나라를 부흥시켜 20여 년 뒤
오나라를 멸망시켰다. 그러나 범려는 어려울 때가 아닌 맹주로서 구천을 더
이상 섬길 수 없는 군주라고 생각하여, 가족을 데리고 떠나게 되는데 범려는
월나라를 떠나면서 그의 친구에게 토사구팽(兔死拘烹)이라는 글귀를 남겼다
고 전한다.

19  『절운(切韻)』은 601년(仁壽 1) 육법언(陸法言)이 편찬하였다. 운서란 시부(詩賦)
의 압운(押韻) 기준을 제시하기 위한 일종의 발음 사전으로서, 육조(六朝) 시

대에 많이 만들어졌으나(지금은 제대로 남은 것이 하나도 없음) 내용상 결함이 많았다. 『절운』은 그러한 운서들을 비판하고 타당한 압운 기준을 정하기 위해 편찬된 것이며, 그 후부터 많은 증보 개정본이 만들어져 『광운(廣韻)』에 이른다. 이를 총칭하여 '절운계(系) 운서'라 하는데 원본인 절운을 포함하여 그 대부분이 없어졌으며, 둔황(敦煌) 등지에서 약간의 단편이 발견된 것 이외는 완전한 책으로서 존재하는 것은 『광운』과 제2차 세계대전 후에 발견된 왕인후(王仁昫)의 『간류보결절운(刊謬補缺切韻)』뿐이다. 이들은 원본 『절운』의 대용으로서 수당음(隋唐音) 연구의 근본 자료로 사용된다.

20 『세설신어(世說新語)』는 중국 남조(南朝) 송(宋)나라의 유의경(劉義慶, 403~444년)이 편집한 후한(後漢) 말부터 동진(東晉)까지의 명사들의 일화집이다. 『유의경세설』 『세설신서』라 불렸으나, 북송(北宋) 이후로 현재의 명칭이 되었으며, 덕행(德行)·언행(言行)부터 혹닉(惑溺)·구극(仇隙)까지의 36문(門)으로 나눈 3권본으로 정해졌다. 지인소설(志人小說)의 대표작이다. 이 책은 선행하는 동류의 재료와 진(晉)나라 배계(裴啓)의 『어림(語林)』이나 곽반(郭頒)의 『위진세어(魏晉世語)』 등을 바탕으로 하여, 유의경을 중심으로 한 문인들이 선택, 수록한 것으로 보인다.

21 『송서(宋書)』는 중국 남조(南朝) 송(宋)의 정사(正史)이다. 《제기(帝紀)》 10권, 《지(志)》나라 30권, 《열전(列傳)》 60권, 도합 100권. 487년 남제(南齊) 무제(武帝)의 칙명(勅命)에 따라 심약(沈約)이 488년에 편찬을 완성한 것으로 송나라 60년(420~478년)의 역사를 기록하였으며, 중국의 사서(史書) 중 가장 권위 있는 25정사에 들어간다. 이 사서는 이미 462년 송나라 효무제(孝武帝)의 칙명에 따라 서원(徐爰) 등이 편찬한 것에, 그 뒤의 역사 등을 보충하여 완성한 것이다.

22 『구당서(舊唐書)』는 940년에 편찬을 시작하여 945년에 완성하였다. 장소원(張昭遠)·가위(賈緯)·조희(趙熙) 등이 편찬하고, 조영(趙瑩)이 감수(監修)하고, 유후가 일을 총괄하였다. 200권으로 되어 있는데, 당나라 멸망 직후의 사료가 부족하여 후반부가 부실하다. 전반부도 여러 사료에서 대강 발췌한 것이라 체제에 일관성은 없다. 그러나 당나라 때의 원사료의 문장이 거의 그대로 남아 있어, 사료적 가치가 높다.

23 『웹스터사전(Webster's Dictionary)』은 미국의 대표적인 영어사전이다. N.웹스터(1758~1843년)가 1828년 출판한 《미국 영어사전(American Dictionary of the English Language)》(2권)을 시작으로 개정을 거듭하여 현재는 『Webster's Third New International Dictionary of the English Language Unabridged』(3권)로 알려진 영어사전의 약칭이다. 처음에는 속어·술어·학술용어 등을 수록하고, 정확한 정의, 어원의 해석 등에 특색이 있었으며, 특히 미국 영어의 단어와 용법이 상세하여 그 이후 미국 영어의 발전에 크게 기여하였다. 이 전통은 개정판에도 계승되어 오늘날까지도 가장 권위 있는 영어사전의 하나로

널리 애용된다.

24 양계초(梁啓超, 1873~1929년)는 중국의 청나라 말 중화민국 초의 계몽 사상가
이자 문학가이다. 번역, 신문·잡지의 발행, 정치 학교의 개설 등 혁신 운동
을 했으며 변법자강운동에 힘쓰기도 했다. 계몽적인 잡지를 발간해 신사상
을 소개하고 애국주의를 고취해 중국 개화에 공헌했다. 자는 탁여(卓如), 호
는 임공(任公) 또는 음빙실주인(飮氷室主人)이며, 광동성(廣東省) 신회(新會) 사
람이다. 어려서부터 중국 전통 교육을 받았으나, 상해(上海)에서 세계 지리서
인 『영환지략(瀛環志略)』과 서양 서적을 보고는 생각이 크게 바뀌었고, 이해
강유위(康有爲)를 처음 만나 그에게 육왕심학(陸王心學)과 서학(西學)을 배우고
공양학(公羊學)을 익혔다. 문학, 사학, 철학, 불학(佛學)에 조예가 깊었다. 『음
빙실전집(飮氷室全集)』『음빙실총서(飮氷室叢書)』『청대학술개론(淸代學術槪論)』
『중국근삼백년학술사(中國近三百年學術史)』『선진정치사상사(先秦政治思想史)』
『중국역사연구법(中國歷史硏究法)』『중국문화사(中國文化史)』 등의 방대한 저
술이 있으며, 『음빙실전집』에는 360여 편의 시가 수록되어 있다.

25 『관자(管子)』는 춘추시대 제(齊)나라의 사상가·정치가인 관중(管仲, ?~B.C 645
년)이 지은 것으로 되어 있으나, 그 내용으로 보아 제나라의 국민적 영웅으로
칭송되던 현상(賢相) 관중의 업적을 중심으로 하여 후대의 사람들이 썼고, 전
국 시대에서 한대(漢代)에 걸쳐서 성립된 것으로 여겨진다. 전한(前漢)의 학자
유향(劉向)의 머리말에는 86편이라고 되어 있는데, 현재 보존되어 있는 것에
는 10편과 1도(圖)가 빠져 있다. 내용은 법가적(法家的) 색채가 농후하고, 때
로는 도가적(道家的)인 요소가 섞여 있기 때문에 『한서(漢書)』에서는 도가(道
家)에, 『수서(隋書)』에서는 법가(法家)에 넣고 있다. 정치의 요체(要諦)는 백성
을 부유하게 하고, 백성을 가르치며, 신명(神明)을 공경하도록 하는 세 가지
일이 있는데, 그중에서도 백성을 부유하게 하는 일이 으뜸이라고 하였다.

26 공자진(龔自珍, 1792~1841년)은 자가 슬인(瑟人), 이옥(爾玉)이고, 호는 정암(定
庵)이며, 일명 공조(鞏祚)라 한다. 저장성(浙江省) 항주(杭州)에서 출생했다. 고
증학자 단옥재(段玉裁)의 외손자로, 어릴 때 직접 가르침을 받았고, 1819년
유봉록(劉逢祿)에게 공양학(公羊學)을 배웠다. 1829년 진사에 급제, 내각중서
(內閣中書)에 임명되고 종인부주사(宗人府主事)를 거쳐, 1837년 주객사주사(主
客司主事)가 되었으나, 1839년 관직에서 물러나 고향으로 돌아간 후 다시 관
계(官界)에 나서지 않았다. 호탕한 성격에 학식도 넓어, 위원(魏源)과 더불어
재주를 칭송받았다. 청나라 말기의 다난한 시대상과 자신의 울분을 정감 넘
치는 시문(詩文)으로 표현하였는데, 그 속에서 엿보이는 개혁 의지는 그 후의
개혁가에게 큰 영향을 끼쳤다. 문집 『정암문집(定庵文集)』(3권), 저서로는 『시
집(詩集)』(4권) 『보편(補編)』(4권) 등이 있다.

27 이 글의 출전은 『천문(天問)』으로 중국 전국 시대(戰國時代) 초(楚)나라의 굴
원(屈原)의 작품으로 알려진 '초사(楚辭)'의 하나이다. '천문'이란 '하늘에 묻

는다.'는 뜻이며, 우주의 혼돈(混沌) 상태에 대한 회의(懷疑)에서 시작하여 우주·신화·전설·역사 등 172종에 달하는 의문을 열거하고, 최후에 작자의 입장을 서술하여, 확실한 것은 오직 한 가지, 인생은 충성된 이름을 후세(後世)에 남기는 것이라고 하였다. 대체적으로 사언(四言)을 주로 한 구형(句形)을 사용하여, 사구일절(四句一節)의 의문문(疑問文)을 구성하고 있다. 내용이나 형식이나 모두 '초사' 중의 기문(奇文)으로 일컬어진다.

28  호소석(胡小石, 1888~1962년)은 이름이 광위(光煒), 자는 소석(小石), 호는 천윤(倩尹)이다. 강소성(江蘇省) 남경(南京) 사람이다. 문학가(文学家), 사학가(史学家), 서법가(书法家), 예술가(艺术家)이면서, 고문자(古文字), 성음(声韵), 훈고(训诂), 군경(群经), 사적(史籍), 제자백가(诸子百家), 불전(佛典), 도장(道藏), 금석(金石), 서지학(书画学), 사부(辞赋), 시가(诗歌), 사곡(词曲), 소설(小说), 희극(戏剧) 등에 권위자로 알려져 있다. 남경대학에서 정년을 마쳤다.

29  곽말약(郭沫若, 1892~1978년)은 사천성(四川省)에서 출생했고, 1914년에 일본으로 건너가 1918년 구주제국대학(九州帝國大學) 의학부에 입학하였으나 1919년 중국의 5·4 운동의 자극과 W. 휘트먼, 타고르, J.W.V.괴테 등의 영향을 받아 시를 쓰기 시작하였다. 시집에『여신(女神)』(1921)『별하늘』(1922) 등이 있다. 1921년 유달부(郁達夫) 등과 낭만주의 문학 단체인 창조사(創造社)를 결성하였다. 1923년 대학을 졸업할 무렵부터 좌경화(左傾化)하여 1925년에는 광주(廣州)로 가서 국민혁명군의 북벌(北伐)에 정치부 비서 처장으로서 참가하였다. 1927년 장개석(蔣介石)의 반공 쿠데타로 내전이 일어났을 때, 주덕(朱德) 등의 난창봉기(南昌蜂起)에 참가하였으나 뜻을 이루지 못하고 1928년 일본으로 망명, 지바 현에서 처자와 살면서 주로 갑골문·금석문을 연구하고,『중국 고대사회 연구』를 저술하였다.

30  버트런드 러셀(Bertrand Arthur William Russell, 1872~1970년)은 영국의 논리학자·철학자·수학자·사회사상가이다. 논리학자로서 19세기 전반에 비롯된 기호논리학의 전사(前史)를 집대성하였으며, 철학자로서는 그 경력이 길고 다룬 주제가 다양할 뿐 아니라 입장도 다양한 변천을 하였다.

31  황석군(黃席群) 역, 러셀의『혼인도덕(婚姻道德)』제9장

32  『사기(史記)』봉선서(封禪書)

33  '묵자겸애(墨子兼愛), 순자대략(荀子大略)'

34  『예기(禮記)』는 49편(編)으로 이루어진 유가의 경전이다. 오경(五經)의 하나로,『주례(周禮)』『의례(儀禮)』와 함께 삼례(三禮)라고 한다. 예경(禮經)이라 하지 않고『예기』라고 하는 것은 예(禮)에 관한 경전을 보완(補完)·주석(註釋)하였다는 뜻이다. 그래서 때로는『의례』가 예의 경문(經文)이라면『예기』는 그 설명서에 해당한다고 이야기하기도 했다. 하지만 마치『예기』가『의례』의 해설서라고만 여겨지는 것은 옳지 않다.『예기』에서는 의례의 해설뿐 아니라 음악·정치·학문 등 일상생활의 사소한 영역까지 예의 근본 정신에 대하

여 다방면으로 서술하고 있기 때문이다.

35  나진옥(羅振玉, 1866~1940년)은 자가 숙언(叔言), 호는 설당(雪堂), 절강성(浙江
省) 상위현(上虞縣) 출생이다. 처음에 농학(農學)의 개량, 교육제도의 개선 및
서양의 새 지식 도입 등에 힘썼다. 1909년 경사대학당(京師大學堂) 농과대학
감독이 되었고, 신해혁명(辛亥革命) 때에는 일본으로 망명한 후 교토[京都]에
살면서 청조고증학(淸朝考證學)을 일본에 전하였다. 금석학(金石學)·고증학의
제일인자로 알려져, 은허출토(殷墟出土)의 갑골문자(甲骨文字)를 연구, 『은허
서계전고석(殷墟書契前考釋)』 등을 펴내어, 그 해독을 시도하였다. 또 둔황[敦
煌]에서 발견된 문서 등의 연구로 둔황학(敦煌學)의 기초를 닦았다.

36  『주례(周禮)』는 주관(周官)이라고도 한다. 유교 경전의 하나로 6편(篇)으로 되
어 있다. 주공(周公, B.C 12세기)이 찬(撰)한 것이라고 하는데, 이는 주공이 예
(禮)를 제정했다는 설에 가져다 맞춘 것이라 하여, 옛날부터 그 진위(眞僞)는
논쟁의 대상이었다. 『의례(儀禮)』『예기(禮記)』와 합쳐 삼례(三禮)라 불리고,
가장 기본적인 예를 설명한 것으로 여겨지나 그것이 이루어진 것은 한대(漢
代)로 간주되어 삼례 중 가장 늦다. 천지사계(天地四季)를 천관(天官)·지관(地
官)·춘관(春官)·하관(夏官)·추관(秋官)·동관(冬官)으로 직제를 나누고, 각 관
아래에 속관을 두어 388관이 된다. 중국 역대의 관제는 이것을 규범으로 삼
은 것이 많다. 한국에서는 고려 예종 때에 구인재(求仁齋)에서 주요 유교 경
전으로 가르쳤으며, 조선 세종 때에 단행본으로 간행되어 일반에 보급되었
다.

37  정현(鄭玄, 127~200년)은 중국 후한(後漢) 말기의 대표 유학자. 시종 재야(在野)
학자로 지냈다. 제자들에게는 물론 일반인들에게서도 훈고학·경학의 시조
로 깊은 존경을 받았다. 경학의 금문(今文)과 고문(古文) 외에 천문(天文)·역수
(曆數)에 이르기까지 광범한 지식욕의 소유자였다.

38  『논형(論衡)』은 중국 후한(後漢)의 사상가 왕충(王充)의 저서이다. 유교의 제설
(諸說), 전국 시대의 제자(諸子)의 설 외에 당시의 정치·습속·속설(俗說) 등 다
방면의 문제를 다루어 실증적이고 합리적인 비판을 가하였다. 내용적으로는
일관된 논리적 체계를 이루고 있지 않아 저작(著作)으로는 조잡한 점이 없지
않다. 그러나 현저한 사상적 특색은 실증주의의 입장에서 오로지 진실한 것
을 구명하려고 한 점이다. 시대적 제한은 있으나 비판적 정신이 풍부하여 전
통사상, 특히 한(漢)나라 때 유학 속에 잠재한 허망성(虛妄性)을 지적하고 속
유(俗儒)의 신비주의적 사상, 즉 미신적 사상을 배격하고 있어 당시로서는 희
귀한 문헌(文獻)이다. 이 책은 후한 말기에 일반에게 알려지게 되어, 다음의
위(魏)·진(晉)나라에 영향을 끼쳤다.

39  『회남자(淮南子)』는 중국 전한(前漢)의 회남왕(淮南王) 유안(劉安)이 저술한 21
권으로 된 책이다. 유안이 빈객과 방술가(方術家) 수천 명을 모아서 편찬한
것으로, 원래 내외편(內外編)과 잡록(雜錄)이 있었으나 내편 21권만 전한다.

처음에 원도편(原道編)이라는 형이상학이 있으며, 그 뒤 천문·지리·시령(時令) 등 자연과학에 가까운 것도 포함하고, 일반 정치학에서 병학(兵學), 개인의 처세훈(處世訓)까지 열기하고, 끝으로 요약(要略)으로 총정리한 1편을 붙여서 복잡한 내용의 통일을 기하였다.

40 『주역(周易)』은 유교의 경전(經典) 중 3경(三經)의 하나인 『역경(易經)』이다. 단순히 『역(易)』이라고도 한다. 이 책은 점복(占卜)을 위한 원전(原典)과도 같은 것이며, 동시에 어떻게 하면 조금이라도 흉운(凶運)을 물리치고 길운(吉運)을 잡느냐 하는 처세상의 지혜이며 나아가서는 우주론적 철학이기도 하다. 주역(周易)이란 글자 그대로 주(周)나라의 역(易)이란 말이며 주역이 나오기 전에도 하(夏)나라 때의 연산역(連山易), 상(商)나라의 귀장역(歸藏易)이라는 역서가 있었다고 한다. 역이란 말은 변역(變易), 즉 '바뀐다' 변한다'는 뜻이며 천지만물이 끊임없이 변화하는 자연현상의 원리를 설명하고 풀이한 것이다.

41 굴원(屈原, B.C 343~B.C 278년)은 중국 전국 시대의 정치가이자 비극 시인이다. 학식이 뛰어나 초나라 회왕(懷王)의 좌도(左徒, 左相)의 중책을 맡아, 내정·외교에서 활약하기도 했다. 초(楚)의 왕족과 동성(同姓)이며, 이름 평(平), 자는 원이다. 생몰연대는 기본 자료인 『사기(史記)』〈굴원전〉에 명기(明記)되지 않았기 때문에 여러 설이 있으나, 지금은 희곡《굴원》의 작자인 궈모뤄[郭沫若]의 설에 따른다. 법령입안(法令立案) 때 궁정의 정적(政敵)들과 충돌하여, 중상모략으로 국왕 곁에서 멀어졌다.《이소(離騷)》는 그 분함을 노래한 것이라고 『사기』에 적혀 있다. 작품은 한부(漢賦)에 영향을 주었고, 문학사에서뿐만 아니라 오늘날에도 높이 평가된다. 주요 작품에는《어부사(漁父辭)》등이 있다.

42 왕국유(王國維, 1877~1927년)는 저장성(浙江省) 해녕(海寧) 출생이다. 1901년 일본으로 건너가 물리학교(物理學校)에서 수학하던 중 각기병으로 이듬해 귀국하였다. 한때 강소성(江蘇省)의 사범학교에서 철학 강의를 담당하고, 니체의 영향을 받아 시문집(詩文集)을 출판하는 한편, 사(詞)와 송·원 시대(宋元時代)의 희곡을 연구하였다. 『송원희곡사(宋元戱曲史)』를 저술하였다. 신해혁명이 일어나자 나진옥(羅振玉)을 따라 일본으로 망명하였으며, 그 뒤 청조(淸朝) 고증학의 전통에 따라 경학(經學)·사학(史學)·금석학(金石學)의 연구에 몰두하였다. 또한 산일(散佚)된 구사료(舊史料)의 정리와 함께 중국 고대의 사실 구명에 많은 공적을 남김으로써, 곽말약(郭沫若)·문일다(聞一多) 등의 역사가에게 많은 영향을 주었다. 곽말약과 함께 안양에서 출토된 갑골문(甲骨文)을 정리하고 복사(卜辭)의 연대를 고증하여 갑골문학의 기초를 세웠고, 주대(周代)의 금문(金文)과 『설문(說文)』의 서체를 비교·연구하였으며, 돈황(敦煌)에서 발견된 당운(唐韻)의 사본을 기초로 하여 중국 음운의 변천 과정을 구명하기도 하였다. 1916년 재차 귀국하여 청화연구원(淸華硏究院) 교수를 역임하였으며, 베이징[北京]대학 국학연구소를 지도하였다. 1927년 청조 부흥의 가망이 없음을 비관하여 곤명호(昆明湖)에 투신 자살하였다. 주요 연구 업적은 『관당집림(觀堂集林)』(1921, 전24권)에 수록되어 있다.

43 묵자(墨子, B.C 480~B.C 390년)는 중국 전국 시대 초기의 사상가로 묵자 및 그
의 후학인 묵가(墨家)의 설을 모은 『묵자(墨子)』가 현존한다. 유가가 봉건제
도를 이상으로 하고 예악(禮樂)을 기조로 하는 혈연 사회의 윤리임에 대하여,
오히려 중앙집권적인 체제를 지향하여 실리적인 지역 사회의 단결을 주장한
다. 『묵자』는 53편이라고 하나, 『한서(漢書)』지(志)에는 71편으로 되었다. 최
종적으로 성립된 것은 한(漢)의 초기까지 내려간다고 추정된다. 그 내용은
다방면에 걸쳤으나, 중심이 되는 것은 상현(尙賢)·상동(尙同)·겸애(兼愛)·비
공(非攻)·절용(節用)·절장(節葬)·천지(天志)·명귀(明鬼)·비악(非樂)·비명(非命)
의 10론(十論)을 풀이한 23편이다.

44 『시경(詩經)』은 춘추 시대의 민요를 중심으로 하여 모은, 중국에서 가장 오
래된 시집이다. 황하(黃河) 중류 중원(中原) 지방의 시로서, 시대적으로는 주
나라 초(周初)부터 춘추(春秋) 초기까지의 것 305편을 수록하고 있다. 본디
3,000여 편이었던 것을 공자가 311편으로 간추려 정리했다고 알려져 있지만,
오늘날 전하는 것은 305편이다. 시경은 풍(風), 아(雅), 송(頌) 셋으로 크게 분
류되고 다시 아(雅)가 대아(大雅), 소아(小雅)로 나뉘어 전해진다. 풍(國風이라고
도 함)은 여러 나라의 민요로 주로 남녀 간의 정과 이별을 다룬 내용이 많다.
아(雅)는 공식 연회에서 쓰는 의식가(儀式歌)이며, 송은 종묘의 제사에서 쓰는
악시(樂詩)이다.

45 『좌씨전(左氏傳)』은 중국 공자(孔子)의 『춘추(春秋)』를 노(魯)나라 좌구명(左丘
明)이 해석한 책이다. 『춘추좌씨전(春秋左氏傳)』『좌씨춘추(左氏春秋)』『좌전(左
傳)』이라고도 한다. B.C 722~B.C 481년의 역사를 다룬 것으로 『국어(國語)』
와 자매편이다. 『춘추』와는 성질이 다른 별개의 저서로서, 『공양전(公羊傳)』
『곡량전(穀梁傳)』과 함께 3전(三傳)의 하나이다. 원본은 전국 시대에 있었으
나, 지금 전해지는 것은 전한(前漢) 말기 유흠(劉歆) 일파가 편찬한 것이다. 다
른 2전(二傳)이 경문(經文)의 사구(辭句)에 대한 필법(筆法)을 설명한 것에 비하
여 이 책은 경문에서 독립된 역사적인 이야기와 문장의 교묘함 및 인물 묘사
의 정확성이라는 점 등에서 문학작품으로도 뛰어나 고전문의 모범이 된다.

46 『곡량전(穀梁傳)』은 유교 경전의 하나인 『춘추(春秋)』의 해설서이다. 11권으
로 정식 명칭은 『춘추곡량전』이다. 『공양전(公羊傳)』『좌씨전(左氏傳)』과 함께
춘추삼전(春秋三傳)'이라고 한다. 전국 시대의 노(魯)나라 사람 곡량숙(穀梁俶,
자는 元始, 일명 赤)이 지은 것으로 되어 있는데, 책이 되어 나온 것은 『공양전』
(한나라의 경제 때 나옴)보다 뒤일 것이다. 해석하는 형태는 『공양전』과 거의 같
아서 주관적인 해석이 많으나, 유가적(儒家的) 명분론(名分論)은 대체로 『공양
전』보다 엄정(嚴正)하다. 한나라의 선제(宣帝) 때부터 성행하기 시작했으나,
『공양전』을 능가하지는 못하였다. 주석서로 『춘추곡량전주소(春秋穀梁傳註
疏)』및 청(淸)나라 종문증(鍾文烝)의 『곡량보정(穀梁補正)』이 유명하다.

47 『공양전(公羊傳)』은 중국 고대의 경서(經書)로 이른바 유가(儒家)의 13경(十三

經) 가운데 하나이다. 공자(孔子)의 『춘추(春秋)』를 해석한 책으로 『곡량전(穀梁傳)』 『좌전(左傳)』 등과 함께 '춘추 3전(春秋三傳)'이라고 불린다. 『춘추(春秋)』를 해석한 책으로 『춘추공양전(春秋公羊傳)』이라고도 불리며 모두 11권으로 되어 있다.

48　『서경(書經)』은 유가(儒家)의 오경(五經) 중 한 경전으로 상서(尙書)라고도 한다. 58편(編)이다. 우서(虞書)·하서(夏書)·상서(商書)·주서(周書) 등 당우(唐虞) 3대에 걸친 중국 고대의 기록이다. 상서는 상고(上古)의 책으로 숭상해야 한다는 뜻이다. 이제삼왕(二帝三王)의 정권의 수수(授受), 정교(政教) 등의 기록으로, 고대의 사적(史的) 사실이나 사상을 아는 데 중요한 책이다. 당시의 사관(史官)·사신(史臣)이 기록한 것을 공자가 편찬했다고 한다. 당초에는 100편이었다고 하나, 진(秦)나라의 시황제(始皇帝)의 분서(焚書)로 산일(散逸)된 후 한(漢)나라의 문제(文帝) 때 복생(伏生)이 구승(口承)한 것을 당시 통용되던 예서(隸書)로 베껴 『금문상서(今文尙書)』라고 한다. 그 후 경제(景帝) 때 노(魯)나라의 공왕(恭王)이 공자의 구택(舊宅)을 부수고 발견한 진(晉)나라의 문자로 쓰인 것을 『고문상서(古文尙書)』라고 한다. 『고문상서』는 일찍 없어지고 현재는 동진(東晉)의 매색(梅賾)이 원제(元帝)에게 바친 『위고문상서(僞古文尙書)』가 『금문상서(今文尙書)』와 함께 보급되었다.

49　『전국책(戰國策)』은 중국 전한(前漢) 시대의 유향(劉向)이 동주(東周) 후기인 전국 시대(戰國時代) 전략가들의 책략을 편집한 책이다. 이를 후대에 보정(補訂)하여 33편으로 정리하였다. 그러나 초기의 자료는 아주 미흡한 상태여서 북송의 증공(曾鞏)이 분실된 자료를 사대부가(士大夫家)에서 찾아 보정(補訂)하여 동주(東周), 서주(西周), 진(秦), 제(齊), 초(楚), 연(燕), 조(趙), 위(魏), 한(韓), 송(宋), 위(衛), 중산(中山)의 12개국 486장으로 정리하였다.

50　솔론(Solon, B.C 640~B.C 560년)은 그리스 7현인(七賢人)의 한 사람으로서, 명문이지만 중류 재산가의 집안에서 태어났다. 살라미스 섬의 영유를 둘러싼 메가라인(人)과의 싸움(B.C 596년)에서 명성을 얻은 결과, B.C 594년 집정관 겸 조정자로 선정되어 정권을 위임받았다. 당시 빈부의 극심한 차이에서 빚어진 사회 불안을 개선하기 위하여 '솔론의 개혁'이라 일컫는 여러 개혁을 단행하였다. 먼저 '부채의 조정 포기'와 '채무 노예의 해방과 금지'를 단행하여 가난한 사람의 구제에 힘썼다.

51　『태평광기(太平廣記)』는 중국의 역대 설화집이다. 500권으로 송(宋)나라 태종(太宗)의 칙명으로 977년에 편집되었다. 종교 관계의 이야기와 정통 역사에 실리지 않은 기록 및 소설류를 모은 것으로, 당시의 유명한 학자 이방(李昉)을 필두로 하여 12명의 학자와 문인이 편집에 종사하였다. 475종의 고서에서 골라낸 이야기를 신선·여선(女仙)·도술·방사(方士) 등의 내용별로 92개의 항목으로 나누어 수록하였다. 송나라 이전 시대의 소설 중에서 원형 그대로 완전하게 전해지는 것은 하나도 없으므로, 그 일부를 보존하는 역할을 다

한 것으로서 귀중한 책이다. 간본(刊本)으로는 명대(明代)의 담개(談愷) 간행본, 허자창(許自昌) 간행본, 청대(淸代)의 황성(黃晟) 간행본 등이 있다.

52  『위서(魏書)』는 중국 남북조 시대(南北朝時代) 북제(北齊)의 위수(魏收)가 편찬한 사서(史書)이다. 기전체(紀傳體)로 북위(北魏)의 역사를 서술한 중국 25사(二十五史) 가운데 하나이다. 『위서(魏書)』는 동위(東魏, 534~550년)와 북제(北齊) 정통론(正統論)에 기반하여 서술되었기 때문에 남조(南朝)나 북위(北魏)가 갈라져 세워진 서위(西魏, 535~556년)에 대해서는 비판적으로 서술되어 있다. 이 때문에 편찬(編纂) 당시부터 공정성(公正性)을 잃었다며 '예사(穢史)'라는 비판을 받았다.

53  『한비자(韓非子)』는 중국 전국(戰國) 시대 말기 한(韓)나라의 공자(公子)로 법치주의(法治主義)를 주창한 한비(韓非, B.C 280?~B.C 233년)와 그 일파의 논저(論著)이다. 55편 20책에 이르는 대저(大著)로, 원래 『한자(韓子)』라 불리던 것을 후에 당(唐)나라의 한유(韓愈)도 그렇게 불렀기 때문에 혼동을 막기 위하여 지금의 책 이름으로 통용되어 왔다. 이 책은 한비가 죽은 다음 전한(前漢) 중기(B.C 2세기 말) 이전에 지금의 형태로 정리된 것으로 추정된다. 내용은 거의가 법의 지상(至上)을 강조한다.

54  궁에 들어와 시집을 못 가는 원망하는 소리를 말한다.

55  환공(桓公, ?~B.C 643년)은 중국 춘추 시대 제나라의 군주(재위 B.C 685~B.C 643년)이다. 성은 강(姜), 이름은 소백(小白)이며, 희공(僖公)의 아들이다. 즉위 후 포숙아(鮑叔牙)의 진언으로 공자 규의 신하였던 관중(管仲)을 재상으로 기용한 뒤 패자(覇者)의 자리를 확고히 하여 춘추오패(五覇)의 한 사람이 되었다. 특히 규구(葵丘, 河南省)의 회맹을 계기로 패자(覇者)의 위상을 확고히 하였다. 만년에 관중의 유언을 무시하고 예전에 추방했던 신하를 재등용하여 그들에게 권력을 빼앗김으로써 그가 죽은 후 내란이 일어났다.

56  맹자(孟子, B.C 372~B.C 289년)는 중국 전국 시대의 유교 사상가로 이름은 맹가(孟軻)이다. 자는 자여(子輿) 또는 자거(子車)라고 하지만 확실하지 않다. 제후가 유능한 인재들을 찾는 전국 시대에 배출된 제자백가(諸子百家)의 한 사람이다. B.C 320년경부터 약 15년 동안 각국을 유세하고 돌아다녔으나, 자기의 주장이 채택되지 않자 고향에 은거하였다. 공자의 유교 사상을 공자의 손자인 자사(子思)의 문하생에게서 배웠다. 도덕 정치인 왕도(王道)를 주장하였으나 이는 현실과 동떨어진 이상적인 주장이라고 생각되어 제후에게 채택되지 않았다. 그래서 고향에 은거하여 제자 교육에 전념하였다.

57  여불위(呂不韋, ?~B.C 235년)는 중국 전국 시대 말기 진(秦)나라의 정치가이다. 장양왕 때 승상이 되었고 이후 최고의 상국(相國)이 되었으나 태후의 간통 사건에 연루되어 자살하였다. 전국 말기 3,000여 명의 빈객들의 학식을 모은 귀중한 사료인 『여씨춘추』를 편찬하였다.

58  『상군서(商君書)』는 중국 전국 시대의 정치가로서 법가(法家)의 원조(元祖)의

한 사람인 상앙이 저술하였다고 전해지고 있는 저서이다. 『상자(商子)』라고
도 한다. 그러나 상앙 이후의 사실까지 기술되어 있는 데다가 『한비자(韓非
子)』에도 당시에 이 책이 존재하고 있었다는 글이 있는 점으로 보아 전국 시
대 말기에 그 주요부가 편집되어 있었다고 추정된다.

59 『열녀전(列女傳)』은 중국의 현모(賢母)·열녀(烈女)·악처(惡妻) 등에 관한 간략
한 전기(傳記)를 수록한 책이다. 부녀의 교양을 위하여 만들어진 부인들의 전
기로 두 종류가 있다. (1) 한(漢)나라의 유향(劉向)이 지은 『열녀전』은 8편 15
권으로 이루어져 있으며, 후대에 송(宋)나라의 방회(方回)가 이를 7권으로 간
추린 것도 있다. (2) 명나라 해진(解縉) 등이 칙명으로 지은 것으로, 상권은 고
대부터의 후비(后妃), 중권은 제후(諸侯)·대부(大夫)의 처, 하권은 사인(士人)·
서인(庶人)의 처의 전기이다. 역대 사서(史書)의 한 편으로서 수록된 부인전기
도 열녀전이라 하며, 열녀(列女)라는 말이 정녀(貞女)·열부(烈婦)의 뜻으로 사
용된 경우도 있다.

60 상앙(商鞅, ?~B.C 338년)은 중국 전국 시대(戰國時代) 진(秦)나라의 정치가이다.
진 효공에게 채용되어 부국강병의 계책을 세워 여러 방면에 걸친 대개혁을
단행해 후일 진제국 성립의 기반을 세웠다. 10년간 진나라의 재상을 지내며
엄격한 법치주의 정치를 폈다. 위앙(衛鞅) 또는 공손 앙(公孫鞅)이라고도 한
다. 위(衛)나라 공족(公族)의 서출 출신으로 일찍부터 형명학(刑名學)을 좋아하
여 조예가 깊었다. 저서로는 『상군서(商君書)』를 남겼으며 통일국가 형성기
에 관한 귀중한 사료로 평가된다.

61 『삼례분휘(三禮分彙)』의 표지의 책 이름은 『삼례휘찬(參禮彙纂)』, 필사본으로 1
권 1책, 편자·간행년 미상이다. 주례(周禮)·의례(儀禮)·예기(禮記)의 삼례 중
에서 매우 귀중한 문구만을 뽑아 분류·편찬한 것이다. 그 목차를 보면 천도
부(天道部)를 위시하여 지리(地理)·인륜(人倫)·군도(君道)·치화(治化)·유도(儒
道)·신도(臣道)·민업(民業)·인사(人事)·거처(居處)·백용(百用)·연악(燕樂)·재
화(財貨)·생사(生死)·제사(祭祀)·기예(技藝)·복식(服飾)·생물(生物) 및 군려부
(軍旅部) 등으로 되어 있다.

62 『문헌통고(文獻通考)』는 중국 송말(宋末), 원초(元初)의 학자 마단림(馬端臨)이
저작한 제도와 문물사(文物史)에 관한 저서이다. 348권이다. 높은 정치가의
견식과 역사가의 정신으로 전후 20년에 걸쳐 완성하여 1319년에 간행하였
다. 당(唐)나라의 두우(杜佑) 저작인 『통전(通典)』, 송나라의 정초(鄭樵) 저작인
『통지(通志)』와 아울러 3통(三通)이라 불린다. 본서는 남송의 영종(寧宗, 재위
1194~1224년)대까지 기술하여 당·송의 변혁기를 포함하고 있는 점이 가장
중요하다.

63 『설원(說苑)』은 중국의 교훈적인 설화집이다. 전한(前漢) 말에 유향(劉向)이 편
집하였다. 〈군도(君道)〉〈신술(臣術)〉 등 20편(編)으로 구성되었다. 같은 저자
의 『신서(新序)』와 그 체재가 비슷하며, 내용도 중복된 것이 있다. 고대의 제

후나 선현들의 행적이나 일화·우화 등을 수록한 것이며 위정자를 설득하기 위한 훈계독본으로 이용하였다.

64 『진서(晉書)』는 당나라 태종(太宗)의 지시로 방현령(房玄齡) 등이 편찬한 진(晉) 왕조의 정사(正史)이다. 130권으로 644년에 편찬되었다. 제기(帝紀) 10권, 지(志) 20권, 열전(列傳) 70권 외에 재기(載記) 30권이 있다. 처음으로 제기라는 양식이 정사에 나타난 것이며, 5호 16국(五胡十六國)에 관한 기록으로서 진나라 시대를 이해하는 데 도움이 된다. 주로 장영서(臧榮緒)의 『진서(晉書)』에 의존하였고, 기타 진시대사(晉時代史)도 참고로 하여 많은 사관(史官)이 집필하였다. 현존하는 유일한 '진대사'라는 점에서 귀중하다. 이 책을 보완한 것으로 『진서음의(晉書音義)』(3권), 『진서각주(晉書斠注)』(130권) 등이 있다.

65 『수서(隋書)』는 중국 수(隋)나라의 역사를 기록한 정사(正史)이다. 85권으로, 636년(태종 10) 당(唐)나라에서 장손무기(長孫無忌)·위징(魏徵) 등이 태종(太宗)의 명을 받아 제기(帝紀) 5권, 열전(列傳) 50권, 지(志) 30권으로 나누어 편찬하였다. 이중 〈지(志)〉 부분은 남조(南朝)의 양(梁)·진(陳), 북조(北朝)의 북제(北齊)·북주(北周) 및 수 등 5대(代)의 사실을 기록한 별개의 서책을 후에 편입시켜 놓은 것이다. 〈지〉 중의 〈수서경적지(隋書經籍志)〉에는 수나라까지 전래된 서책명을 열거해 놓았기 때문에 유용하다.

66 『양서(梁書)』는 629년 당나라 요사렴(姚思廉)이 편찬한 양(梁)나라의 정사(正史)이다. 총 56권이고 본기(本紀) 4(6권), 열전(列傳) 49(50권)이다. 중국의 24사(史) 중의 하나로서 남조(南朝) 양나라의 사대사적(四代事蹟)을 기록한 사서(史書)이다. 양나라의 역사를 다룬 책으로는 심약(沈約)·주흥사(周興嗣)·포행경(鮑行卿)·사호(謝昊) 등이 편찬한 『양사(梁史)』와 유번(劉璠)·하지원(河之元)이 편찬한 『양전(梁典)』 등이 있었으나, 기전체(紀傳體)로 된 것은 없었다.

67 『남사(南史)』는 중국 당(唐)의 이연수(李延壽)가 편찬한 사서(史書)이다. 기전체(紀傳體)로 송(宋), 남제(南齊), 양(梁), 진(陳) 등 남북조 시대(南北朝時代) 남조(南朝)의 네 왕조의 역사를 기술한 중국 25사(二十五史) 가운데 하나이다. 『남사(南史)』는 〈송서(宋書)〉〈제서(齊書)〉〈양서(梁書)〉〈진서(陳書)〉 등에 기록된 남조(南朝) 국가들의 역사를 정선(精選)하여 간략하게 정리하였다. 서술이 간략하고 남조(南朝)의 역사를 일목요연(一目瞭然)하게 살펴볼 수 있도록 편찬되어 널리 읽히고 있다.

68 『북사(北史)』는 중국 당(唐)의 이연수(李延壽)가 편찬한 사서(史書)로, 기전체(紀傳體)로 되어 있다. 북위(北魏), 서위(西魏), 동위(東魏), 북주(北周), 북제(北齊), 수(隋) 등 남북조 시대(南北朝時代) 북조(北朝)의 여섯 왕조의 역사를 기술한 중국 25사(二十五史) 가운데 하나이다. 북위(北魏)가 건국된 386년(北魏 道武帝 登國 원년)부터 수(隋)가 멸망한 618년(隋 恭帝 義寧 2년)까지 233년 동안의 역사가 기록되어 있으며, 본기(本紀) 12권, 열전(列傳) 88권 등 모두 100권(卷)으로 되어 있다.

69　석숭(石崇, 249~300년)은 중국 서진(西晉) 시대의 문인(文人)이자 관리로 항해
　　와 무역으로 큰 부자가 되어 매우 사치스러운 생활을 하여 중국과 한국 등지
　　에서 후대에도 부자의 대명사로 여겨졌다. 자(字)는 계륜(季倫)이고, 어려서
　　의 이름은 제노(齊奴)이다. 원적지(原籍地)는 발해군(渤海郡)의 남피(南皮)이며,
　　청주(靑州)에서 태어났다. 석숭(石崇)은 매우 사치스러운 생활을 하였다. 석
　　숭은 관직을 이용해 향료 무역 등을 독점하여 큰 부자가 되었는데, 백여 명
　　의 처첩(妻妾)을 거느렸으며, 집안의 하인도 8백여 명이나 되었다고 한다. 중
　　국에서 석숭은 복(福), 녹(祿), 수(壽)의 삼선(三仙)의 가운데 녹(祿)을 상징하는
　　인물로 숭앙되었다.

70　문선제(文宣帝, 529~559년)는 이름이 고양(高洋)이며, 고환(高歡)의 둘째 아들로,
　　형 징(澄)이 살해되자 그 살해자를 포살하고 제왕(齊王)으로서 동위(東魏)의
　　실권을 장악하였다. 550년 효정제(孝靜帝)를 위협하여 왕위를 물려받아 제
　　(齊) 왕조를 세웠다. 힘을 북방에 기울여 거란·돌궐·유연 등을 격파하였다.
　　뒤에는 점차 광포해져 백성을 죽이는 등 난폭한 정치를 하여 국력이 쇠퇴하
　　였다.

71　동성애의 지극한 사랑을 말한다. 『홍루몽』에 보면 "애제가 동현이라는 미소
　　년에게 빠져 있었는데 동현이 기분 좋게 자는 모습을 보고 깨우지 않으려고
　　옷소매를 자르고 일어났다."고 한다.

72　좌폐(坐廢)는 죄를 얻어 파직당하여 폐기되어 사용되지 않는다(獲罪罷職 白白
　　廢棄不用)는 것을 말한다.

73　『열자(列子)』는 중국의 철학서로 8권 8편이다. 열어구(列禦寇:列子)가 서술한
　　것을 문인·후생들이 보완하여 천서(天瑞)·황제(黃帝)·주목왕(周穆王)·중니
　　(仲尼)·탕문(湯問)·역명(力命)·양주(楊朱)·설부(說符)의 8편으로 나누어 기술
　　하였다. 전한(前漢) 말기에 유향(劉向)이 교정하여 8권으로 만들고, 동진(東晉)
　　의 장담(張湛)이 주(注)를 달았다. 당대(唐代)에는 충허진경(沖虛眞經), 송대에
　　는 충허지덕진경(沖虛至德眞經)이라는 존칭을 받았으나 그 소론(所論)은 노자
　　(老子)의 청허무위(淸虛無爲)의 사상을 따른 것으로 독창성이 적다. 우공이산
　　(愚公移山)·조삼모사(朝三暮四)·기우(杞憂) 등의 기사로 유명하다.

74　백거이(白居易, 772~846년)는 중국 중당 기(中唐期)의 시인이다. 작품 구성은 논
　　리의 필연에 따르며, 주제는 보편적이어서 '유려하고 평이(流麗平易)'한 문학
　　의 폭을 넓혀 당(唐) 일대(一代)를 통하여 두드러진 개성을 형성했다. 주요 작
　　품에는 《장한가(長恨歌)》《비파행(琵琶行)》 등이 있다. 자는 낙천(樂天), 호는
　　취음선생(醉吟先生)·향산거사(香山居士)이다. 이백(李白)이 죽은 지 10년, 두보
　　(杜甫)가 죽은 지 2년 후에 태어났으며, 같은 시대의 한유(韓愈)와 더불어 '이
　　두한백(李杜韓白)'으로 병칭된다. 800년 29세로 진사(進士)에 급제하였고, 32
　　세에 황제의 친시(親試)에 합격하였으며, 그 무렵에 지은 《장한가(長恨歌)》는
　　유명하다.

75 항주(杭州)는 중국 절강성(浙江省)의 성도(省都)로 전당강(錢塘江)의 하구에 위
치하며, 서쪽 교외에 서호(西湖)를 끼고 있어 소주(蘇州)와 함께 아름다운 고
장으로 알려졌다. 7세기 수(隋)나라가 건설한 강남하(江南河, 大運河의 일부)의
종점으로 도시가 열려 남송(南宋) 시대에는 수도가 되었으나, 임시 수도라는
뜻에서 행재(行在)라고 하다가 임안(臨安)이라고 개칭하였다.

76 서호(西湖)는 중국 절강성(浙江省) 항주시(杭州市) 서쪽에 있는 호수이다. 면적
5.66㎢, 둘레 15km, 평균 수심 1.5m, 최대 수심 2.8m이다. 한(漢)나라 때 명성
호(明聖湖)라고 불렸으나 당(唐)나라 때부터는 도시 서쪽에 있다고 하여 서호
(西湖)라고 하였다. 원래는 항주만(杭州灣)과 연결된 해만(海灣)이었으나 전당
강(錢塘江)에서 흐르는 토사(土沙)에 의해 해만이 막혀 된 석호(潟湖)이다.

77 『전당시(全唐詩)』는 중국 청대(淸代)에 편찬된 당시(唐詩) 전집이다. 900권으
로 2,200여 명에 이르는 작자의 작품 4만 8,900여 수를 수록하였다. 1705년
3월에 강희제의 명으로 팽정구(彭定求) 등 10명이 편찬에 착수하여 1745년
10월에 완성하였으며, 1746년 4월에 양저우시국(揚州詩局)에서 간행하였다.
시국본(詩局本)이라고 부르며, 청조 선본(淸朝善本)의 하나로 되어 있다. 이 방
대한 책이 비교적 단시일에 완성된 것은 명대(明代) 호진형(胡震亨)의 『당음통
첨(唐音統籤)』, 청대 계진의(季振宜)의 『전당시』 등과 같은 비슷한 책들이 그 당
시에 이미 나와 있었기 때문이다.

78 철권(鐵券)은 공신을 적은 책이면서, 면죄권(免罪卷)을 말한다.

79 사천성에 있는 협곡으로 군자의 흔들리지 않는 마음에 비유한다.

80 호적(胡適, 1891~1962년)은 중국의 사상가이자 교육가로 베이징대학교 교수
를 지내며 프래그머티즘 교육 이론 보급에 힘썼다. 자는 적지(適之)이고, 안
휘성(安徽省) 적계(績溪)에서 출생했다. 베이징대학교 학장, 주미 대사 등을
역임하며 국부의 정치·외교·문교 정책 시행에 중요한 역할을 하였다. J.듀
이에게 교육학을 배워, 그의 프래그머티즘 적용에 의한 중국 고전의 검토(國
故整理運動)는 후세에 큰 영향을 끼쳤다. 1948년 중공정부 수립 직전에 미국
에 망명, 타이완으로 건너가서 중앙연구원 원장, 국민정부 총통부 자정(資政)
등의 요직을 역임하였다.

81 왼손으로 금현을 잡고, 오른손으로 줄을 쳐서 내는 소리를 말한다.

82 고악부에는 소리가 있고 글이 있다. 즉 연속하여 쓴 글이다.

83 『몽양록(夢梁錄)』은 중국 남송 시대(南宋時代) 오자목(吳自牧)의 저서이다. 이
책은 20권으로 구성되어 있으나 10권 본도 있다. 1274년(함순 10)에 완성되
었으며, 절서(節序) 풍속, 산천경물(山川景物), 궁궐관해, 상업 시장에 대한 내
용을 담고 있다. 따라서 이 시대를 이해하는 데 중요한 사료적 가치를 지
닌다.

84 『동경몽화록(東京夢華錄)』은 중국 남송(南宋) 시대 맹원로(孟元老)의 저서이다.

저자인 맹원로의 호는 유란거사(幽蘭居士)이지만 그 외 평생 사적에 대해서 는 정확히 알 수 없다. 이 책은 1147년(소흥 17)에 완성되었으며, 북송 말 변경의 상업 및 민간의 풍속에 관한 유명한 필기이다. 따라서 건축, 하거(河渠), 가항(街巷), 상점, 주루(酒樓), 화물, 야시(夜市), 음식, 풍속 등에 대한 사료적 가치가 높다.

85 『사원총담(詞苑叢談)』은 중국 청대(淸代) 초기의 서구(1636~1708년)의 저서이 다. 12권으로 1688년 초간, 사화(詞話), 즉 역대의 사(詞)에 관한 논의·비평· 일화 등을 널리 모아, 체제(體制)·음운(音韻)·품조(品藻)·기사(紀事)·변증(辨 證)·해학(諧謔)·외편(外編)의 7개 부문으로 나누어 수록되어 있다. 그 내용이 풍부하고, 비교적 정리가 잘 되어 있는 점은 현재까지 정평이 나 있다.

86 『곤학기문(困學紀聞)』은 중국 남송(南宋) 말 왕응린(王應麟)이 지은 실증풍(實證 風)의 찰기(札記)를 모은 책이다. 20권이다. 경(經)·천도(天道)·지리(地理)·제 자(諸子)·고사(考史)·평시문(評詩文)·잡지(雜識) 등의 항목으로 나누고 2,628 가지에 이르는 고증과 평론을 망라하였다.

87 왕안석(王安石, 1021~1086년)은 중국 북송(北宋) 때의 문필가이자 정치인으로 서, 자는 개보(介甫), 호는 반산(半山)이다. 시인으로서 그는 뛰어난 산문과 서 정시를 남겨 이른바 '당송팔대가' 가운데 한 명으로 꼽히며 후대에 큰 영향을 끼쳤다. 또한 북송의 6대 황제인 신종(神宗)에게 발탁되어 1069~1076년에 신법(新法)이라고 불리는 청묘법(靑苗法), 모역법(募役法), 시역법(市易法), 보갑 법(保甲法), 보마법(保馬法) 등의 정책을 입안하고 추진한 개혁적 정치 사상가 로 널리 알려져 있다. 왕안석은 유학의 실용적 해석과 응용을 강조하였으며, 『시경』, 『서경』, 『주례』 등을 독창적으로 해석하였다. 그는 유학의 도덕주의 적 전통에서 벗어나 '법치'를 강조했으며, 이를 실천으로 옮겼다. 때문에 왕 안석의 사상은 유교 전통에서는 제대로 평가받지 못했고, 특히 성리학에서 구법당(舊法黨)의 사상을 정론(正論)으로 받아들이면서 그는 배척의 대상으로 여겨졌다.

88 『자치통감(資治通鑑)』은 중국 북송(北宋)의 사마광(司馬光, 1019~1086년)이 1065~1084년에 편찬한 편년체(編年體) 역사서이다. 294권이다. 『통감(通鑑)』 이라고도 한다. 주(周)나라 위열왕(威烈王)이 진(晉)나라 3경(卿, 韓·魏·趙氏)을 제후로 인정한 B.C 403년부터 5대(五代) 후주(後周)의 세종(世宗) 때인 960년 에 이르기까지 1362년간의 역사를 1년씩 묶어서 편찬한 것이다. 자치통감이 라 함은 치도(治道)에 자료가 되고 역대를 통하여 거울이 된다는 뜻으로, 곧 역대 사실(史實)을 밝혀 정치의 규범으로 삼으며, 또한 왕조 흥망의 원인과 대의명분을 밝히려 한 데 그 뜻이 있었다. 따라서 사실을 있는 그대로 기술 하지 않고 독특한 사관(史觀)에 의하여 기사를 선택하고, 정치나 인물의 득실 (得失)을 평론하여 감계(鑑戒)가 될 만한 사적을 많이 습록(拾錄)하였다. 편년 에 있어서도 3국의 경우에는 위(魏)나라의 연호를, 남북조의 경우에는 남조

의 연호를 각각 써서 그것이 정통(正統)임을 명시하였다.

89 『멱등인화(覓燈因話)』는 중국 명대(明代)에 소경첨(邵景詹)의 전기(傳奇) 소설집이다. 〈계천몽감록(桂遷夢感錄)〉과 〈요공자전(姚公子傳)〉 등 8편의 전기소설이 수록되어 있다. 『전등여화(剪燈餘話)』와 함께 『전등신화(剪燈新話)』의 속편에 해당되며, 가난한 선비의 치부와 시정 무뢰한의 행패 등 사회의 염량을 주요 내용으로 다루었다. 소경첨은 자서에서 "자신과 문객(門客) 모두들 『신화(新話)』 읽기를 좋아하여, 문객들이 자신들이 보고들은 수많은 고금의 기괴하고 비밀스러운 이야기를 해주었는데, 이를 글로 써서 『신화』를 계승한다는 의미에서 『멱등인화』라고 이름지었다."고 밝혔다. 그래서 후인들은 『전등신화』, 『전등여화』 그리고 『멱등인화』를 '삼등(三燈)'이라고 불렀다. 『신화』와 『여화』보다 그 풍격이 더욱 자연을 지향하며, 언어가 명쾌하고 이야기의 구성이 치밀하다. 특히 『여화』는 화려한 언사를 추구한다는 단점이 있는데, 『멱등인화』는 이를 극복하였다. 또한 명초 『신화』 소설이 『요재지이(聊齋志異)』로 발전해 가는 과정에서 작가 포송령(蒲松齡)에게 직접적이고 큰 영향을 주었다. '삼등'은 모두 순환응보 사상의 영향을 받고 있는데, 『인화』에는 음양윤회의 사상과 고사의 줄거리가 비교적 자연스럽고 조화롭게 결합되어 있다.

90 『전등신화(剪燈新話)』는 중국 명나라 구우(瞿佑)의 단편 전기소설집(傳奇小說集)이다. 4권 20편과 부록 1권으로 되었으나 원본은 40권이다. 1378년에 쓴 자서(自序)가 있다. 이는 당나라 때의 소설을 본떠 고금의 괴담기문(怪談奇聞)을 엮어서 쓴 전기소설로서 명대(明代)의 유일한 문어체(文語體) 소설집이다. 이 『전등신화』의 속찬(續撰)과 의작(擬作)은 그 후 동양 3국에서 크게 유행하였으며, 이정(李禎)의 『전등여화(剪燈餘話)』, 소경첨(邵景詹)의 『멱등인화(覓燈因話)』 등이 곧 그것이다. 이 책은 조선 명종 때 창주(滄洲) 윤춘년(尹春年)이 정정(訂正)하고, 수호자(垂胡子) 임파(林芑)가 집석(集釋)한 구해본(句解本)이다. 『전등신화』는 일찍이 한국에도 들어와서 이를 모방하거나 크게 영향을 받았다고 할 수 있는 매월당(梅月堂) 김시습(金時習)의 『금오신화(金鰲新話)』가 있다.

91 원곡선(元曲選) 100종에 최근 영인되어 출간된 17종을 포함한 것이다.

92 당대의 시는 국민 문학으로서의 일반성을 띠었으나, 송대(960~1279년)에는 문인 중심의 문학이 되어, 표현 기법도 더욱 섬세해졌다. 신변의 일상생활을 노래하는 사람들이 많아졌으며, 11세기의 구양수·소식, 12세기의 육유(陸游)·범성대(范成大) 등이 그 방면의 대표자이다. 한편, 시의 발전으로서 사(詞)라고 하는 새로운 문학 형식이 당 말부터 생겨났으며, 뒤얽힌 장단구(長短句)의 형식에 가냘픈 시정(詩情)을 실었다. 사는 오대(五代, 907~960년)의 이호(李顥)·이욱(李煜) 등을 거쳐 위치를 확립했으나 송나라의 유영(柳永)이 새 형식을 시도하여 그 작품이 방방곡곡에서 불리었다. 이러한 가곡의 유행은 가극

의 성립을 촉구했으며 원대(1271~1368년)에는 4절(四折, 4막)을 원칙으로 하는 잡극(雜劇, 元曲)이 완성되었다. 이것은 노래하는 곡(曲)의 부분과 대사를 말하는 백(白)의 부분으로 이루어지며, 이민족의 지배하에서 뜻을 펴지 못하는 문인들이 불타는 정열로 많은 걸작을 남겼다. 특히 관한경(關漢卿)의《두아원(竇娥冤)》, 마치원(馬致遠)의《한궁추(漢宮秋)》, 백박(白樸)의《오동우(梧桐雨)》, 왕실보(王實甫)의《서상기(西廂記)》등이 유명하다. 통속 문학으로서는 당대에 불교를 배경으로 한 그림풀이나 야담 같은 것이 있었는데, 송대가 되자 인쇄술의 발달, 서민 문화의 흥성 등과 발맞추어 통속 소설이 성행하게 되었다. 본래는 번화가의 야담가가 하던 야담·군담(軍談)에서 발전한 것인만큼 구연(口演)의 흔적을 남긴 것도 적지 않았으나, 차차 짜임새를 가다듬고 수준 높은 기법을 구사하게 되었다.

93  제궁조(諸宮調)는 중국(中國) 북송(北宋) 말(末)에 산서성 출신(出身)의 예인(藝人) 공삼전(孔三傳)이 창시(創始)한 창극(唱劇)의 하나로, 노래와 대사(臺詞)의 연쇄(連鎖)로 현악기(絃樂器)의 반주(伴奏)에 의하여 한 사람이 창연(唱演)하는 형인데, 한 편(編)이 각종(各種)의 궁조(宮調)의 여러 가곡(歌曲)으로 이루어졌다. 탄사(彈詞)의 선구(先驅)를 이루었다.

94  단정호(端正好)는 곡패의 이름이다. 단정호는 두 종류가 있는데, 하나는 정궁(正宮)에 속하는 곡조이고, 다른 하나는 선려궁(仙侶宮)에 속하는 곡조이다.

95  혹자는 이르기를, 이이(李二)는 사실인지 아닌지 알지 못한다고 했다.

96  사조제(謝肇淛, ?~?)는 중국 명(明)나라 말기의 문인·수필가로 복주(福州) 장락(長樂) 출생이다. 1592년 진사(進士)에 급제하고 호주부(湖州府)의 추관(推官), 공부낭중(工部郎中)이 되었으며, 다시 운남(雲南)의 지방관을 거쳐 광서(廣西)의 포정사(布政使)로 승진하였다. 지방관 생활이 길었고 공부(工部)에 있을 당시 치수(治水)를 위해 자주 현지에 나갔으며, 또 등산을 좋아해 각지의 지리에 밝았다. 저작으로는 『전략』『북하기(北河紀)』『방암지(方巖志)』등의 지리서(地理書)가 있다. 시·글씨·그림에도 능했는데 특히 유명한 것은 수필 『오잡조(五雜組)』이다. 이것은 그의 해박함을 바탕으로 천(天)·지(地)·인(人)·물(物)·사(事) 등 여러 방면에 걸쳐 기술한 것으로 동양권에서 널리 읽혔다.

97  탕현조(湯顯祖, 1550~1617년)는 중국 명나라 후기의 극작가로 난징의 태상박사와 예부주사로 지냈으나 시정을 비난하다 좌천되었다. 체제 비판적인 방향을 지향하였던 것으로 추측되며《자채기》,《환혼기》등 봉건적 압제에 의해 굴곡된 인간의 고뇌를 담은 작품을 발표했다. 자는 의잉(義仍), 호는 약사(若士)·옥명(玉茗)·해약(海若)이고, 강서성(江西省) 임천(臨川) 출생이다. 1583년 34세로 진사시험에 급제하여 남경(南京)의 태상박사(太常博士)에서 예부주사로 승진하였으나, 시정(時政)을 비난하다 좌천되어 광둥[廣東] 지방의 지현(知縣) 등 미관으로 전전하였다. 1598년 관직을 떠난 후 고향에서 극작에 힘쓰며 유유자적한 생활을 하였다. 그는 사우(師友) 관계에서 당시의 혁명적 문

인 그룹이었던 동림당(東林黨)이나 태주학파(泰州學派) 등과 깊은 관계를 가졌는데, 그의 사상은 체제 비판적인 방향을 지향하였던 것 같다. 《옥명당사몽(玉茗堂四夢)》이라는 이름으로 알려진 《자채기(紫釵記)》《환혼기(還魂記)》《남가기(南柯記)》《한단기(邯鄲記)》 등은 모두 몽환(夢幻)의 세계에서 봉건적 압제하에 굴곡(屈曲)된 인간의 '정(情)'의 고뇌·번민을 어떻게 해방·구제할 것인가 하는 시대적 문제를 추구한 것이다.

98  서위(徐渭, 1521~1593년)는 청나라 문인에 크게 영향을 끼친 중국 명나라의 문인이다. 자(字)는 문장(文長), 호는 청등(靑藤)·천지(天池)이고, 절강성(浙江省) 산음현(山陰縣) 출생이다. 시·서·화에 각각 일가를 이루는 천재적인 문인으로, 특히 희곡 《사성원(四聲猿)》의 명작을 발표해 저명하다. 자기의 독창성을 중시했고, 명나라 초기에 문단을 풍미했던 의고파(擬古派)의 모방을 조소하였는데, 사후 그 개성적인 시풍은 공안파(公安派)인 원굉도(袁宏道)를 경탄시켰을 정도였다. 저서 『서문장 전집(徐文長全集)』 등은 명·청나라 문단에 끼친 영향이 매우 크다. 장년기에 한 번 저장성 총독의 막객(幕客)이 되었던 것을 최후로 향리에 은퇴하였다.

99  진회(秦淮)는 남경(南京)을 지나 양자강(揚子江)으로 흐르는 운하(運河)의 이름이다. 진(秦)나라 때 만들었으며 양쪽 기슭은 유람지로 유명(有名)하다. 진회팔염(秦淮八艷)은 명나라 말기부터 청나라 초기 남경(南京) 진회하(秦淮河)의 슬픈 애정고사를 지닌 8명의 재예명기(才藝名妓)를 말한다. 명 말기 진회 일대의 8명의 명기는 두 파로 나눠지는데 《고횡파(顧橫波)·마상란(馬湘蘭)·이향란(李香君)·유여시(柳如是)·동소완(董小宛)·변옥경(卞玉京)·구미(寇湄)·정타낭(鄭妥娘)》과 《이향란(李香君)·이정려(李貞麗)·왕월(王月)·구미(寇湄)·진원원(陳圓圓)·양완(楊宛)·왕미(王 微)·유여시(柳如是)》가 있다. 또 금릉팔염(金陵八艷)이라 불렀다. 진회팔염의 사적으로 가장 먼저 여회(餘懷)의 『판교잡기(板橋雜記)』에 고횡파, 동소완, 변옥경, 이향군, 구백문, 마상란 등 6명이 분별되어 있다. 후에 유여시와 진원원이 추가되어 팔염이라 부른다.

100 사조제(謝肇淛, ?~?)의 저술로 16권이다. 전체를 천(天)·지(地)·인(人)·물(物)·사(事)의 5부로 나누고, 자연 현상·인사(人事) 현상 등의 넓은 범위에 걸쳐서 저자의 견문과 의견을 항목별로 정리한 것이다. 그 무렵 유행한 소품(小品)에 가까운 스타일을 취했고, 전체적으로 문인 취향의 영역을 벗어나지 못했으나 음양·풍수라는 미신 사상을 부정하고 합리적 경향을 띤 독특한 관찰안은 당시의 사회가 가진 여러 모순을 날카롭게 꿰뚫어본 면이 있으며, 명대의 정치·경제·사회·문화에 관한 귀중한 자료가 되고 있다.

101 중국 명(明)나라 말기에서 청(淸)나라 초기에 걸친 문인 장대(張岱)의 수필식 회상기를 말한다. 1권으로 된 책은 43조(條), 8권으로 된 책은 123조의 단문이 수록되어 있다. 장대는 절강성(浙江省) 소흥(紹興) 사람으로, 호는 도암(陶庵)이다. 명나라 멸망 후 회계산(會稽山) 속에 숨어서 명나라 1대의 역사를

『석궤서(石匱書)』라는 이름으로 정리하는 한편, 명문의 맏아들로 지낸 반생 50년을 화려한 한 자리의 꿈으로 보고 지난 일을 회상할 때마다 명승지·행사(行事)·음식·기물(器物)·예능 등에 걸쳐 정교한 필치로 주옥같은 글을 썼다. 『도암몽억』은 공안(公安)·경릉(竟陵) 양 파에서 공부하여 독자적인 문체를 연마한 그의 문학적 정수이며, 근세 회억체(回憶體)의 문학 중에서도 이채를 띠고 있다.

102 숭정제(崇禎帝, 1611~1644년)는 중국 명(明)의 17대이자 마지막 황제로서, 묘호(廟號)인 사종(思宗), 의종(毅宗) 등으로도 불린다. 즉위 초기에는 전횡을 부리던 환관(宦官) 위충현의 세력을 제거하고 정치를 개혁하였으나, 중기 이후에는 다시 환관(宦官)들을 중용하여 당쟁이 격화되었다. 그 결과 후금(後金)의 침입과 농민반란 등을 촉발시켜 1644년 이자성(李自成)이 이끄는 농민반란군이 북경(北京)을 점령하자 자살하였다.

103 양주수마(揚州瘦馬)는 양주의 비쩍 마른 말이라는 뜻이지만, 명청(明清) 시기의 양주 미인을 가리키는 말이다. 풍만한 전통적인 미녀 대신에 비쩍 마르고, 유약한 여자를 엽색(獵色)의 목표를 삼아, 교방에서 전문적으로 젊은 여자를 교육시켜 부유한 상인들의 첩으로 보내게 된다. 여기서 교육받은 여인들은 하나같이 날씬하고 말랐다. 이때 '양주수마'라는 칭호를 얻게 된 것이다. 몸매가 마르고 약하고 작은 것만으로는 부족했다. 양주수마의 일거일동, 한 번 찡그림과 한 번 웃음이 모두 염상들의 심미적인 취향에 부합해야 했다. 예컨대 길을 걸을 때에는 가벼워야 하고 소리를 내서는 안 된다. 눈빛은 정을 가득 담아서 곁눈질로 보아야 한다는 것 등이다. 이처럼 길러진 수마는 잘 팔렸고, 가격도 잘 받았다.

104 『숙원잡기(菽園雜記)』는 명나라 때 육용(陸容)이 지은 책을 말한다.

105 심덕부(沈德符)가 지은 『야획편(野獲編)』은 명나라의 풍속서이다.

106 장릉(長陵), 안릉(安陵), 양릉(陽陵), 무릉(茂陵), 평릉(平陵)으로 모두 한제(漢帝)의 능 이름이다. 모두 지조와 절개가 있었다고 한다.

107 전겸익(錢謙益, 1582~1664년)는 중국 명말청초(明末淸初)의 문인으로, 자는 수지(受之), 호는 목재(牧齋)·몽수(蒙叟)·동간유로(東澗遺老)이다. 강소성(江蘇省) 상숙(常熟) 사람이다. 1610년(萬曆 38)에 진사(進士)가 되었으며, 예부우시랑(禮部右侍郎)에 올랐으나 정부에 비판적인 동림당(東林黨)에 속했기 때문에 순조롭게 출세하지는 못했다. 1644년 청나라 군대가 북경(北京)을 공략하여 명나라가 멸망했을 때, 명의 황족 주유숭(朱由崧)이 남경(南京)에 세운 조정에서 예부상서(禮部尙書)가 되었으나, 이듬해 난징이 함락되자 항복했다. 청조에서는 예부우시랑에 임명되어 〈명사(明史)〉의 편집을 맡았다. 그러나 그의 사후 건륭제(乾隆帝)로부터 두 왕조에서 벼슬한 불충한 신하로 격렬하게 비난받고 모든 저서가 불태워졌다. 그는 명말청초의 정치가·학자·문인으로서 뛰어난 인물이다. 그는 당시 문단의 영수로서 송대(宋代)의 소동파(蘇東坡)와

금대(金代)의 원호문(元好問)을 좋아했고 송·원 시를 높게 평가하여 종송파(宗宋派)를 창시했다. 또한 명대 7자(七子)의 의고적인 주장에 반대하여 문학은 형식보다 내용을 중시해야 한다고 했다. 그는 장서가로도 알려졌는데, 그의 서고인 강운루(絳雲樓)에 많은 선본(善本)을 모았으나 화재로 인해 모두 불타 없어졌다. 저서로는 『초학집(初學集)』110권과 『유학집(有學集)』50권이 있다.

108 야차(野次)와 함께 비사문천의 권속이라 하며 또는 지옥에 있는 귀신이라고 도 한다. 여성은 나찰녀라고 한다.

109 한가담(韓家潭)이었는데 1965년 거리 이름 정비 작업 때 한가후통으로 변경 되었다. 이곳이 유명해진 이유는 이 골목이 경극의 발원지였기 때문이다.

110 군자죽죽(群雌粥粥)은 여자들이 많아서 시끄러운 장면을 묘사한다는 말이다.

111 접탁로우(踥蹀路隅)는 길 옆에서 천천히 걷는 것을 말한다.

112 구부인주(穀埠迎珠)'에서 '구부(穀埠)'는 거기에서 한 부두(埠頭)의 이름이다. '인주(迎珠)'는 명주(明珠)를 영입(迎入)하는 의미이다. 그렇기 때문에 '구부(穀埠)'에서 '명주(明珠)'를 영입(迎入)하는 의미는 진당(陳塘)에서 많은 손님들이 영입(迎入)하는 것이다.

113 자웅이 짝을 지어야만 나는 새로 연인이나 부부 등을 말한다.

114 최근 상해에 있는 중국 외국 인구 통계는 3,717,423명이다.

115 창기들이 용체(容體)를 파는 것이지만 교통, 실업, 교육과 그들의 비용 등이 많았다.

중국의
연호

## 전한(前漢)

건원(建元) 기원전 140년~기원전 135년
원광(元光) 기원전 134년~기원전 129년
원삭(元朔) 기원전 128년~기원전 123년
원수(元狩) 기원전 122년~기원전 117년
원정(元鼎) 기원전 116년~기원전 111년
원봉(元封) 기원전 110년~기원전 105년
태초(太初) 기원전 104년~기원전 101년
천한(天漢) 기원전 100년~기원전 97년
태시(太始) 기원전 96년~기원전 93년
정화(征和) 기원전 92년~기원전 89년
후원(後元) 기원전 88년~기원전 87년
시원(始元) 기원전 86년~기원전 80년
원봉(元鳳) 기원전 80년~기원전 75년
원평(元平) 기원전 74년
본시(本始) 기원전 73년~기원전 70년
지절(地節) 기원전 69년~기원전 66년
원강(元康) 기원전 65년~기원전 61년
신작(神爵) 기원전 61년~기원전 58년
오봉(五鳳) 기원전 57년~기원전 54년
감로(甘露) 기원전 53년~기원전 50년
황룡(黃龍) 기원전 49년
초원(初元) 기원전 48년~기원전 44년
영광(永光) 기원전 43년~기원전 39년
건소(建昭) 기원전 38년~기원전 34년
경녕(竟寧) 기원전 33년
건시(建始) 기원전 32년~기원전 28년
하평(河平) 기원전 28년~기원전 25년
양삭(陽朔) 기원전 24년~기원전 21년
홍가(鴻嘉) 기원전 20년~기원전 17년
영시(永始) 기원전 16년~기원전 13년
원연(元延) 기원전 12년~기원전 9년
수화(綏和) 기원전 8년~기원전 7년
건평(建平) 기원전 6년~기원전 3년
원수(元壽) 기원전 2년~기원전 1년
원시(元始) 1년~5년
거섭(居攝) 6년~8년
초시(初始) 8년

## 신(新)

시건국(始建國) 9년~13년
천봉(天鳳) 14년~19년
지황(地皇) 20년~23년

## 한 부흥군

경시(更始) 23년~25년

## 후한(後漢)

건무(建武) 25년~56년
건무중원(建武中元) 56년~57년
영평(永平) 58년~75년
건초(建初) 76년~84년
원화(元和) 84년~87년
장화(章和) 87년~88년
영원(永元) 89년~105년
원흥(元興) 105년
연평(延平) 106년
영초(永初) 107년~113년
원초(元初) 114년~119년
영녕(永寧) 120년~121년
건광(建光) 121년~122년
연광(延光) 122년~125년
영건(永建) 126년~132년
양가(陽嘉) 132년~135년
영화(永和) 136년~141년
한안(漢安) 141년~144년
건강(建康) 144년

영희(永憙) 145년
본초(本初) 146년
건화(建和) 147년~149년
화평(和平) 150년
원가(元嘉) 151년~152년
영흥(永興) 153년~154년
영수(永壽) 155년~158년
연희(延熹) 159년~167년
영강(永康) 167
건녕(建寧) 168년~172년
희평(熹平) 172년~178년
광화(光和) 178년~184년
중평(中平) 184년~189년
광희(光熹) 189년
소녕(昭寧) 189년
영한(永漢) 189년
중평(中平) 189년
초평(初平) 190년~193년
흥평(興平) 194년~195년
건안(建安) 196년~220년
연강(延康) 220년

# 삼국 시대
## 조위(曹魏)

황초(黃初) 220년~226년
태화(太和) 227년~233년
청룡(青龍) 233년~237년
경초(景初) 237년~239년
정시(正始) 240년~249년
가평(嘉平) 249년~254년
정원(正元) 254년~256년
감로(甘露) 256년~260년

경원(景元) 260년~264년
함희(咸熙) 264년~265년

## 연(燕)
소한(素漢) 237년~238년

## 촉한(蜀漢)

장무(章武) 221년~223년
건흥(建興) 223년~237년
연희(延熙) 238년~257년
경요(景耀) 258년~263년
염흥(炎興) 263년

## 손오(孫吳)

황무(黃武) 222년~229년
황룡(黃龍) 229년~231년
가화(嘉禾) 232년~238년
적오(赤烏) 238년~251년
태원(太元) 251년~252년
신봉(神鳳) 252년
건흥(建興) 252년~253년
오봉(五鳳) 254년~256년
태평(太平) 256년~258년
영안(永安) 258년~264년
원흥(元興) 264년~265년
감로(甘露) 265년~266년
보정(寶鼎) 266년~269년
건형(建衡) 269년~271년
봉황(鳳凰) 272년~274년
천책(天册) 275년~276년
천새(天璽) 276년
천기(天紀) 277년~280년

## 서진(西晉)

태시(泰始) 265년~274년

함녕(咸寧) 275년~280년

태강(太康) 280년~289년

태희(太熙) 290년

영희(永熙) 290년

영평(永平) 291년

원강(元康) 291년~299년

영강(永康) 300년~301년

영녕(永寧) 301년~302년

태안(太安) 302년~303년

영안(永安) 304년

건무(建武) 304년

영흥(永興) 304년~306년

광희(光熙) 306년

영가(永嘉) 306년~313년

건흥(建興) 313년~317년

## 동진(東晉)

건무(建武) 317년~318년

대흥(大興) 또는 태흥(太興)

318년~321년

영창(永昌) 322년

태녕(太寧) 323년~326년

함화(咸和) 326년~334년

함강(咸康) 335년~342년

건원(建元) 343년~344년

영화(永和) 345년~356년

승평(昇平) 357년~361년

융화(隆和) 362년~363년

흥녕(興寧) 363년~365년

태화(太和) 366년~371년

함안(咸安) 371년~372년

영강(寧康) 373년~375년

태원(太元) 376년~396년

융안(隆安) 397년~402년

원흥(元興) 402년~404년

의희(義熙) 405년~418년

원희(元熙) 419년~420년

# 오호십육국

## 성한(成漢)

건초(建初) 303년~304년

건흥(建興) 304년~306년

안평(晏平) 306년~310년

옥형(玉衡) 311년~334년

옥항(玉恒) 335년~338년

한흥(漢興) 338년~343년

태화(太和) 344년~346년

가녕(嘉寧) 346년~347년

## 전조(前趙)

원희(元熙) 304년~308년

영봉(永鳳) 308년~309년

하서(河瑞) 309년~310년

광흥(光興) 310년~311년

가평(嘉平) 311년~315년

건원(建元) 315년~316년

인가(麟嘉) 316년~318년

한창(漢昌) 318년

광초(光初) 318년~329년

## 전량(前凉)

건흥(建興) 313년~353년

영안(永安) 314년~320년
영원(永元) 320년~324년
태원(太元) 324년~346년
영락(永樂) 346년~353년
화평(和平) 354년~355년
건흥(建興) 355년~361년
태시(太始) 355년~363년
승평(昇平) 361년~376년
태청(太淸) 363년~376년

## 후조(後趙)

태화(太和) 328년~330년
건평(建平) 330년~333년
연희(延熙) 334년
건무(建武) 335년~348년
태녕(太寧) 349년
청룡(靑龍) 350년
영녕(永寧) 350년~351년

## 전연(前燕)

원새(元璽) 352년~356년
광수(光壽) 357년~360년
건희(建熙) 360년~370년

## 전진(前秦)

황시(皇始) 351년~355년
수광(壽光) 355년~357년
영흥(永興) 357년~359년
감로(甘露) 359년~364년
건원(建元) 365년~385년
태안(太安) 385년~386년
태초(太初) 386년~394년
연초(延初) 394년

## 후연(後燕)

연원(燕元) 384년~386년
건흥(建興) 386년~396년
영강(永康) 396년~398년
청룡(靑龍) 398년
건평(建平) 398년
장락(長樂) 399년~401년
광시(光始) 401년~406년
건시(建始) 407년

## 후진(後秦)

백작(白雀) 384년~386년
건초(建初) 386년~394년
황초(皇初) 394년~399년
홍시(弘始) 399년~416년
영화(永和) 416년~417년

## 서진(西秦)

건의(建義) 385년~388년
태초(太初) 388년~400년
경시(更始) 409년~412년
영강(永康) 412년~419년
건홍(建弘) 420년~428년
영홍(永弘) 428년~431년

## 후량(後凉)

태안(太安) 386년~389년
인가(麟嘉) 389년~396년
용비(龍飛) 396년~399년
함녕(咸寧) 399년~401년
신정(神鼎) 401년~403년

## 남량(南凉)

태초(太初) 397년~399년

건화(建和) 400년~401년

홍창(弘昌) 402년~407년

가평(嘉平) 408년~414년

## 북량(北凉)

신새(神璽) 397년~399년

천새(天璽) 399년~401년

영안(永安) 401년~412년

현시(玄始) 412년~428년

승현(承玄) 428년~431년

의화(義和) 431년~433년

영화(永和) 433년~439년

## 남연(南燕)

건평(建平) 400년~405년

태상(太上) 405년~410년

## 서량(西凉)

경자(庚子) 400년~404년

건초(建初) 405년~417년

가흥(嘉興) 417년~420년

영건(永建) 420년~421년

## 하(夏)

용승(龍昇) 407년~413년

봉상(鳳翔) 413년~418년

창무(昌武) 418년~419년

진흥(眞興) 419년~425년

승광(承光) 425년~428년

승광(勝光) 428년~431년

## 북연(北燕)

정시(正始) 407년~409년

태평(太平) 409년~430년

태흥(太興) 431년~436년

# 기타 국가

## 대(代)

건국(建國) 338년~376년

## 염위(蔣魏)

영흥(永興) 350년~352년

## 서연(西燕)

연흥(燕興) 384년

경시(更始) 385년~386년

창평(昌平) 386년

건명(建明) 386년

건평(建平) 386년

건무(建武) 386년

중흥(中興) 386년~394년

## 적위(翟魏)

건광(建光) 388년~391년

정정(定鼎) 391년~392년

# 남북조

## 송(宋)

영초(永初) 420년~422년
경평(景平) 423년~424년
원가(元嘉) 424년~453년
태초(太初) 453년
효건(孝建) 454년~456년
대명(大明) 457년~464년
영광(永光) 465년
경화(景和) 465년
태시(泰始) 465년~471년
태예(泰豫) 472년
원휘(元徽) 473년~477년
승명(昇明) 477년~479년

## 제(齊)

건원(建元) 479년~482년
영명(永明) 483년~493년
융창(隆昌) 494년
연흥(延興) 494년
건무(建武) 494년~498년
영태(永泰) 498년
영원(永元) 499년~501년
중흥(中興) 501년~502년

## 양(梁)

천감(天監) 502년~519년
보통(普通) 520년~527년
대통(大通) 527년~529년
중대통(中大通) 529년~534년
대동(大同) 535년~546년
중대동(中大同) 546년~547년
태청(太淸) 547년~549년
대보(大寶) 550년~551년
천정(天正) 551년

승성(承聖) 552년~555년
천성(天成) 555년
소태(紹泰) 555년~556년
태평(太平) 556년~557년

## 진(陳)

영정(永定) 557년~559년
천가(天嘉) 560년~566년
천강(天康) 566년
광대(光大) 567년~568년
태건(太建) 569년~582년
지덕(至德) 583년~586년
정명(禎明) 587년~589년

## 북위(北魏)

등국(登國) 386년~396년
황시(皇始) 396년~398년
천흥(天興) 398년~404년
천사(天賜) 404년~409년
영흥(永興) 409년~413년
신서(神瑞) 414년~416년
태상(泰常) 416년~423년
시광(始光) 424년~428년
신가(神䴥) 428년~431년
연화(延和) 432년~435년
태연(太延) 435년~440년
태평진군(太平眞君)
440년~451년
정평(正平) 451년~452년
승평(承平) 452년
흥안(興安) 452년~454년
흥광(興光) 454년~455년
태안(太安) 455년~459년

화평(和平) 460년~465년
천안(天安) 466년~467년
황흥(皇興) 467년~471년
연흥(延興) 471년~476년
승명(承明) 476년
태화(太和) 477년~499년
경명(景明) 500년~504년
정시(正始) 504년~508년
영평(永平) 508년~512년
연창(延昌) 512년~515년
희평(熙平) 516년~518년
신귀(神龜) 518년~520년
정광(正光) 520년~525년
효창(孝昌) 525년~528년
무태(武泰) 528년
건의(建義) 528년
영안(永安) 528년~530년
건명(建明) 530년~531년
보태(普泰) 531년~532년
중흥(中興) 531년~532년
태창(太昌) 532년
영흥(永興) 532년
영희(永熙) 532년~534년

### 동위(東魏)

천평(天平) 534년~537년
원상(元象) 538년~539년
흥화(興和) 539년~542년
무정(武定) 543년~550년

### 서위(西魏)

대통(大統) 535년~551년

### 북제(北齊)

천보(天保) 550년~559년
건명(乾明) 560년
황건(皇建) 560년~561년
태녕(太寧) 또는 대녕(大寧)
561년~562년
하청(河淸) 562년~565년
천통(天統) 565년~569년
무평(武平) 570년~576년
융화(隆化) 576년
승광(承光) 577년

### 북주(北周)

무성(武成) 559년~560년
보정(保定) 561년~565년
천화(天和) 566년~572년
건덕(建德) 572년~577년
선정(宣政) 578년
대성(大成) 579년
대상(大象) 579년~580년
대정(大定) 581년

### 수(隋)

개황(開皇) 581년~600년
인수(仁壽) 601년~604년
대업(大業) 605년~618년
의녕(義寧) 617년~618년
황태(皇泰) 618년~619년

### 당(唐)

당
무덕(武德) 618년~626년

정관(貞觀) 627년~649년
영휘(永徽) 650년~655년
현경(顯慶) 656년~661년
용삭(龍朔) 661년~663년
인덕(麟德) 664년~665년
건봉(乾封) 666년~668년
총장(總章) 668년~670년
함형(咸亨) 670년~674년
상원(上元) 674년~676년
의봉(儀鳳) 676년~679년
조로(調露) 679년~680년
영륭(永隆) 680년~681년
개요(開耀) 681년~682년
영순(永淳) 682년~683년
홍도(弘道) 683년
사성(嗣聖) 684년
문명(文明) 684년
광택(光宅) 684년
수공(垂拱) 685년~688년
영창(永昌) 689년
재초(載初) 689년~690년

## 무주(武周)

690년부터 705년까지, 측천무후 (則天武后)가 건국한 무주(武周)의 연호가 사용되었다.

천수(天授) 690년~692년
여의(如意) 692년
장수(長壽) 692년~694년
연재(延載) 694년
증성(證聖) 695년
천책(天册) 695년
등봉(登封) 695년~696년

통천(通天) 696년~697년
신공(神功) 697년
성력(聖歷) 698년~700년
구시(久視) 700년~701년
대족(大足) 701년
장안(長安) 701년~705년

## 당

당나라가 재건된 이후에 사용된 연호들이다.

신룡(神龍) 705년~707년
경룡(景龍) 707년~710년
당융(唐隆) 710년
경운(景雲) 710년~712년
태극(太極) 712년
연화(延和) 712년
선천(先天) 712년~713년
개원(開元) 713년~741년
천보(天寶) 742년~756년
지덕(至德) 756년~758년
건원(乾元) 758년~760년
상원(上元) 760년~762년
보응(寶應) 762년~763년
광덕(廣德) 763년~764년
영태(永泰) 765년
대력(大歷) 766년~779년
건중(建中) 780년~783년
흥원(興元) 784년
정원(貞元) 785년~805년
영정(永貞) 805년
원화(元和) 806년~820년
장경(長慶) 821년~824년
보력(寶曆) 825년~826년

대화(大和) 827년~835년
개성(開成) 836년~840년
회창(會昌) 841년~846년
대중(大中) 847년~859년
함통(咸通) 860년~873년
건부(乾符) 874년~879년
광명(廣明) 880년
중화(中和) 881년~884년
광계(光啓) 885년~887년
문덕(文德) 888년
용기(龍紀) 889년
대순(大順) 890년~891년
경복(景福) 892년~893년
건녕(乾寧) 894년~897년
광화(光化) 898년~900년
천복(天復) 901년~903년
천우(天祐) 904년~907년

# 오대십국

## 오대(五代)

### 후량(後梁)
개평(開平) 907년~911년
건화(乾化) 911년~915년
정명(貞明) 915년~921년
용덕(龍德) 921년~923년

### 후당(後唐)
동광(同光) 923년~926년
천성(天成) 926년~930년
장흥(長興) 930년~933년
응순(應順) 934년~934년
청태(淸泰) 934년~936년

### 후진(後晉)
천복(天福) 936년~944년
개운(開運) 944년~946년

### 후한(後漢)
천복(天福) 947년~947년
건우(乾祐) 948년~950년

### 후주(後周)
광순(廣順) 951년~954년
현덕(顯德) 954년~959년

## 십국(十國)

### 오(吳)
무의(武義) 919년~920년
순의(順義) 921년~926년
건정(乾貞) 927년~928년
대화(大和) 929년~934년
천조(天祚) 935년~937년

### 남당(南唐)
승원(昇元) 937년~942년
보대(保大) 943년~957년
중흥(中興) 958년
교태(交泰) 958년

### 오월(吳越)
보정(寶正) 926년~978년

### 남한(南漢)
건형(乾亨) 917년~924년
백룡(白龍) 925년~927년
대유(大有) 928년~941년

광천(光天) 942년
응건(應乾) 943년
건화(乾和) 943년~957년
대보(大寶) 958년~971년

민(閩)
용계(龍啓) 933년~934년
영화(永和) 935년
통문(通文) 936년~938년
영륭(永隆) 939년~942년
천덕(天德) 943년~945년

전촉(前蜀)
무성(武成) 908년~910년
영평(永平) 911년~915년
통정(通正) 916년
천한(天漢) 917년
광대(光大) 918년
건덕(乾德) 919년~924년
함강(咸康) 925년

후촉(後蜀)
명덕(明德) 934년~937년
광정(廣政) 938년~965년

북한(北漢)
천회(天會) 957년~973년
광운(廣運) 974년~979년

## 북송(北宋)

건륭(建隆) 960년~963년
건덕(乾德) 963년~968년
개보(開寶) 968년~976년
태평흥국(太平興國)

976년~984년
옹희(雍熙) 984년~987년
단공(端拱) 988년~989년
순화(淳化) 990년~994년
지도(至道) 995년~997년
함평(咸平) 998년~1003년
경덕(景德) 1004년~1007년
대중상부(大中祥符)
1008년~1016년
천희(天禧) 1017년~1021년
건흥(乾興) 1022년
천성(天聖) 1023년~1032년
명도(明道) 1032년~1033년
경우(景祐) 1034년~1038년
보원(寶元) 1038년~1040년
강정(康定) 1040년~1041년
경력(慶曆) 1041년~1048년
황우(皇祐) 1049년~1054년
지화(至化) 1054년~1056년
가우(嘉祐) 1056년~1063년
치평(治平) 1064년~1067년
희녕(熙寧) 1068년~1077년
원풍(元豊) 1078년~1085년
원우(元祐) 1086년~1094년
소성(紹聖) 1094년~1098년
원부(元符) 1098년~1100년
건중정국(建中靖國) 1101년
숭녕(崇寧) 1102년~1106년
대관(大觀) 1107년~1110년
정화(政和) 1111년~1118년
중화(重和) 1118년~1119년
선화(宣和) 1119년~1125년
정강(靖康) 1126년~1127년

## 남송(南宋)

건염(建炎) 1127년~1130년
소흥(紹興) 1131년~1162년
융흥(隆興) 1163년~1164년
건도(乾道) 1165년~1173년
순희(淳熙) 1174년~1189년
소희(紹熙) 1190년~1194년
경원(慶元) 1195년~1201년
가태(嘉泰) 1201년~1205년
개희(開禧) 1205년~1208년
가정(嘉定) 1208년~1225년
보경(寶慶) 1225년~1227년
소정(紹定) 1228년~1233년
단평(端平) 1234년~1236년
가희(嘉熙) 1237년~1240년
순우(淳祐) 1241년~1252년
보우(寶祐) 1253년~1258년
개경(開慶) 1259년
경정(景定) 1260년~1264년
함순(咸淳) 1265년~1274년
덕우(德祐) 1275년~1276년
경염(景炎) 1277년~1278년
상흥(祥興) 1279년

## 요(遼)

신책(神册) 916년~921년
천찬(天贊) 922년~926년
천현(天顯) 926년~938년
회동(會同) 938년~947년
대동(大同) 947년~947년
천록(天祿) 947년~951년
응력(應曆) 951년~969년
보녕(保寧) 969년~979년

건형(乾亨) 979년~982년
통화(統和) 983년~1012년
개태(開泰) 1012년~1021년
태평(太平) 1021년~1030년
경복(景福) 1031년~1031년
중희(重熙) 1032년~1055년
청녕(淸寧) 1055년~1064년
함옹(咸雍) 1065년~1074년
태강(太康) 1075년~1084년
태안(太安) 1085년~1094년
수창(壽昌) 1095년~1100년
건통(乾統) 1101년~1110년
천경(天慶) 1111년~1120년
보대(保大) 1121년~1125년

## 북요(北遼)

건복(建福) 1122년
덕흥(德興) 1122년
신력(神曆) 1123년

## 서요(西遼)

연경(延慶) 1132년~1134년
강국(康國) 1134년~1143년
함청(咸淸) 1144년~1150년
소흥(紹興) 1150년~1163년
숭복(崇福) 1164년~1178년
천희(天禧) 1178년~1218년

## 서하(西夏)

현도(顯道) 1032년~1033년
개운(開運) 1034년~1034년
광운(廣運) 1034년~1035년
대경(大慶) 1036년~1037년
천수예법연조(天授禮法延祚)

1038년~1048년
연사녕국(延嗣寧國) 1049년~1049년
천우수성(天祐垂聖) 1050년~1052년
복성승도(福聖承道) 1053년~1056년
차도(奲都) 1057년~1062년
공화(拱化) 1063년~1068년
건도(乾道) 1069년~1070년
천사례성국경(天賜禮盛國慶)
1071년~1075년
대안(大安) 1076년~1085년
천안예정(天安禮定) 1086년~1086년
천의치평(天儀治平) 1087년~1089년
천우민안(天祐民安) 1090년~1098년
영안(永安) 1099년~1101년
정관(貞觀) 1102년~1114년
옹녕(雍寧) 1115년~1119년
원덕(元德) 1120년~1126년
정덕(正德) 1127년~1134년
대덕(大德) 1135년~1138년
대경(大慶) 1139년~1143년
천성(天盛) 1149년~1170년
건우(乾祐) 1171년~1193년
천경(天慶) 1194년~1205년
응천(應天) 1206년~1209년
황건(皇建) 1210년~1210년
광정(光定) 1211년~1222년
건정(乾定) 1223년~1225년
보경(寶慶) 1226년~1227년

## 금(金)

수국(收國) 1115년~1116년
천보(天輔) 1117년~1123년
천회(天會) 1123년~1137년
천권(天眷) 1138년~1140년

황통(皇統) 1141년~1149년
천덕(天德) 1149년~1153년
정원(貞元) 1153년~1156년
정륭(正隆) 1156년~1161년
대정(大定) 1161년~1189년
명창(明昌) 1190년~1196년
승안(承安) 1196년~1201년
태화(泰和) 1201년~1208년
대안(大安) 1209년~1211년
숭경(崇慶) 1212년~1213년
지녕(至寧) 1213년
정우(貞祐) 1213년~1217년
흥정(興定) 1217년~1222년
원광(元光) 1222년~1223년
정대(正大) 1224년~1232년
개흥(開興) 1232년
천흥(天興) 1232년~1234년
성창(盛昌) 1234년

## 원(元)

중통(中統) 1260년~1264년
지원(至元) 1264년~1294년
원정(元貞) 1295년~1297년
대덕(大德) 1297년~1307년
지대(至大) 1308년~1311년
황경(皇慶) 1312년~1313년
연우(延祐) 1314년~1320년
지치(至治) 1321년~1323년
태정(泰定) 1324년~1328년
치화(致和) 1328년
천순(天順) 1328년
천력(天曆) 1328년~1329년
지순(至順) 1330년~1333년
원통(元統) 1333년~1335년

지원(至元) 1335년~1340년
지정(至正) 1341년~1368년

**북원(北元)**

선광(宣光) 1371년~1378년
천광(天光) 1378년~1381년

## 명(明)

홍무(洪武) 1368년~1398년
건문(建文) 1398년~1402년
영락(永樂) 1402년~1424년
홍희(洪熙) 1425년
선덕(宣德) 1425년~1435년
정통(正統) 1425년~1449년
경태(景泰) 1449년~1457년
천순(天順) 1457년~1465년
성화(成化) 1464년~1487년
홍치(弘治) 1487년~1505년
정덕(正德) 1505년~1521년
가정(嘉靖) 1521년~1567년
융경(隆慶) 1567년~1572년
만력(萬曆) 1572년~1620년
태창(泰昌) 1620년
천계(天啓) 1620년~1627년
숭정(崇禎) 1628년~1644년

**남명(南明)**

홍광(弘光) 1645년~1645년
융무(隆武) 1645년~1646년
감국(監國) 1646년~1651년
영력(永曆) 1647년~1661년

## 청(淸)

**후금(後金)**

천명(天命) 1616년~1626년
천총(天聰) 1626년~1636년

**청(淸)**

숭덕(崇德) 1636년~1643년
순치(順治) 1643년~1661년
강희(康熙) 1661년~1722년
옹정(雍正) 1722년~1735년
건륭(乾隆) 1735년~1795년
가경(嘉慶) 1795년~1820년
도광(道光) 1820년~1850년
함풍(咸豊) 1850년~1861년
동치(同治) 1861년~1875년
광서(光緖) 1875년~1908년
선통(宣統) 1908년~1912년

## 중화민국

민국(民國) 1912년~1949년
(대륙)/현재(대만)

## 중화인민공화국(중국)

1949년 10월 1일~현재

출전 목록

색인

# 출전 목록

## ㄱ/ㄴ

### 《갑을잉언(甲乙剩言)》

명나라 호응린(胡應麟)이 편찬한 것으로, 1권이다.

### 《고문원(古文苑)》

원래의 것은 당(唐)나라 때 편찬하였다고 하나 확실하지 않으며, 지금 전하는 것은 송(宋)나라의 한원길(韓元吉)이 편찬한 9권본과, 장초(章樵)가 이를 주석보수(註釋補修)한 21권본이다. 한원길의 9권본은 문(文)·부(賦) 3권, 시(詩)·제량시(齊梁詩)·가(歌)·곡(曲) 1권, 척(敕)·계(啓)·장(狀)·서(書)·봉(封) 1권, 송(頌)·술(述)·찬(贊)·명(銘) 1권, 잠(箴) 1권, 잡문(雜文)·서(敍)·기(記)·비(碑) 1권, 비(碑)·뇌(誄) 1권으로 되어 있는데, 모두 《사전(史傳)》 및 《문선(文選)》에 수록되지 않은 것으로, 당나라 이전에 산일(散佚)된 고문들이 이 책에 전해진다.

### 《곤학기문(困學紀聞)》

중국 남송(南宋) 말 왕응린(王應麟)이 지은 실증풍(實證風)의 찰기(札記, 짧은 수기류)를 모은 책이다. 20권으로 경(經)·천도(天道)·지리(地理)·제자(諸子)·고사(考史)·평시문(評詩文)·잡지(雜識) 등의 항목으로 나누고 2,628가지에 이르는 고증과 평론을 망라하였다.

《국사보(國史補)》

=《당국사보(唐國史補)》

《국초사적(國初事蹟)》

명(明)나라 때 유진(劉眞)이 편찬한 책이다.

《교방록(教坊錄)》

육우가 지은 책이다. 군신계(君臣契)3권, 성원해(姓源解)30권, 강표사성보(江表四姓譜)8권, 남북인물지(南北人物志)10권, 오흥역관기(吳興歷官記)3권, 호주자사기(湖州刺史記)1권, 다경(茶經)3권, 점몽(占夢)상, 중, 하 3권, 고저산다기(顧渚山茶記)2권, 저산기(   山記), 혜산기(惠山記), 호구산지(邱山志), 수품(水品), 훼다론(毀茶論), 교방록(教坊錄), 당오승시(唐五僧詩), 영은천축이사기(靈隱天竺二寺記) 등 수많은 저서가 있다.

《개원천보유사(開元天寶遺事)》

중국 성당(盛唐)의 영화를 전하는 유문(遺聞)을 모은 책이다. 오대(五代)의 한림학사 등을 역임한 왕인유(王仁裕, 880~956년)가 후당(後唐) 장종(莊宗) 때에 진주절도판관(秦州節度判官)이 되어 시안(長安)에 있을 무렵, 민간에 전해져 오던 고사(故事) 159조(條)를 모아 이 책을 만들었다고 한다. 그러나 남송(南宋)의 홍매(洪邁)는 이 책이 왕인유의 이름만 얹어 만들어진 것이라고 주장했다. 사실(史實)을 전한다기보다 현종시대에 대한 동경에서 나온 풍문과 설화로서 음미할 만한 글이 많다.

《계신잡지(癸辛雜識)》

송말(宋末) 원초(元初)에 주밀(周密)이 편찬한 것으로, 전집·후집 각 1권, 속집·별집 각 2권이다. 남송 말기에서 원나라 초기의 사회상을 아는 데 많은 참고가 된다.

《건순세시기(乾淳歲時記)》

남송(南宋) 때 주밀(周密)이 편찬한 책이다.

《귀이집(貴耳集)》

송(宋)나라 때의 장단의(張端義)가 편찬한 것으로, 3권이다. 1권과 2권에는 조정의 일사(逸事)와 시화(詩話), 고증(考證)을 기술하였고, 3권에는 쇄문(瑣聞)을 기술한 것이 많으며, 신괴(神怪)에 대한 것도 기술하였다.

《귀잠지(歸潛志)》

금(金)나라가 멸망할 무렵, 유기(劉祁)는 고향 혼원(渾源)으로 돌아가 저술한 책이다. 그의 서재 귀잠당(歸潛堂)에서 따온 것이고, 금나라 때의 명사에 관한 전기와 잡설 등을 모아 14권으로 편찬하였다.

《낙양가람기(洛陽伽藍記)》

중국 낙양(洛陽)의 가람(伽藍)에 관한 전설·고적(古蹟)을, 당시의 기성태수(期城太守) 양현지(楊衒之)가 저술한 기록문집이다. 547년경의 작품으로, 5권으로 되어 있다. 본래 낙양은 북위(北魏)의 수도로서 번영하였고, 불교보호책으로 1,300여 사찰(寺刹)이 있었으나, 북위가 분열하여 동위(東魏)가 되면서

수도를 하북성(河北省)의 업(鄴)으로 천도함으로써 낙양은 황폐하였다. 547
년 양현지가 뤄양에 와서 성곽(城郭)·궁실(宮室)·사찰·탑(塔)·묘당(廟堂) 등의
붕괴된 모습을 보고 지난날의 영화를 회상하며, 특히 장려 웅대하던 사찰
의 쇠망에 크게 느낀 바가 있어, 실지로 자신이 본 그대로를 후세에 전하
기 위하여 이 책을 저술하였다. 낙양 성내로부터 성동·성남·성서·성북의
순서를 따라 그 구조와 고적 등을 상술하였고, 특히 주요한 대가람의 위
치·사력(寺歷)·외관 등 사찰에 관한 여러 사항 등에 대하여 기록하였다. 이
책은 단순한 가람기라기보다는 당시의 낙양을 아는 데 귀중한 자료이며,
정치·풍속·인사(人事) 등에 이르기까지 간결한 명문으로 묘사하여 당시의
사회를 알기 위한 사료(史料)로서, 또한 많은 전설이나 설화가 포함된 문학
작품으로서도 높은 가치를 지니고 있다.

《남부신서(南部新書)》
전이(錢易)가 지은 북송(北宋)시대의 수필집이다.

《노학암필기(老學庵筆記)》
송(宋)나라 육유(陸游)가 편찬한 책이다. 그가 견문(見聞)한 바를 580조에 걸
쳐 기록하고 있다. 문예(文藝)를 고정(考訂)한 것이 많다. 오조소설(五朝小說)
21, 설부(設部) 41, 진체비서(津逮秘書) 70, 박고존집(博古存什) 34·35, 학진토원
(學津討原) 15가 수록되어 있다. 《노학암필기》 10권, 《속필기(續筆記)》 2권
이다.

《능개재만록(能改齋謾錄)》

송(宋)나라 오증(吳曾)이 편찬한 책이다.

ㄷ

《당국사보(唐國史補)》

일명《국사보(國史補)》라고도 하며, 당(唐) 이조(李肇) 저작이며 3권(卷)으로 도합 300여 조(條)에 이르는 소소한 이야기를 수록했다. 각 조(條)마다 5글자로 된 제목이 있다. 기재한 내용은 당(唐) 개원(開元) 연간에서 장경(長慶) 연간에 이르기까지 1세기 사이를 시대적 배경으로 삼으며, 당시 사회풍속이라든가 직관(職官), 그리고 선거제도의 연혁 등을 언급한다. 작자는 자서(自序)에서 이르기를 "보응(報應)을 말하거나, 귀신(鬼神)을 서술하거나, 몽복(夢卜)을 징험하거나, 유박(帷箔)에 가까운 것과 같은 따위는 모두 버린다. 대신 사실(事實)을 기록하고 물리(物理)를 채택하며 의혹(疑惑)을 가리며, 권계(勸戒)를 보이고, 풍속(風俗)을 채록하며 담소(談笑)에 보탬이 되는 것 등을 기록한다."고 했다. 판본으로는 명(明) 급고각(汲古閣) 간영(刊影) 송본(宋本)과《진체비서(津逮秘書)》,《학진토원(學津討原)》,《필기소설대관(筆記小說大觀)》 등이 있다.

《당시기사(唐詩紀事)》

남송(南宋) 때 계유공(計有功)이 당(唐)의 시인(詩人)과 작품(作品)을 평론(評論)한 책(册)이다. 계유공의 자(字)는 민부(敏夫)이고, 1121년 진사(進士)가 되어 가주(嘉州)의 지사까지 역임(歷任)했다.

《당어림(唐語林)》

송(宋)나라 때의 왕당(王讜)이 편찬한 책이다.


《당율소의(唐律疏議)》

당(唐)나라 때의 장손무기(長孫無忌) 등이 편찬한 당의 법률 해설서이다.


《도성기승(都城紀勝)》

남송(南宋) 때 내득옹(耐得翁)이 편찬한 책이다. 남송시대 수도였던 임안(臨安)의 저잣거리 풍경을 기록한 책으로 대략 남송 단평(端平) 2년(1235) 무렵에 쓰였다. 임안의 번화한 거리, 점포, 학교, 사원, 정원, 교방, 잡기 등을 소재별로 기재하고 있어 당시 도시 사회와 생활을 엿볼 수 있는 중요한 문헌이다. 내득옹은 별호로서, 성이 조(趙)씨라는 것 외에 나머지는 알 수 없다.


《동계섬지(峒谿纖志)》

청(淸)나라 때 강희(康熙) 원년(元年: 1662년)년간에 지은 육차운(陸次雲)의 저술이다.


《당척언(唐摭言)》

왕정보(王定保, 870~940년)가 쓴 책이다.


《도암몽억(陶庵夢憶)》

중국 명(明)나라 말기에서 청(淸)나라 초기에 걸친 문인 장대(張岱)의 수필식 회상기이다. 1권으로 된 책은 43조(條), 8권으로 된 책은 123조의 단문이 수록되어 있다. 장대는 절강성(浙江省) 소흥(紹興) 사람으로, 호는 도암(陶庵)이다. 명나라 멸망 후 회계산(會稽山) 속에 숨어서 명나라 1대의 역사를 《석궤서(石匱書)》라는 이름으로 정리하는 한편, 명문의 맏아들로 지낸 반생 50년을 화려한 한 자리의 꿈으로 보고 지난 일을 회상할 때마다 명승지·행사(行事)·음식·기물(器物)·예능 등에 걸쳐 정교한 필치로 주옥같은 글을 썼다. 《도암몽억》은 공안(公安)·경릉(竟陵) 양 파에서 공부하여 독자적 문체를 연마한 그의 문학적 정수이며, 근세 회억체(回憶體)의 문학 중에서도 이채를 띠고 있다.

《동경몽화록(東京夢華錄)》

북송(北宋)의 수도(首都)인 변경(汴京)의 번화한 모습을 기록한 책으로, 1147년에 저술되었으며, 총 10권이다. 송나라 맹원로(孟元老)의 저술이라 하는데, 작자의 본명과 전기(傳記)는 미상이다.

《동천청록(洞天淸錄)》

송나라 조희곡(趙希鵠)이 편찬한 것으로, 1권이다. 고기(古器), 고화(古畫)에 대해 변증한 것으로, 감식가(鑑識家)의 좋은 지침서가 된다.

《동파집(東坡集)》

송나라 소식(蘇軾)의 문집으로, 총 40권이다.

《동파지림(東坡志林)》

송나라 소식(蘇軾)이 편찬한 것으로, 5권이다. 잡설(雜說)에 관한 글을 수록하였다.

《동헌필록(東軒筆錄)》

북송(北宋) 신종(神宗)·철종(哲宗, 1067~1099년) 때의 위태(魏泰)가 지은 잡사(雜事)들을 기록한 책이다. 《동헌필록(東軒筆錄)》은 대략 북송 원우(元祐) 연간(年間, 1086~1093년)에 완성된 것으로 보이며, 그 내용은 주로 위태(魏泰)가 젊었을 때 견문한 것들이다. 위태(魏泰)는 북송 신종·철종·휘종 연간(1067~1125년)에 활동했으나, 정확한 생몰연대는 미상이다. 양양(襄陽), 현재 호북성(湖北省) 양번(襄樊) 출신으로 자(字)는 도보(道輔), 호(號)는 임한은거(臨漢隱居)이다. 젊었을 때 과거장에서 고관(考官)을 구타한 후 은거했다. 왕안석(王安石)·왕안국(王安國)·황정견(黃庭堅) 등과 친분이 있었으나, 말년에는 자신의 권력을 믿고 다른 사람들을 업신여겼다.

## ㅁ/ㅂ

《몽양록(夢梁錄)》

중국 남송시대(南宋時代) 오자목(吳自牧)의 저서이다. 20권으로 구성되어 있으나 10권 본도 있다. 1274년(함순 10)에 완성되었으며, 절서(節序) 풍속, 산천경물(山川景物), 궁궐관해, 상업시장에 대한 내용을 담고 있다. 따라서 이 시대를 이해하는 데 중요한 사료 가치를 지닌다. 그중에서 시장의 규모, 하도(河道)와 교통에 관해 서술, 상업에 대해서 서술, 물산(物産)에 대해 서

술등 경제적인 부분이 뛰어나다.

《묵장만록(墨莊漫錄)》

송나라 장방기(張邦基)가 편찬한 것으로, 4권이다. 잡사(雜事)에 대해 고증한 것인데, 괴이한 내용이 많이 들어 있다.

《멱등인화(覓燈因話)》

중국 명대(明代)에 소경첨(邵景詹)의 전기(傳奇)소설집이다. 〈계천몽감록(桂遷夢感錄)〉과 〈요공자전(姚公子傳)〉 등 8편의 전기소설이 수록되어 있다. 《전등여화(剪燈餘話)》와 함께 《전등신화(剪燈新話)》의 속편에 해당되며, 가난한 선비의 치부와 시정 무뢰한의 행패 등 사회의 염량을 주요 내용으로 다루었다. 소경첨은 자서에서 "자신과 문객(門客) 모두들 《신화(新話)》 읽기를 좋아하여, 문객들이 자신들이 보고들은 수많은 고금의 기괴하고 비밀스러운 이야기를 해주었는데, 이를 글로 써서 《신화》를 계승한다는 의미에서 《멱등인화》라고 이름지었다"고 밝혔다. 그래서 후인들은 《전등신화》《전등여화》 그리고 《멱등인화》를 '삼등(三燈)'이라고 불렀다. 《신화》와 《여화》보다 그 풍격이 더욱 자연을 지향하며, 언어가 명쾌하고 이야기의 구성이 치밀하다. 특히 《여화》는 화려한 언사를 추구한다는 단점이 있는데, 《멱등인화》는 이를 극복하였다. 또한 명초 《신화》소설이 《요재지이(聊齋志異)》로 발전해 가는 과정에서 작가 포송령(蒲松齡)에게 직접적이고 큰 영향을 주었다. '삼등'은 모두 순환응보 사상의 영향을 받고 있는데, 《인화》에는 음양윤회의 사상과 고사의 줄거리가 비교적 자연스럽고 조화롭게 결합되어 있다.

## 《박물지(博物志)》

진(晉)나라 장화(張華)가 편찬한 것으로, 10권인데, 실은 원본이 없어져 후인이 다시 찬집한 것이다. 고대로부터 전해 오는 이경(異境)과 기물(奇物)을 집록(集錄)하였다.

## 《변도평강기(汴都平康記)》

송(宋)나라 때 정방기(張邦基)가 편찬한 당대(唐代) 장안(長安) 북쪽 평강리(平康里)의 기녀(妓女)들에 대해 적은 필기(筆記)이다.

## 《본사시(本事詩)》

당(唐) 희종(僖宗) 광계(光啓) 2년(886년) 맹계(孟棨)가 저술한 시가 이론서이다.

## 《북리지(北里志)》

당대(唐代) 장안(長安) 북쪽 평강리(平康里)의 기녀(妓女)들에 대해 적은 필기(筆記)이다. 작자인 손계(孫棨)는 당(唐) 희종(僖宗) 때 사람으로 생졸년과 그의 행적에 대해서는 사전(史傳)에 기재되어 있지 않다. 하지만 《신당서(新唐書)》 재상세계표(宰相世系表)에 의하면, 그의 자(字)는 문위(文威)이고 안읍(安邑, 지금의 산서[山西]) 연성(運城) 사람임을 알 수가 있다. 또한 일찍이 시성사(侍御史), 한림학사(翰林學士), 중서사인(中書舍人) 등의 직책을 역임하였다고 한다. 《북리지(北里志)》에서는 당대(唐代) 기녀들의 생활상과 그들 사이에서의 일화(逸話), 그들이 지은 시문(詩文) 등을 수록하고 있으므로, 이를 통해 당대(唐代) 사회의 한 면을 엿볼 수가 있다. 아울러 당대(唐代) 여성문화에 대한 신빙성 높은 고찰 역시 가능하다고 할 수 있겠다.

《북몽쇄언(北夢瑣言)》

총 20권인데 송(宋)나라 손광헌(孫光憲)이 편찬하였다. 손광헌이 어려서 고
계흥(高季興)을 따라 형주에 있는 몽택(夢澤) 북쪽에 살았기 때문에 '북몽(北
夢)'이라 했다. 당(唐)나라 말기 오대(五代)의 역사 속에 빠진 일들을 기록하
였는데 쓸모없는 일들을 적어 놓았다는 평가를 면하기 어려우나 잡다한
일들을 남겨 놓아 가끔씩 고증하는 자료로 쓸 수 있다. 그래서 북몽(北夢)
에 사는 손광헌이 쓴 잡다한 이야기란 뜻으로 '북몽쇄언'이라 했다.

《벽계만지(碧雞漫志)》

곡조(曲調)의 원류(源流)를 상세히 기술한 책이다. 송(宋)나라 왕작(王灼)의 찬
(撰) 1권. 태고(太古)로부터 당송(唐宋)에 이르기까지의 성가(聲歌)의 변천과
송사(宋詞)의 연혁(沿革) 등을 설명하였다. 벽계(碧雞)는 저자가 이 책을 완성
하였을 때 살던 곳의 방(坊)의 이름이다.

《비구니전(比丘尼傳)》

양(梁)의 보창(寶唱)이 지은 것으로, 모두 4권이다. 동진(東晉) 때인 357년에
서 511년 사이에 이름을 떨친 비구니 65명을 소개하였다. 《고려대장경》
〈보유잡장〉에 실려 있는 경전이다. 저자의 서문에 따르면, 비구니에 대한
전기가 별도로 없어서 비문과 여러 서적을 참조하고 고승들에게 문의하
여 이 책을 완성하였다. 중국 최초의 비구니인 정검에 대한 전기가 비교적
상세히 실려 있다. 정검은 동진의 여승으로 낙양(洛陽)의 죽림사에 머물렀
다. 승려가 되기 전에 법시라는 비구로부터 불교를 배웠다. 불경에 비구와
비구니라는 말이 자주 나와 자신도 비구니가 될 수 있느냐고 스승에게 물

었다. 당시에는 여성이 출가하는 일이 없었으므로 승려가 되는 의식이나 절차도 몰랐다. 그래서 뜻을 이루지 못하였다. 뒤에 24명의 여인들과 함께 서역 출신의 지산에게서 십계를 받았으나 그로부터 몇 년이 지난 후인 357년경에야 비로소 구족계를 받고 비구니가 되었다. 죽림사에서 여자들에게 가르침을 펴다가 361년에 입적하였다.

《비연전(非烟傳)》

당(唐)나라 때의 황보매(皇甫枚)가 편찬한 책이다.

ㅅ

《사원총담(詞苑叢談)》

중국 청대(淸代) 초기의 서구(徐釚, 1636~1708년)의 저서로 1688년 초간본이 12권이다. 사화(詞話), 즉 역대의 사(詞)에 관한 논의·비평·일화 등을 널리 모아, 체제(體制)·음운(音韻)·품조(品藻)·기사(紀事)·변증(辨證)·해학(諧謔)·외편(外編)의 7개 부문으로 나누어 수록되어 있다. 그 내용이 풍부하고, 비교적 정리가 잘 되어 있는 점은 현재까지 정평이 나 있다. 서구(徐釚)는 청(淸)나라 강남(江南) 오강(吳江, 지금의 강소〔江蘇〕에 속함) 사람으로 사(詞) 작가이다. 자는 전발(電發)이고, 호는 홍정(虹亭) 또는 졸존(拙存), 죽장(竹莊), 풍강어부(楓江漁父)다. 감생(監生)으로, 강희(康熙) 18년(1679)에 박학홍사과(博學鴻詞科)에 응시해 한림원검토(翰林院檢討)에 임명되었다. 사관(史館)에 있으면서 인재로 명성이 있었는데, 외직으로 발령이 나자 사직하고 고향으로 돌아왔다. 나중에 원래 관직에 기용되었지만 사양하고 나가지 않았다. 문장 서술에 법식이 있었고, 시사(詩詞)와 고문에 두루 뛰어났다. 산수화에도 재능을 보였는데, 신교사(愼交社)에 들어간 뒤에 명성이 더욱 높아졌다. 저서에 <남주초당집 (南州草堂集)> 30권과 <본사시(本事詩)> 12권, <사원총담(詞苑叢談)> 12권이 있으며 또한 <국장악부(菊莊樂府)>를 조판한 적이 있는데, 조선(朝鮮)의 사신들이 그것을 보고서는 많은 돈을 주고 사 가기도 했다. 절서파(浙西派)에 속하는 그의 사는 극히 화려했고, 풍격은 치밀하고도 완약했다.

### 《사종보유(詞綜補遺)》

임보항(林葆恒)이 편찬한 책 4권이다.

### 《산방수필(山房隨筆)》

원나라 장자정(蔣子正)이 편찬한 것으로, 1권이다. 송나라 말기에서 원나라 초기까지의 사실을 기술하였다.

### 《상서(尙書)》

58편(編)으로 《서경(書經)》이라고도 한다. 우서(虞書)·하서(夏書)·상서(商書)·주서 (周書) 등 당우(唐虞) 3대에 걸친 중국 고대의 기록이다. 상서는 상고(上古)의 책으로 숭상해야 한다는 뜻이다. 이제삼왕(二帝三王)의 정권의 수수(授受), 정교(政敎) 등의 기록으로, 고대의 사적(史的) 사실이나 사상을 아는 데 중요한 책이다. 당시의 사관(史官)·사신(史臣)이 기록한 것을 공자가 편찬했다고 한다. 당초에는 100편이었다고 하나, 진(秦)나라의 시황제(始皇帝)의 분서(焚書)로 산일(散逸)된 후 한(漢)나라의 문제(文帝) 때 복생(伏生)이 구승(口承)한 것을 당시 통용되던 예서(隸書)로 베껴 《금문상서(今文尙書)》라고 한다. 그 후 경제(景帝) 때 노(魯)나라의 공왕(恭王)이 공자의 구택(舊宅)을 부수고 발견한 진(晉)나라의 문자로 쓰인 것을 《고문상서(古文尙書)》라고 한다. 《고문상서》는 일찍 없어지고 현재는 동진(東晉)의 매색(梅賾)이 원제(元帝)에게 바친 《위고문상서(僞古文尙書)》가 《금문상서(今文尙書)》와 함께 보급되었다.

《속문헌통고(續文獻通考)》

1586년에 중국 명나라의 왕기(王圻)가 송나라 말부터 요·금·원·명나라의 문헌을 모아서 엮은 책으로 254권이다. 후에 중국 청나라 건륭 12년(1747)에 황제의 명에 따라 송·요·금·원·명나라의 사적(史跡)을 적은 책이기도 했다. 총 252권이다.

《세설신어(世說新語)》

중국 남조(南朝) 송(宋)나라의 유의경(劉義慶, 403~444년)이 편집한 후한(後漢) 말부터 동진(東晉)까지의 명사들의 일화집이다. 《유의경세설》 《세설신서》라 불렀으나, 북송(北宋) 이후로 현재의 명칭이 되었으며, 덕행(德行)·언행(言行)부터 혹닉(惑溺)·구극(仇隙)까지의 36문(門)으로 나눈 3권본으로 정해졌다. 지인소설(志人小說)의 대표작이다. 이 책은 선행하는 동류의 재료와 진(晉)나라 배계(裵啓)의 《어림(語林)》이나 곽반(郭頒)의 《위진세어(魏晉世語)》 등을 바탕으로 하여, 유의경을 중심으로 한 문인들이 선택, 수록한 것으로 보인다.

당시의 지식인과 중세 호족(豪族)의 생활 태도를 생기발랄한 콩트식으로 묘사하였으며, 한말부터 위·진 무렵의 귀족 계급 주변의 사상·풍조를 후세에 상세히 전하고 있다. 양(梁)나라 유효표(劉孝標)의 주(註)는 나중에 없어진 사료(史料)를 풍부하게 인용하여 6조(六朝) 때의 동류(同類)의 주석인 송나라 배송지(裵松之)의 《삼국지주(三國志注)》, 북위(北魏) 역도원(酈道元)의 《수경주(水經注)》와 함께 존중된다. 그 밖에 명(明)나라 왕세정(王世貞)의 《세설신어보(補)》 등이 있다. 현재 왕조(汪藻)의 〈서록(敍錄)〉을 곁들인 송판(宋版, 尊經閣本)이 진정(秦鼎)의 주해 《세설전본(箋本)》과 함께 이용되고 있다.

《설원(說苑)》

전한(前漢) 말에 유향(劉向)이 편집한 교훈적인 설화집이다. 〈군도(君道)〉 〈신술(臣術)〉 등 20편(編)으로 구성되었다. 같은 저자의 《신서(新序)》와 그 체재가 비슷하며, 내용도 중복된 것이 있다. 고대의 제후나 선현들의 행적이나 일화·우화 등을 수록한 것이며 위정자를 설득하기 위한 훈계독본으로 이용하였다. 어떤 사실에 대해 설명을 달리하는 여러 책의 내용을 발췌해서 정리한 책으로서 시비(是非)를 정하지 않고 양쪽의 설을 모두 수록하였다. 군도(君道)·신술(臣術)·건본(建本)·입절(立節)·귀덕(貴德)·복은(復恩)·정리(政理)·존현(尊賢)·정간(正諫)·법계(法誡)·선세(善說)·봉사(奉使)·권모(權謀)·지공(至公)·지무(指武)·담총(談叢)·잡언(雜言)·변물(辨物)·수문(修文)·반질(反質)의 20편으로 구성되었다.

《시아소명록(侍兒小名錄)》

송대(宋代) 왕질(王銍), 온예(溫豫), 홍염(洪炎), 동분(董弅) 등의 고대(古代)부터 당송대(唐宋代)까지 황제들이나 유명인사들의 처첩(妻妾), 기녀(妓女)들의 이야기를 수록한 책이다. 분별제목은 《보시아소명록(補侍兒小名錄)》, 《속보시아소명록(續補侍兒小名錄)》, 《시아소명록습유(侍兒小名錄拾遺)》 등을 87조(條)

이다.

《시화총구(詩話總龜)》

중국 송(宋)나라의 완열(阮閱)이 편집한 시화집이다. 1123년의 작품이며, 전집(前集) 48권, 후집(後集) 50권으로 되어 있다. 원명은 《시총(詩總)》이다. 각 시화는 사항에 따라 분류되어 있으며, 전집은 45문(門), 후집은 61문으로 나뉘어 각각 100종의 책을 수록하고 있다. 단, 소동파(蘇東坡), 황정견(黃庭堅) 등에 대한 압박이 심한 때였으므로 원우제가(元祐諸家)의 시화는 하나도 없다.

《십국춘추(十國春秋)》

청(淸)나라 때의 오임신(吳任臣)이 편찬한 책이다.

○

《악부시집(樂府詩集)》

100권으로 편찬자는 북송(北宋)의 신종(神宗, 1067~1085년) 때의 곽무천(郭茂倩)이다. 중국에서는 악부의 총집은 일찍이 남조(南朝) 때에 이루어진 무명씨(無名氏)의 가록(歌錄)을 비롯하여 상당수에 이르나, 이 책은 남송(南宋) 때에 예로부터 현대에 이르기까지 가장 권위있는 책으로 존중되어 왔다. 이 책은 당(唐)과 오대(五代)의 작품까지도 정성껏 수집함으로써 고대·중세의 악부를 거의 망라할 수 있었다. 작자 및 시대가 분명한 것만도 575명의 3,792수나 된다. 분류법이 뛰어나 곽씨의 독창인 12부문의 분류 방법은 후세 악부 연구가의 모범이 되었다. 12부문의 이름과 각 부문별 작품 수는 교묘가

사(郊廟歌辭) 803수, 연사가사(燕射歌辭) 166수, 고취곡사(鼓吹曲辭) 256수, 횡취곡사(橫吹曲辭) 303수, 상화가사(相和歌辭) 831수, 청상곡사(淸商曲辭) 733수, 무곡가사(舞曲歌辭) 180수, 금곡가사(琴曲歌辭) 172수, 잡곡가사(雜曲歌辭) 767수, 근대곡사(近代曲辭) 331수, 잡요가사(雜謠歌辭) 319수, 신악부사(新樂府辭) 429수이다. 악부작품을 집대성한 데 그치지 않고 100종에 가까운 문헌자료를 모았고 악부 하나하나에 적절한 해제가 가해져 있다. 따라서 악부의 해제서로서도 뛰어난 작품이다.

《악부여론(樂府餘論)》

청대(淸代)의 송상봉(宋翔鳳)이 편찬한 책이다.

《악부잡록(樂府雜錄)》

당(唐)나라 단안절(段安節)이 지은 것으로 희곡(戲曲), 음악(音樂), 가무(歌舞) 등의 잡저(雜著)이다. 당대 악부의 관리제도, 궁중연회와 민간의 각종 악곡, 무도, 악기의 원류와 내용, 명인 예술인 소전(小傳)을 개술(槪述)한 것으로 고대 음악(音樂), 무도(舞蹈), 희극(戲劇)의 중요한 역사 자료이다.

《야획편(野獲編)》

명(明)나라 때 풍속서로 심덕부(沈德符)이 편찬하였다. 총 21권이며 속편은 12권이다.

《연북잡지(硏北雜志)》

송(宋)나라 때의 육우인(陸友仁)이 편찬한 책이다.

《예림벌산(藝林伐山)》

중국 전족(纏足)에 대해 관련된 것을 모은 책이다.

《오월춘추(吳越春秋)》

조엽(趙曄, 25~56년)의 저술이다. 《오월춘추》는 12권본인데, 현존하는 《오월춘추》는 10권본이다. 현존하는 판본 중 가장 오래된 것으로서 원대(元代)에 대덕본(大德本)이 나왔다. 명대(明代)에 간행된 것으로 홍치본(弘治本)이 있으며, 10권본이 아닌 6권본으로 간행된 것도 있다. 청대(淸代)에는 6권본이 많았는데 대표적인 것이 《비서입일종(秘書卄一種)》본·《이조당사고전서회요(摛藻堂四庫全書薈要)》본·《흠정사고전서(欽定四庫全書)》본·《증정한위총서(增訂漢魏叢書)》본 등이 있으며, 10권본으로 서내창(徐乃昌)의 《수암서씨총서(隨庵徐氏叢書)》본이 있다. 이 밖에 근년에 간행된 것으로 《문연각사고전서(文淵閣四庫全書)》본과 강소고적출판사(江蘇古籍出版社)에서 1986년에 출판한 10권본 《오월춘추》가 있다.

《오잡조(五雜俎)》

중국 명대(明代)의 수필집이다. 사조제(謝肇淛)가 저술한 책으로 총 16권이다. 전체를 천(天)·지(地)·인(人)·물(物)·사(事)의 5부로 나누고, 자연현상·인사(人事) 현상 등의 넓은 범위에 걸쳐서 저자의 견문과 의견을 항목별로 정리한 것이다. 그 무렵 유행한 소품(小品)에 가까운 스타일을 취했고, 전체적으로 문인 취향의 영역을 벗어나지 못했으나 음양풍수라는 미신사상을 부정하고 합리적 경향을 띤 독특한 관찰안은 당시의 사회가 가진 여러 모순을 날카롭게 꿰뚫어본 면이 있으며, 명대의 정치·경제·사회·문화에 관한 귀중한 자료가 되고 있다.

## 《옥조신지(玉照新志)》

송(宋) 나라 왕명청(王明淸)이 지은 일종의 소설이다.

## 《용재수필(容齋隨筆)》

남송 시대 홍매(洪邁, 1123~1202년)가 독서하며 얻은 지식을 그때마다 정리해 집대성한 것으로 역사, 문학, 철학, 정치 등 여러 분야의 고증과 평론을 엮은 학술적 내용의 필기다. 《용재수필》 16권, 《속필(續筆)》 16권, 《삼필(三筆)》 16권, 《사필(四筆)》 16권, 《오필(五筆)》 10권인 5부작으로 구성되어 있다. 《오필》을 제외하고는 매 편마다 서문이 있는데 《사필》의 서문에서 "처음 내가 《용재수필》을 썼을 때는 장장 18년이 걸렸고, 《이필》은 13년, 《삼필》은 5년, 《사필》은 1년도 채 걸리지 않았다"고 했다. 이와 《오필》을 합쳐 본다면 홍매는 근 40년의 세월을 《용재수필》과 함께한 셈이다. 총 1229조목에 달하는 분량은 개인의 필기로는 보기 드문 것으로 여기에는 홍매 일생의 모든 학식이 오롯이 담겨 있다. 흔히 에세이(essay)의 의미로 사용되고 있는 '수필(隨筆)'이라는 용어를 제일 처음 사용한 용례가 바로 《용재수필》이다. 그러나 홍매가 사용했던 '수필'이라는 용어의 함의는 지금처럼 개인의 경험과 감상을 가볍게 서술하는 신변잡기식의 감성적 글쓰기와는 거리가 있다. 홍매는 자신의 글을 '수필'이라 명명한 이유에 대해 이렇게 말했다. "생각이 가는 대로 써 내려갔으므로 두서가 없어 수필이라 했다(意之所之, 隨即紀錄, 因其後先, 無復詮次, 故目之曰隨筆)."

《운선잡기(雲仙雜記)》

당나라 풍지(馮贄)가 편찬한 것으로, 총 10권이며, 고금의 일사(逸事)를 두루
수록하고 있다.

《어람(御覽)》

=《태평어람(太平御覽)》

《연익이모록(燕翼貽謀錄)》

송(宋)나라 왕영(王栐)이 편찬한 것으로, 5권이다. 건륭(建隆) 연간에서 가우
(嘉祐) 연간까지의 흥혁(興革)과 득실(得失)을 126조로 나누어 상세히 기술하
였다.

《운계우의(雲溪友議)》

당(唐)나라 때의 범려(范攄)가 지은 필기집(筆記集)으로 3권이다. 중당(中唐)
시대 이후의 잡사(雜事)에 대해 기술하였는데, 대부분이 시화(詩話)이다.

《운림유사(雲林遺事)》

명초(明初) 때의 사람 예찬(倪瓚, 明太祖 7~明英宗 12, 1374~1447년)의 생애와 예
술 또는 일사(逸事)·유사(遺事) 등을 기록한 책이다. 편찬한 사람은 고원경(顧
元慶)이고, 운림(雲林)은 예찬(倪瓚)의 별호(別號)이다.

《유남수필(柳南隨筆)》

청나라 때의 왕응규(王應奎)가 편찬한 책이다. 6권 속필(續筆) 4권.

《이견지(夷堅志)》

중국 송(宋)나라 때의 홍매(洪邁, 1123~1202년)가 엮은 설화집(說話集)이다. 송(宋)나라 초부터 그가 살아 있을 때까지의 민간(民間)의 이상한 사건이나 괴담(怪談)을 모은 책이다. 당시의 사회·민속 등의 자료가 풍부하다. 모두 420권이던 것이 흩어지고 없어져서 오늘날은 약 절반만 전한다.

《인화록(因話錄)》

당(唐)나라 때 조린(趙璘)가 지은 당대(唐代) 필기소설집(筆記小說集)이다. 총 6권이다. 권1(卷一) 宮部爲君, 記帝王及后妃生活; 권2(卷二), 권3(卷三) 商部爲臣, 記公卿瑣事; 권4(卷四) 角部爲人, 記未仕平民故事; 권5(卷五) 徵部為事, 多記典故, 並附諧戲; 권6(卷六) 羽部爲物, 記見聞雜事。

ㅈ / ㅊ

《전당시(全唐詩)》

청나라 때 조인(曹寅) 등이 강희제(康熙帝)의 명을 받아 팽정구(彭定求) 등이 편찬한 당시(唐詩)의 총집(總集)으로, 모두 900권에 목록이 12권이다. 당나라 일대 2,200명의 시 4만 8,000여 수가 망라되었다.

《전당시화全唐詩話》

중국 당나라의 태종·고종 때부터 권용포(權龍褒)에 이르기까지 324명의 이름을 들고 각 조(條) 아래에 그 시(詩)를 기술한 책이다. 원본은 송나라의 왕무의 찬(撰)이라 되어 있으나 사실은 뒷사람의 찬편(撰編)이라고 한다. 총

10권이다.


《제동야어(齊東野語)》

남송(南宋)시대의 주밀(周密)이 편찬한 것으로, 20권이다. 남송의 구사(舊事)에 대해 기록한 것이 많아 사전(史傳)에 빠진 것을 보충할 수 있다.


《조야유기(朝野遺記)》

남송(南宋)시대의 저자 미상이 편찬한 책이다.


《주자어류(朱子語類)》

송대(宋代)의 학자인 주자(朱子)가 생전에 문인(門人)들과 문답한 바를 같은 송대의 학자인 여정덕(黎靖德)이 편집한 것으로, 총 140권이다.


《죽서기년(竹書紀年)》

279년 하남성(河南省) 급현(汲縣) 위의 양왕릉에서 《목천자전(穆天子傳)》《주어(周語)》등과 더불어 출토되었다. 모두 대나무패에 쓰여 있으므로 후세에 《죽서기년(竹書紀年)》이라 하고, 또 출토된 지명을 따서 《급총기년(汲塚紀年)》이라고도 부른다. 즉시 진(晉)나라 조정에 바쳐졌고, 순욱(荀勗) 등 학자의 정리 교정 과정을 거쳐 세상에 알려지게 되었다. 수(隋)나라 때까지도 도합 13권이 있었는데, 점차 흩어져 없어지고 남송(南宋)시대에는 거의 자취를 감추었다. 현재 유포되고 있는 양(梁)나라의 심약(沈約)의 주가 붙은 《주서기년》2권은 원(元)·명(明)나라 때의 위작(僞作)이다. 1917년 왕국유(王國維)는 고서에 이용된 본래의 기년을 집성(集成) 교정하여 《고본죽서기년

집교(古本竹書紀年輯校)를 저술하고, 다시 심약이 주한 《금본죽서기년(今本竹書紀年)》과 《고본죽서기년(古本竹書紀年)》의 차이점을 밝혔다. 그래서 《고본죽서기년》의 사료 가치가 높이 평가되었다.

《진기(晉記)》
간보(干寶, ?~?)가 쓴 역사서로, 역사음양산수를 연구하였다. 원제(元帝) 때 저작랑(著作郞)이 된 후로 역사찬집(歷史撰集)에 종사하였다. 저서에 《춘추좌자의외전(春秋左子義外傳)》 《수신기(搜神記)》 등이 있는데, 특히 《수신기》는 괴이전설(怪異傳說)을 집대성한 것으로 육조(六朝) 소설의 뛰어난 작품일 뿐만 아니라 단편적이지만 당송시대(唐宋時代) 전기물(傳奇物)의 선구가 되었다.

《지북우담(池北偶談)》
청(淸)나라 왕사정(王士禎)이 편찬한 것으로, 36권이다. 빈객들의 담화를 기록한 것으로, 담고(談故), 논헌(論獻), 담예(談藝), 담이(談異) 4편으로 기술하였다.

《차소지(叉小志)》
당(唐)나라 때 주규(朱揆)가 편찬한 책이다.

《초목자 草木子》
명나라의 섭자기(葉子奇)가 편찬한 책이다. 천문(天文)·지기(地紀)·인사(人事)·물리(物理) 4권으로 되어 있다.

## 《초사(礎辭)》

16권이며 한(漢)나라 유향(劉向)이 편집하였다. 유향이 초나라 회왕(懷王)의 충신 굴원(BC 3세기경)의 《이소(離騷)》와 25편의 부(賦) 및 후인의 작품에다가 자작 1편을 덧붙여 《초사(礎辭)》를 편집했으며, 후한(後漢)의 왕일(王逸)은 본서의 사장(辭章)을 고정(考定)·주석하여 《초사장구(章句)》 16권을 지었다. 현존하는 것은 굴원의 《이소》 《구가(九歌)》 《천문(天問)》 《구장(九章)》 《원유(遠遊)》 《복거(卜居)》 《어부(漁父)》, 송옥(宋玉)의 《구변(九辯)》 《초혼(招魂)》, 굴원 또는 경차(景差)의 《대초(大招)》 《석서(惜誓)》, 회남소산(淮南小山)의 《초은사(招隱士)》, 동방 삭(東方朔)의 《칠간(七諫)》, 엄기(嚴忌)의 《애시명(哀時命)》, 왕포(王褒)의 《구회(九懷)》, 유향의 《구탄(九歎)》의 16권 외에 왕일의 《구사(九思)》를 더하여 17권이다.

## 《춘저기문(春渚紀聞)》

송(宋)나라 때에 하원(何薳)이 편찬한 것으로, 잡기(雜記) 5권, 동파사실(東坡事實), 시사사략(詩詞事畧), 잡서금사(雜書琴事), 기연(記硯), 기단약(記丹藥) 각 1권, 총 10권이다.

## 《철경록(輟耕錄)》

중국 원나라 말기에 도종의(陶宗儀)가 편찬한 수필이다. 원나라의 법률 제도와 지정(至正) 말년의 동남(東南) 여러 성(省)의 반란에 관하여 잘 기술하고 있고, 서화 문예의 고정(考訂) 따위에서 주목할 만한 것이 많아 원나라의 사회·법제·경제·문학·예술 따위의 연구 사료(史料)로서 가치가 높이 평가된다. 1366년에 완성하였다. 30권.

《청이록(淸異錄)》

송(宋)나라의 도곡(陶穀)이 편찬한 것으로, 2권이다. 당나라와 오대(五代)의 신기한 말을 모아 37문(門)으로 나누어서 수록하였다.

《청파잡지(淸波雜志)》

송나라 주휘(周煇)가 편찬한 것으로, 12권이며, 별지(別志) 3권이다. 송나라 사람들에 관한 잡사(雜事)를 기록하였다.]

## ㅌ/ㅍ

《통전(通典)》

당(唐)나라의 재상(宰相) 두우(杜佑, 735~812년)가 편찬한 제도사(制度史)이다. 총 200권이다. 766년에 착수하여 30여 년에 걸쳐 초고(初稿)가 완성되고, 그 후에도 많은 보필(補筆)이 있었던 것으로 추정된다. 현종(玄宗) 시대에 유질(劉秩)이 찬(撰)한 《정전(政典)》 35권을 핵(核)으로 하여, 역대 정사(正史)의 지류(志類)를 비롯해서 기전(紀傳)·잡사(雜史)·경자(經子), 당대의 법령·개원례(開元禮, 玄宗 때의 禮制) 등의 자료를 참조하여, 식화(食貨)·선거(選擧)·직관(職官)·예(禮)·악(樂)·병(兵)·형(刑)·주군(州郡)·변방(邊防)의 각 부문으로 나누어, 상고로부터 중당(中唐)에 이르는 국제(國制)의 요항(要項)을 종합한 것이다. 때에 따라서는 저자의 의견도 삽입하였다. 구성이 질서정연하고, 내용이 풍부하여 중당 이전의 제도를 통람하는 데 가장 유용한 책이다. 이 책은 북송(北宋)의 송백(宋白) 등의 《속통전(續通典)》, 남송(南宋)의 정초(鄭樵)의 《통지(通志)》, 원(元)나라 마단림(馬端臨)의 《문헌통고(文獻通考)》 등에 큰 영향을 끼쳤다.

《태평어람(太平御覽)》

중국 송(宋)나라 때 이방(李昉)이 편찬한 백과사서(百科辭書)이다. 처음 이름은 《태평총류(太平總類)》이며, 약해서 《어람(御覽)》이라고도 한다. 송나라 태종(太宗)의 명으로 977년에 착수하여 983년에 완성시킨 1,000권에 달하는 방대한 책이다. 《춘명퇴조록(春明退朝錄)》에 따르면, 이 책이 완성되자 태종이 하루에 3권씩을 읽어 1년 만에 독파(讀破)하였으므로 책명을 《태평어람(太平御覽)》이라 하였다는 것이다. 내용 체재는 55부문으로 나뉘어 있고, 인용한 책이 1,690종이나 된다. 전대(前代)의 잡서로부터 대개 채록한 것이나, 많은 일서(逸書)의 이야기를 적어 놓아 중국의 재래 백과서 중 백미(白眉)이다. 이 책은 송대(宋代) 이전의 고사를 아는 데 유용할 뿐 아니라, 사이부(四夷部)에 신라와 고구려 등에 관한 기록이 보여 한국 역사 연구에도 도움이 되고 있다.

《태평청화(太平淸話)》

명(明)나라 진계유(陳繼儒)가 편찬한 것이다.

《태화정음보(太和正音譜)》

중국 명(明)나라 때 주권(朱權, ?~1448년)이 쓴 희곡연구 작품이다. 주권은 명나라 태조(太祖) 주원장(朱元璋)의 열일곱번째 아들로, 사후에 헌왕(獻王)이라는 시호를 내려서 영헌왕(寧獻王)이라고도 한다. 《태화정음보》에는 잡극 555종이 수록되어 있는데, 이 중 작자가 알려진 작품이 445종, 작가를 알 수 없는 작품이 110종이다. 이 책은 대략 산곡을 포함하는 고전 희곡 이론과 사료 및 북 잡극 곡보(曲譜)의 두 부분으로 나눌 수 있다. 지금 전하는 것은 명나라 홍무(洪武) 연간 각본을 영사(影寫)한 것인데, 1920년 상하이[上海] 상무인서관에서 《함분루비급(函芬樓秘笈)》의 제9집을 편집 인쇄한 것이다. 원(元)나라와 명나라 초기의 잡극을 수록하고 품평을 가하여 원·명의 희곡 연구에 좋은 자료가 된다.

《판교잡기(板橋雜記)》

중국 명나라 말기에서 청나라 초기의 사람인 여회(餘懷)가 펴낸 책이다. 명나라 말기의 남경(南京) 장판교(長板橋)의 유곽을 무대로 하여, 당시 화류항의 명기(名妓)·풍류랑 등의 일화를 비롯하여, 명나라 말기의 남경의 일면을 엿볼 수 있는 좋은 사료(史料)이다. 총3권이다.

《평주가담(萍州可談)》

1119년에 중국 송나라 주욱(朱彧)이 편찬한 책이다. 관제, 국전으로부터 토속, 민풍에 이르기까지 광범하게 수록하였으며, 저자의 아버지 주복(朱服)이 요나라에 사신으로 갔을 때와 광주 태수로 있을 때 보고 들은 내용이 상당히 많다. 특히 광주의 시박(市舶)이나 번방(番坊)에 관한 상세한 기록은 당시 중국의 남방 해상 무역에 관한 귀중한 자료이다.

《피서록화(避署錄話)》

송(宋)나라 섭몽득(葉夢得)이 편찬한 것으로, 2권이다.

ㅎ

《한구의(漢舊儀)》

후한(後漢) 시대에 위굉(衛宏)이 편찬한 책이다. 《한관구의(漢舊舊儀)》이기도
하다.

《향련품조(香蓮品藻)》

중국 전족(纏足) 연구에 가장 정통했던 청나라 때 방현의 저서로 전족의의
명칭(宜稱), 영총(榮寵), 증질(憎疾), 굴욕(屈辱) 등 총 58개 조항을 논했다.

《향조필기(香祖筆記)》

청나라 왕사정이 편찬한 것으로, 총 12권이다. 강희 42, 43년에 기록하였
는데, 고금의 득실에 대해 변론하고, 명물(名物)의 원류를 밝혔다. 시사(時
事)에 대해 직서(直書)하였고, 괴이한 사실에 대해서도 기록하였다.

《화만록(畫墁錄)》

송(宋)나라 장순민(張舜民)이 편찬한 것으로, 1권이다. 송나라의 잡사(雜事)
를 기술하였다.

《화엄경(華嚴經)》

대승불교경전의 하나로 자세하게는 『대방광불화엄경(大方廣佛華嚴經)』이
다. 한역 3종 및 티벳역이 현존하며, 산스크리트본은 <십지품(十地品)>과 <
입법계품(入法界品)>의 장만이 각각 독립한 경전으로서 현존한다. 한역은
불타발다라(佛馱跋陀羅)역 60권, 실차나다(實叉難陀)역 80권, 반야(般若)역 40

권으로, 이름이 같기 때문에 권수에 의해서 《육십화엄》·《팔십화엄》·《사십화엄》이라고 해서 구별한다. 단 《사십화엄》은 〈입법계품〉에만 상당하는 부분역이다. 원래 독립해서 성립한 각장이 후에 아마 중앙아시아에서 집대성되었을 것으로 생각된다.

《황조통전(皇朝通典)》

구통(九通)의 하나로, 구통은 중국의 경제사·사회사·제도사에 관한 9가지 책의 총칭이다. 당(唐)나라 두우(杜佑)의 《통전(通典)》, 송(宋)나라 정초(鄭樵)의 《통지(通志)》, 송말·원초(宋末元初) 마단림(馬端臨)의 《문헌통고(文獻通考)》의 삼통(三通)과, 청(淸)나라 건륭제(乾隆帝)의 흠정(欽定)에 의한 《속통전(續通典)》《속통지(續通志)》《속문헌통고》의 속삼통(續三通) 및 《황조통전(皇朝通典)》《황조통지》《황조문헌통고》의 황조삼통(皇朝三通)으로 이루어진다. 구통으로 한데 모아진 것은 건륭제 때이다. 또 청나라 유금조(劉錦藻)의 《황조속문헌통고(皇朝續文獻通考)》를 추가하여 십통이라 하고, 명(明)나라 왕기(王圻)의 《속문헌통고》를 더하여 십일통이라 하기도 한다.

《후산시화(後山詩話)》

송(宋)나라 시인 진사도(陳師道)가 편찬한 책이다. 진사도(陳師道)는 자는 이상(履常)·무기(無己), 호는 후산거사(後山居士)이다. 팽성(彭城, 江蘇省) 출신이다. 가난 속에서 공부하였고 시로 인해서 증공(曾鞏)과 소식(蘇軾)을 알게 되었다. 그들의 추천으로 벼슬길에 올랐으나 비서성정자(秘書省正字)를 끝으로 관직에서 떠나는 불운을 겪었다. 소식의 문인 가운데에서 황정견(黃庭堅)과 함께 '황진(黃陳)'이라고 병칭되었다. 두 사람은 강서시파(江西詩派)의 시조로서 모두 두보(杜甫)를 숭배하여 그의 작품과 사상을 본받아 서술하고 밝힘으로써 송시(宋詩)의 전기(轉機)를 마련하였다. 그는 '이생의 온 힘을 시에 바친다'고 하면서 불우한 가운데에서도 시작(詩作)에 힘을 쏟았으며 황정견이 시에서 <문을 닫고 시구를 찾는 진무기(陳無己)>라고 노래하였듯이 고음형(苦吟型)의 시인이었다. 저서에 《후산시화(後山詩話)》《후산집(20권)》《장단구(長短句, 2권)》 등이 있다.

《휘진록(揮塵錄)》

송(宋)나라 왕명청(王明淸)이 편찬한 것으로, 전록(前錄) 4권, 후록(後錄) 11권, 삼록(三錄) 3권, 여화(餘話) 2권으로 되어 있다. 조정의 고사(故事)를 기술하였다.

# 색인

**ㄴ**

## ㅅ

## ㅇ

## ㅊ

## ㅌ

# 중국창기사

**초판 1쇄 발행일** 2012년 2월 20일

**지은이** 왕서노
**편역자** 신현규
**펴낸이** 박영희
**편 집** 이은혜·김미선·신지항
**책임편집** 김혜정
**인쇄·제본** AP프린팅
**펴낸곳** 도서출판 어문학사
　　　　132-891 서울특별시 도봉구 쌍문동 525-13
　　　　전화: 02-998-0094/ 편집부: 02-998-2267
　　　　홈페이지: www.amhbook.com
　　　　트위터: @with_amhbook
　　　　블로그: 네이버 http://blog.naver.com/amhbook
　　　　　　　　다음 http://blog.daum.net/amhbook
　　　　e-mail: am@amhbook.com
　　　　등록: 2004년 4월 6일 제7-276호

ISBN　978-89-6184-105-4　93910
정가　26,000원

이 도서의 국립중앙도서관 출판시도서목록(CIP)은 e-CIP홈페이지(http://
www.nl.go.kr/ecip)와 국가자료공동목록시스템(http://www.nl.go.kr/
kolisnet)에서 이용하실 수 있습니다.(CIP제어번호: CIP2012000472)